COLLECTION
DES MÉMOIRES

RELATIFS

A L'HISTOIRE DE FRANCE.

MÉMOIRES DE LA ROCHEFOUCAULD, TOME II.
MÉMOIRES DE GOURVILLE.

DE L'IMPRIMERIE DE A. BELIN.

COLLECTION
DES MÉMOIRES

RELATIFS

A L'HISTOIRE DE FRANCE,

DEPUIS L'AVÉNEMENT DE HENRI IV JUSQU'A LA PAIX DE PARIS
CONCLUE EN 1763;

AVEC DES NOTICES SUR CHAQUE AUTEUR,
ET DES OBSERVATIONS SUR CHAQUE OUVRAGE,

PAR MESSIEURS
A. PETITOT ET MONMERQUÉ.

TOME LII.

PARIS,

FOUCAULT, LIBRAIRE, RUE DE SORBONNE, N° 9.

1826.

MÉMOIRES

DE

LA ROCHEFOUCAULD.

TROISIÈME PARTIE.

Le Roi avoit accordé la paix au parlement de Paris et à tous ceux qui avoient pris son parti en l'année 1649, et la plus grande part des peuples l'avoit reçue avec trop de joie pour laisser lieu d'appréhender qu'on les pût porter une seconde fois à la révolte. Le cardinal Mazarin, raffermi par la protection de M. le duc d'Orléans et de M. le prince, commençoit à ne plus craindre les effets de la haine publique; et ces deux princes espéroient qu'il auroit une reconnoissance proportionnée à ses promesses et à ses obligations. M. le duc d'Orléans en attendoit les effets sans inquiétude; et il étoit content de la part qu'il avoit aux affaires, et de l'espérance qu'on donnoit à l'abbé de La Rivière, son principal ministre, de le faire cardinal. Mais M. le prince n'étoit pas si aisé à satisfaire: ses services passés, et ceux qu'il venoit de rendre à la vue du Roi au siége de Paris, portoient bien loin ses prétentions, et elles commençoient à embarrasser le cardinal.

La cour étoit encore à Compiègne; et quelques raisons qu'il y eût pour la ramener à Paris, le cardinal ne pouvoit se résoudre d'y retourner, et d'exposer sa personne à ce qui pouvoit rester d'animosité contre lui en un peuple qui venoit d'en témoigner une si extraordinaire. Il falloit néanmoins se déterminer; et s'il lui paroissoit dangereux de se fier à ses ennemis, il ne l'étoit pas moins de témoigner de les craindre.

Dans cette irrésolution, où personne n'osoit lui donner de conseil, et où il n'en pouvoit prendre de lui-même, M. le prince crut que pour achever son ouvrage il devoit aller à Paris, afin que, selon la disposition où il trouveroit les esprits, il eût l'avantage d'y ramener la cour, ou de la porter à prendre d'autres mesures. En effet, il y fut reçu comme il avoit accoutumé de l'être au retour de ses plus glorieuses campagnes; de sorte que cet exemple rassura le cardinal, et on ne balança plus pour retourner à Paris. M. le prince y accompagna le Roi; et en arrivant au Palais-Royal, la Reine lui dit publiquement (1) qu'on ne pouvoit assez dignement reconnoître ses services, et qu'il s'étoit glorieusement acquitté de la parole qu'il lui avoit donnée de rétablir l'autorité du Roi et de maintenir M. le cardinal; mais la fortune

(1) *La Reine lui dit publiquement:* Dans l'édition de 1723, cette anecdote est plus développée : « M. le prince acheva une si belle jour-« née en disant à la Reine qu'il s'estimoit très-heureux d'accomplir la « parole qu'il lui avoit donnée, et de ramener M. le cardinal à Paris. « A quoi Sa Majesté répondit : Monsieur, ce service que vous avez « rendu à l'Etat est si grand, que le Roi et moi serions des ingrats s'il « nous arrivoit de l'oublier jamais. Un serviteur de M. le prince, qui « avoit ouï ce discours, dit qu'il trembloit pour lui, et qu'il craignoit « que ce compliment ne passât un jour pour un reproche. M. le prince « repartit : Je n'en doute point; mais j'ai fait ce que j'avois promis. »

changea bientôt ces paroles en des effets tout contraires.

Cependant M. le prince étoit dans une liaison particulière avec M. le duc d'Orléans. Il avoit travaillé à l'établir par les extrêmes déférences qu'il avoit affecté de lui rendre durant la guerre, et il les continuoit avec soin. Il ne garda pas long-temps les mêmes mesures avec le cardinal Mazarin; et bien qu'il n'eût pas encore résolu de rompre ouvertement avec lui, il témoigna par des railleries piquantes, et par une opposition continuelle à ses avis, qu'il le croyoit peu digne de la place qu'il occupoit, et qu'il se repentoit même de la lui avoir conservée.

On attribue cette conduite à des motifs bien différens; mais il est certain que le premier sujet de leur mésintelligence avoit commencé durant la guerre de Paris, sur ce que M. le prince se persuada que le cardinal vouloit adroitement rejeter sur lui la haine des peuples, en le faisant passer pour l'auteur de tous les maux qu'ils avoient soufferts. Ainsi M. le prince crut en devoir user de la sorte envers le cardinal, pour regagner dans l'opinion du monde ce qu'il y avoit perdu, par la protection qu'il avoit donnée à un homme si généralement haï, en l'empêchant de sortir du royaume, et de céder à sa mauvaise fortune : outre que se souvenant des craintes et de l'abattement que le cardinal avoit témoignés pendant les derniers désordres, il étoit persuadé qu'il suffisoit de lui faire peur et de le mépriser pour lui attirer de nouveaux embarras, et l'obliger de recourir à lui avec la même dépendance qu'il avoit eue dans l'extrémité où il s'étoit vu. Il s'imagina peut-être aussi, par les choses obligeantes que la Reine lui avoit dites à Saint-Germain, et par la bonne chère qu'elle lui avoit faite, qu'il ne lui seroit pas impossible de lui faire remarquer les défauts du cardinal, et de s'établir auprès d'elle après qu'il l'auroit détruit. Enfin, quelles que fussent les véritables causes de ce changement, on ne s'aperçut que trop tôt de sa désunion avec le cardinal.

Dans ce dessein, M. le prince résolut de se réconcilier avec les frondeurs, croyant ne pouvoir mieux détruire les mauvaises impressions que l'on avoit de lui qu'en se liant avec des gens dont les peuples et la plus grande partie du parlement épousoient aveuglément les affections et les sentimens. Le nom de frondeur avoit été donné dès le commencement des désordres à ceux du parlement qui étoient opposés aux sentimens de la cour. Depuis, le duc de Beaufort, le coadjuteur de Paris, le marquis de Noirmoutier et Laigues s'étant joints à cette cabale, s'en rendirent les chefs. Madame de Chevreuse, M. de Châteauneuf et leurs amis s'y joignirent: ils demeurèrent tous unis sous le nom de frondeurs, et eurent une part très-considérable à toutes les affaires qui suivirent. Mais quelques avances que M. le prince fît vers eux, on a cru qu'il n'avoit jamais eu intention de se mettre à leur tête, et qu'il vouloit seulement, comme je l'ai dit, regagner l'esprit des peuples, se rendre par là redoutable au cardinal, et faire par là sa condition plus avantageuse.

Il avoit paru jusque là irréconciliable avec M. le prince de Conti son frère, et madame de Longueville leur sœur; et même, dans le traité de la paix de Paris, il s'emporta contre eux avec toute l'aigreur imaginable, soit pour faire sa cour, ou par un sentiment de vengeance, à cause qu'ils s'étoient séparés de lui. Cela alla même si avant, qu'il fut directement contraire au rétablissement de M. le prince de Conti et du duc de Longueville dans leurs gouvernemens, et que, par une fausse politique, il s'opposa à l'intention qu'on eut à la cour de donner le Mont-Olympe et Charleville à monsieur son frère, et le restreignit à accepter Damvilliers.

M. le prince de Conti et madame de Longueville trouvèrent ce procédé de M. le prince aussi surprenant et aussi rude qu'il l'étoit en effet; et dans cet embarras ils chargèrent le prince de Marsillac, fils aîné du duc de La Rochefoucauld, qui avoit alors toute leur confiance, d'écouter les propositions que l'abbé de La Rivière leur faisoit faire par le marquis de Flamarins. Elles étoient que M. le duc d'Orléans entreroit dans leurs intérêts contre M. le prince; que M. le prince de Conti auroit l'entrée au conseil, qu'on lui donneroit Damvilliers pour place de sûreté; et que lui et le duc de Longueville seroient rétablis dans les fonctions de leurs charges, pourvu que M. le prince de Conti renonçât en faveur de l'abbé de La Rivière au chapeau de cardinal, et qu'il écrivît à Rome. Cette affaire fut conclue à l'heure même par le prince de Marsillac; et il la trouva d'autant plus avantageuse à M. le prince de Conti, que ce prince étant déjà résolu de changer de condition, on ne lui faisoit rien perdre en lui conseillant de renoncer au cardinalat. On obtenoit aussi par cette voie tout ce que la cour refusoit à M. le prince de Conti et au duc de Longueville; et ce qui étoit encore plus considérable, c'est qu'en s'attachant l'abbé de La Rivière par un si grand intérêt, on engageoit M. le duc d'Orléans à soutenir en toutes rencontres M. le prince de Conti et madame de Longueville.

Ce traité fut ainsi conclu sans que M. le prince y eût d'autre part que celle que l'abbé de La Rivière lui en voulut donner. Et d'autant qu'il avoit senti le mal que sa division avec sa famille lui avoit causé, il souhaita de se réconcilier avec monsieur son frère, avec madame sa sœur, et même avec le prince de Marsillac.

Aussitôt après, M. le prince, pour témoigner qu'il entroit sincèrement dans les intérêts de ses proches, prit un prétexte d'éclater contre le cardinal, sur le refus qu'on fit au duc de Longueville du gouvernement du Pont-de-l'Arche, après lui en avoir donné parole; ce qui réjouit extrêmement les frondeurs. Mais soit que M. le prince ne pût se fier à eux, ou qu'il ne voulût pas demeurer long-temps mal à la cour, il crut bientôt en avoir fait assez pour le monde, et se raccommoda huit jours après avec le cardinal. Ainsi il perdit de nouveau les frondeurs, qui s'emportèrent contre lui, sans aucun égard de ce qu'ils devoient à son mérite et à sa qualité. Ils dirent hautement que ce qu'il venoit de faire étoit une suite des mêmes artifices dont il s'étoit servi pour les surprendre. Ils renouveloient l'affaire de Noisy près de Saint-Germain, où madame de Longueville avoit passé quelque temps, et où M. le prince de Conti et le duc de Longueville l'étant allé voir, le duc de Retz et le coadjuteur de Paris son frère s'y rendirent, sous prétexte de visiter aussi cette princesse, mais en effet pour les porter comme ils firent à se lier avec les frondeurs. Ils soutenoient que M. le prince avoit su tout ce traité; qu'il avoit pris avec eux les mêmes engagemens que ses proches : et ils ajoutoient que la suite avoit assez fait voir que M. le prince, bien loin de tenir cette parole, ne l'avoit donnée que pour les sacrifier plus aisément aux intérêts et à la haine du cardinal.

Ces bruits, semés dans le monde, y faisoient quelque impression, et le peuple recevoit sans les examiner toutes celles qui lui venoient des frondeurs; de sorte que M. le prince se vit abandonné en un instant de tout ce qui s'étoit joint à lui contre le cardinal, excepté de sa famille, qui ne lui fut pas inutile, par la considération où madame de Longueville se trouvoit alors, à cause de l'impression qu'elle avoit donnée de son ambition, de sa fermeté, et plus encore de sa haine déclarée contre le cardinal, qui par ces considérations gardoit plus de mesures envers elle qu'envers messieurs ses frères.

Il arriva en même temps [1] une querelle particulière qui fut sur le point de renouveler la générale. M. de Beaufort croyant que le marquis de Jarzé et autres, dépendans du cardinal, avoient affecté de le morguer aux Tuileries, pour persuader que son crédit dans le peuple étoit fini avec la guerre, il se résolut de leur faire un affront public. Ainsi, lorsqu'ils étoient assemblés pour souper dans le jardin de Renard près les Tuileries, il y alla fort accompagné, chassa les violons, renversa la table; et la confusion et le désordre furent si grands, que le duc de Can-

---

(1) *Il arriva en même temps :* Cette dispute eut lieu avant la rentrée de la cour à Paris.

dale, Boutteville, Saint-Maigrin, et plusieurs autres qui étoient du souper, coururent fortune d'être tués, et que le marquis de Jarzé y fut blessé par des domestiques du duc de Beaufort. Cette affaire n'eut pas néanmoins les suites que vraisemblablement on devoit en attendre. Plusieurs de ceux qui avoient part à cette offense firent appeler le duc de Beaufort; mais il ne crut pas les devoir satisfaire dans cette conjoncture. M. le prince y prit les intérêts de la cour et ceux du cardinal avec la même chaleur qu'il avoit eue dans les autres temps.

Mais le cardinal, perdant aisément le souvenir des obligations qu'il avoit à M. le prince, conservoit celui des mécontentemens qu'il en avoit eus; et, sous prétexte d'un raccommodement sincère, il ne perdit point d'occasions de se prévaloir avec industrie de sa trop grande confiance. Ainsi ayant pénétré que les desseins de M. le prince n'alloient à rien de plus, comme je l'ai dit, qu'à lui faire peur, il crut le devoir entretenir dans cette pensée, en affectant par toutes sortes de voies de témoigner de le craindre, non-seulement pour l'empêcher par ce moyen d'en prendre de plus violentes contre lui, mais pour venir plus sûrement à bout et avec moins de soupçon du projet qu'il faisoit contre sa liberté. Dans cette vue, tous ses discours et toutes ses actions faisoient paroître de l'abattement et de la crainte; il ne parloit que d'abandonner les affaires, et de sortir du royaume; il faisoit faire tous les jours quelque nouvelle proposition aux amis de M. le prince, pour lui offrir la carte blanche : et les choses passèrent si avant, qu'il convint que désormais on ne donneroit plus de gouvernement de provinces, de places considérables, de charges dans la maison du Roi, ni d'offices de la couronne, sans l'approbation de M. le prince, de M. le prince de Conti, et de M. et de madame de Longueville, et qu'on leur rendroit compte de l'administration des finances. Ces promesses si étendues, et données en termes généraux, faisoient tout l'effet que le cardinal pouvoit désirer : elles éblouissoient et rassuroient M. le prince et tous ses amis ; elles confirmoient le monde dans l'opinion qu'on avoit conçue de l'étonnement du cardinal, et elles faisoient même désirer sa conservation à ses ennemis, dans la créance de trouver plus aisément leurs avantages dans la foiblesse de son ministère, que dans un gouvernement plus autorisé et plus ferme. Enfin il gagnoit avec beaucoup d'adresse le temps qui lui étoit nécessaire pour les desseins qu'il pourroit former contre M. le prince.

Les choses furent disposées de la sorte un temps assez considérable, pendant lequel le cardinal donnoit toutes les démonstrations publiques de vouloir non-seulement entrer dans les sentimens de M. le prince, mais encore dans tous les intérêts de ses amis, bien qu'en effet il y fût directement contraire, comme il le fit paroître dans une rencontre qui se présenta : car M. le prince ayant obtenu pour la maison de La Rochefoucauld les mêmes avantages de rang qui avoient été accordés à celles de Rohan, de Foix et de Luxembourg, le cardinal fit demander par M. le duc d'Orléans une pareille grâce pour celle d'Albret, et suscita en même temps une assemblée de noblesse pour s'y opposer. Ainsi, soit qu'il en craignît véritablement les suites ou qu'il feignît de les craindre, il aima mieux faire révoquer ce qu'on avoit déjà fait en faveur des autres maisons, que de maintenir ce que M. le prince avoit obtenu pour celle du prince de Marsillac.

Toutes ces choses aigrissoient M. le prince; mais elles ne lui faisoient rien soupçonner de ce qui étoit près d'éclater contre lui; et bien qu'il fût mal satisfait du cardinal, il ne prenoit toutefois aucune mesure pour le perdre, ni pour s'empêcher d'être perdu; et il est certain que, jusqu'à sa prison, jamais sujet ne fut plus soumis à l'autorité du Roi, ni plus dévoué aux intérêts de l'Etat : mais son malheur et celui de la France le contraignirent bientôt à changer de sentiment.

Le traité de mariage du duc de Mercœur, fils aîné du duc de Vendôme, avec une des nièces du cardinal Mazarin (1), en fut une des principales causes, et renouvela toute l'aigreur qui sembloit être assoupie entre ce ministre et M. le prince. Il y avoit donné les mains avant la guerre de Paris, soit qu'il n'en eût pas prévu les suites, ou que, par une trop grande déférence pour la cour, il n'eût osé témoigner à la Reine qu'il les prévoyoit. Mais enfin madame de Longueville, ennemie de la maison de Vendôme, et craignant que les prétentions de rang du duc de Longueville ne fussent troublées par l'élévation du duc de Mercœur, se servit des premiers momens de sa réconciliation avec M. le prince pour lui faire connoître que ce mariage se faisoit directement contre leurs communs intérêts, et que le cardinal, lassé de porter le joug qu'il venoit de s'imposer, vouloit prendre de nouveaux appuis pour ne dépendre plus de lui, et

(1) *Une des nièces du cardinal Mazarin* : Cette nièce étoit Laure-Victoire Mancini. Elle mourut en 1657, âgée de vingt-un ans.

pouvoir manquer impunément à ses engagemens, et à la reconnoissance qu'il lui devoit. M. le prince fut facile à persuader, et encore plus à promettre à M. le prince de Conti et à madame de Longueville de se joindre à eux pour empêcher ce mariage, bien qu'il eût, comme je l'ai dit, donné parole à la Reine d'y consentir. Il balança néanmoins quelque temps à se déclarer : je ne sais si ce fut parce qu'il vouloit que les premières difficultés vinssent de son frère, ou pour retarder de quelques momens la peine qu'il avoit de s'opposer ouvertement aux sentimens de la Reine; mais enfin on sut bientôt qu'il ne pouvoit approuver cette alliance, et dès-lors aussi le cardinal résolut de se venger de lui, et d'avancer le dessein de l'arrêter.

Il s'y rencontroit de grands obstacles, qu'il falloit nécessairement surmonter. La liaison particulière de M. le duc d'Orléans et de M. le prince, fomentée par tous les soins et par tous les intérêts de l'abbé de La Rivière, étoit un empêchement bien considérable : on ne pouvoit diviser ces deux princes, si on ne ruinoit l'abbé de La Rivière auprès de M. le duc d'Orléans, et si on ne lui persuadoit en même temps que M. le prince avoit manqué envers lui en quelque chose d'assez important pour lui faire naître le désir de le perdre; et ce crime imaginaire n'étoit pas facile à supposer. Il falloit encore se réconcilier avec les frondeurs, et que ce fût par un traité si secret, que M. le prince n'en pût avoir de soupçon. Le peuple et le parlement devoient également l'ignorer aussi; car autrement les frondeurs se seroient rendus inutiles à la cour, et auroient perdu, dans l'esprit du parlement et du peuple, leur crédit, qui n'étoit fondé que sur la créance qu'ils étoient irréconciliables avec le cardinal. Je ne puis dire si ce fut son habileté qui lui fit inventer les moyens qu'on employa contre la liberté de M. le prince; mais au moins puis-je assurer qu'il se servit adroitement de ceux que la fortune lui présenta pour vaincre les difficultés qui s'opposoient à un dessein si périlleux. Enfin un nommé Joly, créature du coadjuteur de Paris, fournit de matières au désordre, et de moyens au cardinal pour prendre des liaisons avec les frondeurs, comme on le verra ci-après.

Parmi les plaintes générales qui se faisoient publiquement contre le gouvernement, le corps des rentiers de l'hôtel-de-ville de Paris, à qui on avoit retranché beaucoup de leurs rentes, paroissoit le plus animé. On voyoit tous les jours un nombre considérable de bonnes familles, réduites à la dernière nécessité, suivre le Roi et la Reine dans les rues et dans les églises pour leur demander justice avec des cris et des larmes contre la dureté des surintendans, qui prenoient tout leur bien. Quelques-uns s'en plaignirent au parlement, et ce Joly entre autres y parla avec beaucoup de chaleur contre la mauvaise administration des finances. Le lendemain, lorsqu'il alloit au Palais, afin d'être à l'entrée des juges pour cette même affaire, on tira quelques coups de pistolet dans le carrosse où il étoit, sans que néanmoins il en fût blessé. On ne put découvrir l'auteur de cette action; et il est difficile de juger, par les suites qu'elle a eues, si la cour la fit faire(1) pour punir Joly, ou si les frondeurs la firent de sa participation, pour avoir un sujet d'é-

(1) *Si la cour la fit faire :* On voit dans les Mémoires de Joly que ce

mouvoir le peuple et d'exciter une sédition. D'autres ont cru que ce fut quelque ennemi particulier de Joly, qui avoit voulu lui faire plus de peur que de mal; mais, quelque dessein qu'on ait eu dans cette rencontre, le bruit en fut aussitôt répandu dans Paris comme un effet de la cruauté du cardinal; et La Boulaye, qui étoit attaché au duc de Beaufort, parut en même temps au Palais, demandant justice au parlement et au peuple de cet attentat contre la liberté publique. Peu de gens furent persuadés que son zèle fût aussi désintéressé qu'il vouloit le faire croire, et peu aussi se disposèrent à le suivre. Ainsi le tumulte ne fut pas violent, et ne dura guère. La présence de La Boulaye fit croire, avec quelque vraisemblance, que ce qui s'étoit passé étoit un artifice des frondeurs pour intimider la cour, et s'y rendre nécessaire; mais j'ai su depuis, par un homme digne de foi à qui La Boulaye l'a dit, que les raisonnemens que l'on faisoit sur ce sujet étoient bien éloignés de la vérité, et que, dans le moment qu'on vit quelque apparence de sédition dans l'affaire de Joly, le cardinal donna à La Boulaye un ordre d'aller au Palais, d'y paroître emporté contre la cour, d'entrer dans les sentimens du peuple, de se joindre à tout ce qu'il voudroit entreprendre, et (ce qui est horrible seulement à penser) de tuer M. le prince, s'il paroissoit pour apaiser l'émotion : mais le désordre finit trop tôt pour donner lieu à La Boulaye d'exécuter un si infâme dessein, si ce qu'il a dit est vrai.

Cependant les esprits factieux d'entre le peuple ne

fut lui-même qui, de concert avec les chefs de la Fronde, fit tirer un coup de pistolet dans sa voiture. Son but étoit de causer une sédition.

furent pas entièrement apaisés; la crainte du châtiment les fit rassembler le soir même une seconde fois pour chercher les moyens de s'en garantir. Dans la vue qu'avoit le cardinal d'arrêter M. le prince, il voulut auparavant le rendre irréconciliable avec les frondeurs; et pour en venir plus aisément à bout, il crut se devoir hâter de les faire paroître coupables du crime dont je viens de parler. Il fit écrire à M. le prince, le soir même que le conseil particulier se tenoit au Palais-Royal, un billet par M. Servien, par lequel il lui donnoit avis que la sédition du matin avoit été suscitée par les frondeurs pour attenter à sa personne; qu'il y avoit encore une assemblée dans l'île du Palais, vis-à-vis du cheval de bronze, pour le même dessein; et que s'il ne donnoit ordre à sa sûreté, il se trouveroit exposé à un très-grand péril.

M. le prince fit voir cet avis à la Reine, à M. le duc d'Orléans et à M. le cardinal, qui en parut encore plus surpris que les autres; et après qu'on eut balancé sur le doute que l'avis fût faux ou véritable, et sur ce qu'on devoit faire pour s'en éclaircir, il fut résolu que sans exposer la personne de M. le prince à aucun danger, on renverroit ses gens et son carrosse de la même sorte que s'il eût été dedans; et que comme leur chemin étoit de passer devant cette troupe assemblée, on verroit quelle seroit leur intention, et quel fondement on devroit faire sur l'avis de M. Servien.

La chose fut exécutée comme on l'avoit arrêtée; et il arriva aussi que des gens inconnus s'avancèrent vers le carrosse auprès du cheval de bronze; qu'ils y tirèrent quelques coups de mousqueton, et blessèrent un laquais du duc de Duras qui étoit derrière le carrosse. Cette nouvelle fut aussitôt portée au Palais-Royal, et M. le prince demanda justice au Roi et à la Reine du dessein que les frondeurs avoient eu de l'assassiner. Le cardinal se surpassa lui-même en cette occasion : il n'y agit pas seulement comme un ministre qui considéroit l'intérêt de l'Etat dans la conservation d'un prince qui lui étoit si nécessaire ; mais son soin et son zèle semblèrent aller encore plus loin que ceux des plus proches parens et des plus passionnés amis de M. le prince ; et celui-ci crut d'autant plus aisément que le cardinal prenoit ses intérêts avec chaleur, qu'il lui sembloit être de sa prudence de ne pas perdre une occasion si favorable de s'acquitter aux dépens de ses anciens ennemis de ce qu'il devoit à la protection qu'il venoit de recevoir de lui contre tout le royaume. Ainsi M. le prince, aidant lui-même à se tromper, recevoit l'empressement du cardinal comme une marque de son amitié et de sa reconnoissance, bien que ce ne fût qu'un effet de sa haine secrète, et du désir d'exécuter plus sûrement son entreprise.

Cependant les frondeurs voyant s'élever contre eux une si prompte et si dangereuse accusation, crurent d'abord que c'étoit un concert de M. le prince et du cardinal pour les opprimer. Ils témoignèrent de la fermeté dans cette rencontre; et bien que l'on fît courir dans le monde que M. le prince se porteroit contre eux à toutes sortes de violences, le duc de Beaufort, sans s'étonner de ce bruit, ne laissa pas d'aller chez le maréchal de Gramont, où M. le prince soupoit ; et quelque surprise qu'on eût de son arrivée, il y passa le reste du soir, et parut le moins embarrassé de la compagnie. Le coadjuteur et lui employèrent toute sorte de moyens vers M. le prince et vers madame de Longueville pour les adoucir, et leur prouver leur innocence; et le marquis de Noirmoutier proposa même de leur part au prince de Marsillac de se lier de nouveau à toute la maison de Condé contre le cardinal. Mais M. le prince, qui n'étoit pas moins aigri par le peu de respect qu'ils lui avoient gardé dans ce qu'ils avoient publié à son désavantage de l'affaire de Noisy, que parce qu'ils avoient eu dessein d'entreprendre contre sa personne, ferma l'oreille à leurs justifications; et madame de Longueville fit la même chose, animée par l'intérêt de sa maison, et plus encore par son ressentiment contre le coadjuteur, des avis et des conseils qu'il avoit donnés au duc de Longueville contre son repos et sa sûreté.

Les choses ne pouvoient plus demeurer en ces termes : il falloit que M. le prince se fît justice lui-même du consentement de la cour, ou qu'il la demandât au parlement. Le premier parti étoit trop violent, et ne convenoit pas au dessein caché du cardinal, et l'événement de l'autre étoit long et douteux. Néanmoins, comme l'intention du cabinet étoit de mettre cette affaire entre les mains du parlement pour endormir et pour mortifier M. le prince par les retardemens, et par le déplaisir de se voir, de même que ses ennemis, aux pieds des juges dans la condition de suppliant, le cardinal ne manqua pas de prétextes apparens pour l'y conduire adroitement, et pour avoir tout le temps dont il avoit besoin pour exécuter son dessein. Il lui représenta que ce seroit renouveler la guerre civile que d'attaquer les frondeurs par d'autres voies que

s de la justice, qui devoit être ouverte aux plus
inels; que l'affaire dont il s'agissoit étoit d'un trop
d poids pour être décidée ailleurs qu'au parle-
t, et que la conscience et la dignité du Roi ne lui
ettoient pas d'employer d'autres moyens; que
ntat étoit trop visible pour n'être pas facile à vé-
r; qu'un tel crime méritoit un grand exemple;
que, pour le donner sûrement, il falloit garder
pparences, et se servir des formes ordinaires de
stice.

. le prince se disposa sans peine à suivre cet avis,
parce qu'il le croyoit le meilleur, qu'à cause que
inclination est assez éloignée de se porter aux
émités où il prévoyoit que cette affaire l'alloit
nécessairement. M. le duc d'Orléans le fortifioit
re dans cette pensée, par l'intérêt des prétentions
hapeau de l'abbé de La Rivière. De sorte que, se
iant en la justice de sa cause et plus encore en
crédit, il crut qu'en tout événement il se serviroit
lernier, si le succès de l'autre ne répondoit pas
n attente. Ainsi il consentit de faire sa plainte au
is, selon les formes ordinaires; et dans tout le cours
ette affaire le cardinal eut le plaisir malicieux de
onduire lui-même dans tous les piéges qu'il lui
loit.

ependant le duc de Beaufort et le coadjuteur de-
dèrent d'être reçus à se justifier : ce qui leur ayant
accordé, les deux partis quittèrent pour un temps
utres voies, pour se servir seulement de celles du
is. Mais M. le prince connut bientôt, par la ma-
e dont les frondeurs soutenoient leur affaire, que
crédit y pouvoit balancer le sien. Il ne pénétroit

rien néanmoins dans la dissimulation du cardinal; et quoi que madame sa sœur et quelques-uns de ses amis lui pussent dire, il croyoit toujours que ce ministre agissoit de bonne foi.

Quelques jours se passèrent de la sorte, et l'aigreur augmentoit de tous les côtés. Les amis de M. le prince et ceux des frondeurs les accompagnoient tous les jours au Palais, et les choses se maintenoient avec plus d'égalité qu'on n'en devoit attendre entre deux partis dont les chefs étoient si inégaux. Mais enfin le cardinal espérant de recouvrer sa liberté en l'ôtant à M. le prince, jugea qu'il étoit temps de s'accommoder avec les frondeurs, et que, sans craindre de leur donner un moyen de se réconcilier avec M. le prince, il pouvoit en sûreté leur offrir la protection de la cour, et prendre ensemble des mesures contre lui: M. le prince en fournit même un prétexte assez plausible; car ayant su que depuis quelque temps madame de Longueville ménageoit secrètement, et au déçu de la cour, le mariage du duc de Richelieu et de madame de Pons, il les mena à Trie, voulut autoriser cette cérémonie par sa présence, et prit si hautement la protection des nouveaux mariés contre tous leurs proches, qui en paroissoient également irrités, et même contre la cour, qui en étoit offensée, que le cardinal n'eut pas peine de donner un sens criminel à cette conduite, et de persuader que les soins que M. le prince et madame de Longueville avoient pris pour ce mariage regardoient moins l'établissement de madame de Pons que le désir de s'assurer du Havre, dont son mari étoit gouverneur, sous l'administration de la duchesse d'Aiguillon sa tante.

Le cardinal tourna encore la chose en sorte dans l'esprit de M. le duc d'Orléans, qu'il lui persuada aisément d'avoir quelque sujet de se plaindre de M. le prince du secret qu'il lui avoit fait de ce mariage. Ainsi le cardinal voyant l'affaire assez acheminée pour pouvoir former le dessein de l'arrêter, il résolut de prendre des mesures avec madame de Chevreuse, qui, se servant habilement de l'occasion, entra encore plus avant avec lui, et lui proposa d'abord contre la liberté de M. le prince tout ce dont il n'osoit se découvrir le premier à elle. Ils en convinrent donc en général ; mais les particularités de ce traité furent ménagées par Laigues, que M. le prince avoit désobligé sans sujet quelque temps auparavant, et qui en avoit toujours conservé un très-grand ressentiment. Ainsi il ne manqua pas de se servir d'une occasion si favorable de le faire paroître ; et il eut l'avantage de régler les conditions de la prison de M. le prince, et de faire remarquer combien il importe aux personnes de cette qualité de ne réduire jamais des gens de cœur qui sont au-dessous d'eux à la nécessité de se venger.

Les choses se disposoient ainsi selon l'intention du cardinal ; mais il restoit encore un obstacle qui lui paroissoit le plus difficile à surmonter : c'étoit de faire entrer M. le duc d'Orléans dans son dessein, et de le faire passer de l'amitié qu'il avoit pour M. le prince au désir de sa perte, et de détruire en un moment la confiance aveugle qu'il avoit depuis vingt ans aux conseils de l'abbé de La Rivière, qui avoit tant d'intérêt à la conservation de M. le prince. Madame de Chevreuse se chargea de cette dernière difficulté ; et pour en venir à bout, elle se plaignit à M. le duc d'Orléans du peu de sûreté qu'il y avoit désormais à prendre des mesures avec lui; que toutes ses paroles et ses sentimens étoient rapportés par l'abbé de La Rivière à M. le prince et à madame de Longueville, et que s'étant livré à eux de crainte d'être troublé à Rome dans sa prétention du chapeau, il les avoit rendus arbitres du secret et de la conduite de son maître. Elle lui persuada même qu'il étoit entré avec eux dans la négociation du mariage de madame de Pons, et qu'ils agissoient tellement de concert, que madame la princesse mère n'avoit assisté mademoiselle de Saujon avec tant de chaleur dans le dessein d'être carmélite, que pour l'éloigner de la présence et de la confiance de Son Altesse Royale, et pour empêcher qu'elle ne lui fît remarquer la conduite de l'abbé de La Rivière, et sa dépendance aveugle de la maison de Condé. Enfin madame de Chevreuse sut si bien aigrir M. le duc d'Orléans contre son ministre et contre M. le prince, qu'elle le rendit dès-lors capable de toutes les impressions et de tous les sentimens qu'on lui voulut donner.

[1650] Le cardinal de son côté renouvela artificieusement au duc de Rohan la proposition qu'il lui avoit faite autrefois d'engager M. le prince à prétendre d'être connétable; à quoi il n'avoit jamais voulu entrer, pour éviter de donner jalousie à M. le duc d'Orléans : et en effet, bien que M. le prince la rejetât encore cette seconde fois par la même considération, le cardinal sut tellement se prévaloir des conférences particulières qu'il eut sur ce sujet avec le duc de Rohan, qu'il leur donna toutes les apparences d'une négociation secrète que M. le prince ménageoit avec lui sans la participation dè M. le duc d'Orléans, et en quelque façon contre ses intérêts. De sorte que ce dernier ayant reçu ces impressions, et ce procédé de M. le prince lui paroissant tout ensemble peu sincère et peu respectueux, il se crut dégagé de tout ce qu'il lui avoit promis, et consentit sans balancer au dessein de le faire arrêter prisonnier.

Le jour qu'ils choisirent (1) pour l'exécuter fut celui du premier conseil. Ils résolurent aussi de s'assurer de M. le prince de Conti et du duc de Longueville, croyant remédier par là à tous les désordres que pourroit produire une telle entreprise. Ces princes avoient depuis quelque temps évité, par les instances de madame de Longueville, de se trouver tous trois ensemble au Palais-Royal, et ils en usoient ainsi bien plus par complaisance pour elle que par la persuasion que cette conduite fût nécessaire à leur sûreté. Ce n'est pas qu'ils n'eussent reçu plusieurs avis de ce qui étoit prêt de leur arriver; mais M. le prince y faisoit trop peu de réflexion pour s'en servir. Il les recevoit même quelquefois avec une raillerie aigre, et évitoit d'entrer en matière, pour n'avouer pas qu'il avoit pris de fausses mesures avec la cour : de sorte que ses plus proches parens et ses amis craignoient de lui dire leurs sentimens sur ce sujet. Néanmoins le prince de Marsillac remarquant les divers procédés de M. le duc d'Orléans envers M. le prince et envers les frondeurs, dit à M. le prince de Conti, le jour qu'il fut arrêté, que l'abbé de La Rivière étoit assurément gagné de la cour ou perdu auprès de son maître, et qu'ainsi il

---

(1) *Le jour qu'ils choisirent*: Ce fut le 18 janvier 1650.

ne voyoit pas qu'il y eût un moment de sûreté pour M. le prince et pour lui. Le même prince de Marsillac avoit dit à La Moussaie, le jour précédent, que le capitaine de son quartier lui étoit venu dire qu'on l'avoit envoyé querir de la part du Roi et mené au Luxembourg ; et qu'étant dans la galerie en présence de M. le duc d'Orléans, M. Le Tellier lui avoit demandé si le peuple n'approuveroit pas que le Roi fît quelque action éclatante pour remettre son autorité : à quoi il avoit répondu que pourvu qu'on n'arrêtât point M. de Beaufort, il n'y avoit rien à quoi on ne consentît. Sur cela ce capitaine du quartier vint trouver le prince de Marsillac, et lui dit qu'on vouloit perdre M. le prince, et que de la façon qu'il voyoit les choses s'y disposer, ce devoit être dans très-peu de temps. La Moussaie promit de le dire, et néanmoins M. le prince a assuré depuis qu'il ne lui en avoit jamais parlé.

Cependant le cardinal voulant ajouter la raillerie à tout ce qu'il préparoit contre M. le prince, lui dit qu'il vouloit ce jour-là même lui sacrifier les frondeurs, et qu'il avoit donné ses ordres pour arrêter des Coutures, qui étoit le principal auteur de la sédition de Joly, et qui commandoit ceux qui avoient attaqué ses gens et son carrosse sur le Pont-Neuf ; mais que dans la crainte que les frondeurs, se voyant ainsi découverts, ne fissent quelque effort pour le retirer des mains de l'officier qui le devoit mener au bois de Vincennes, il falloit que M. le prince se donnât le soin d'ordonner les gendarmes et les chevau-légers du Roi pour le conduire sans désordre. M. le prince eut alors toute la confiance qu'il falloit pour être trompé. Il s'acquitta exactement de sa commission, et prit toutes les précautions nécessaires pour se faire mener sûrement en prison.

Le duc de Longueville étoit à Chaillot; et le cardinal lui manda par Prioleau, son agent, qu'il parleroit le jour même au conseil de la survivance du Vieux Palais de Rouen en faveur du fils du marquis de Beuvron, dépendant de lui; et qu'il la lui remettroit entre les mains, afin que cette maison la tînt de lui. Le duc de Longueville se rendit aussitôt au Palais-Royal le soir du 18 janvier 1650; et M. le prince, M. le prince de Conti et lui étant entrés dans la galerie de l'appartement de la Reine, ils y furent arrêtés par Guitant, capitaine de ses gardes. Quelque temps après on les fit monter dans un carrosse du Roi, qui les attendoit à la petite porte du jardin. Leur escorte se trouva bien plus foible qu'on n'avoit cru : elle étoit commandée par le comte de Miossens, lieutenant des gendarmes; et Comminges, lieutenant de Guitaut, son oncle, gardoit ces princes. Jamais des personnes de tant d'importance n'ont été conduites en prison par un si petit nombre de gens : il n'y avoit que seize hommes à cheval, et ce qui étoit en carrosse avec eux. L'obscurité et le mauvais chemin les firent verser, et ainsi donnèrent un temps considérable à ceux qui auroient voulu entreprendre de les délivrer : mais personne ne se mit en devoir de le faire.

On vouloit arrêter en même temps le prince de Marsillac et La Moussaie; mais on ne les rencontra pas. On envoya M. de La Vrillière, secrétaire d'État, porter un ordre à madame de Longueville d'aller trouver la Reine au Palais-Royal, où on avoit dessein de la retenir. Au lieu d'obéir, elle résolut, par le conseil du prince de Marsillac, de partir à l'heure même pour aller en très-grande diligence en Normandie, afin d'engager cette province et le parlement de Rouen à prendre le parti des princes, et s'assurer de ses amis, des places du duc de Longueville et du Havre-de-Grâce. Mais comme il falloit, pour pouvoir sortir de Paris, qu'elle ne fût point connue, et comme elle vouloit emmener avec elle mademoiselle de Longueville, et que n'ayant ni son carrosse ni ses gens, elle étoit obligée de les attendre en un lieu où on ne pût la découvrir; elle se retira dans une maison particulière, d'où elle vit les feux de joie et les autres marques de la réjouissance publique pour la détention de messieurs ses frères et de son mari. Enfin, ayant les choses nécessaires pour sortir, le prince de Marsillac l'accompagna en ce voyage : mais après avoir essayé inutilement de gagner le parlement de Rouen, elle se retira à Dieppe, qui ne lui servit de retraite que jusqu'à la venue de la cour, qui fut si prompte et qui la pressa de telle sorte, que pour se garantir d'être arrêtée par les bourgeois de Dieppe, et par Le Plessis-Bellière, qui y étoit allé avec des troupes de la part du Roi, elle fut contrainte de s'embarquer avec beaucoup de péril, et de passer en Hollande pour gagner Stenay, où M. de Turenne s'étoit retiré dès la prison des princes.

Le prince de Marsillac partit de Dieppe quelque temps avant madame de Longueville, et s'en alla dans son gouvernement de Poitou, pour y disposer les choses à la guerre, et pour essayer avec les ducs de Bouillon, de Saint-Simon et de La Force de renouveler les mécontentemens du parlement et de la ville de Bordeaux, afin de les obliger à prendre les intérêts de M. le prince comme y étant engagés, puisque les manifestes de la cour depuis sa prise ne lui imputoient point de plus grand crime que d'avoir protégé avec trop de chaleur les intérêts de leur ville (1).

L'autorité de la cour parut alors plus affermie que jamais par la prison des princes et par la réconciliation des frondeurs. La Normandie avoit reçu le Roi avec une entière soumission, et les places du duc de Longueville s'étoient rendues sans résistance. Le duc de Richelieu fut chassé du Havre. La Bourgogne imita la Normandie. Bellegarde fit une résistance honteuse. Le château de Dijon et Saint-Jean-de-Losne suivirent l'exemple des places de M. de Longueville. Le duc de Vendôme fut pourvu du gouvernement de Bourgogne; le comte d'Harcourt de celui de Normandie; le maréchal de L'Hôpital de ceux de Champagne et de Brie, et le comte de Saint-Aignan de celui de Berri. Montrond ne fut pas donné, parce qu'il n'y

(1) *Les intérêts de leur ville* : L'édition de 1723 ajoute les réflexions suivantes : « Pour ce qui est des raisons qui ont obligé le cardinal à
« arrêter M. le prince, je suis persuadé qu'il n'y en avoit point de
« bonnes, et que toutes les règles de la politique étoient contre ce des-
« sein-là, comme les événemens l'ont fait voir : outre que jusque là
« M. le prince n'avoit pas même été soupçonné de la moindre pensée
« contre l'Etat. Je crois donc que non-seulement le cardinal a voulu être
« par là le maître de la cour, mais encore qu'il n'a pu souffrir la ma-
« nière aigre et méprisante avec laquelle le prince de Condé le traitoit
« en public, afin de regagner dans le monde ce que leur réconciliation
« lui avoit ôté. Il faisoit la même chose dans les conseils particuliers
« pour le détruire dans l'esprit de la Reine, et y prendre le poste qu'il
« y occupoit. Enfin l'aigreur augmentant entre M. le prince et lui, il se
« hâta de le perdre, pour ne lui pas donner le temps de se réconcilier
« avec les frondeurs. »

avoit point de garnison ; celles de Clermont et de Damvilliers se révoltèrent ; Marsin, qui commandoit l'armée de Catalogne, fut arrêté prisonnier : on lui ôta Tortose, dont il étoit gouverneur ; et du côté de Champagne il n'y eut que Stenay qui demeura dans le parti des princes ; et presque tous leurs amis voyant tant de malheurs arrivés en si peu de temps, se contentèrent de les plaindre, sans se mettre en devoir de les faire cesser.

Madame de Longueville et M. de Turenne s'étoient, comme je l'ai dit, retirés à Stenay ; le duc de Bouillon à Turenne. Le prince de Marsillac, que l'on nommera désormais le duc de La Rochefoucauld par la mort de son père, arrivée en ce même temps, étoit dans ses maisons en Angoumois ; le duc de Saint-Simon dans son gouvernement de Blaye, et le maréchal de La Force en Guienne.

Ils témoignèrent d'abord un zèle égal pour M. le prince ; et lorsque les ducs de Bouillon et de La Rochefoucauld eurent fait ensemble le projet de la guerre de Guienne, le duc de Saint-Simon, à qui ils en donnèrent avis, offrit de recevoir M. le duc d'Enghien dans sa place ; mais ce sentiment ne lui dura pas long-temps.

Cependant le duc de La Rochefoucauld jugeant de quelle importance il étoit au parti de faire voir qu'on prenoit les armes, non-seulement pour la liberté de M. le prince, mais encore pour la conservation de celle de monsieur son fils, il envoya Gourville, de la participation du duc de Bouillon, à madame la princesse la mère (reléguée à Chantilly, et gardée par un exempt, aussi bien que madame la princesse sa belle-fille et M. le duc d'Enghien), avec charge de lui dire l'état des choses, et de lui faire comprendre que la personne de M. le duc d'Enghien étant exposée à toutes les rigueurs de la cour, il falloit tout à la fois l'en mettre à couvert, et le rendre l'un des principaux instrumens de la liberté de monsieur son père : qu'il étoit nécessaire pour ce dessein que lui et madame la princesse sa mère se rendissent secrètement à Brezé en Anjou près de Saumur, où le duc de La Rochefoucauld offroit de les aller prendre avec cinq cents gentilshommes, et de les conduire à Saumur, si le dessein qu'il avoit sur cette place réussissoit; ou, en tout cas, les mener à Turenne, où le duc de Bouillon se joindroit à eux pour les accompagner à Blaye, en attendant que lui et le duc de Saint-Simon eussent achevé de disposer le parlement et la ville de Bordeaux à les recevoir. Quelque avantageuse que fût cette proposition, il étoit difficile de prévoir si elle seroit suivie ou rejetée par madame la princesse douairière, dont l'humeur inégale, timide et avare, étoit peu propre à entreprendre et à soutenir un tel dessein.

Toutefois, bien que le duc de La Rochefoucauld fût incertain du parti qu'elle prendroit, il fut contraint cependant de se mettre en état d'exécuter ce qu'il lui avoit envoyé proposer, et d'assembler pour ce sujet ses amis sous un prétexte qui ne fît rien connoître de son intention, afin d'être prêt à partir dans le temps de l'arrivée de Gourville, qu'il attendoit à toute heure. Il crut n'en pouvoir prendre un plus spécieux que celui de l'enterrement de son père, dont la cérémonie se devoit faire à Verteuil, l'une de ses maisons. Il convia pour cet effet toute la noblesse des provinces voisines, et manda à tout ce qui pouvoit porter les armes dans ses terres de s'y trouver : de sorte qu'en très-peu de temps il assembla plus de deux mille chevaux et huit cents hommes de pied. Outre ce corps de noblesse et d'infanterie, Bins, colonel allemand, lui promit de se joindre à lui avec son régiment, pour servir M. le prince ; et ainsi le duc de La Rochefoucauld se crut en état d'exécuter en même temps deux desseins considérables pour le parti qui se formoit : l'un étoit celui qu'il avoit envoyé proposer à madame la princesse douairière, et l'autre étoit de se saisir de Saumur.

Ce gouvernement avoit été donné à Guitaut après la mort du maréchal de Brezé, pour récompense d'avoir arrêté M. le prince. C'est une place qui se pouvoit rendre très-importante dans une guerre civile, étant située au milieu du royaume et sur la rivière de Loire, entre Tours et Angers ; un gentilhomme nommé de Mons y commandoit sous le maréchal de Brezé ; et sachant que Comminges, neveu de Guitaut, y alloit avec les ordres du Roi, et menoit deux mille hommes de pied pour l'assiéger s'il refusoit de sortir, il différa, sur quelque prétexte qu'il prit, de remettre la place entre les mains de Comminges, et manda au duc de La Rochefoucauld qu'il l'en rendroit maître et prendroit son parti, s'il vouloit y mener des troupes : le marquis de Jarzé lui offrit aussi de se jeter dans la place avec ses amis, et de la défendre, pourvu que le duc de La Rochefoucauld lui promît par écrit de le venir secourir dans le temps qu'il lui avoit marqué. Ces conditions furent d'autant plus volontiers acceptées et signées du duc de La Rochefoucauld, que les deux desseins dont je viens de parler convenoient ensemble, et se pouvoient exécuter en même temps.

Dans cette vue, le duc de La Rochefoucauld fit assembler toute la noblesse qui étoit chez lui pour les funérailles de son père, et leur dit qu'ayant évité d'être arrêté prisonnier à Paris avec M. le prince, il se trouvoit peu en sûreté dans ses terres, qui étoient environnées de gens de guerre qu'on avoit affecté de disperser tout autour sous le prétexte du quartier d'hiver, mais en effet pour pouvoir le surprendre dans sa maison; qu'on lui offroit une retraite assurée dans une place voisine, et qu'il demandoit à ses véritables amis de l'y vouloir accompagner, et laissoit la liberté aux autres de faire ce qu'ils voudroient. Plusieurs parurent embarrassés de cette proposition, et prirent divers prétextes pour se retirer. Le colonel Bins fut un des premiers qui lui manqua de parole; mais il y eut sept cents gentilshommes qui lui promirent de le suivre. Avec ce nombre de cavalerie, et l'infanterie qu'il avoit tirée de ses terres, il prit le chemin de Saumur, qui étoit celui que Gourville devoit prendre pour le venir joindre : ce qu'il fit le même jour. Il lui rapporta que madame la princesse la mère avoit approuvé son conseil ; qu'elle se résolvoit de le suivre ; mais qu'étant obligée de garder bien des mesures pour la cour, il lui falloit du temps et beaucoup de précaution pour exécuter un dessein dont les suites devoient être si grandes ; qu'elle étoit peu en état d'y contribuer de son argent, et que tout ce qu'elle pouvoit faire alors étoit de lui envoyer vingt mille francs. Le duc de La Rochefoucauld voyant son premier dessein retardé, se résolut de continuer celui de Saumur; mais, bien qu'il y arrivât huit jours avant la fin du temps que le gouverneur lui avoit promis de tenir, il trouva la capitulation faite, et que le marquis de Jarzé n'avoit point exécuté ce dont il étoit convenu avec lui : de sorte qu'il fut obligé de retourner sur ses pas. Il défit dans sa marche quelques compagnies de cavalerie des troupes du Roi; et étant arrivé chez lui, il congédia la noblesse qui l'avoit suivi, et en repartit bientôt après, parce que le maréchal de La Meilleraye marchant vers lui avec toutes ses troupes, il se trouvoit obligé de se retirer à Turenne chez le duc de Bouillon, après avoir jeté dans Montrond cinq cents hommes de pied, et cent chevaux qu'il avoit levés et armés avec une diligence extrême.

En arrivant à Turenne, le duc de Bouillon et lui eurent nouvelles que madame la princesse et M. le duc d'Enghien ayant suivi leur conseil, étoient partis secrètement de Montrond, et s'en venoient à Turenne pour se mettre entre leurs mains. Mais ils apprirent en même temps que le duc de Saint-Simon ayant reçu des lettres de la cour et su la prise de Bellegarde, n'étoit plus dans les mêmes sentimens, et que son soudain changement avoit refroidi tous ses amis de Bordeaux, qui jusque là paroissoient les plus zélés pour les intérêts de M. le prince. Néanmoins Langlade, dont le duc de Bouillon s'étoit servi dans toute cette négociation, et qui sait mieux que nul autre tout ce qui se passa dans cette guerre, les raffermit avec beaucoup de peine et d'adresse, et revint en donner avis au duc de Bouillon, qui assembla trois cents gentilshommes de ses amis pour aller recevoir madame la princesse et monsieur son fils. Le duc de La Rochefoucauld manda aussi ses amis, qui le vinrent joindre bientôt après, au nombre de trois cents gentilshommes conduits par le marquis de Sillery, bien que le maréchal de La Meilleraye les menaçât de les faire piller par ses troupes, s'ils retournoient le trouver.

Le duc de Bouillon, outre ses amis, leva douze cents hommes d'infanterie de ses terres; et sans attendre les troupes du marquis de Sillery, ils marchèrent ainsi vers les montagnes d'Auvergne, par où madame la princesse et monsieur son fils devoient passer, étant conduits par Chavagnac. Les ducs de Bouillon et de La Rochefoucauld les attendirent deux jours, avec leurs troupes, dans un lieu nommé La Bomie, où madame la princesse et monsieur son fils étant enfin arrivés, avec des fatigues insupportables à des personnes d'un sexe et d'un âge si peu capables d'en souffrir, ils les conduisirent à Turenne, où s'étoient rendus en même temps les comtes de Meille, de Coligny, Guitaut, le marquis de Cessac, Beauvais, Chanterac, Briole, le chevalier de Rivière, et beaucoup de personnes de qualité et d'officiers des troupes de M. le prince, qui servirent durant cette guerre avec beaucoup de fidélité et de valeur. Madame la princesse demeura huit jours à Turenne, pendant lesquels on prit Brives-la-Gaillarde, et cent maîtres de la compagnie de gendarmes du prince Thomas, qui s'y étoient retirés.

Ce séjour fait à Turenne par nécessité, en attendant qu'on eût remis la plupart des esprits de Bordeaux, chancelans et découragés par la conduite du duc de Saint-Simon, et qu'on y pût aller en sûreté, donna loisir au général de La Valette, frère naturel du duc d'Epernon, qui commandoit l'armée du Roi, de se trouver sur le chemin de madame la princesse, pour lui empêcher le passage ; mais étant demeuré à une maison du duc de Bouillon nommée Rochefort, lui et le duc de La Rochefoucauld marchèrent au général de La Valette, et le joignirent à Monclar en Périgord, d'où ayant lâché le pied sans combattre, il se retira par des bois à Bergerac, après avoir perdu son bagage. Madame la princesse reprit ensuite le chemin de Bordeaux, sans rien trouver qui s'opposât à son passage. Il ne restoit plus qu'à surmonter les difficultés qui se rencontroient dans la ville. Elle étoit partagée en diverses cabales. Les créatures du duc d'Epernon, et ceux qui suivoient les nouveaux sentimens du duc de Saint-Simon, s'étoient joints avec ceux qui servoient la cour, et entre autres avec le sieur de Lavie, avocat général au parlement de Bordeaux, homme habile et ambitieux. Ils faisoient tous leurs efforts pour faire fermer les portes de la ville à madame la princesse. Néanmoins, dès qu'on sut à Bordeaux qu'elle et M. le duc d'Enghien devoient arriver à Lormont près de la ville, tout le monde donna des marques publiques de réjouissance ; il en sortit un grand nombre au devant d'elle : on couvrit leur chemin de fleurs, et le bateau qui les conduisoit fut suivi de tous ceux qui étoient sur la rivière. Les vaisseaux du port les saluèrent de toute l'artillerie, et ils entrèrent ainsi à Bordeaux [1], nonobstant

(1) *A Bordeaux :* Cette entrée eut lieu le 31 mai 1650.

l'effort qu'on avoit fait sous main pour les en empêcher.

Cependant le parlement et les jurats, qui sont les échevins de Bordeaux, ne les visitèrent pas en corps; mais il n'y eut presque point de particulier qui ne leur donnât des assurances de service. Toutefois les cabales dont je viens de parler empêchèrent d'abord que les ducs de Bouillon et de La Rochefoucauld ne fussent reçus dans la ville : ils passèrent deux ou trois jours dans le faubourg des Chartreux, où tout le peuple alla en foule les voir, et leur offrir de les faire entrer par force. Ils n'acceptèrent pas ce parti, mais se contentèrent d'entrer le soir pour éviter le désordre.

Il n'y avoit alors dans la province de troupes du Roi assemblées que celles que commandoit le général de La Valette, qui étoit près de Libourne. Celles des ducs de Bouillon et de La Rochefoucauld consistoient, comme j'ai dit, en six cents gentilshommes de leurs amis, et l'infanterie sortie de Turenne : et ainsi n'étant point des troupes réglées, il étoit impossible de les retenir plus long-temps; de sorte qu'on jugea bien qu'il falloit se hâter de rencontrer le général de La Valette, et pour cet effet on marcha à lui vers Libourne. Mais en ayant eu avis il se retira, et évita une seconde fois le combat, jugeant bien que la noblesse étant sur le point de s'en retourner, il se rendroit, en ne combattant point, certainement maître de la campagne.

En ce même temps le maréchal de La Meilleraye eut ordre de marcher vers Bordeaux avec son armée par le pays d'entre deux mers, et le Roi s'avança vers Libourne. Ces nouvelles firent hâter le duc de Bouillon et le duc de La Rochefoucauld de faire leurs levées, malgré les empêchemens continuels qu'ils y rencontroient, tant par le manque d'argent que par le grand nombre des gens du parlement et de la ville qui traversoient sous main leurs desseins. On en vint même à une extrémité qui pensa causer de grands désordres; car un officier espagnol étant venu trouver madame la princesse de la part du roi d'Espagne, et ayant apporté vingt ou vingt-cinq mille écus pour pourvoir aux besoins les plus pressans, le parlement, qui jusques alors avoit toléré qu'on eût reçu madame la princesse et monsieur son fils, et qui ne s'étoit point encore, comme le peuple, expliqué en leur faveur, ni témoigné ses sentimens sur ce qui s'étoit passé entre les troupes du Roi et celles qui les avoient poussées, crut qu'il suffisoit de s'opposer à la réception de cet envoyé d'Espagne dans Bordeaux, pour justifier par une seule action toute sa conduite passée, et afin que, privant ainsi le parti du secours qu'il attendoit d'Espagne, il le réduisît à recevoir la loi qu'on lui voudroit imposer; de sorte que le parlement s'étant assemblé, ordonna que l'officier espagnol sortiroit de Bordeaux à l'heure même. Mais le peuple ayant connu quelles seroient les suites de cet arrêt, prit aussitôt les armes, investit le Palais, et menaça d'y mettre le feu, si le parlement ne révoquoit ce qu'il venoit de résoudre. D'abord on crut que l'on dissiperoit facilement cette émotion en faisant paroître les jurats; mais le trouble augmentant par le retardement qu'on apportoit à la révocation de l'arrêt, le parlement envoya donner avis aux ducs de Bouillon et de La Rochefoucauld de ce désordre, et les prier de le faire cesser. Ils ne furent pas fâchés qu'on eût besoin d'eux en cette rencontre; mais, outre qu'il leur importoit de tout que le peuple obtînt la cassation de l'arrêt avant que de laisser le Palais libre, ils craignoient encore que, paroissant régler les mouvemens de la sédition, on ne leur imputât de l'avoir causée. Ainsi ils résistèrent d'abord à faire ce que le parlement désiroit d'eux; mais enfin voyant que les choses s'échauffoient à un point qu'il n'y avoit plus de temps à perdre, ils coururent au Palais, suivis de leurs gardes et de plusieurs de leurs amis. Ce grand nombre, qui étoit nécessaire pour leur sûreté, leur parut capable d'augmenter le désordre. Ils craignirent que tant de gens mêlés ensemble sans se connoître ne fissent naître des accidens qui pourroient porter les choses à la dernière extrémité, et même que le peuple ne s'imaginât, en les voyant arriver si bien accompagnés, qu'ils ne voulussent le faire retirer par force, et prendre le parti du parlement. Dans cette pensée ils firent retirer tout ce qui les suivoit, et s'abandonnèrent seuls et sans aucune précaution à tous les périls qu'ils pouvoient rencontrer dans un tel tumulte. Leur présence fit l'effet qu'ils désiroient : elle arrêta la fureur du peuple dans le moment qu'il alloit mettre le feu au Palais. Ils se rendirent médiateurs entre le parlement et lui. L'envoyé d'Espagne eut dès-lors toute la sûreté qu'il désiroit, et l'arrêt d'union fut donné en la manière qu'on le demandoit.

Ensuite de ces choses, les ducs de Bouillon et de La Rochefoucauld jugèrent qu'il étoit nécessaire de faire une revue générale des bourgeois pour leur faire connoître leurs forces, et les disposer peu à peu à se résoudre de soutenir un siége. Ils voulurent eux-mêmes les mettre en bataille, bien qu'ils eussent reçu plusieurs avis qu'il y avoit des gens gagnés pour les assassiner. Néanmoins, parmi les salves continuelles qui leur furent faites par plus de douze mille hommes, il n'arriva aucun accident qui leur donnât lieu d'ajouter foi à cet avis. On fit après travailler à quelques dehors; mais comme il venoit peu d'argent d'Espagne, on ne put mettre aucun ouvrage en défense; car dans toute cette guerre on n'a touché des Espagnols que deux cent vingt mille livres : le reste fut pris sur le convoi de Bordeaux, ou sur le crédit de madame la princesse, des ducs de Bouillon et de La Rochefoucauld, et de M. Lenet (1). On leva néanmoins en très-peu de temps près de trois mille hommes de pied et sept ou huit cents chevaux. On prit Castelnau, distant de quatre lieues de Bordeaux; et on se seroit étendu davantage sans les nouvelles que l'on eut de l'approche du maréchal de La Meilleraye du côté d'entre deux mers, et de celle du duc d'Epernon, qui vint joindre le général de La Valette. Sur cet avis, le marquis de Sillery fut dépêché en Espagne, pour dire l'état des affaires, et hâter le secours d'hommes, de vaisseaux et d'argent qu'on en attendoit.

Cependant on laissa garnison dans Castelnau, et on se retira avec le reste des troupes à Blanquefort, qui est à deux lieues de Bordeaux, où le duc d'Epernon vint attaquer le quartier. Les ducs de Bouillon et de La Rochefoucauld étoient retournés à Bordeaux;

(1) *M. Lenet*: Il étoit l'homme de confiance de la jeune princesse de Condé. Ses Mémoires font partie de cette série.

et Le Chambon, maréchal de camp, commandoit les troupes. Elles étoient de beaucoup plus foibles que celles du duc d'Epernon. Néanmoins, bien que Le Chambon ne pût défendre l'entrée de son quartier, les canaux et les marais qui en environnoient l'autre partie lui donnèrent moyen de se retirer sans être rompu, et de sauver les troupes et tout le bagage. Sur le bruit de ce combat, les ducs de Bouillon et de La Rochefoucauld partirent de Bordeaux avec un grand nombre de bourgeois, et ayant joint leurs troupes, retournèrent vers le duc d'Epernon, avec dessein de le combattre. Mais le pays étant tout coupé de canaux, ils ne purent en venir aux mains. On escarmoucha long-temps de part et d'autre : le duc d'Epernon y perdit quelques officiers et beaucoup de soldats. Il y en eut moins de tués du côté de Bordeaux : Guitaut et La Roussière y furent blessés.

Depuis cela les troupes du maréchal de La Meilleraye et celles du duc d'Epernon serrèrent Bordeaux de plus près. Ils reprirent même l'île de Saint-Georges, qui est dans la Garonne, à quatre lieues au-dessus de la ville, et où l'on avoit commencé quelques fortifications. Elle fut défendue durant trois ou quatre jours avec assez de vigueur, parce qu'à chaque marée on y envoyoit de Bordeaux un régiment frais qui en relevoit la garde. Le général de La Valette y fut blessé, et mourut peu de jours après. Mais enfin les bateaux qui y avoient amené des troupes, et qui devoient ramener celles qu'on relevoit, ayant été coulés à fond par une batterie que le maréchal de La Meilleraye avoit fait dresser sur le bord de la rivière, la frayeur prit de telle sorte aux soldats et même aux officiers, qu'ils se rendirent tous prisonniers de guerre. Ainsi ceux de Bordeaux perdirent tout à la fois cette île, qui leur étoit importante, et douze cents hommes de leur meilleure infanterie. Ce désordre, et l'arrivée du Roi à Libourne, qui fit aussitôt attaquer le château de Vaire, à deux lieues de Bordeaux, apportèrent une grande consternation dans la ville. Le parlement et le peuple se voyoient à la veille d'être assiégés par le Roi, et manquoient de toutes les choses nécessaires pour se défendre : nul secours ne leur venoit d'Espagne, et la crainte avoit enfin réduit le parlement à s'assembler pour délibérer s'il enverroit des députés demander la paix aux conditions qu'il plairoit au Roi, lorsqu'on apprit que Vaire étoit pris, et que le gouverneur, nommé Richon, s'étant rendu à discrétion, avoit été pendu. Cette sévérité, par laquelle le cardinal croyoit jeter la terreur et la division dans Bordeaux, fit un effet tout contraire ; car cette nouvelle étant venue dans un temps où les esprits étoient, comme je l'ai dit, étonnés et chancelans, les ducs de Bouillon et de La Rochefoucauld surent si bien se prévaloir d'une telle conjoncture, qu'ils remirent leurs affaires en meilleur état qu'elles n'avoient encore été, en faisant pendre en même temps le nommé Canole, qui commandoit dans l'île de Saint-Georges la première fois que ceux de Bordeaux s'en saisirent, et qui s'étoit aussi rendu à eux à discrétion. Mais afin que le parlement et le peuple partageassent avec les généraux une action qui n'étoit pas moins nécessaire qu'elle paroissoit hardie, ils firent juger Canole par un conseil de guerre où présidoit madame la princesse et M. le duc d'Enghien, et

qui étoit aussi composé non-seulement des officiers
des troupes, mais encore de deux députés du parlement, qui y assistoient toujours, et de trente-six capitaines de la ville. Tous condamnèrent d'une voix ce
gentilhomme, qui n'avoit d'autre crime que son malheur; et le peuple animé lui donna à peine le temps
d'être exécuté, qu'il voulut déchirer son corps en
pièces. Cette action étonna la cour, et redonna
une nouvelle vigueur aux Bordelais. Ils passèrent si
promptement de la consternation au désir de se défendre, qu'ils se résolurent sans balancer à attendre
le siége, se fiant en leurs propres forces et aux promesses des Espagnols, qui les assuroient d'un prompt
et puissant secours.

Dans ce dessein, on se hâta de faire un fort de
quatre petits bastions à la Bastide, vis-à-vis de Bordeaux, de l'autre côté de la rivière. On travailla aussi
avec soin aux autres fortifications de la ville. Mais
bien qu'on représentât aux bourgeois qui avoient
des maisons dans le faubourg de Saint-Surin qu'il
seroit attaqué le premier, et qu'il étoit capable de loger toute l'infanterie du Roi, ils ne voulurent jamais
consentir qu'on en brûlât ou qu'on en fît raser aucune. Ainsi tout ce qu'on put faire fut d'en couper
les avenues par des barricades, et d'en percer les
maisons. On ne s'y résolut même que pour contenter
le peuple, et non pas pour espérer de défendre un
lieu de si grande garde avec des bourgeois et par le
peu de troupes qui restoient, lesquelles ne montoient
pas à sept ou huit cents hommes de pied et trois cents
chevaux. Néanmoins, comme on dépendoit du peuple et du parlement, il fallut les satisfaire contre les

règles de la guerre, et entreprendre de défendre le faubourg de Saint-Surin, bien qu'il fût ouvert de tous les côtés. La porte de la ville qui en est la plus proche est celle de Dijaux ; elle fut trouvée si mauvaise, parce qu'elle n'est défendue de rien et qu'on y arrive de plein pied, qu'on jugea à propos de la couvrir d'une demi-lune. Mais comme on manquoit de tout, on fut contraint de se couvrir d'une petite hauteur de fumier qui étoit devant la porte, laquelle étant escarpée en forme d'ouvrage à cornes, sans parapet et sans fossé, se trouva néanmoins la plus grande défense de la ville.

Le Roi étant demeuré à Bourg, le cardinal vint à l'armée. Elle étoit de huit mille hommes de pied, et de près de trois mille chevaux. On y résolut d'autant plus tôt d'attaquer le faubourg de Saint-Surin, que n'y ayant que les avenues de gardées, on pouvoit sans péril gagner les maisons, entrer par là dans le faubourg, et couper même ceux qui défendoient les barricades et l'église, sans qu'ils pussent se retirer dans la ville : on croyoit de plus que la demi-lune ne pouvant être défendue, on se logeroit dès le premier jour à la porte de Dijaux. Pour cet effet, le maréchal de La Meilleraye fit attaquer en même temps les barricades et les maisons du faubourg, et Palluau avoit ordre d'y entrer par le palais Galien, et de couper entre le faubourg et la ville droit à la demi-lune ; mais n'étant pas arrivé dans le temps que le maréchal de La Meilleraye fit donner, on trouva plus de résistance qu'on n'avoit cru. L'escarmouche avoit commencé dès que les troupes du Roi s'étoient avancées. Ceux de la ville avoient mis des mousquetaires dans des haies et dans des vignes qui couvroient le faubourg. Ils arrêtèrent d'abord les troupes du Roi avec une assez grande perte. Choupes, maréchal de camp, y fut blessé, et plusieurs officiers tués. Le duc de Bouillon étoit dans le cimetière de l'église de Saint-Surin, avec ce qu'il avoit pu faire sortir de bourgeois pour rafraîchir les postes. Le duc de La Rochefoucauld étoit à la barricade où se faisoit la principale attaque; et après qu'elle eut enfin été emportée, il alla joindre le duc de Bouillon. Beauvais, Chanterac et le chevalier Todias y furent faits prisonniers : le feu fut très-grand de part et d'autre; il y eut cent ou six vingts hommes de tués du côté des ducs, et près de cinq cents de celui du Roi. Le faubourg néanmoins fut emporté; mais on ne passa pas plus outre, et on se résolut d'ouvrir la tranchée pour prendre la demi-lune. On fit aussi une autre attaque par les allées de l'Archevêché. J'ai déjà dit qu'il n'y avoit point de fossé à la demi-lune : de sorte que pouvant être emportée facilement, les bourgeois n'y voulurent point entrer en garde, et se contentèrent de tirer de derrière leurs murailles. Les assiégeans l'attaquèrent trois fois avec leurs meilleures troupes, et à la dernière ils entrèrent même dedans; mais ils en furent repoussés par le duc de La Rochefoucauld, qui y arriva avec ses gardes et ceux de M. le prince, dans le temps que ceux qui défendoient la demi-lune avoient plié, et en étoient sortis. Trois ou quatre officiers de Noailles furent pris dedans, et le reste fut tué ou chassé. Les assiégés firent trois grandes sorties, à chacune desquelles ils nettoyèrent la tranchée, et brûlèrent le logement des assiégeans. La Chapelle-Biron, maréchal de camp des troupes du duc de Bouillon, fut tué à la dernière. Enfin, après treize jours de tranchée ouverte, le siége n'étoit pas plus avancé que le premier jour. Mais comme il y avoit trop peu d'infanterie dans Bordeaux sans les bourgeois pour relever la garde des postes attaqués, et que ce qui n'avoit point été tué ou blessé étoit presque hors de combat à force de tirer, et par la fatigue de treize jours de garde, le duc de Bouillon les fit rafraîchir par la cavalerie, qui mit pied à terre ; et lui et le duc de La Rochefoucauld y demeurèrent les quatre ou cinq derniers jours sans en partir, afin d'y retenir plus de gens par leur exemple.

Cependant M. le duc d'Orléans et les frondeurs voyant que non-seulement on transféroit les princes à Marcoussis, mais qu'on se disposoit à les mener au Havre, et craignant que la chute de Bordeaux ne rendît la puissance du cardinal plus formidable, ils ne voulurent point attendre l'événement du siége de Bordeaux, et firent partir des députés pour s'entremettre de la paix. Ces députés furent les sieurs Le Meunier et Bitaut, conduits par Le Coudray-Montpensier de la part de M. le duc d'Orléans. Ils arrivèrent à Bourg pour faire des propositions de paix au Roi : ils en donnèrent avis au parlement de Bordeaux, et l'on convint de part et d'autre de faire une trève de quinze jours. Dès qu'elle fut résolue, Le Coudray-Montpensier et les deux députés de Paris entrèrent dans la ville pour y porter les choses au point qu'ils désiroient. La cour vouloit la paix, craignant l'événement du siége, et voyant les troupes rebutées par une résistance d'autant plus opiniâtre que les assiégés espéroient le secours d'Espagne et celui du maréchal de La Force, qui étoit sur le point de se déclarer. D'autre part, le parlement de Bordeaux, ennuyé des longueurs et des périls du siége, se déclara pour la paix. Les cabales de la cour et celles du duc d'Epernon agissoient puissamment pour y disposer le reste de la ville; l'infanterie étoit ruinée, et les secours d'Espagne avoient trop souvent manqué pour s'y pouvoir encore raisonnablement attendre. Toutes ces raisons firent résoudre le parlement de Bordeaux à envoyer des députés à Bourg, où étoit la cour. Il convia madame la princesse et les ducs de Bouillon et de La Rochefoucauld d'y envoyer aussi. Mais comme ils n'avoient d'autres intérêts que la liberté des princes, et qu'ils ne pouvoient désirer la paix sans cette condition, ils se contentèrent de ne s'y opposer point, puisque aussi bien ils ne la pouvoient empêcher. Ils refusèrent donc d'y envoyer de leur part, et prièrent seulement les députés de la ville de ménager la sûreté et la liberté de madame la princesse et de M. le duc d'Enghien, avec le rétablissement de tout ce qui avoit été dans leur parti. Les députés allèrent à Bourg, et y traitèrent et conclurent la paix (1) avec le cardinal Mazarin, sans en communiquer les articles à madame la princesse, ni aux ducs de Bouillon et de La Rochefoucauld. Les conditions étoient que le Roi seroit reçu dans Bordeaux en la manière qu'il a accoutumé de l'être dans les autres villes de son royaume; que les troupes qui avoient soutenu le siége en sortiroient, et pourroient aller en sûreté joindre l'armée de M. de Turenne à Stenay; que tous les priviléges de la ville et du parlement seroient maintenus; que le château Trompette demeu-

(1) *Et conclurent la paix :* Ce traité fut signé le 28 septembre 1650.

reroit démoli; que madame la princesse et M. le duc d'Enghien pourroient se retirer à Montrond, où le Roi entretiendroit pour leur sûreté une très-petite garnison, qui seroit choisie de leur main; que le duc de Bouillon pourroit aller à Turenne; et le duc de La Rochefoucauld, qui étoit, comme je l'ai dit, gouverneur de Poitou, se devoit retirer chez lui sans faire les fonctions de sa charge, et sans avoir aucun dédommagement pour sa maison de Verteuil, que le Roi avoit fait raser.

Dans le temps que madame la princesse et monsieur son fils sortoient de Bordeaux par eau, accompagnés des ducs de Bouillon et de La Rochefoucauld, pour aller mettre pied à terre à L'Ormont et prendre le chemin de Coutras, ils rencontrèrent le maréchal de La Meilleraye, qui alloit en bateau à Bordeaux. Il se mit dans celui de madame la princesse, et lui proposa d'abord d'aller à Bourg voir le Roi et la Reine, lui faisant espérer qu'on accorderoit peut-être aux prières et aux larmes d'une femme ce qu'on avoit cru devoir refuser lorsqu'on l'avoit demandé les armes à la main. Quelque répugnance qu'eût madame la princesse à faire ce voyage, les ducs de Bouillon et de La Rochefoucauld lui conseillèrent de la surmonter, et de suivre l'avis du maréchal de La Meilleraye, afin qu'on ne pût lui reprocher d'avoir négligé aucune voie pour obtenir la liberté de monsieur son mari : outre qu'ils jugeoient bien qu'une entrevue comme celle-là, qui ne pouvoit avoir été concertée avec les frondeurs ni avec M. le duc d'Orléans, leur donneroit sans doute de l'inquiétude, et pourroit produire des effets considérables. Le maréchal de La Meilleraye retourna à Bourg porter la nouvelle de l'acheminement de madame la princesse et de sa suite. Ce changement si soudain surprit Mademoiselle, et lui fit croire que l'on traitoit beaucoup de choses sans la participation de monsieur son père; elle y fut encore confirmée par les longues et particulières conférences que le duc de Bouillon et le duc de La Rochefoucauld eurent séparément avec le cardinal, dans le dessein de le faire résoudre de donner la liberté aux princes, ou au moins de le rendre suspect à M. le duc d'Orléans. Ils étoient convenus de parler au cardinal dans le même sens, et de lui représenter que M. le prince lui seroit d'autant plus obligé de cette grâce, qu'il savoit bien qu'il n'y étoit pas contraint par la guerre; qu'il lui étoit glorieux de faire voir qu'il pouvoit le ruiner et le rétablir en un moment; que le procédé des frondeurs lui devoit faire connoître leur dessein d'avoir les princes en leur disposition, afin de les perdre s'il leur étoit utile de le faire, ou de le perdre lui-même avec plus de facilité en leur donnant la liberté, et en les engageant par ce moyen à travailler de concert à sa ruine et à celle de la Reine; que la guerre étoit finie en Guienne, mais que le dessein de la recommencer dans tout le royaume ne finiroit jamais qu'avec la prison des princes; et qu'il devoit en être d'autant plus persuadé, qu'eux-mêmes ne craignoient pas de le lui dire lorsqu'ils étoient entre ses mains, et n'avoient autre sûreté que sa parole. Ils lui représentèrent encore que les cabales se renouveloient de toutes parts dans le parlement de Paris et dans les autres parlemens du royaume, pour procurer la liberté des princes, où pour les ôter de ses mains : que pour eux, ils lui déclaroient qu'ils favoriseroient tous les desseins qu'on feroit pour les tirer de prison, et que tout ce qu'ils pouvoient faire pour lui étoit de souhaiter qu'ils lui en eussent l'obligation préférablement à tous autres. Ce fut à peu près le discours qu'ils tinrent au cardinal, et il eut une partie du succès qu'ils désiroient ; car, outre qu'il en fut ébranlé, il donna de la jalousie à M. le duc d'Orléans et aux frondeurs : il leur ôta l'espérance d'avoir les princes entre leurs mains, et les fit enfin résoudre à se réunir avec eux, et à chercher de nouveau les moyens de perdre le cardinal, comme on le verra dans la suite.

Pendant que les choses se passoient ainsi, et que les soins de la cour étoient employés à pacifier les désordres de la Guienne, M. de Turenne tiroit de grands avantages de l'éloignement du Roi. Il avoit obligé les Espagnols à lui donner le commandement d'une partie de leurs troupes et de celles de M. de Lorraine. Il avoit joint tout ce qu'il avoit pu conserver de celles de M. le prince ; il étoit maître de Stenay, et n'avoit point d'ennemis qui lui fussent opposés. Ainsi rien ne l'empêchoit d'entrer en France et d'y faire des progrès considérables, que la répugnance que les Espagnols ont accoutumé d'avoir pour des desseins de cette nature, parce qu'ils craignent également de hasarder leurs troupes pour des avantages qui ne les regardent pas directement, et de se mettre en état qu'on leur puisse ôter la communication de leur pays : de sorte qu'ils crurent faire beaucoup d'assiéger Mouzon, qu'ils ne prirent qu'après un mois de tranchée ouverte. Néanmoins M. de Turenne surmonta toutes leurs difficultés, et les fit résoudre avec d'extrêmes peines de marcher droit à Paris, espérant que sa présence avec ses forces, et l'éloignement du Roi, y apporteroient assez de confusion et de trouble pour lui donner lieu d'entreprendre beaucoup de choses. Les amis de M. le prince commencèrent aussi alors à former des entreprises particulières pour le tirer de prison : le duc de Nemours s'étoit déclaré ouvertement pour ses intérêts ; et enfin tout sembloit contribuer au dessein de M. de Turenne. Pour ne pas donc perdre des conjonctures si favorables, il entra en Champagne, et prit d'abord Château-Portien et Rethel, qui firent peu de résistance. Il s'avança ensuite jusqu'à La Ferté-Milon ; mais y ayant su qu'on avoit transféré les princes au Havre-de-Grâce, les Espagnols ne voulurent pas passer plus outre, et il ne fut plus au pouvoir de M. de Turenne de s'empêcher de retourner à Stenay avec l'armée. Cependant il donna ses ordres pour fortifier Rethel ; et y laissa Delli-Ponti avec une garnison espagnole, ne croyant pas pouvoir mieux choisir pour confier une place qui étoit devenue très-importante, que de la donner à un homme qui en avoit si glorieusement défendu trois ou quatre des plus considérables de Flandre.

Le bruit de ces choses fit hâter le retour de la cour ; et les frondeurs, qui avoient été unis au cardinal tant que les princes étoient demeurés à Vincennes et à Marcoussis, dans l'espérance de les avoir en leur pouvoir, la perdirent entièrement lorsqu'ils les virent conduire au Havre. Ils cachèrent toutefois leur ressentiment contre lui sous les mêmes apparences dont ils s'étoient servis pour cacher leurs liaisons : car, bien que depuis la prison des princes ils eussent essayé de tirer sous main tous les avantages possibles de leur réconciliation avec le cardinal, ils affectoient toujours, néanmoins de son consentement, de faire croire qu'ils n'avoient point changé le dessein de le perdre, afin de conserver leur crédit parmi le peuple; de sorte que ce qu'ils faisoient dans le commencement, de concert avec le cardinal, leur servit contre lui-même dans le temps qu'ils désirèrent tout de bon de le ruiner. Leur haine s'augmenta encore par la hauteur avec laquelle le cardinal traita tout le monde à son retour. Il se persuada aisément qu'ayant fait conduire les princes au Havre et pacifié la Guienne, il s'étoit mis au-dessus des cabales; de sorte qu'il négligea ceux dont il avoit le plus de besoin, et ne songea qu'à assembler un corps d'armée pour reprendre Rethel et Château-Portien. Il en donna le commandement au maréchal Du Plessis-Praslin; il le fit partir avec beaucoup de diligence pour investir Rethel, se résolvant de se rendre à l'armée dans la fin du siége pour en avoir toute la gloire.

Cependant M. de Turenne donna avis aux Espagnols du dessein du cardinal, et se prépara pour s'y opposer. Delli-Ponti avoit répondu de tenir un temps assez considérable, et M. de Turenne prit sur cela ses mesures avec les Espagnols pour le secourir. Son dessein étoit de marcher avec une extrême diligence à Rethel, et de faire de deux choses l'une, ou d'obliger le maréchal Du Plessis à lever le siége, ou de charger les quartiers de son armée séparés; mais la lâcheté ou l'infidélité de Delli-Ponti rendit non-seulement ses desseins inutiles, mais le contraignit de combattre avec désavantage, et lui fit perdre la bataille; car Delli-Ponti s'étant rendu six jours plus tôt qu'il n'avoit promis, le maréchal Du Plessis, fortifié de nouvelles troupes, marcha une journée au devant de M. de Turenne, qui, ne pouvant éviter un combat si inégal, le donna avec beaucoup de valeur, mais avec un fort malheureux succès (1). Il rallia ce qu'il put de ses troupes; et au lieu de se retirer à Stenay, où sa présence sembloit être nécessaire, principalement pour raffermir les esprits étonnés de la perte de la bataille, il en jugea bien mieux, et alla trouver le comte de Fuensaldagne, non-seulement pour prendre ensemble leurs mesures sur les affaires présentes avec toute la diligence possible, mais aussi pour ne laisser pas imaginer aux Espagnols que ce qui venoit de lui arriver fût capable de lui faire prendre aucun dessein sans leur participation.

[1651]. Après cette victoire, le cardinal, qui s'étoit avancé jusqu'à Retheh, retourna à Paris comme en triomphe, et parut si enflé de cette prospérité, qu'il renouvela dans tous les esprits le dégoût et la crainte de sa domination.

On remarqua alors que la fortune disposa tellement de l'événement de cette bataille, que M. de Turenne, qui l'avoit perdue, devint par là nécessaire aux Espagnols, et eut le commandement entier de leur armée; et d'autre part le cardinal, qui s'attribuoit la gloire de cette action, réveilla contre lui, comme j'ai dit, l'envie et la haine publique. Les frondeurs jugèrent qu'il cesseroit de les considérer, parce qu'il cessoit d'en avoir besoin; et craignant qu'il ne les op-

___
(1) *Mais avec un fort malheureux succès* : La bataille de Rethel, où le maréchal Du Plessis vainquit Turenne, fut livrée le 15 décembre 1650.

primât pour régner seul ou pour les sacrifier à M. le prince, ils entrèrent dès-lors en traité avec le président Violé, Arnauld et Montreuil, serviteurs particuliers de M. le prince, qui lui mandoient toutes choses, et recevoient ses réponses.

Ce commencement de négociation en produisit plusieurs particulières et secrètes, tantôt avec M. le duc d'Orléans, madame de Chevreuse, le coadjuteur et M. de Châteauneuf, et tantôt avec le duc de Beaufort et madame de Montbazon. D'autres traitèrent avec le cardinal directement; mais comme madame la princesse palatine avoit alors plus de part que personne à la confiance des princes et à celle de madame de Longueville, elle avoit commencé toutes les diverses négociations dont je viens de parler, et étoit dépositaire de tant d'engagemens et de tant de traités, quelque opposés qu'ils pussent être, que se voyant chargée tout à la fois d'un si grand nombre de choses contraires, et craignant de devenir suspecte aux uns et aux autres, elle manda au duc de La Rochefoucauld qu'il étoit nécessaire qu'il se rendît à Paris sans être connu, afin qu'elle lui dît l'état de tous les partis qui s'offroient, et prendre ensemble la résolution de conclure avec celui qui pouvoit le plus avancer la liberté des princes.

Le duc de La Rochefoucauld se rendit à Paris avec une extrême diligence, et demeura toujours caché chez la princesse palatine, pour examiner avec elle ce qu'on venoit de toutes parts lui proposer. L'intérêt général des frondeurs étoit l'éloignement et la ruine entière du cardinal, à quoi ils demandoient que les princes contribuassent avec eux de tout leur pouvoir. Madame de Chevreuse désiroit que M. le prince de Conti épousât sa fille ; qu'après la chute du cardinal on mît M. de Châteauneuf dans la place de premier ministre, et que moyennant cela on donneroit à M. le prince le gouvernement de Guienne avec la lieutenance générale de cette province, et Blaye pour celui de ses amis qu'il choisiroit, et le gouvernement de Provence pour M. le prince de Conti. Le duc de Beaufort et madame de Montbazon n'avoient aucune connoissance de ce projet, et faisoient aussi un traité particulier que les autres ignoroient, lequel consistoit seulement à donner de l'argent à madame de Montbazon, et à lui faire obtenir pour son fils la survivance ou la récompense de quelqu'une des charges de son père. Le coadjuteur paroissoit sans autre intérêt que ceux de ses amis ; mais, outre qu'il croyoit rencontrer toute sa grandeur dans la perte du cardinal, il avoit une grande liaison avec madame de Chevreuse ; et on disoit que la beauté de mademoiselle sa fille avoit encore plus de pouvoir sur lui. M. de Châteauneuf ne voulut point paroître dans ce traité ; mais comme il avoit toujours été également attaché à madame de Chevreuse et devant et après sa prison, c'a toujours été aussi conjointement qu'ils ont pris toutes leurs mesures, tantôt avec le cardinal, et après avec ses ennemis ; de sorte qu'on se contenta des paroles que madame de Chevreuse donna pour lui. Mais comme il étoit dans une étroite liaison avec les plus considérables personnes de la maison du Roi, et qu'il avoit dans le parlement beaucoup d'amis dont il pouvoit disposer, il consentit qu'ils vissent secrètement madame la princesse palatine, et qu'ils lui promissent d'entrer avec lui dans

4.

tous ses engagemens. Il pouvoit encore beaucoup sur l'esprit de M. le duc d'Orléans; et le coadjuteur, madame de Chevreuse et lui l'avoient entièrement disposé à demander la liberté des princes.

Les choses étoient ainsi préparées, et M. le prince, qui en étoit exactement averti, sembloit pencher à conclure avec les frondeurs. Mais le duc de La Rochefoucauld, qui jusqu'alors avoit été ennemi du coadjuteur, de madame de Chevreuse, du duc de Beaufort et de madame de Montbazon, voyant les négociations également avancées de tous côtés, et jugeant que si on concluoit avec les frondeurs, les princes ne pourroient sortir de prison sans une révolution entière, et qu'au contraire le cardinal, qui avoit les clefs du Havre, les pouvoit mettre en liberté en un moment, il empêcha madame la princesse palatine de faire ratifier à M. le prince le traité des frondeurs, pour donner temps au cardinal de se résoudre dans une affaire si importante, et de considérer le péril où il alloit se jeter.

Le duc de La Rochefoucauld vit le cardinal trois ou quatre fois avec beaucoup de secret et de mystère ; et ils le désirèrent tous deux ainsi, parce que le cardinal craignoit extrêmement que le duc d'Orléans et les frondeurs découvrant cette négociation, n'en prissent un sujet de rompre leur liaison et d'éclater contre lui; et le duc de La Rochefoucauld tenoit aussi ces entrevues d'autant plus secrètes, que les frondeurs demandoient comme une condition de leur traité qu'il fût signé de lui : ce qu'il ne vouloit ni ne devoit faire tant qu'il y auroit lieu d'espérer que le traité du cardinal pourroit être sincère de sa part et de celle des princes. Il reçut même alors un plein pouvoir de madame de Longueville pour réconcilier toute sa maison avec le cardinal, pourvu qu'il remît les princes en liberté.

D'autre part les frondeurs, qui avoient su que le duc de La Rochefoucauld étoit à Paris, pressèrent pour lui faire signer le traité avec M. le prince, et témoignèrent de l'inquiétude du retardement qu'il y apportoit; de sorte que, se voyant dans la nécessité de conclure promptement avec l'un ou l'autre parti, il voulut voir encore une fois le cardinal; et alors, sans lui rien découvrir des traités particuliers qui se faisoient, il lui représenta seulement les mêmes choses qu'il lui avoit dites à Bourg, et le péril qu'il alloit courir par le soulèvement de ses ennemis déclarés, et par l'abandonnement général de ses créatures. Il ajouta que les choses étoient à tels termes, que s'il ne lui donnoit ce jour-là une parole précise et positive de la liberté des princes, il ne pouvoit plus traiter avec lui, ni différer de se joindre à tous ceux qui désiroient sa perte. Le cardinal voyoit beaucoup d'apparence à ces raisons, quoique le duc de La Rochefoucauld ne lui parlât que généralement des cabales qui s'élevoient contre lui, sans entrer dans le particulier d'aucune; et il le fit ainsi pour ne manquer pas au secret qu'on lui avoit confié, et pour ne rien dire qui pût nuire au parti qu'il falloit former pour la liberté des princes, si le cardinal la refusoit. Ainsi le cardinal ne voyant rien de particulier, s'imagina que le duc de La Rochefoucauld lui grossissoit les objets afin de le faire conclure; et il crut que ne lui nommant pas même ses propres ennemis, il n'avoit rien d'assuré à lui en dire.

Les choses étoient venues à un point que rien n'étoit capable de les empêcher d'éclater. M. le duc d'Orléans, qui suivoit alors les avis et les sentimens de madame de Chevreuse, de M. de Châteauneuf et du coadjuteur, se déclara ouvertement de vouloir la liberté des princes; et ceux-ci désirèrent qu'on conclût le traité avec les frondeurs, et obligèrent le duc de La Rochefoucauld à se réconcilier et à se joindre avec eux. Cette déclaration de M. le duc d'Orléans donna une nouvelle vigueur au parlement et au peuple, et mit le cardinal dans une entière consternation. Les bourgeois prirent les armes, on fit la garde aux portes; et en moins de six heures il ne fut plus au pouvoir du Roi et de la Reine de sortir de Paris. La noblesse voulut avoir part à la liberté des princes, et s'assembla en ce même temps pour la demander. On ne se contentoit pas de faire sortir les princes, on vouloit avoir la vie du cardinal. M. de Châteauneuf voyoit aussi augmenter ses espérances: le maréchal de Villeroy et presque toute la maison du Roi les appuyoient sous main de tout leur pouvoir. Une partie des ministres, et plusieurs des plus particuliers amis et des créatures dépendantes du cardinal, faisoient aussi la même chose; et enfin la cour dans aucune autre rencontre n'a jamais mieux paru ce qu'elle est.

Madame de Chevreuse et M. de Châteauneuf gardoient encore exactement les apparences, et rien ne les avoit rendus suspects au cardinal, tant sa fortune présente et la désertion de ses propres amis lui avoient ôté la connoissance de ce qui se passoit contre lui. De sorte qu'ignorant la proposition du mariage de M. le prince de Conti, et considérant seulement madame de Chevreuse comme la personne qui avoit le plus contribué à la prison des princes en disposant M. le duc d'Orléans à y consentir, et en ruinant ensuite l'abbé de La Rivière auprès de lui, il eut d'autant moins de défiance des conseils qu'elle lui donna, que son abattement et ses craintes ne lui permettoient pas d'en suivre d'autres que ceux qui alloient à pourvoir à sa sûreté. Il se représentoit sans cesse qu'étant au milieu de Paris, il devoit tout appréhender de la fureur d'un peuple qui avoit bien osé prendre les armes pour empêcher la sortie du Roi. Madame de Chevreuse se servit avec beaucoup d'adresse de la disposition où il étoit; et désirant en effet son éloignement pour établir M. de Châteauneuf et pour achever le mariage de sa fille, elle se ménagea si bien sur tout cela, qu'elle eut beaucoup de part à la résolution qu'il prit enfin de se retirer. Il sortit le soir de Paris (1), à cheval, sans trouver d'obstacle; et suivi de quelques-uns des siens, s'en alla à Saint-Germain. Cette retraite n'adoucit point les esprits des Parisiens ni du parlement : on craignoit même qu'il ne fût allé au Havre pour enlever les princes, et que la Reine n'eût dessein en même temps d'emmener le Roi hors de Paris. Cette pensée fit prendre de nouvelles précautions: on redoubla toutes les gardes des portes et des rues proches du Palais-Royal; et il y eut encore toutes les nuits non-seulement des partis de cavalerie par la ville pour s'opposer à la sortie du Roi, mais un soir que la Reine avoit effectivement dessein de l'emmener, un des principaux officiers de la maison en donna avis à M. le duc d'Orléans, et il envoya des Ouches

(1). *Il sortit le soir de Paris* : Dans la nuit du 7 au 8 février 1651.

à l'heure même supplier la Reine de ne persister pas davantage dans un dessein si périlleux, et que tout le monde étoit résolu d'empêcher. Mais quelques protestations que la Reine pût faire, on n'y voulut ajouter aucune foi : il fallut que des Ouches visitât le Palais-Royal pour voir si les choses paroissoient disposées à une sortie, et qu'il entrât même dans la chambre du Roi, afin de pouvoir rapporter qu'il l'avoit vu couché dans son lit.

Les choses étoient en ces termes, lorsque le parlement de son côté donnoit tous les jours des arrêts, et faisoit de nouvelles instances à la Reine pour la liberté des princes ; et ses réponses étant ambiguës, aigrissoient les esprits au lieu de les apaiser : elle avoit cru éblouir le monde en envoyant le maréchal de Gramont amuser les princes d'une fausse négociation, et lui-même l'avoit été des belles apparences de ce voyage. Mais comme elle ne devoit rien produire pour leur liberté, on vit bientôt que tout ce qu'elle avoit fait jusqu'alors n'étoit que pour gagner du temps. Enfin, voyant de toutes parts augmenter le mal, et ne sachant point encore certainement si le cardinal prendroit le parti de délivrer les princes ou de les emmener avec lui, craignant de plus que les esprits aigris de tant de remises ne se portassent à d'étranges extrémités, elle se résolut de promettre solennellement au parlement la liberté des princes sans plus différer. Le duc de La Rochefoucauld fut choisi pour aller porter au Havre au sieur de Bar, qui les gardoit, cet ordre si positif, et qui détruisoit tous ceux qu'il auroit pu avoir au contraire. M. de La Vrillière, secrétaire d'État, et Comminges, capitaine des gardes de la Reine, eurent charge de l'accompagner pour rendre la chose plus solennelle, et laisser moins de lieu de douter de la sincérité de la Reine. Mais tant de belles apparences n'éblouirent pas le duc de La Rochefoucauld, quoiqu'il reçût avec joie une si avantageuse commission. Il dit en partant à M. le duc d'Orléans que la sûreté de tant d'écrits et de tant de paroles si solennellement données dépendoit du soin qu'on apporteroit à garder le Palais-Royal; et que la Reine se croiroit dégagée de tout, du moment qu'elle seroit hors de Paris. En effet, on a su depuis qu'elle envoya en diligence donner avis de ce voyage au cardinal, qui étoit près d'arriver au Havre; et lui dire que sans avoir égard à ses promesses, et à l'écrit signé du Roi, d'elle et des secrétaires d'Etat, dont le duc de La Rochefoucauld et M. de La Vrillière étoient chargés, il pouvoit disposer à son gré de la destinée des princes, pendant qu'elle chercheroit toute sorte de voies pour tirer le Roi hors de Paris.

Mais cet avis ne fit pas changer de dessein au cardinal: il se résolut au contraire de voir lui-même M. le prince, et de lui parler en présence de M. le prince de Conti, du duc de Longueville et du maréchal de Gramont. Il commença d'abord par justifier sa conduite sur les choses générales: il lui dit ensuite sans paroître embarrassé, et avec assez de fierté, les divers sujets qu'il avoit eus de se plaindre de lui, et les raisons qui l'avoient porté à le faire arrêter. Il lui demanda néanmoins son amitié; mais il l'assura en même temps qu'il étoit libre de la lui accorder ou de la lui refuser, et que le parti qu'il prendroit n'empêcheroit pas qu'il ne pût sortir du Havre à l'heure même, pour aller où il lui plairoit. Apparemment M. le prince fut facile à promettre ce qu'on désiroit de lui. Ils dînèrent ensemble avec toutes les démonstrations d'une grande réconciliation ; et incontinent après le cardinal prit congé de lui, et le vit monter en carrosse avec M. le prince de Conti, le duc de Longueville et le maréchal de Gramont. Ils vinrent coucher à trois lieues du Havre, dans une maison nommée Grosménil, sur le chemin de Rouen, où le duc de La Rochefoucauld, M. de La Vrillière, Comminges et le président Viole arrivèrent presque en même temps, et furent témoins des premiers momens de leur joie. Ils recouvrèrent ainsi leur liberté treize mois après l'avoir perdue. M. le prince avoit supporté cette disgrâce avec beaucoup de résolution et de constance, et ne perdit aucune occasion de travailler à faire cesser son malheur. Il fut abandonné de plusieurs de ses amis ; mais on peut dire avec vérité que nul autre n'en a trouvé de plus fermes et de plus fidèles que ceux qui lui restèrent. Jamais personne de sa qualité n'a été accusé de moindres crimes, ni arrêté avec moins de sujet ; mais sa naissance, son mérite et son innocence, qui devoient avec justice empêcher sa prison, étoient de grands sujets de la faire durer, si la crainte et l'irrésolution du cardinal, et tout ce qui s'éleva en même temps contre lui, ne lui eussent fait prendre de fausses mesures dans le commencement et dans la fin de cette affaire.

La prison de M. le prince avoit ajouté un nouveau lustre à sa gloire ; et il arrivoit à Paris avec tout l'éclat qu'une liberté si avantageusement obtenue lui pouvoit donner. M. le duc d'Orléans et le parlement l'avoient arrachée des mains de la Reine; le cardinal étoit à peine échappé de celles du peuple, et sortoit du royaume, chargé de mépris et de haine. Enfin ce même peuple qui, un an auparavant, avoit fait des feux de joie de la prise de M. le prince, venoit de tenir la cour assiégée dans le Palais-Royal, pour procurer sa liberté. Sa disgrâce sembloit avoir changé en compassion l'aversion qu'on avoit eue pour son humeur et pour sa conduite ; et tous espéroient également que son retour rétabliroit l'ordre et la tranquillité publique.

Les choses étoient disposées de la sorte, lorsque M. le prince arriva à Paris (1) avec M. le prince de Conti et le duc de Longueville. Une foule innombrable de peuple et de personnes de toutes qualités alla au devant de lui jusqu'à Pontoise. Il rencontra à la moitié du chemin M. le duc d'Orléans, qui lui présenta le duc de Beaufort et le coadjuteur de Paris; et il fut conduit au Palais-Royal au milieu de ce triomphe et des acclamations publiques. Le Roi, la Reine et M. le duc d'Anjou y étoient demeurés avec les seuls officiers de leur maison ; et M. le prince y fut reçu comme un homme qui étoit plus en état de faire grâce que de la demander.

Plusieurs ont cru que M. le duc d'Orléans et lui en firent une bien plus grande à la Reine de la laisser jouir plus long-temps de son autorité; car il étoit facile alors de la lui ôter. On pouvoit faire passer la régence à M. le duc d'Orléans par un arrêt du parlement, et remettre non-seulement entre ses mains la conduite de l'Etat, mais aussi la personne du Roi, qui man-

(1) *Arriva à Paris* : Il y fit son entrée le 18 février 1651.

quoit seule pour rendre le parti des princes aussi légitime en apparence qu'il étoit puissant en effet. Tous les partis y eussent consenti, personne ne se trouvant en état ni même en volonté de s'y opposer, tant l'abattement et la fuite du cardinal avoient laissé de consternation à ses amis. Ce chemin si court et si aisé auroit sans doute empêché pour toujours le retour de ce ministre, et ôté à la Reine l'espérance de le rétablir. Mais M. le prince, qui revenoit comme en triomphe, étoit encore trop ébloui de l'éclat de sa liberté pour voir distinctement tout ce qu'il pouvoit entreprendre : peut-être aussi que la grandeur de l'entreprise l'empêcha d'en connoître la facilité. On peut croire même que la connoissant, il ne put se résoudre de laisser passer toute la puissance à M. le duc d'Orléans, qui étoit entre les mains des frondeurs, dont M. le prince ne vouloit pas dépendre. D'autres ont cru plus vraisemblablement qu'ils espéroient l'un et l'autre que quelques négociations commencées, et la foiblesse du gouvernement, établiroient leur autorité par des voies plus douces et plus légitimes. Enfin ils laissèrent à la Reine son titre et son pouvoir, sans rien faire de solide pour leurs avantages. Ceux qui considéroient leur conduite, et en jugeoient selon les vues ordinaires, remarquoient qu'il leur étoit arrivé ce qui arrive souvent en de semblables rencontres, même aux plus grands hommes qui ont fait la guerre à leurs souverains, qui est de n'avoir pas su se prévaloir de certains momens favorables, précieux et décisifs, dans lesquels ils les pouvoient entièrement opprimer. Ainsi le duc de Guise aux premières barricades de Paris laissa sortir le Roi, après l'avoir tenu comme assiégé dans le Louvre tout un jour et une nuit. Et ainsi le peuple de Paris aux dernières barricades passa toute sa fougue à se faire accorder par force le retour de Broussel et du président de Blancménil, et ne songea point à se faire livrer le cardinal, qui les avoit fait enlever, et qu'il pouvoit sans peine arracher du Palais-Royal, qui étoit bloqué.

Enfin, quelles que fussent les raisons des princes, ils laissèrent échapper une conjoncture si importante, et cette entrevue se passa seulement en civilités ordinaires, sans témoigner d'aigreur de part ni d'autre, et sans parler d'affaires. Mais la Reine désiroit trop impatiemment le retour du cardinal pour ne tenter pas toute sorte de voies pour y disposer M. le prince. Elle lui fit offrir par madame la princesse palatine de faire une liaison étroite avec lui, et de lui procurer toute sorte d'avantages. Mais comme ces termes étoient généraux, il n'y répondit que par des civilités qui ne l'engageoient à rien : il crut même que c'étoit un artifice de la Reine pour renouveler contre lui l'aigreur générale, et en le rendant suspect à M. le duc d'Orléans, au parlement et au peuple par cette liaison secrète, l'exposer à retomber dans ses premiers malheurs. Il considéroit encore qu'il étoit sorti de prison par un traité signé avec madame de Chevreuse, par lequel M. le prince de Conti devoit épouser sa fille ; que c'étoit principalement par cette alliance que les frondeurs et le coadjuteur de Paris prenoient confiance en lui, et qu'elle faisoit aussi le même effet envers le garde des sceaux M. de Châteauneuf, qui tenoit alors la première place dans le conseil, et qui étoit inséparablement attaché à madame de Chevreuse. D'ailleurs cette cabale subsistoit encore avec les mêmes apparences de force et de crédit, et elle lui offroit le choix des établissemens pour lui et pour monsieur son frère. M. de Châteauneuf venoit même de les rétablir tous deux, et le duc de Longueville aussi, dans les fonctions de leurs charges; et enfin M. le prince trouvoit du péril et de la honte de rompre avec des personnes dont il avoit reçu tant d'avantages, et qui avoient si puissamment contribué à sa liberté.

Si ces réflexions firent balancer M. le prince, elles ne ralentirent pas le dessein de la Reine. Elle désira toujours avec la même ardeur d'entrer en négociation avec lui, espérant ou de l'attacher véritablement à ses intérêts, et s'assurer par là du retour du cardinal, ou de le rendre de nouveau suspect à tous ses amis. Dans cette vue, elle pressa madame la princesse palatine de faire expliquer M. le prince sur ce qu'il pouvoit désirer pour lui et pour ses amis; et elle lui donna tant d'espérance de l'obtenir, que cette princesse le fit enfin résoudre de traiter, et de voir secrètement chez elle messieurs Servien et de Lyonne. Il voulut que le duc de La Rochefoucauld s'y trouvât aussi; et il le fit de la participation de M. le prince de Conti et de madame de Longueville.

Le premier projet du traité qui avoit été proposé par madame la princesse palatine étoit qu'on donneroit la Guienne à M. le prince, avec la lieutenance générale pour celui de ses amis qu'il voudroit; le gouvernement de Provence pour M. le prince de Conti; qu'on feroit des gratifications à ceux qui avoient suivi ses intérêts; qu'on n'exigeroit de lui que d'aller dans son gouvernement, avec ce qu'il choisiroit de ses troupes pour sa sûreté ; qu'il y demeureroit sans contribuer au retour du cardinal Mazarin ; mais qu'il ne s'opposeroit pas à ce que le Roi feroit pour le faire revenir ; et que, quoi qu'il arrivât, M. le prince seroit libre d'être son ami ou son ennemi, selon que sa conduite lui donneroit sujet d'être l'un ou l'autre. Ces mêmes conditions furent non-seulement confirmées, mais encore augmentées, par messieurs Servien et de Lyonne; car sur ce que M. le prince vouloit faire joindre le gouvernement de Blaye à la lieutenance générale de Guienne pour le duc de La Rochefoucauld, ils lui en donnèrent toutes les espérances qu'il pouvoit désirer. Il est vrai qu'ils demandèrent du temps pour traiter avec madame d'Angoulême du gouvernement de Provence, et pour achever de disposer la Reine à accorder Blaye; mais apparemment ce fut pour pouvoir rendre compte au cardinal de ce qui se passoit, et recevoir ses ordres. Ils s'expliquèrent aussi de la répugnance que la Reine avoit au mariage de M. le prince de Conti et de mademoiselle de Chevreuse; mais on ne leur donna pas lieu d'entrer plus avant en matière sur ce sujet, et l'on fit seulement connoître que l'engagement qu'on avoit pris avec madame de Chevreuse étoit trop grand pour chercher des expédiens de le rompre. Ils n'insistèrent pas sur cet article; et l'on se sépara de telle sorte qu'on pouvoit croire raisonnablement que la liaison de la Reine et de M. le prince étoit sur le point de se conclure.

L'un et l'autre avoient presque également intérêt que cette négociation fût secrète. La Reine devoit craindre d'augmenter les défiances de M. le duc d'Orléans et des frondeurs, et de contrevenir sitôt et sans prétexte aux déclarations qu'elle venoit de donner au parlement contre le retour du cardinal. M. le prince de son côté n'avoit pas moins de précautions à prendre, puisque le bruit de son traité faisant croire à ses amis qu'il l'avoit fait sans leur participation, fourniroit un juste prétexte au duc de Bouillon et à M. de Turenne de quitter ses intérêts, le rendroit encore irréconciliable avec les frondeurs et avec madame de Chevreuse, et renouvelleroit au parlement et au peuple l'image affreuse de la dernière guerre de Paris. Cette affaire demeura ainsi quelque temps sans éclater ; mais celui qu'on avoit pris pour la conclure produisit bientôt des sujets de la rompre, et de porter les choses dans les extrémités où nous les avons vues depuis.

Cependant l'assemblée de la noblesse ne s'étoit pas séparée, bien que les princes fussent en liberté : elle continuoit toujours sous divers prétextes. Elle demanda d'abord le rétablissement de ses privilèges, et la réformation de plusieurs désordres particuliers; mais son véritable dessein étoit d'obtenir les Etats-généraux (1), qui étoient en effet le plus assuré et le plus innocent remède qu'on pût apporter pour re-

(1) *Son véritable dessein étoit d'obtenir les Etats-généraux* : L'éditeur de 1804 fait à l'occasion de ce passage la réflexion suivante : « Si « quelque chose prouve la supériorité de ces Mémoires sur ceux qu'on « avoit déjà mis au jour, c'est le soin avec lequel on avoit retranché « tout ce qui pouvoit blesser et offusquer la cour. Ici se trouve une « page tout entière *dont on n'avoit jamais eu connoissance* : où y « voit le jugement que portoit M. de La Rochefoucauld sur les Etats-« généraux. » Ce morceau manque en effet dans les premières éditions ; mais il se trouve textuellement dans l'édition de 1690, page 255, et dans le second volume de l'édition de 1723, pages 87 et 88.

mettre l'Etat sur ses anciens fondemens, dont la puissance trop étendue des favoris semble l'avoir arraché depuis quelque temps. La suite n'a que trop fait voir combien ce projet de la noblesse eût été avantageux au royaume. Mais M. le duc d'Orléans et M. le prince ne connoissoient pas leurs véritables intérêts; et voulant se ménager vers la cour et vers le parlement, qui craignoient également l'autorité des Etats-généraux, au lieu d'appuyer les demandes de la noblesse, et de s'attirer par là le mérite d'avoir procuré le repos public, ils songèrent seulement aux moyens de dissiper l'assemblée, et crurent avoir satisfait à tous leurs devoirs en tirant parole de la cour de faire tenir les Etats six mois après la majorité du Roi. Ensuite d'une promesse si vaine l'assemblée se sépara, et les choses reprirent le chemin que je vais dire.

La cour étoit alors partagée en plusieurs cabales; mais toutes s'accordoient à empêcher le retour du cardinal. Leur conduite néanmoins étoit différente : les frondeurs se déclaroient ouvertement contre lui ; mais le garde des sceaux de Châteauneuf se montroit en apparence attaché à la Reine, bien qu'il fût le plus dangereux ennemi du cardinal : il croyoit cette conduite d'autant plus sûre pour l'éloigner et pour occuper sa place, qu'il affectoit d'entrer dans tous les sentimens de la Reine pour hâter son retour. Elle rendoit compte de tout au cardinal dans sa retraite; et son éloignement augmentoit encore son pouvoir. Mais comme ses ordres venoient lentement, et que l'un étoit souvent détruit par l'autre, cette diversité apportoit dans les affaires une confusion à laquelle on ne pouvoit remédier.

T. 52. 5

Cependant les frondeurs pressoient le mariage de M. le prince de Conti et de mademoiselle de Chevreuse : les moindres retardemens leur étoient suspects ; et ils soupçonnoient déjà madame de Longueville et le duc de La Rochefoucauld d'avoir dessein de le rompre, de peur que M. le prince de Conti ne sortît de leurs mains pour entrer dans celles de madame de Chevreuse et du coadjuteur de Paris. M. le prince augmentoit encore adroitement leurs soupçons contre madame sa sœur et contre le duc de La Rochefoucauld, croyant bien que tant qu'ils auroient cette pensée ils ne découvriroient jamais la véritable cause du retardement du mariage, qui étoit que M. le prince n'ayant encore ni conclu ni rompu son traité avec la Reine, et ayant eu avis que M. de Châteauneuf devoit être chassé, il vouloit attendre l'événement pour faire le mariage si le cardinal étoit ruiné par M. de Châteauneuf, ou le rompre et faire par là sa cour à la Reine, si M. de Châteauneuf étoit chassé par le cardinal.

Cependant on envoya à Rome pour avoir la dispense sur la parenté. Le prince de Conti l'attendoit avec impatience, tant parce que la personne de mademoiselle de Chevreuse lui plaisoit, que parce que le changement de condition avoit au moins la grâce de la nouveauté, qui est toujours aimable pour les gens de son âge. Il cachoit toutefois ce sentiment à ses amis avec tout l'artifice dont il étoit capable : mais il craignoit surtout que madame de Longueville ne s'en aperçût, de peur de ruiner les espérances vaines d'une passion extraordinaire dont il vouloit qu'on le crût touché. Dans cet embarras, il pria secrètement le président Viole, qui devoit dresser les articles de son mariage, d'accorder tous les points qu'on voudroit contester, et de surmonter toutes les difficultés.

Dans ce même temps on ôta les sceaux à M. de Châteauneuf, et on les donna au premier président Molé. Cette action surprit et irrita les frondeurs ; et le coadjuteur, ennemi particulier du premier président, alla avec précipitation au Luxembourg en avertir M. le duc d'Orléans et M. le prince, qui étoient ensemble. Il exagéra devant eux la conduite de la cour avec toute l'aigreur possible, et la rendit si suspecte à M. le duc d'Orléans, que l'on tint sur l'heure un conseil, où se trouvèrent plusieurs personnes de qualité, pour délibérer si on iroit à l'instant même au Palais arracher les sceaux au premier président, et si on feroit émouvoir le peuple pour soutenir cette violence. Mais M. le prince y fut entièrement contraire, soit qu'il s'y opposât par raison ou par intérêt. Il y mêla même quelque raillerie, et dit qu'il n'étoit pas assez brave pour s'exposer à une guerre qui se feroit à coups de grès et de pots de chambre. Les frondeurs furent piqués de cette réponse, et se confirmèrent par là dans l'opinion qu'ils avoient que M. le prince prenoit des mesures secrètes avec la cour, et que l'éloignement de M. de Châteauneuf et le retour de M. de Chavigny, auparavant secrétaire d'Etat et ministre, qui avoit été rappelé en ce même temps, avoient été concertés avec lui, bien qu'en effet il n'y eût aucune part. Cependant la Reine rétablit aussitôt M. de Chavigny dans le conseil. Elle crut que, revenant sans la participation de personne, il lui auroit l'obligation tout entière de son retour. Et en effet

5.

tant que M. de Chavigny espéra de gagner créance sur l'esprit de la Reine, il parut éloigné de M. le prince et de tous ses principaux amis; mais dès que les premiers jours lui eurent fait connoître que rien ne pouvoit faire changer l'esprit de la Reine pour le cardinal, il renoua secrètement avec M. le prince, et crut que cette liaison le porteroit à tout ce que son ambition démesurée lui faisoit désirer. Son premier pas fut d'obliger M. le prince à déclarer à M. le duc d'Orléans le traité qu'il faisoit avec la Reine, afin qu'il lui aidât à le rompre. Il exigea ensuite de M. le prince d'ôter à madame de Longueville et au duc de La Rochefoucauld la connoissance particulière et secrète de ses desseins, bien qu'il dût à tous deux la confiance que M. le prince prenoit en lui.

Durant que M. de Chavigny agissoit ainsi, l'éloignement de M. de Châteauneuf avoit augmenté les défiances de madame de Chevreuse touchant le mariage qu'elle souhaitoit ardemment. Elle ne se trouvoit plus en état de pouvoir procurer à M. le prince et à ses amis les établissemens auxquels elle s'étoit engagée; et cependant madame de Rhodes étoit convenue par son ordre avec le duc de La Rochefoucauld que ces établissemens et le mariage s'exécuteroient en même temps, et seroient des marques réciproques de la bonne foi des deux partis. Mais si d'un côté elle voyoit diminuer ses espérances avec son crédit, elle les reprenoit par les témoignages de passion que M. le prince de Conti donnoit à mademoiselle sa fille. Il lui rendoit mille soins qu'il cachoit à ses amis, et particulièrement à madame sa sœur. Il avoit des conversations très-longues et très-particulières avec Laigues et Noirmoutier, amis intimes de mademoiselle de Chevreuse, dont, contre sa coutume, il ne rendoit plus de compte à personne. Enfin sa conduite parut si extraordinaire, que le président de Nesmond, serviteur particulier de M. le prince, se crut obligé de lui donner avis du dessein de monsieur son frère. Il lui dit qu'il alloit épouser mademoiselle de Chevreuse sans sa participation et sans dispenses; qu'il se cachoit de tous ses amis pour traiter avec Laigues, et que s'il n'y remédioit promptement il verroit madame de Chevreuse lui ôter monsieur son frère, et achever ce mariage dans le temps qu'on croyoit qu'il avoit plus d'intérêt de l'empêcher.

Cet avis retira M. le prince de son incertitude; et sans concerter sa pensée avec personne, il alla chez M. le prince de Conti. Il commença d'abord la conversation par des railleries sur la grandeur de son amour, et la finit en disant de mademoiselle de Chevreuse, du coadjuteur, de Noirmoutier et de Caumartin, tout ce qu'il crut le plus capable de dégoûter un amant ou un mari. Il n'eut pas grande peine à réussir dans son dessein; car, soit que M. le prince de Conti crût qu'il disoit vrai, ou qu'il ne voulût pas lui témoigner qu'il en doutoit, il le remercia d'un avis si salutaire, et résolut de ne point épouser mademoiselle de Chevreuse. Il se plaignit même de madame de Longueville et du duc de La Rochefoucauld, de ne l'avoir pas averti plus tôt de ce qui se disoit d'elle dans le monde. On chercha dès-lors les moyens de rompre cette affaire sans aigreur; mais les intérêts en étoient trop grands, et les circonstances trop piquantes, pour ne pas renouveler et accroître encore l'ancienne haine de madame de Chevreuse et des frondeurs contre M. le prince, et contre ceux qu'ils soupçonnoient d'avoir part à ce qu'il venoit de faire. Le président Viole fut chargé d'aller trouver madame de Chevreuse, pour dégager avec quelque bienséance M. le prince et monsieur son frère des paroles qu'ils avoient données pour le mariage. Ils devoient ensuite l'un et l'autre l'aller voir le lendemain; mais, soit qu'ils eussent peine de voir une personne à qui ils faisoient un si sensible déplaisir, ou soit que les deux frères, qui s'aigrissoient tous les jours pour les moindres choses, se fussent aigris touchant la manière dont ils devoient rendre cette visite à madame de Chevreuse, ni eux ni le président Viole ne la virent point; et l'affaire se rompit de leur côté, sans qu'ils essayassent de garder aucune mesure ni de sauver la moindre apparence.

Je ne puis dire si ce fut de la participation de M. de Chavigny que M. le prince accepta l'échange du gouvernement de Guienne avec celui de Bourgogne pour le duc d'Epernon; mais enfin son traité fut conclu par lui, sans qu'il y fût parlé de ce qu'il avoit demandé pour monsieur son frère, pour le duc de La Rochefoucauld et pour tous ses autres amis. Cependant les conseils de M. de Chavigny avoient tout le succès qu'il désiroit: il avoit seul la confiance de M. le prince, et il l'avoit porté à rompre son traité avec la Reine, contre l'avis de madame de Longueville, de madame la princesse palatine, et des ducs de Bouillon et de La Rochefoucauld. Messieurs Servien et de Lyonne se trouvèrent brouillés des deux côtés pour cette négociation, et furent chassés ensuite. La Reine nioit d'avoir jamais écouté la proposition de Blaye, et accusoit M. Servien de l'avoir faite exprès pour rendre les demandes de M. le prince si hautes, qu'il lui fût impossible de les accorder. M. le prince, de son côté, se plaignoit de ce que M. Servien ou étoit entré en matière avec lui de la part de la Reine sur des conditions dont elle n'avoit point eu de connoissance, ou lui avoit fait tant de vaines propositions pour l'amuser, sous l'apparence d'un traité sincère, qui n'étoit en effet qu'un dessein prémédité de le ruiner. Enfin, bien que M. Servien fût soupçonné par les deux partis, cela ne diminua point l'aigreur qui commençoit à renaître entre la Reine et M. le prince.

Cette division étoit presque également fomentée par tous ceux qui les approchoient. On persuadoit à la Reine que la division de M. le prince et de madame de Chevreuse alloit réunir les frondeurs aux intérêts du cardinal, et que les choses se trouveroient bientôt aux mêmes termes où elles étoient lorsqu'on arrêta M. le prince. Lui, de son côté, étoit poussé de rompre avec la cour par divers intérêts. Il ne trouvoit plus de sûreté avec la Reine, et craignoit de retomber dans ses premières disgrâces. Madame de Longueville savoit que le coadjuteur l'avoit brouillée irréconciliablement avec son mari, et qu'après les impressions qu'il lui avoit données de sa conduite, elle ne pouvoit l'aller trouver en Normandie sans exposer au moins sa liberté. Cependant le duc de Longueville vouloit la retirer auprès de lui par toute sorte de voies; et elle n'avoit plus de prétexte d'éviter ce périlleux voyage qu'en portant monsieur son frère à se préparer à une guerre civile. M. le prince de

Conti n'avoit point de but arrêté : il suivoit toutefois les sentimens de madame sa sœur sans les connoître, et vouloit la guerre parce qu'elle l'éloignoit de sa profession, qu'il n'aimoit pas. Le duc de Nemours la conseilloit aussi avec empressement; mais ce sentiment lui venoit moins de son ambition que de sa jalousie contre M. le prince. Il ne pouvoit souffrir qu'il vît et qu'il aimât madame de Châtillon; et comme il ne pouvoit l'empêcher qu'en les séparant pour toujours, il crut que la guerre feroit seule cet effet; et c'étoit le seul motif qui la lui faisoit désirer. Les ducs de Bouillon et de La Rochefoucauld étoient bien éloignés de ce sentiment : ils venoient d'éprouver à combien de peines et de difficultés insurmontables on s'expose pour soutenir une guerre civile contre la personne du Roi ; ils savoient de quelle infidélité de ses amis on est menacé lorsque la cour y attache des récompenses, et qu'elle fournit le prétexte de rentrer dans son devoir; ils connoissoient la foiblesse des Espagnols, combien vaines et trompeuses sont leurs promesses; et que leur vrai intérêt n'étoit pas que M. le prince ou le cardinal se rendît maître des affaires, mais seulement de fomenter le désordre entre eux, pour se prévaloir de nos divisions. Le duc de Bouillon joignoit encore son intérêt particulier à celui du public, et espéroit être en quelque mérite vers la Reine, s'il contribuoit à retenir M. le prince dans son devoir. Le duc de La Rochefoucauld ne pouvoit pas témoigner si ouvertement sa répugnance pour cette guerre : il étoit obligé de suivre les sentimens de madame de Longueville; et ce qu'il pouvoit faire alors étoit d'essayer de lui faire désirer la paix. Mais la conduite de la cour et celle de M. le prince fournirent bientôt des sujets de défiance de part et d'autre, dont la suite a été funeste à l'Etat et à tant d'illustres maisons du royaume, et à la plus grande et à la plus éclatante fortune qu'on eût jamais vue sur la tête d'un sujet.

Pendant que les choses se disposoient de tous côtés à une entière rupture, M. le prince avoit envoyé quelque temps auparavant le marquis de Sillery en Flandre, sous prétexte de dégager madame de Longueville et M. de Turenne des traités qu'ils avoient faits avec les Espagnols pour procurer sa liberté ; mais en effet il avoit ordre de prendre des mesures avec le comte de Fuensaldagne, et de pressentir quelle assistance il pourroit tirer du roi d'Espagne, s'il étoit obligé de faire la guerre. Fuensaldagne répondit selon la coutume ordinaire des Espagnols ; et promettant en général beaucoup plus qu'on ne lui pouvoit raisonnablement demander, il n'oublia rien pour engager M. le prince à prendre les armes.

D'un autre côté, la Reine avoit fait une nouvelle liaison avec le coadjuteur, dont le principal fondement étoit leur commune haine pour M. le prince. Ce traité devoit être secret par l'intérêt de la Reine et par celui des frondeurs, puisqu'elle n'en pouvoit attendre de service que par le crédit qu'ils avoient sur le peuple, lequel ils ne pouvoient conserver qu'autant qu'on les croyoit ennemis du cardinal. Les deux partis rencontroient également leur sûreté à perdre M. le prince : on offroit même à la Reine de le tuer, ou de l'arrêter prisonnier ; mais elle eut horreur de cette première proposition, et consentit volontiers à la seconde. Le coadjuteur et M. de Lyonne se trouvèrent chez le comte de Montrésor, pour convenir des moyens d'exécuter cette entreprise. Ils demeurèrent d'accord qu'il la falloit tenter, sans résoudre rien pour le temps ni pour la manière de l'exécuter. Mais, soit que M. de Lyonne en craignît les suites pour l'Etat, ou que voulant empêcher, comme on l'en soupçonnoit, le retour du cardinal, il considérât la liberté de M. le prince comme le plus grand obstacle qu'on y pût apporter, enfin il découvrit au maréchal de Gramont, qu'il croyoit son ami, tout ce qui avoit été résolu contre M. le prince chez le comte de Montrésor. Le maréchal de Gramont usa de ce secret comme avoit fait M. de Lyonne : il le dit à M. de Chavigny, après l'avoir engagé par toute sorte de sermens à ne le point révéler ; mais M. de Chavigny en avertit à l'heure même M. le prince. Il crut quelque temps qu'on faisoit courir le bruit de l'arrêter pour l'obliger à quitter Paris, et que ce seroit une foiblesse d'en prendre l'alarme, voyant avec quelle chaleur le peuple prenoit ses intérêts, et se trouvant continuellement accompagné d'un très-grand nombre d'officiers d'armée, de ceux de ses troupes, de ses domestiques, et de ses amis particuliers. Dans cette confiance, il ne changea rien à sa conduite, que de n'aller plus au Louvre ; mais cette précaution ne le put garantir de se livrer lui-même entre les mains du Roi ; car il se trouva par hasard au Cours dans le temps que le Roi y passoit en revenant de la chasse, suivi de ses gardes et de ses chevau-légers. Cette rencontre, qui devoit perdre M. le prince, ne produisit sur l'heure même aucun effet.

Le Roi continua son chemin sans que pas un de ceux qui étoient auprès de lui osât lui donner de conseil; et M. le prince sortit aussitôt du Cours, pour ne lui donner pas le temps de former un dessein. On peut croire qu'ils furent surpris également d'une aventure si inopinée, et qu'ils connurent bientôt ce qu'elle devoit produire. La Reine et les frondeurs se consolèrent aisément d'une si belle occasion perdue, par l'espérance de la recouvrer bientôt.

Cependant les avis continuels qu'on donnoit de toutes parts à M. le prince commencèrent à lui persuader qu'on songeoit en effet à s'assurer de sa personne; et dans cette vue il se réconcilia avec madame de Longueville et avec le duc de La Rochefoucauld. Il fut néanmoins quelque temps sans prendre de nouvelles précautions pour s'en garantir, quoi qu'on pût faire pour l'y résoudre. Enfin la fortune, qui mêle souvent ses jeux dans les aventures des princes, voulut qu'après avoir résisté à tant de conjectures apparentes et à tant d'avis certains, il fit sur une fausse nouvelle ce qu'il avoit refusé de faire par le véritable conseil de ses amis; car venant de se coucher et causant encore avec Vineuil, celui-ci reçut un billet d'un gentilhomme nommé Le Bouchet, qui lui mandoit d'avertir M. le prince que deux compagnies des Gardes avoient pris les armes, et qu'elles alloient marcher vers le faubourg Saint-Germain. Cette nouvelle lui fit croire qu'elles devoient investir l'hôtel de Condé; au lieu qu'elles étoient seulement commandées pour faire payer les entrées aux portes de la ville. Il se crut obligé de monter à cheval à l'heure même; et étant seulement suivi de six ou sept, il sortit par le faubourg

Saint-Michel, et demeura quelque temps dans le grand chemin pour attendre des nouvelles de M. le prince de Conti, qu'il avoit envoyé avertir. Mais une seconde méprise, plus vaine que la première, l'obligea d'abandonner son poste. Il est vrai qu'il entendit un assez grand nombre de chevaux qui marchoient au trot vers lui; et croyant que c'étoit un escadron qui le cherchoit, il se retira vers Fleury près de Meudon; mais il se trouva que ce n'étoit que des coquetiers, qui marchoient toute la nuit pour arriver à Paris. Dès que M. le prince de Conti sut que monsieur son frère étoit parti, il en donna avis au duc de La Rochefoucauld, qui alla joindre M. le prince pour le suivre; mais il le pria de retourner à l'heure même à Paris pour rendre compte de sa part à M. le duc d'Orléans du sujet de sa sortie, et de sa retraite à Saint-Maur.

Ce départ de M. le prince produisit dans le monde ce que les grandes nouvelles ont accoutumé d'y produire; et chacun faisoit différens projets. L'apparence d'un changement donna de la joie au peuple, et de la crainte à ceux qui étoient établis. Le coadjuteur, madame de Chevreuse et les frondeurs crurent que l'éloignement de M. le prince les unissoit avec la cour, et augmentoit leur considération par le besoin qu'on auroit d'eux. La Reine prévoyoit sans doute les malheurs qui menaçoient l'Etat; mais elle ne pouvoit s'affliger de ce qui pouvoit avancer le retour du cardinal. M. le prince craignoit les suites d'une si grande affaire, et ne pouvoit se résoudre d'embrasser un dessein si vaste. Il se défioit de ceux qui le poussoient à la guerre; il en craignoit la légèreté, et il jugeoit bien qu'ils ne lui aideroient pas long-temps à en soutenir le poids.

Il voyoit d'autre part que le duc de Bouillon se détachoit sans éclat de ses intérêts; que M. de Turenne s'étoit déjà expliqué de n'y prendre désormais aucune part; que le duc de Longueville vouloit demeurer en repos, et étoit trop mal satisfait de madame sa femme pour contribuer à une guerre dont il la croyoit la principale cause. Le maréchal de La Mothe s'étoit dégagé de la parole qu'il avoit donnée de prendre les armes; et enfin tant de raisons et tant d'exemples auroient sans doute porté M. le prince à suivre l'inclination qu'il avoit de s'accommoder avec la cour, s'il eût pu prendre confiance aux paroles du cardinal; mais l'horreur de la prison lui étoit encore trop présente pour s'y exposer sur la foi de ce ministre. D'ailleurs madame de Longueville, qui étoit tout de nouveau pressée par son mari de l'aller trouver en Normandie, ne pouvoit éviter ce voyage, si le traité de M. le prince étoit achevé.

Parmi tant de sentimens contraires, le duc de La Rochefoucauld vouloit tout à la fois garantir madame de Longueville d'aller à Rouen, et porter M. le prince à traiter avec la cour. Les choses étoient néanmoins bien éloignées de cette disposition. M. le prince, peu d'heures après son arrivée à Saint-Maur, avoit refusé de parler en particulier au maréchal de Gramont, qui étoit venu de la part du Roi lui demander le sujet de son éloignement, le convier de retourner à Paris, et lui promettre toute sûreté. Il lui répondit devant tout le monde que bien que le cardinal Mazarin fût éloigné de la cour, et que messieurs Servien, Le

Tellier et de Lyonne se fussent retirés par ordre de la Reine, l'esprit et les maximes du cardinal y régnoient encore ; et qu'ayant souffert une si rude et si injuste prison, il avoit éprouvé que son innocence ne suffisoit pas pour établir sa sûreté ; qu'il espéroit de la trouver dans sa retraite, où il conserveroit les mêmes sentimens qu'il avoit fait paroître tant de fois pour le bien de l'Etat et pour la gloire du Roi. Le maréchal de Gramont fut surpris et piqué de ce discours : il avoit cru entrer en matière avec M. le prince, et commencer quelque négociation entre la cour et lui; mais il ne pouvoit pas raisonnablement se plaindre que M. le prince refusât d'ajouter foi aux paroles qu'il lui venoit porter pour sa sûreté, puisque M. de Lyonne lui avoit confié la résolution qu'on avoit prise chez le comte de Montrésor de l'arrêter une seconde fois.

Madame la princesse, M. le prince de Conti et madame de Longueville se rendirent à Saint-Maur aussitôt que M. le prince; et dans les premiers jours cette cour ne fut pas moins grosse et moins remplie de personnes de qualité que celle du Roi. Tous les divertissemens même s'y rencontrèrent pour servir à la politique; et les bals, les comédies, le jeu, la chasse et la bonne chère y attiroient un nombre infini de ces gens incertains qui s'offrent toujours au commencement des partis, et qui les trahissent ou les abandonnent d'ordinaire, selon leurs craintes ou leurs intérêts. On jugea néanmoins que leur nombre pouvoit rompre les mesures qu'on auroit pu prendre d'attaquer Saint-Maur, et que cette foule, inutile et incommode en toute autre rencontre, pouvoit servir en celle-ci, et donner quelque réputation aux affaires.

Jamais la cour n'avoit été partagée de tant de diverses intrigues. Les pensées de la Reine, comme je l'ai dit, se bornoient au retour du cardinal. Les frondeurs proposoient celui de M. de Châteauneuf, et il étoit nécessaire à bien des desseins; car étant une fois rétabli, il pouvoit plus facilement traverser sous main ceux du cardinal, et s'il venoit à tomber, occuper sa place. Le maréchal de Villeroy contribuoit autant qu'il lui étoit possible à y disposer la Reine; mais cette affaire, comme toutes les autres, ne pouvoit se résoudre sans le consentement du cardinal.

Pendant qu'on attendoit ses ordres à la cour sur les choses présentes, M. le prince balançoit encore sur le parti qu'il devoit prendre, et ne pouvoit se déterminer ni à la paix ni à la guerre. Le duc de La Rochefoucauld voyant tant d'incertitude, crut se devoir servir de cette conjoncture pour porter M. le prince à écouter avec plus de facilité des propositions d'accommodement dont il sembloit que madame de Longueville essayoit de le détourner. Il désiroit aussi la garantir d'aller en Normandie; et rien ne convenoit mieux à ces deux desseins que de la disposer à s'en aller à Montrond. Dans cette pensée, il fit voir à madame de Longueville qu'il n'y avoit que son éloignement de Paris qui pût satisfaire son mari, et l'empêcher de faire le voyage qu'elle craignoit; que M. le prince se pouvoit aisément lasser de la protection qu'il lui avoit donnée jusqu'alors, ayant un prétexte aussi spécieux que celui de réconcilier une femme avec son mari, et surtout s'il croyoit s'attacher par là M. le duc de Longueville. De plus, qu'on l'accusoit de fomenter elle seule le désordre; qu'elle se trouveroit responsable en plusieurs façons, et envers monsieur son frère et envers le monde, d'allumer dans le royaume une guerre dont les événemens seroient funestes à sa maison ou à l'Etat, et qu'elle avoit presque un égal intérêt à la conservation de l'un et de l'autre. Il lui représentoit encore que les excessives dépenses que M. le prince seroit obligé de soutenir ne lui laisseroient ni le pouvoir ni peut-être la volonté de fournir ce qui seroit nécessaire à la sienne, et que ne tirant rien de M. de Longueville, elle se trouveroit réduite à une insupportable nécessité. Qu'enfin, pour remédier à tant d'inconvéniens, il lui conseilloit de prier M. le prince de trouver bon que madame la princesse, M. le duc d'Enghien et elle se retirassent à Montrond, pour ne l'embarrasser point dans une marche précipitée s'il se trouvoit obligé de partir, et pour n'avoir pas aussi le scrupule de participer à la périlleuse résolution qu'il alloit prendre, ou de mettre le feu dans le royaume par une guerre civile, ou de confier sa vie, sa liberté et sa fortune sur la foi douteuse du cardinal Mazarin. Ce conseil fut approuvé de madame de Longueville, et M. le prince voulut qu'il fût suivi bientôt après.

Le duc de Nemours commençoit à revenir de son premier emportement; et bien que ses passions subsistassent encore, il ne s'y laissoit pas emporter avec la même impétuosité qu'il avoit fait d'abord. Le duc de La Rochefoucauld se servit de cette occasion pour le faire entrer dans ses sentimens. Il lui fit connoître que leurs intérêts ne pouvoient jamais se rencontrer dans une guerre civile; que M. le prince pouvoit bien détruire leur fortune par de mauvais succès, mais qu'ils ne pouvoient presque jamais se prévaloir des bons, puisque la diminution de l'Etat causeroit aussi nécessairement la leur; que comme M. le prince avoit peine à se résoudre de prendre les armes, il en auroit encore plus à les quitter s'il les prenoit; qu'il ne trouveroit pas aisément sa sûreté à la cour après l'avoir offensée, puisqu'il ne l'y pouvoit rencontrer sans avoir encore rien fait contre elle; qu'enfin, outre ce qu'il y avoit encore à ménager dans l'humeur difficile de M. le prince, il falloit considérer qu'en l'éloignant de Paris il s'en éloignoit aussi lui-même, et mettoit sa destinée entre les mains de son rival. Ces raisons trouvèrent le duc de Nemours disposé à les recevoir; et soit qu'elles lui eussent donné des vues qu'il n'avoit pas, ou que, par une légèreté ordinaire aux personnes de son âge, il se portât à vouloir le contraire de ce qu'il avoit voulu, il se résolut de contribuer à la paix avec le même empressement qu'il avoit eu jusqu'alors pour la guerre, et prit des mesures avec le duc de La Rochefoucauld pour agir de concert dans ce dessein.

La Reine étoit alors de plus en plus animée contre M. le prince. Les frondeurs cherchoient à se venger de lui par toute sorte de moyens, et cependant perdoient leur crédit parmi le peuple, par l'opinion qu'on avoit de leur liaison avec la cour. La haine du coadjuteur éclatoit particulièrement contre le duc de La Rochefoucauld. Il lui attribuoit, comme j'ai dit, la rupture du mariage de mademoiselle de Chevreuse; et croyant toutes choses permises pour le perdre, il n'oublioit rien pour y engager ses ennemis par toute sorte de voies extraordinaires. Le carrosse du duc de

La Rochefoucauld fut attaqué trois fois de nuit en ce temps-là, sans qu'on ait pu savoir quelles gens avoient part à de si fréquentes rencontres. Cette animosité n'empêcha pas néanmoins le duc de La Rochefoucauld de travailler pour la paix conjointement avec le duc de Nemours; et madame de Longueville même y donna les mains, dès qu'elle fut assurée d'aller à Montrond. Mais les esprits étoient trop échauffés pour écouter la raison, et tous ont éprouvé à la fin que personne n'a bien connu ses véritables intérêts. La cour même, que la fortune a soutenue, a fait souvent des fautes considérables; et l'on a vu dans la suite que chaque parti s'est plus maintenu par les manquemens de celui qui lui étoit opposé, que par sa bonne conduite.

Cependant M. le prince employoit tous ses soins pour justifier ses sentimens envers le parlement et envers le peuple; et voyant que la guerre qu'il alloit entreprendre manquoit de prétexte, il essayoit d'en trouver dans le procédé de la Reine, qui avoit rappelé auprès d'elle messieurs Servien et Le Tellier, après les avoir éloignés en sa considération; et il essayoit de persuader que leur retour étoit moins pour l'offenser que pour avancer celui du cardinal. Ces bruits, semés parmi le peuple, y faisoient quelque impression. Le parlement étoit plus partagé que jamais : le premier président étoit devenu ennemi de M. le prince, croyant qu'il avoit contribué à lui faire ôter les sceaux pour les donner à M. de Châteauneuf; ceux qui étoient gagnés de la cour se joignoient à lui : mais la conduite des frondeurs étoit plus réservée; ils n'osoient paroître bien intentionnés pour le cardinal, et toutefois ils le vouloient servir en effet.

Les choses étoient en ces termes, lorsque M. le prince quitta Saint-Maur pour retourner à Paris. Il crut être en état, par le nombre de ses amis et de ses créatures, de s'y maintenir contre la cour, et que cette conduite fière et hardie donneroit de la réputation à ses affaires. Il fit partir en même temps madame la princesse, M. le duc d'Enghien et madame de Longueville pour aller à Montrond, dans la résolution de les y aller joindre bientôt, et de passer en Guienne, où l'on étoit disposé à le recevoir. Il avoit envoyé le comte de Tavannes en Champagne pour y commander ses troupes qui servoient dans l'armée, avec ordre de les faire marcher en corps à Stenay aussitôt qu'il le lui manderoit. Il avoit pourvu à ses autres places, et avoit deux cent mille écus d'argent comptant. Ainsi il se préparoit à la guerre, bien qu'il n'en eût pas encore entièrement formé le dessein. Il essayoit néanmoins dans cette vue d'engager des gens de qualité dans ses intérêts, et entre autres le duc de Bouillon et M. de Turenne.

Ils étoient l'un et l'autre particulièrement amis du duc de La Rochefoucauld, et il n'oublia rien pour leur faire prendre le même parti qu'il se voyoit obligé de suivre. Le duc de Bouillon lui parut irrésolu, désirant de trouver ses sûretés et ses avantages, se défiant presque également de la cour et de M. le prince, et voulant voir l'affaire engagée avant que de se déclarer. M. de Turenne, au contraire, lui parla toujours d'une même manière depuis son retour de Stenay. Il lui dit que M. le prince ne l'avoit ménagé sur rien après son retour à Paris; et que bien loin de prendre ses mesures de concert avec lui, et de lui faire part

6.

de ses desseins, il s'en étoit non-seulement éloigné, mais avoit mieux aimé laisser périr les troupes de M. de Turenne, qui venoient de combattre pour lui, que de dire un mot pour leur faire donner des quartiers d'hiver. Il ajouta encore qu'il avoit affecté de ne se louer ni de se plaindre de M. le prince, pour ne pas donner lieu à des éclaircissemens dans lesquels il ne vouloit pas entrer; qu'il croyoit n'avoir rien oublié pour contribuer à sa liberté, mais qu'il prétendoit aussi que l'engagement qu'il avoit avec lui avoit dû finir avec sa prison, et qu'ainsi il pouvoit prendre des liaisons selon ses inclinations ou ses intérêts. Ce furent là les raisons par lesquelles M. de Turenne refusa de suivre une seconde fois la fortune de M. le prince.

Cependant le duc de Bouillon, qui vouloit éviter de s'expliquer avec lui, se trouvoit bien embarrassé pour s'empêcher de répondre précisément. M. le prince et lui avoient choisi pour médiateur entre eux le duc de La Rochefoucauld. Mais comme ce dernier jugeoit bien qu'un poste comme celui-là est toujours délicat parmi des gens qui doivent convenir sur tant d'importans et différens articles, il les engagea à se dire à eux-mêmes, en sa présence, leurs sentimens; et il arriva, contre l'ordinaire de semblables éclaircissemens, que la conversation finit sans aigreur, et qu'ils demeurèrent satisfaits l'un de l'autre, sans être liés ni engagés à rien.

Il sembloit alors que le principal but de la cour et de M. le prince fût de se rendre le parlement favorable. Les frondeurs affectoient d'y paroître sans autre intérêt que celui du public : mais sous ce prétexte ils choquoient M. le prince en toutes choses, et s'opposoient directement à tous ses desseins. Dans les commencemens ils l'accusoient encore avec quelque retenue ; mais se voyant ouvertement appuyé de la cour, le coadjuteur trouva de la vanité à paroître ennemi déclaré de M. le prince : et dès-lors, non-seulement il s'opposa, sans garder de mesures, à tout ce qu'il proposoit, mais encore il n'alla plus au Palais sans être suivi de ses amis et d'un grand nombre de gens armés. Ce procédé trop fier déplut avec raison à M. le prince ; et il ne trouvoit pas moins insupportable d'être obligé de se faire suivre au Palais pour disputer le pavé avec le coadjuteur, que d'y aller seul, et d'exposer ainsi sa vie et sa liberté entre les mains de son plus dangereux ennemi. Il crut néanmoins devoir préférer sa sûreté à tout le reste, et il résolut enfin de n'aller plus au parlement sans être accompagné de tout ce qui étoit dans ses intérêts.

On crut que la Reine fut bien aise de voir naître ce nouveau sujet de division entre deux personnes que, dans son cœur, elle haïssoit presque également ; et s'imaginant assez quelles en pourroient être les suites pour espérer d'être vengée de l'un par l'autre, ou de les voir périr tous deux, elle donnoit néanmoins toutes les apparences de sa protection au coadjuteur, et elle voulut qu'il fût escorté par une partie des gendarmes et des chevau-légers du Roi, et par des officiers et des soldats du régiment des Gardes. M. le prince étoit suivi d'un grand nombre de personnes de qualité, de plusieurs officiers d'armée, et d'une foule de gens de toute sorte de professions, qui ne le quittoient plus depuis son retour de Saint-Maur. Cette confusion de gens de différens partis se trouvant tous ensemble dans la grand'salle du Palais fit appréhender au parlement de voir arriver un désordre qui les pourroit tous envelopper dans un même péril, et que personne ne seroit capable d'apaiser. Le premier président, pour prévenir le mal, résolut de prier M. le prince de ne se faire plus accompagner au Palais.

Il arriva même un jour que M. le duc d'Orléans ne s'étoit point trouvé au Palais, et que M. le prince et le coadjuteur s'y étoient rendus avec tous leurs amis. Leur nombre, et l'aigreur qui paroissoit dans les esprits, augmenta de beaucoup la crainte du premier président : M. le prince dit même quelques paroles piquantes qui s'adressoient au coadjuteur ; mais il y répondit sans s'étonner, et osa dire publiquement que ses ennemis ne l'accuseroient pas au moins d'avoir manqué à ses promesses, et que peu de personnes se trouvoient aujourd'hui exemptes de ce reproche, voulant distinguer par là M. le prince, et lui reprocher tacitement la rupture du mariage de mademoiselle de Chevreuse, le traité de Noisy, et l'abandonnement des frondeurs quand il se réconcilia avec le cardinal.

Ces bruits, semés dans le monde par les partisans du coadjuteur, et renouvelés encore avec tant d'audace devant le parlement assemblé, et en présence de M. le prince même, le devoient trouver sans doute plus sensible à cette injure qu'il ne le parut alors. Il fut maître de son ressentiment, et ne répondit rien au discours du coadjuteur : mais en même temps on vint avertir le premier président que la grand'salle étoit remplie de gens armés, et qu'étant de partis si opposés, il n'étoit pas possible qu'il n'arrivât quelque grand malheur, si on n'y apportoit un prompt remède. Alors le premier président dit à M. le prince que la compagnie lui seroit obligée s'il lui plaisoit de faire retirer tous ceux qui l'avoient suivi ; qu'on étoit assemblé pour remédier aux désordres de l'Etat, et non pas pour les augmenter ; et que personne ne croiroit avoir la liberté entière d'opiner, tant qu'on verroit le Palais, qui devoit être l'asyle de la justice, servir ainsi de place d'armes. M. le prince s'offrit sans hésiter de faire retirer ses amis, et pria le duc de La Rochefoucauld de les faire sortir sans désordre. En même temps le coadjuteur se leva ; et voulant que l'on crût qu'il le falloit traiter d'égal avec M. le prince en cette rencontre, il dit qu'il alloit donc faire faire la même chose à ses gens ; et sans attendre de réponse, il sortit de la grand'chambre pour aller parler à ses amis. Le duc de La Rochefoucauld, aigri de ce procédé, marchoit huit ou dix pas derrière lui ; et il étoit encore dans le parquet des huissiers, lorsque le coadjuteur étoit déjà arrivé dans la grand'salle. A sa vue, tout ce qui tenoit son parti mit l'épée à la main sans en savoir la raison ; et les amis de M. le prince firent aussi la même chose. Chacun se rangea du côté qu'il servoit, et en un instant les deux troupes ne furent séparées que de la longueur de leurs épées, sans que parmi un si grand nombre de gens braves, et animés par tant de haines différentes et par tant d'intérêts contraires, il s'en trouvât aucun qui allongeât un coup d'épée, ou qui tirât un coup de pistolet. Le coadjuteur voyant un si grand désordre, connut le péril où il étoit, et voulut, pour s'en tirer, retourner dans la grand'chambre. Mais en arrivant à la porte de la salle par où il étoit sorti, il trouva que le duc de La Rochefoucauld s'en étoit rendu le maître. Il essaya de l'ouvrir avec effort; mais comme elle ne s'ouvrit que par la moitié, et que le duc de La Rochefoucauld la tenoit, il la referma en sorte, dans le temps que le coadjuteur rentroit, qu'il l'arrêta, ayant la tête passée du côté du parquet des huissiers, et le corps dans la grand'salle. On pouvoit croire que cette occasion tenteroit le duc de La Rochefoucauld, après tout ce qui s'étoit passé entre eux, et que les raisons générales et particulières le pousseroient à perdre son plus cruel ennemi. Outre la satisfaction de s'en venger en vengeant M. le prince des paroles audacieuses qu'il venoit de dire contre lui, on pouvoit croire encore qu'il étoit juste que la vie du coadjuteur répondît de l'événement du désordre qu'il avoit ému, et duquel le succès pouvoit apparemment être terrible; mais le duc de La Rochefoucauld considérant qu'on ne se battoit point dans la salle, et que de ceux qui étoient amis du coadjuteur dans le parquet des huissiers, pas un ne mettoit l'épée à la main pour le défendre, il crut n'avoir pas le même prétexte de se venger de lui qu'il auroit eu si le combat eût été commencé en quelque endroit. Les gens mêmes de M. le prince qui étoient près du duc de La Rochefoucauld ne sentoient pas de quel poids étoit le service qu'ils pouvoient rendre à leur maître en cette rencontre. Et enfin l'un pour ne vouloir pas faire une action qui eût paru cruelle, et les autres pour être irrésolus dans une si grande affaire, donnèrent temps à Champlatreux, fils du premier président, d'arriver, avec ordre de la grand'chambre de dégager le coadjuteur : ce qu'il fit ; et ainsi il le retira du plus grand péril où il se pût jamais trouver. Le duc de La Rochefoucauld le voyant entre les mains de Champlatreux, retourna dans la grand'chambre prendre sa place ; et le coadjuteur y arriva dans le même temps, avec le trouble qu'un péril tel que celui qu'il venoit d'éviter lui devoit causer. Il commença par se plaindre à l'assemblée de la violence du duc de La Rochefoucauld. Il dit qu'il avoit été près d'être assassiné, et qu'on ne l'avoit tenu à la porte que pour l'exposer à tout ce que ses ennemis auroient voulu entreprendre contre sa personne. Le duc de La Rochefoucauld se tournant vers le premier président, répondit qu'il falloit sans doute que la peur eût ôté au coadjuteur la liberté de juger de ce qui s'étoit passé dans cette rencontre ; qu'autrement il auroit vu qu'il n'avoit pas eu dessein de le perdre, puisqu'il ne l'avoit pas fait, ayant eu long-temps sa vie entre ses mains. Qu'en effet il s'étoit rendu maître de la porte, et l'avoit empêché de rentrer ; mais qu'il ne s'étoit pas cru obligé de remédier à sa peur, en exposant M. le prince et le parlement à une sédition que ceux de son parti avoient émue en le voyant arriver. Ce discours fut suivi de quelques paroles aigres et piquantes, qui obligèrent le duc de Brissac, beau-frère du duc de Retz, de répondre ; et le duc de La Rochefoucauld et lui résolurent de se battre le jour même, sans seconds. Mais comme le sujet de leur querelle fut public, elle fut accordée au sortir du Palais par M. le duc d'Orléans.

Cette affaire, qui apparemment devoit avoir tant

de suites, finit même ce qui pouvoit le plus contribuer au désordre, car le coadjuteur évita de retourner au Palais; et ainsi ne se trouvant plus où étoit M. le prince, il n'y eut plus lieu de craindre un accident pareil à celui qui avoit été si près d'arriver. Néanmoins, comme la fortune règle les événemens plus souvent que la conduite des hommes, elle fit rencontrer M. le prince et le coadjuteur dans le temps qu'ils se cherchoient le moins, mais dans un état à la vérité bien différent de celui où ils avoient été au Palais. Car un jour que M. le prince en sortoit avec le duc de La Rochefoucauld, dans son carrosse, et suivi d'une foule innombrable de peuple, il rencontra la procession de Notre-Dame, et le coadjuteur revêtu de ses habits pontificaux, marchant après plusieurs châsses et reliques qu'on portoit. D'abord M. le prince s'arrêta pour rendre un plus grand respect à l'Eglise; et le coadjuteur continuant son chemin sans s'émouvoir, lorsqu'il fut vis-à-vis de M. le prince, lui fit une profonde révérence, et lui donna sa bénédiction, et au duc de La Rochefoucauld aussi. Elle fut reçue de l'un et de l'autre avec toutes les apparences de respect, bien que nul des deux ne souhaitât qu'elle eût l'effet que le coadjuteur pouvoit désirer. En ce même temps le peuple, qui suivoit le carrosse de M. le prince, ému par une telle rencontre, cria mille injures au coadjuteur, et se préparoit à le mettre en pièces, si M. le prince n'eût fait descendre ses gens pour apaiser le tumulte, et remettre chacun en son devoir.

GUERRE DE GUIENNE [1].

Cependant toutes choses contribuoient à augmenter les défiances et les soupçons de M. le prince. Il voyoit que la majorité du Roi alloit rendre son autorité absolue ; il connoissoit l'aigreur de la Reine contre lui, et voyoit bien que, le considérant comme le seul obstacle au retour du cardinal, elle n'oublieroit rien pour le perdre ou pour l'éloigner. L'amitié de M. le duc d'Orléans lui paroissoit un appui bien foible et bien douteux pour le soutenir dans des temps si difficiles ; et il ne pouvoit croire qu'elle fût long-temps sincère, puisque le coadjuteur avoit toujours beaucoup de crédit auprès de lui. Tant de sujets de craindre pouvoient avec raison augmenter les défiances de M. le prince, et l'empêcher de se trouver au parlement le jour que le Roi y devoit être déclaré majeur. Mais tout cela n'auroit pas été capable de le porter encore à rompre avec la cour et à se retirer dans ses gouvernemens, si on eût laissé les choses dans les termes où elles étoient, et si on eût

---

[1] On lit au bas de la page 210 de l'édition de M. Renouard la note suivante :

« Ici se trouvent dans le manuscrit trente-neuf pages in-folio de plus
« que dans les Mémoires imprimés, et ce ne sont point les détails les
« moins curieux. Ce n'est qu'à la 149ᵉ page du manuscrit qu'on trouve
« le commencement du chapitre intitulé, dans les Mémoires publiés,
« Guerre de Guienne, et la dernière de Paris. »

Ce long morceau est tout entier dans l'édition de 1690 (page 286 à 320), et dans celle de 1723 (tome 2, page 130 à 175).

continué à l'amuser par l'espérance de quelque négociation.

M. le duc d'Orléans vouloit empêcher une rupture ouverte, croyant se rendre nécessaire aux deux partis, et voulant presque également éviter de se brouiller avec l'un ou avec l'autre. Mais la Reine étoit d'un sentiment bien contraire : nul retardement ne pouvoit satisfaire son esprit irrité, et elle recevoit toutes les propositions d'un traité comme autant d'artifices pour faire durer l'éloignement du cardinal. Dans cette vue, elle proposa de rétablir M. de Châteauneuf dans les affaires ; de redonner les sceaux au premier président Molé, et les finances à M. de La Vieuville. Elle crut avec raison que le choix de ces trois ministres, ennemis particuliers de M. le prince, acheveroit de lui ôter toute espérance d'accommodement. Ce dessein eut aussi bientôt le succès qu'elle avoit souhaité : il fit connoître à M. le prince qu'il n'avoit plus rien à ménager avec la cour, et avança ainsi en un moment toutes les résolutions qu'il n'auroit pas prises de lui-même.

En effet il alla à Trie chez le duc de Longueville, après avoir écrit au Roi les raisons qui l'empêchoient de se trouver auprès de sa personne le jour de sa majorité, et lui fit donner sa lettre par M. le prince de Conti, qu'il laissa à Paris pour assister à la cérémonie. Le duc de La Rochefoucauld y demeura aussi sous le même prétexte ; mais c'étoit en effet pour essayer de conclure avec le duc de Bouillon sur de nouvelles propositions qu'il lui fit, par lesquelles il offroit de se déclarer pour M. le prince, et de joindre à ses intérêts M. de Turenne, le prince de Tarente et le marquis de

La Force, aussitôt que M. le prince auroit été reçu dans Bordeaux, et que le parlement se seroit déclaré pour lui en donnant un arrêt d'union. Le duc de La Rochefoucauld lui promit pour M. le prince les conditions qui suivent :

De lui donner la place de Stenay avec son domaine, pour en jouir aux mêmes droits que M. le prince, jusqu'à ce qu'il lui eût fait rendre Sedan, ou qu'il l'eût mis en possession de la récompense que la cour lui avoit promise pour l'échange de cette place;

De lui céder ses prétentions sur le duché d'Albret;

De le faire recevoir dans Bellegarde avec le commandement de la place ;

De lui fournir une somme d'argent dont ils conviendroient pour lever des troupes, et pour faire la guerre ;

Et de ne point faire de traité sans y comprendre l'article du rang de sa maison.

Le duc de La Rochefoucauld lui proposoit encore d'envoyer M. de Turenne à Stenay, Clermont et Damvilliers, pour y commander les vieilles troupes de M. le prince, qui s'y devoient retirer ; lesquelles, jointes à celles que les Espagnols y devoient envoyer de Flandre, feroient occuper le même poste à M. de Turenne que madame de Longueville et lui y avoient tenu durant la prison des princes.

Il eut charge de M. le prince de lui dire ensuite que son dessein étoit de laisser M. le prince de Conti, mesdames de Longueville et M. de Nemours à Bourges et à Montrond pour y faire des levées, et se rendre maîtres du Berri, du Bourbonnais et d'une partie de l'Auvergne, cependant que M. le prince iroit à Bordeaux, où il étoit appelé par le parlement et par le peuple, et où les Espagnols lui fourniroient des troupes, de l'argent et des vaisseaux, suivant le traité du marquis de Sillery avec le comte de Fuensaldagne, pour faciliter la levée des troupes qu'il devoit aussi faire en Guienne ; que le comte Du Dognon entroit dans son parti avec les places de Brouage, de Ré, d'Oleron et de La Rochelle ; que le duc de Richelieu feroit la même chose, et feroit ses levées en Saintonge et au pays d'Aunis ; que le maréchal de La Force feroit les siennes en Guienne ; le duc de La Rochefoucauld en Poitou et en Angoumois ; le marquis de Montespan en Gascogne ; M. d'Arpajon en Rouergue ; et que M. de Marsin, qui commandoit l'armée de Catalogne, ne manqueroit pas de reconnoissance.

Tant de belles apparences fortifièrent le duc de Bouillon dans le dessein de s'engager avec M. le prince, et il en donna encore sa parole au duc de La Rochefoucauld aux conditions que j'ai dites. Cependant M. le prince ne put engager si avant le duc de Longueville, ni en tirer aucune parole positive, quelque instance qu'il lui en pût faire, soit par irrésolution, soit parce qu'il ne vouloit pas appuyer un parti que madame sa femme avoit formé, ou soit qu'il crût qu'étant engagé avec M. le prince, il seroit entraîné plus loin qu'il n'avoit accoutumé d'aller.

M. le prince ne pouvant rien obtenir de lui, se rendit à Chantilly, où il apprit que de tous côtés on prenoit des mesures contre lui, et que, malgré les instances de M. le duc d'Orléans, la Reine n'avoit pas voulu retarder de vingt-quatre heures la nomination des trois ministres. Voyant donc les choses en ces termes, il crut ne devoir pas balancer à se retirer dans ses gouvernemens. Il en donna avis dès l'heure même à M. le duc d'Orléans, et manda à M. le prince de Conti et aux ducs de Nemours et de La Rochefoucauld de se rendre le lendemain à Essone pour prendre ensemble le chemin de Montrond. Ce départ, que tout le monde prévoyoit depuis si long-temps, que M. le prince jugeoit nécessaire à sa sûreté, et que la Reine avoit même toujours souhaité comme un acheminement au retour du cardinal, ne laissa pas d'étonner les uns et les autres. Chacun se repentit d'avoir porté les choses au point où elles étoient, et la guerre civile leur parut alors avec tout ce que ses événemens ont d'incertain et d'horrible. Il fut même au pouvoir de M. le duc d'Orléans de se servir utilement de cette conjoncture; et M. le prince demeura un jour entier à Angerville chez le président Perrault, pour y attendre ce que Son Altesse Royale lui enverroit proposer. Mais comme les moindres circonstances ont d'ordinaire trop de part aux plus importantes affaires, il arriva en celle-ci que M. le duc d'Orléans ayant disposé la Reine à donner satisfaction à M. le prince sur l'établissement des trois ministres, il ne voulut pas prendre la peine de lui écrire de sa main à l'heure même, et différa d'un jour de lui en donner avis. Ainsi, au lieu que Croissy, qui lui devoit porter cette dépêche, l'eût pu joindre à Angerville, encore incertain du parti qu'il devoit prendre, et en état d'entendre à un accommodement, il le trouva arrivé à Bourges, où les applaudissemens des peuples et de la noblesse avoient tellement augmenté ses espérances, qu'il crut que tout le royaume alloit imiter cet exemple, et se déclarer pour lui.

Le voyage de Croissy étant donc devenu inutile, M. le prince continua le sien, et arriva à Montrond, où madame la princesse et madame de Longueville l'attendoient. Il y demeura un jour pour voir la place, qu'il trouva très-belle, et au meilleur état du monde. Enfin toutes choses y étoient disposées à fortifier ses espérances, et à flatter son nouveau dessein : de sorte qu'il ne balança plus à faire la guerre ; et ce jour-là même il dressa une ample instruction pour traiter avec le roi d'Espagne, où furent compris ses plus particuliers et ses plus considérables amis. M. Lenet fut choisi pour cette négociation : ensuite M. le prince donna de l'argent à monsieur son frère et à M. de Nemours, pour faire leurs levées dans les provinces voisines ; et les ayant laissés à Montrond avec madame de Longueville, il y laissa M. de Vineuil, intendant de la justice, pour commencer de lever la taille sur le Berri et le Bourbonnais, et lui recommanda particulièrement de ménager la ville de Bourges, afin de la maintenir dans la disposition où il l'avoit laissée. Après avoir donné ses ordres, il partit le lendemain de Montrond avec le duc de La Rochefoucauld, chez qui il passa, et où il trouva beaucoup de noblesse dont il fut suivi, et se rendit avec assez de diligence à Bordeaux, où madame la princesse et M. le duc d'Enghien arrivèrent bientôt après.

Il y fut reçu de tous les corps de la ville avec beaucoup de joie ; et il est malaisé de dire si ces peuples bouillans et accoutumés à la révolte furent plus touchés de l'éclat de sa naissance et de sa réputation, que de ce qu'ils le considéroient comme le plus puissant ennemi du duc d'Epernon. Il trouva dans la même disposition le parlement, qui donna en sa faveur tous les arrêts qu'il put désirer.

Les choses étant si avantageusement commencées, il crut n'avoir rien de si important ni de si pressé à faire que de prendre tous les revenus du Roi à Bordeaux, et de se servir de cet argent pour faire promptement ses levées, jugeant bien que la cour marcheroit à lui en diligence avec ce qu'elle auroit de troupes, pour ne lui donner pas le temps de mettre les siennes sur pied. Dans cette vue, il distribua son argent à tous ceux qui étoient engagés avec lui, et les pressa tellement d'avancer leurs levées, que cette précipitation leur fournit le prétexte d'en faire de mauvaises.

Peu de jours après son arrivée à Bordeaux, le comte Du Dognon le vint trouver, et se déclara ouvertement pour son parti. Le duc de Richelieu et le maréchal de La Force firent la même chose; et le prince de Tarente, qui s'étoit rendu à Taillebourg, lui manda qu'il entroit aussi dans ses intérêts. M. d'Arpajon fut plus difficile: il tint encore en cette occasion la même conduite dont il avoit déjà reçu des récompenses durant la prison des princes; car il demanda des conditions qu'on ne lui put accorder, et traita avec la cour quand il vit tomber les affaires de M. le prince.

Cependant le duc de La Rochefoucauld donna avis au duc de Bouillon de ce qui s'étoit passé au parlement de Bordeaux, et lui manda que les conditions qu'il avoit désirées étant accomplies, on attendoit qu'il effectueroit ce qu'il avoit promis. Le duc de

Bouillon évita assez long-temps de répondre nettement là-dessus, voulant tout à la fois se ménager avec la cour, qui lui faisoit de grandes avances, et ne point rompre avec M. le prince, dont il pouvoit avoir besoin. Il voyoit aussi que M. de Turenne, qu'il croyoit inséparable de ses intérêts, lui refusoit de se joindre à ceux de M. le prince; que le prince de Tarente y étoit entré sans lui, et que le marquis de La Force demeuroit uni avec M. de Turenne : il jugeoit encore que n'étant pas suivi de son frère et des autres que j'ai nommés, dont il avoit répondu au duc de La Rochefoucauld, sa condition et sa sûreté seroient moindres dans le parti qu'il alloit prendre, et que M. le prince ne témoigneroit pas plus de reconnoissance pour ce que M. de Turenne et lui pourroient faire à l'avenir, qu'il n'en avoit témoigné de ce qu'ils avoient fait par le passé. Il voyoit de plus qu'il faudroit refaire un nouveau traité avec M. le prince, moins avantageux que celui dont ils étoient déjà convenus. Et enfin toutes ces raisons, jointes aux promesses de la cour, et appuyées par tout le crédit et par toute l'industrie de madame de Bouillon, qui avoit beaucoup de pouvoir sur son mari, l'empêchèrent de suivre son premier dessein, et de se déclarer pour M. le prince. Mais, pour sortir de cet embarras, il voulut se rendre médiateur de l'accommodement de M. le prince avec la cour; et après avoir eu sur ce sujet des conférences particulières avec la Reine, il renvoya Gourville, qui lui avoit été dépêché par le duc de La Rochefoucauld, offrir à M. le prince tout ce qu'il avoit demandé pour lui et pour ses amis, avec la disposition du gouvernement de Blaye, sans exiger de lui d'autres conditions que celles que messieurs Servien et de Lyonne lui avoient demandées dans le premier projet du traité qui se fit à Paris à la sortie de sa prison, et dont j'ai déjà parlé.

D'ailleurs M. de Châteauneuf faisoit faire d'autres propositions d'accommodement par le même Gourville; mais comme elles alloient à empêcher le retour du cardinal, il ne pouvoit pas balancer par ses offres celles que la Reine lui avoit fait faire par le duc de Bouillon. Il s'engageoit seulement à demeurer inséparablement uni à M. le prince après la chute du cardinal, et à lui donner dans les affaires toute la part qu'il pouvoit désirer. On lui offrit encore, de la part de la cour, de consentir à une entrevue de lui et de M. le duc d'Orléans à Richelieu, pour y examiner ensemble les conditions d'une paix sincère dans laquelle il sembloit que la cour vouloit agir de bonne foi. Mais, pour le malheur de la France et pour celui de M. le prince, il ferma l'oreille à tant de partis avantageux; et quelque grandes et considérables que fussent les offres de la Reine, elles irritèrent M. le prince, parce qu'elles étoient faites par l'entremise du duc de Bouillon. Il s'étoit attendu que lui et M. de Turenne seroient d'un grand poids dans son parti, et que personne ne pouvoit soutenir comme eux les postes de Bellegarde et de Stenay : outre que ces vieilles troupes qu'il y avoit laissées pour être commandées par M. de Turenne devenoient par là inutiles, et couroient fortune de se dissiper ou d'être défaites. Il voyoit encore que les mesures qu'il avoit prises avec les Espagnols du côté de ses places de Champagne n'auroient aucun effet, et que ses troupes et les Espagnols même n'auroient, pour aucun autre chef qui pût remplir ce poste, la même confiance et la même estime qu'ils avoient pour M. de Turenne.

Toutes ces raisons touchoient sensiblement M. le prince, bien qu'il essayât d'être maître de son ressentiment. Néanmoins il répondit assez sèchement à M. de Bouillon : il lui manda qu'il n'étoit pas temps d'écouter des propositions qu'on ne vouloit pas effectuer; qu'il se déclarât comme il l'avoit promis; que M. de Turenne se rendît à la tête de ses troupes qui avoient marché à Stenay; et qu'alors il seroit en état d'entendre les offres de la cour, et de faire un traité sûr et glorieux. Il chargea Gourville de cette réponse, et de rendre compte à M. le duc d'Orléans des raisons qui lui faisoient refuser l'entrevue de Richelieu. Les principales étoient que le but de cette conférence n'étoit pas de faire la paix, mais seulement de l'empêcher de soutenir la guerre; que dans un temps où tous les corps de l'Etat étoient sur le point de se déclarer contre la cour, et que les Espagnols préparoient des secours considérables d'hommes, d'argent et de vaisseaux, on le vouloit engager à une négociation publique, dont le seul bruit empêcheroit ses levées, et feroit changer de sentiment à tout ce qui étoit prêt à se joindre à son parti.

Outre ces raisons générales, il y en avoit encore de particulières qui ne permettoient pas à M. le prince de confier ses intérêts à M. le duc d'Orléans. C'étoit sa liaison étroite avec le coadjuteur de Paris, ennemi déclaré de M. le prince et de son parti, et lié tout de nouveau avec la cour par l'assurance du chapeau de cardinal. Cette dernière considération faisoit une extrême peine à M. le prince; et elle fut cause aussi que les commissions dont il chargea Gourville ne se bornèrent pas seulement à ce que je viens de dire, mais qu'il lui en donna une autre plus difficile et plus périlleuse; car voyant que le coadjuteur continuoit à ne garder aucune mesure vers lui, et que par intérêt et par vanité il affectoit de le traverser sans cesse en tout, il résolut de le faire enlever dans Paris, et de le faire conduire dans l'une de ses places. Quelque impossibilité qui parût en ce dessein, Gourville s'en chargea après en avoir reçu un ordre écrit, signé de de M. le prince; et il l'auroit sans doute exécuté si le coadjuteur, un soir qu'il alla à l'hôtel de Chevreuse, en fût sorti dans le même carrosse qui l'y avoit mené; mais l'ayant renvoyé avec ses gens, il ne fut plus possible de savoir certainement dans quel autre il pouvoit être sorti. Ainsi l'entreprise fut retardée de quelques jours, et découverte ensuite, parce qu'il est presque impossible que ceux dont on est obligé de se servir en de telles occasions aient assez de discrétion pour se contenter de la connoissance qu'on leur veut donner, ou assez de fidélité et de secret pour l'exécuter sûrement.

Les choses se disposoient ainsi de tous côtés à commencer la guerre. M. de Châteauneuf, qui étoit alors chef du conseil, avoit fait marcher la cour à Bourges; et la présence du Roi avoit d'abord remis cette ville dans son obéissance. Au bruit de ces heureux commencemens, M. le prince de Conti, madame de Longueville et M. de Nemours furent obligés de partir de Montrond avec leurs troupes pour se retirer en Guienne. Ils laissèrent le chevalier de La Rochefoucauld (1) à l'extrémité, et il mourut le même jour qu'ils partirent de Montrond. Il fut regretté avec quelque justice de ceux qui le connoissoient; car, outre qu'il avoit toutes les qualités nécessaires à un homme de sa condition, on verra peu de personnes de son âge qui aient donné autant de preuves que lui de conduite, de fidélité et de désintéressement dans des rencontres aussi importantes et aussi hasardeuses que celles où il s'est trouvé. Le marquis de Persan demeura pour commander dans la place. Elle étoit bloquée par un petit corps d'armée logé à Saint-Amand, dont Palluau étoit lieutenant général. La cour s'étoit ensuite avancée à Poitiers, et M. de Châteauneuf insistoit pour la faire marcher à Angoulême. Il jugeoit que la guerre civile n'ayant d'autre prétexte que le retour du cardinal, il falloit profiter de son absence, et qu'il suffisoit pour les intérêts de l'Etat, et encore plus pour les siens particuliers, de faire durer son éloignement. Il représentoit aussi avec raison que dans la naissance des désordres la présence du Roi est un puissant moyen pour retenir les peuples; que la Guienne et le parlement de Bordeaux étoient encore mal assurés à M. le prince, et qu'en s'approchant de lui on dissiperoit facilement ses desseins, qui au contraire s'affermiroient par l'éloignement de la cour. Mais les conseils de M. de Châteauneuf étoient trop suspects au cardinal pour être suivis à Poitiers sans avoir été examinés à Cologne; et comme il falloit attendre ses ordres, leur retardement et leur diversité causèrent des irrésolutions continuelles, et tinrent la

(1). *Le chevalier de La Rochefoucauld*: Charles-Hilaire, chevalier de Malte, frère de l'auteur des Mémoires, né le 14 juin 1628.

cour incertaine à Poitiers jusqu'à son retour, qui fut bientôt après.

D'autre part le baron de Batteville étoit arrivé dans la rivière de Bordeaux avec la flotte d'Espagne, composée de huit vaisseaux de guerre et de quelques brûlots. Il fortifioit Talmont, où il y avoit un corps d'infanterie de quinze cents hommes. La ville de Saintes s'étoit rendue sans résistance. Taillebourg, qui a un pont sur la Charente, étoit assez bien fortifié; et, excepté Cognac, M. le prince étoit maître de la rivière jusques à Angoulême. Le comte de Jonzac, lieutenant de roi de Saintonge, et gouverneur particulier de Cognac, s'y étoit retiré, afin que cette place lui aidât à rendre sa condition meilleure dans le parti où il entreroit, ne sachant encore auquel il se devoit joindre. Dans cette incertitude il entra en commerce de lettres avec M. le prince, et lui écrivit d'une manière qui lui donnoit lieu de croire qu'il ne demandoit qu'à sauver les apparences, et qu'il remettroit bientôt la ville entre ses mains si on faisoit mine de l'assiéger. Cette espérance, plutôt que l'état des forces de M. le prince, qui étoient alors très-petites, lui fit prendre le dessein de marcher à Cognac. Il voyoit de quelle importance il lui étoit de donner réputation à ses armes; mais il savoit bien aussi que, manquant de troupes et de tout ce qui est nécessaire pour faire un siége, il n'y avoit que celui-là seul où il pût prétendre de réussir : de sorte que fondant toutes ses espérances sur le gouverneur, il fit partir le duc de La Rochefoucauld de Bordeaux pour assembler ce qui se trouveroit sur pied, qui n'étoit en tout que trois régimens d'infanterie et trois cents chevaux, et lui donna ordre d'aller investir Cognac, où le prince de Tarente se devoit rendre avec ce qu'il avoit de troupes.

Le bruit de leur marche s'étant répandu dans le pays, on retira en diligence à Cognac tout ce qui y put être transporté de la campagne. Beaucoup de noblesse s'y retira aussi pour témoigner son zèle au service du Roi, et plus apparemment encore pour garder eux-mêmes ce qu'ils y avoient fait porter. Ce nombre considérable de gentilshommes retint aisément les bourgeois, et les fit résoudre à fermer les portes de la ville, dans l'espérance d'être bientôt secourus par le comte d'Harcourt, général des troupes du Roi, qui s'avançoit vers eux : mais comme ils avoient peu de confiance au comte de Jonzac, et qu'ils le soupçonnoient presque également d'être foible, et d'être gagné par M. le prince, ils l'observèrent, et lui firent connoître de telle sorte qu'il falloit nécessairement servir le Roi, qu'on peut dire qu'il se résolut enfin de défendre la place, parce qu'il n'eut pas le pouvoir de la rendre. Ce fut en cela seul que la noblesse témoigna quelque vigueur ; car pour le reste, durant huit jours que ce peu de troupes de M. le prince, sans armes, sans munitions, sans officiers, et avec encore moins de discipline, demeura devant Cognac, et quoiqu'ils fussent fatigués par des pluies continuelles qui emportèrent le pont de bateaux qu'on avoit fait sur la Charente pour la communication des quartiers, jamais ceux de dedans ne se prévalurent de ces désordres, mais demeurèrent renfermés avec les bourgeois, se contentant de faire tirer de derrière les murailles. M. le prince étant averti que la ville étoit néanmoins sur le point de se rendre, partit de Bordeaux, et se rendit au camp avec le duc de Nemours. Le lendemain de son arrivée, le comte d'Harcourt, averti que le pont de bateaux étoit rompu, et que Nort, maréchal de camp, étoit retranché dans un faubourg, de l'autre côté de la rivière, avec cinq cents hommes, sans qu'il pût être secouru, il marcha à lui avec deux mille hommes de pied des Gardes françaises et suisses, les gendarmes et les chevau-légers du Roi, ses gardes, et de la noblesse. Il força Nort dans son quartier sans trouver presque de résistance, et secourut ainsi Cognac à la vue de M. le prince, qui étoit logé au-deçà de la rivière. Le comte d'Harcourt se contenta d'avoir sauvé cette place, et laissa retirer M. le prince sans le suivre.

Bien que ce succès fût de soi peu considérable, il augmenta néanmoins les espérances du comte d'Harcourt, et donna de la réputation à ses armes. Il se crut même en état de pouvoir faire des progrès ; et sachant que le marquis d'Estissac avoit remis La Rochelle à l'obéissance du Roi, excepté les tours qui ferment le port, il fit dessein d'y aller avec ses troupes, s'assurant de la bonne volonté des habitans, qui pouvoient être bien disposés non-seulement par leur devoir, mais encore plus par la haine qu'ils portoient au comte Du Dognon, leur gouverneur. Il avoit fait fortifier les tours, et y tenoit une garnison suisse, se défiant presque de tout le monde, et croyant trouver plus de fidélité parmi cette nation que dans la sienne propre. Mais l'événement lui fit bientôt voir que ses mesures étoient fausses ; car la peur et l'intérêt, qui rendent ces sortes de gens aussi infidèles que les autres, fournirent des prétextes aux Suisses de faire encore plus que ce qu'il avoit appréhendé des Français. Il est certain que l'on peut dire que cette défiance et ces soupçons du comte Du Dognon furent la ruine du parti de M. le prince, puisque sans cela il auroit marché d'abord à La Rochelle avec toutes ses troupes, pour en rétablir les anciennes fortifications, et y faire le siége de la guerre avec tous les avantages et toute la commodité qu'une telle situation lui pouvoit apporter : au lieu que, pour ménager l'esprit jaloux et incertain de cet homme, il fût contraint de demeurer inutile à Tonnay-Charente, et de voir prendre La Rochelle sans oser même proposer de la secourir. Il est vrai aussi que le peu de résistance de la garnison des tours ne lui donna pas grand loisir d'en former le dessein; car le comte d'Harcourt étant arrivé avec ses troupes à La Rochelle, assisté du marquis d'Estissac, pourvu nouvellement par le Roi des gouvernemens du comte Du Dognon, trouva les habitans disposés à lui donner toute l'assistance qu'il en pouvoit attendre. Cependant les tours étoient en état de l'arrêter quelque temps, si les Suisses eussent été aussi braves et aussi fidèles que le comte Du Dognon l'avoit cru. Mais, au lieu de répondre à ce qu'il en attendoit, ils crurent devoir se racheter par une trahison; et après avoir seulement résisté trois jours, le comte d'Harcourt leur ayant mandé qu'il ne leur feroit point de quartier s'ils ne poignardoient le commandant nommé Besse, ils n'eurent point d'horreur d'un tel ordre, et commencèrent à l'exécuter. Mais lui, croyant trouver plus de compassion près du comte d'Harcourt que parmi ses propres soldats, se jeta, tout blessé qu'il étoit, du haut des tours dans le port, demandant la vie sans la pouvoir obtenir; car le comte d'Harcourt fit achever de le tuer en sa présence, sans pouvoir être fléchi ni par les prières de ses officiers, qui demandoient sa grâce, ni par un spectacle si pitoyable. La perte de cette place, qu'on n'avoit pas seulement essayé de secourir, nuisit à la réputation des armes de M. le prince; et on attribua au peu de confiance qu'il avoit en ses troupes ce qui n'étoit qu'un fâcheux égard qu'il avoit fallu avoir aux soupçons du comte Du Dognon. Il fut vivement touché de cette nouvelle; et le comte Du Dognon s'imaginant que toutes ses autres places suivroient cet exemple, se retira à Brouage, et n'en sortit plus jusqu'à ce qu'il eût fait son traité avec la cour, dont apparemment il a eu sujet de se repentir.

Le comte d'Harcourt, encouragé par ces bons succès, et fortifié par des troupes qui avoient joint son armée, se résolut de marcher à M. le prince, qui étoit à Tonnay-Charente; mais lui, jugeant bien par le nombre et par le peu de discipline de ses troupes qu'il étoit de beaucoup inférieur à l'armée royale, il ne crut pas le devoir attendre dans ce poste; et passant la rivière la nuit sur un pont de bateaux, il se retira à La Bergerie, qui n'est qu'à demi-lieue de Tonnay-Charente. Les troupes du Roi se contentèrent d'avoir poussé et défait deux escadrons le jour précédent, et lui donnèrent tout le temps nécessaire pour faire sauter la tour de Tonnay-Charente; et se retirer delà l'eau à La Bergerie sans être poussé. Le comte d'Harcourt perdit alors une belle occasion de le combattre dans sa retraite, et à demi passé : il en eut encore ce jour même une plus avantageuse dont il ne sut pas se prévaloir; car il arriva que M. le prince se reposa entièrement sur le soin d'un maréchal de camp à qui il avoit ordonné de brûler ou de rompre le pont de bateaux, en sorte qu'il ne put être rétabli; et sur cette assurance il mit ses troupes dans des quartiers séparés, dont quelques-uns étoient éloignés du sien d'une lieue et demie, sans craindre qu'on pût aller à lui, la rivière étant entre deux : mais l'officier, au lieu de suivre exactement son ordre, se contenta de détacher les bateaux, et les laisser aller au cours de l'eau; de sorte que les gens du comte d'Harcourt les ayant repris, refirent le pont dans une heure; et à l'instant même il fit passer trois cents chevaux et quelque infanterie pour garder la tête du pont. Cette nouvelle fut portée à M. le prince à La Bergerie; et il crut d'autant plus que le comte d'Harcourt marcheroit au milieu de ses quartiers pour les tailler en pièces l'un après l'autre, qu'il jugeoit que c'étoit le parti qu'il avoit à prendre. Cela l'obligea de mander à ses troupes de quitter leurs quartiers pour revenir en diligence à La Bergerie; et à l'instant même il marcha vers Tonnay-Charente avec les ducs de Nemours et de La Rochefoucauld, ses gardes, les leurs, et ce qui se trouva d'officiers et de volontaires auprès de lui, pour voir le dessein des ennemis, et essayer de les amuser pour donner temps à ce qui étoit le plus éloigné de le venir joindre. Il trouva que l'avis qu'on lui avoit donné étoit véritable, et que ces trois cents chevaux étoient en bataille dans la prairie qui borde la rivière; mais il vit bien que les ennemis n'avoient pas eu le dessein qu'il avoit appréhendé, ou qu'ils avoient perdu le temps de l'exécuter, puisque n'étant pas passés lorsqu'ils le pouvoient sans empêchement, il n'y avoit pas d'apparence qu'ils le fissent en sa présence, et ses troupes commençant déjà de le joindre. On escarmoucha quelque temps, sans perte considérable de part ni d'autre; et l'infanterie de M. le prince étant arrivée, il fit faire un long retranchement vis-à-vis du pont de bateaux, laissant la prairie et la rivière entre le comte d'Harcourt et lui. Les deux armées demeurèrent plus de trois semaines dans les mêmes logemens sans rien entreprendre, et se contentèrent l'une et l'autre de vivre dans un pays fertile, et où toutes choses étoient en abondance. Cependant les longueurs et la conduite du duc de Bouillon firent assez juger à M. le prince qu'il n'avoit plus rien à ménager avec lui, et qu'il essayoit de traiter avec la cour pour lui et pour M. de Turenne: de sorte que, perdant également l'espérance d'engager l'un et l'autre dans son parti, il s'emporta contre eux avec une pareille aigreur, quoique leurs engagemens eussent été différens; car il est vrai que le duc de Bouillon étoit convenu avec le duc de La Rochefoucauld, et ensuite avec M. Lenet, de toutes les conditions que j'ai dites, et qu'il crut s'en pouvoir dégager par les raisons dont j'ai parlé. M. de Turenne au contraire, qui s'étoit entièrement séparé des intérêts de M. le prince dès qu'il fut sorti de prison, ignoroit même, à ce qu'il a dit depuis, les traités et les engagemens du duc de Bouillon son frère.

[1652] M. le prince se voyant donc dans la nécessité d'envoyer promptement un chef pour soutenir le poste qu'il avoit destiné à M. de Turenne, jeta les yeux sur le duc de Nemours, dont la naissance et les agréables qualités de la personne, jointes à une extrême valeur, pouvoient suppléer en quelque sorte à la capacité de M. de Turenne. M. de Nemours partit avec toute la diligence possible pour aller en Flandre par mer; mais n'ayant pu en supporter les incommodités, il fut contraint d'aller par terre avec beaucoup de temps et de péril, à cause des troupes qui ramenoient le cardinal en France. M. le prince renvoya aussi le duc de La Rochefoucauld à Bordeaux, pour disposer M. de Conti à s'en aller à Agen affermir les esprits des peuples, qui commençoient à changer de sentiment sur les nouveaux progrès des armes du Roi. Il le chargea aussi de proposer au parlement de Bordeaux de consentir que le baron de Batteville et les Espagnols fussent mis en possession de la ville et du château de Bourg, qu'ils offroient de fortifier.

Durant ces choses Fontrailles vint trouver M. le prince de la part de M. le duc d'Orléans, pour voir l'état de ses affaires, et pour l'informer aussi que le parlement de Paris étoit sur le point de se joindre à M. le duc d'Orléans pour chercher toute sorte de voies, afin d'empêcher le retour du cardinal Mazarin, et que M. le duc d'Orléans se disposoit à agir de concert avec M. le prince dans ce même dessein. Fontrailles lui proposa aussi une réconciliation avec le coadjuteur, et lui témoigna que M. le duc d'Orléans la désiroit ardemment. M. le prince ne répondit rien de positif à cet article, soit qu'il ne crût pas pouvoir prendre des mesures certaines avec le coadjuteur, où soit qu'il crût que celles qu'il prendroit ne seroient pas approuvées de madame de Longueville et du duc de La Rochefoucauld, à qui il étoit engagé de ne se réconcilier point avec le coadjuteur sans leur participation et leur consentement. Il promit néanmoins à Fontrailles de suivre le sentiment de M. le duc d'Orléans quand les choses seroient plus avancées, et lorsque cette réconciliation pourroit être utile au bien commun du parti.

En ce même temps le comte de Marsin joignit M. le prince à La Bergerie, et lui amena mille hommes de pied et trois cents chevaux des meilleures troupes de l'armée de Catalogne, qu'il commandoit. Beaucoup de gens ont blâmé cette action, comme si c'eût été une trahison. Pour moi, je n'entreprendrai point ni de la condamner ni de la défendre : je dirai seulement, pour la vérité, que M. de Marsin s'étant attaché depuis long-temps à M. le prince, il avoit reçu de lui le gouvernement de Bellegarde, qui étoit une de ses places, et qu'ensuite il l'avoit non-seulement maintenu dans le service, mais qu'il avoit même par son crédit eu la charge de vice-roi de Catalogne, et le gouvernement de Tortose, où il servit le Roi avec beaucoup de fidélité et de bonheur. Cependant M. le prince fut arrêté prisonnier; et en ce même temps, sans que M. de Marsin fût chargé d'autre crime que d'être sa créature, on le fit arrêter aussi : on donna même son gouvernement de Tortose à Launay-Gringuenière, qui le laissa perdre bientôt après. La prison de M. de Marsin dura autant que celle de M. le prince; et lorsqu'il en fut sorti, il demeura sans charge et sans emploi. Depuis, les affaires de Catalogne dépérissant, et la cour étant incertaine du choix qu'elle feroit d'un homme capable de les soutenir, le comte de Marsin fut proposé une seconde fois par le même M. le prince; et le duc de La Rochefoucauld en fit l'ouverture de sa part à M. Le Tellier, sans que Marsin fît aucune diligence de son chef. Il ne lui fut pas possible de retarder son voyage de Catalogne, ni d'attendre l'événement des choses douteuses qui se passoient alors à la cour, et qui devoient plus apparemment se terminer par un accommodement que par une guerre civile; de sorte qu'il partit pour son nouvel emploi, le devant tout entier à M. le prince, et étant encore plus étroitement lié à ses intérêts par le gouvernement de Stenay, qu'il lui avoit donné nouvellement après la mort de La Moussaie. Ainsi l'on peut dire que l'action du comte de Marsin peut avoir deux faces bien différentes. Ceux qui le regarderont comme abandonnant et exposant une province que le Roi lui avoit confiée le trouveront infidèle; ceux qui le considéreront comme courant à ses pressantes et presque indispensables obligations le trouveront un honnête homme. Peu de gens de bon sens oseront dire qu'il est coupable; peu de gens de bon sens oseront le déclarer innocent; et enfin ceux qui lui sont contraires et ceux qui lui sont favorables s'accorderont à le plaindre, les uns d'une faute qu'il a faite par une inévitable nécessité; les autres, de ce qu'il a dégagé ses grands devoirs par une faute.

La cour, comme je l'ai dit, étoit alors à Poitiers, et M. de Châteauneuf occupoit en apparence la première place dans les affaires, bien que le cardinal en fût toujours le maître en effet. Néanmoins la manière d'agir de ce vieillard, ferme, décisive, familière, et directement opposée à celle du cardinal, commençoit à faire approuver son ministère, et gagnoit même quelque créance dans l'esprit de la Reine. Le cardinal étoit trop bien averti de ces choses pour leur laisser prendre de profondes racines; et il y a grande apparence qu'il jugea que son retour étoit le seul remède au mal qu'il appréhendoit pour son particulier, puisque dans tout le reste il s'accordoit mal aux intérêts de l'Etat, et qu'en effet il acheva de fournir de prétexte à M. le duc d'Orléans et au parlement de Paris de se déclarer contre la cour.

Le maréchal d'Hocquincourt eut ordre d'aller recevoir le cardinal Mazarin sur la frontière de Luxembourg, avec deux mille chevaux, et de l'escorter jusqu'où seroit le Roi. Il traversa le royaume sans trouver d'empêchement, et arriva à Poitiers aussi maître de la cour qu'il l'avoit jamais été. On affecta de donner peu de part de ce retour à M. de Châteauneuf, sans toutefois rien changer aux apparences dans tout le reste, ni lui donner de marque particulière de défaveur : le cardinal même lui fit quelques avances. Mais lui, craignant de se commettre, et jugeant bien qu'il ne pouvoit être ni sûr ni honnête à un homme de son âge et de son expérience de demeurer dans les affaires sous son ennemi, et qu'il seroit sans cesse exposé à tout ce qu'il lui voudroit faire souffrir de dégoût et de disgrâce, il prit prétexte de se retirer, sur ce que la résolution ayant été prise par son avis de faire marcher le Roi à Angoulême, on changea ce dessein sans le lui communiquer, et on prit en même temps celui d'aller faire le siége d'Angers, bien qu'il fût d'un sentiment contraire. De sorte qu'ayant pris congé du Roi, il se retira à Tours.

La cour partit bientôt après pour aller à Angers, où le duc de Rohan avoit fait soulever le peuple ; et cette ville et la province s'étoient déclarées pour M. le prince, dans le même temps que M. le duc d'Orléans et le parlement de Paris se joignirent à lui contre les intérêts de la cour. Il sembloit que toute la France étoit en suspens pour attendre l'événement de ce siége, qui pouvoit avoir de grandes suites si sa défense eût été assez vigoureuse ou assez longue pour arrêter le Roi : car, outre que M. le prince eût pu s'assurer des meilleures places des provinces voisines, il est certain que l'exemple de M. le duc d'Orléans et du parlement auroit été suivi par les plus considérables corps du royaume ; et si la cour eût été contrainte de lever ce siége, on peut dire qu'elle se seroit trouvée dans de grandes extrémités, et que la personne du Roi eût été bien exposée, si ce mauvais succès fût arrivé dans le temps que le duc de Nemours entra en France avec l'armée de Flandre et les vieilles troupes de M. le prince, sans trouver de résistance.

Cette armée passa la Seine à Mantes ; le duc de Beaufort, avec les troupes de M. le duc d'Orléans, se joignit au duc de Nemours. Etant ensemble, ils marchèrent, avec un corps de sept mille hommes de pied et trois mille chevaux, vers la rivière de Loire, où ils étoient assurés des villes de Blois et d'Orléans : mais soit que, par la division des bourgeois, Angers ne fût pas en état de se défendre, ou que le duc de Rohan ne voulût pas hasarder sa vie et sa fortune sur la foi chancelante d'un peuple étonné, il remit la place entre les mains du Roi sans beaucoup de résistance, et eut permission de se retirer à Paris auprès de M. le duc d'Orléans.

Les choses étoient en ces termes, lorsque M. le prince partit de La Bergerie, après y avoir, comme je l'ai dit, demeuré plus de trois semaines sans que le comte d'Harcourt, qui étoit de l'autre côté de la rivière à Tonnay-Charente, et maître du pont de bateaux, entreprît rien contre lui: néanmoins, comme il étoit de beaucoup inférieur à l'armée du Roi en nombre et en bonté de troupes, il voulut éviter les occasions d'être contraint de venir à un combat si inégal. De sorte qu'il alla à Romette, éloigné de trois lieues des troupes du Roi, afin d'avoir plus de temps pour prendre son parti si elles marchoient à lui: il y demeura quelque temps, et dans des quartiers près de là, sans qu'il se passât rien de considérable. Mais voyant que, bien loin de faire des progrès dans le pays où il étoit, il ne se trouvoit pas seulement en état d'y demeurer en présence du comte d'Harcourt, il tourna ses pensées à conserver la Guienne, et à fortifier les villes qui tenoient son parti. Il résolut donc d'y marcher avec son armée, et crut pouvoir maintenir quelque temps la Saintonge, en laissant d'un côté le comte Du Dognon dans ses places, les Espagnols à Talmont, et le prince de Tarente dans Saintes et Taillebourg, pour les pourvoir et pour en hâter les fortifications. Ayant ainsi donné ses ordres, il fit marcher son infanterie et ses bagages à Talmont pour aller par mer à Bordeaux; et après avoir fait la pre-

8.

mière journée une fort grande traite avec toute sa cavalerie, il s'arrêta la seconde à Saint-Andras, à cinq lieues de Bordeaux, croyant être hors de la portée des ennemis; mais le comte d'Harcourt, qui l'avoit suivi avec une diligence extrême, arriva à la vue de son quartier lorsqu'il y songeoit le moins, et l'auroit forcé sans doute si les premières troupes eussent entré dedans sans marchander : au lieu qu'elles se mirent en bataille vis-à-vis de Saint-Andras, pendant que d'autres attaquèrent le quartier de Balthazar, qui les repoussa avec vigueur, et vint joindre M. le prince, qui étoit monté à cheval au premier bruit. Ils furent quelque temps en présence, mais la nuit étant obscure, il n'y eut point de combat; et M. le prince se retira sans rien perdre, étant plus redevable de son salut à la trop grande précaution de ses ennemis qu'à la sienne propre.

Le comte d'Harcourt ne le suivit pas plus avant ; et M. le prince continuant le dessein qu'il avoit d'aller à Bergerac et de le faire fortifier, passa à Libourne, dont le comte de Maure étoit gouverneur. Il lui laissa ses ordres pour y continuer quelques dehors. Le maréchal de La Force arriva en même temps que lui à Bergerac, avec son fils le marquis de Castelnau, qui commandoit dans la place; et le duc de La Rochefoucauld, qui étoit venu de la haute Guienne avec M. le prince de Conti, s'y rendit aussi.

Ce fut en ce même temps que commencèrent à paroître à Bordeaux les factions et les partialités qui ont ruiné le parti de M. le prince en Guienne, divisé sa maison, séparé de ses intérêts ses plus proches, et l'ont enfin réduit à chercher parmi les Espagnols une retraite dont il les paie tous les jours (1) par tant de grandes actions qui leur ont plus d'une fois sauvé la Flandre. Je me réserve de dire en son lieu, le plus brièvement que je pourrai, les causes d'un si grand changement, lorsque j'en rapporterai les effets; et je passerai maintenant au récit de ce que M. le prince fit durant cet intervalle.

Son principal soin étoit de réparer promptement les places de Guienne; mais il s'attachoit particulièrement à mettre Bergerac en état de se défendre. Il y employa quelques jours avec beaucoup d'application, pendant lesquels il apprit que ses affaires dépérissoient en Saintonge ; que le comte Du Dognon étoit renfermé dans ses places, n'osant en sortir par ses défiances ordinaires; que le prince de Tarente avoit reçu quelque désavantage dans un combat qui s'étoit donné auprès de Pons; que Saintes, qu'il croyoit en état de soutenir un grand siége par les travaux qu'on y avoit faits et par une garnison de ses meilleures troupes, s'étoit rendue sans faire de résistance considérable; et que Taillebourg, qui étoit assiégé, étoit près de suivre l'exemple de Saintes. M. le prince fut encore informé que le marquis de Saint-Luc assembloit un corps pour s'opposer à celui de M. le prince de Conti, qui avoit pris Caudecoste, et quelque autre petite ville peu importante. Cette dernière nouvelle étoit la seule où il pouvoit apporter quelque remède; mais comme il savoit que le marquis de Saint-Luc étoit encore éloigné

(1) *Dont il les paie tous les jours :* Cette phrase donne lieu de croire que la seconde partie des Mémoires de La Rochefoucauld fut écrite dans l'espace de temps qui s'écoula entre 1653 et 1659, pendant lequel le prince de Condé commanda les armées espagnoles.

de M. le prince de Conti, il crut ne devoir pas passer dans la haute Guienne sans être informé plus particulièrement de l'état des affaires de Bordeaux; et, pour cet effet, il manda à madame la princesse et à madame de Longueville de se rendre à Libourne, où il arriva en même temps qu'elles. Il y demeura un jour seulement, et y donna les ordres qui dépendoient de lui pour empêcher le progrès du mal que la division commençoit de faire naître dans son parti et dans sa famille.

Il partit après ces choses avec le duc de La Rochefoucauld pour aller joindre le prince de Conti, qui étoit avec ses troupes en un lieu nommé Staffort, à quatre lieues au-dessus d'Agen. Mais ayant appris près de Libourne, par un courrier, que le marquis de Saint-Luc marchoit vers Staffort, il crut que sa présence seroit d'un grand secours, et fit toute la diligence possible pour joindre M. le prince de Conti avant que l'un ou l'autre eût rien entrepris. En effet, étant arrivé à Staffort, il trouva que M. le prince de Conti rassembloit ses quartiers, dans la créance que le marquis de Saint-Luc le devoit combattre. Il sut de plus qu'il étoit à Miradoux avec les régimens de Champagne et de Lorraine, et que sa cavalerie étoit logée séparément dans des fermes et dans des villages proches. Alors prenant son parti avec sa diligence accoutumée, il résolut de marcher toute la nuit pour enlever les quartiers de cavalerie du marquis de Saint-Luc. Pour exécuter ce dessein, il prit celle qui se trouva à Staffort, où il laissa monsieur son frère, avec ordre de le suivre dès que le reste de ses troupes seroit arrivé. Il partit à l'heure même avec le duc de La Rochefoucauld ; et bien que le chemin fût long et mauvais, il arriva devant le jour à un pont où les ennemis avoient un corps-de-garde de douze ou quinze maîtres. Il les fit pousser d'abord ; ceux qui se sauvèrent donnèrent l'alarme à toutes leurs troupes, et les firent monter à cheval. Quelques escadrons firent ferme près de Miradoux ; mais il les chargea et les rompit sans beaucoup de peine. Il y eut six régimens de défaits ; on prit beaucoup d'équipages et de prisonniers, et le reste se retira à Miradoux. Cette petite ville est située sur la hauteur d'une montagne, dont elle n'occupe que la moitié ; elle n'a pour toutes fortifications qu'un méchant fossé et une simple muraille, où les maisons sont attachées. Dès que le jour fut venu, le marquis de Saint-Luc mit toutes ses troupes en bataille dans l'esplanade qui est devant la porte de la ville ; M. le prince attendit, au bas de la montagne, celles que M. le prince de Conti lui amenoit : elles arrivèrent bientôt après ; mais comme la montée est assez droite et fort longue, et que les terres y sont grasses en hiver, et divisées par des fossés et par des haies, M. le prince vit bien qu'il ne pouvoit aller en bataille aux ennemis sans se mettre en désordre, et sans se rompre lui-même avant que d'être arrivé à eux. Ainsi il se contenta de faire avancer son infanterie, et de chasser avec beaucoup de feu les ennemis de quelques postes qu'ils avoient occupés. Il y eut aussi deux ou trois escadrons qui combattirent ; et toute la journée se passa en de continuelles escarmouches, sans que le marquis de Saint-Luc quittât la hauteur, et sans que M. le prince entreprît de l'aller attaquer en un lieu si avantageux, n'ayant point de canon et n'en pouvant avoir. Le lendemain, il donna ses ordres pour en faire venir deux pièces ; et cependant jugeant bien que le bruit de son arrivée étonneroit plus ses ennemis que l'avantage qu'il avoit remporté sur eux, il donna la liberté à quelques prisonniers pour en porter la nouvelle au marquis de Saint-Luc. Elle fit bientôt l'effet qu'il avoit désiré, car les soldats en prirent l'épouvante ; et elle mit une si grande consternation parmi les officiers, qu'à peine attendirent-ils la nuit pour cacher leur retraite et se sauver à Lectoure. M. le prince, qui l'avoit prévu, mit des corps-de-garde si près des ennemis, qu'il fut averti dans le moment qu'ils marchèrent ; et on peut dire que son extrême diligence l'empêcha de les défaire entièrement ; car, sans attendre que l'infanterie fût engagée dans le chemin où rien n'auroit pu l'empêcher d'être taillée en pièces, il la chargea sur le bord du fossé de Miradoux, et entrant l'épée à la main dans les bataillons de Champagne et de Lorraine, il les renversa dans le fossé, demandant quartier et jetant leurs armes ; mais comme on ne pouvoit aller à cheval à eux, ils eurent la facilité de rentrer dans Miradoux, moins pour défendre la place que pour sauver leur vie. M. le prince de Conti combattit toujours auprès de monsieur son frère, qui suivit le marquis de Saint-Luc et le reste des fuyards jusqu'auprès de Lectoure, et revint investir Miradoux, où Morins, maréchal de camp, et Couvonges, mestre de camp de Lorraine, étoient entrés avec plusieurs officiers. M. le prince les fit sommer, croyant que des gens battus, qui étoient sans munitions de guerre et sans vivres, n'entreprendroient pas de défendre une si méchante place. En effet ils offrirent d'abord de la rendre, et d'aller joindre le marquis de Saint-Luc. Mais M. le prince, qui ne vouloit pas laisser sauver de si bonne infanterie, et qui comptoit pour rien d'être maître d'un lieu de nulle considération, s'attacha à les vouloir prendre prisonniers de guerre, ou à les obliger de ne servir de six mois. Ces conditions leur parurent si rudes qu'ils aimèrent mieux se défendre, et réparer en quelque sorte la honte du jour précédent, que de l'augmenter par une telle capitulation. Ils trouvèrent que les habitans avoient des vivres; et jugeant bien que M. le prince n'étoit pas en état de faire des lignes, ils crurent qu'on pourroit aisément leur faire porter de la poudre, de la mèche et du plomb. En effet, le marquis de Saint-Luc y en fit entrer la nuit suivante, et continua toujours de les rafraîchir des choses nécessaires tant que le siége dura, quelque soin qu'on pût prendre pour l'empêcher. Cependant M. le prince renvoya monsieur son frère à Bordeaux, et connut bientôt qu'il eût mieux fait de recevoir Miradoux aux conditions qu'on lui avoit offertes, que de s'engager à un siége, manquant comme il faisoit de toutes choses, et n'étant pas même assuré d'avoir du canon. Néanmoins, comme on est souvent obligé à continuer de sang-froid ce qu'on a commencé en colère, il voulut soutenir son dessein jusqu'au bout, croyant étonner ses ennemis, et qu'il en feroit un exemple. Il tira donc d'Agen deux pièces, l'une de dix-huit livres et l'autre de douze, avec un très-petit nombre de boulets de calibre; mais il crut qu'il y en auroit assez pour faire brèche et les emporter d'assaut, avant que le comte d'Harcourt, qui marchoit à lui, pût être arrivé. En effet on prit des maisons assez près de la porte, où on mit les deux pièces en batterie. Elles firent d'abord beaucoup d'effet dans la muraille, mais les boulets manquèrent aussi bientôt; de sorte qu'on étoit contraint de donner de l'argent à des soldats pour aller chercher dans le fossé les boulets qu'on avoit tirés. Les assiégés se défendoient assez bien, pour le peu de munitions qu'ils avoient; et ils firent deux sorties avec beaucoup de vigueur. Enfin la brèche commençoit de paroître raisonnable, et la muraille étant tombée avec des maisons qui y tenoient, avoit fait une fort grande ouverture. Mais tout ce débris servit d'un nouveau retranchement aux assiégés; car le toit de la maison où se fit la brèche étant tombé dans la cave, ils y mirent le feu, et se retranchèrent de l'autre côté : de sorte que cette cave ardente devint un fossé qui ne se pouvoit passer. Cet obstacle retint M. le prince; il ne voulut pas hasarder une attaque qui auroit sans doute rebuté ses troupes et augmenté le courage des ennemis. Il résolut de faire battre un autre endroit où les maisons n'avoient point de caves; et il y avoit un jour que l'on commençoit d'y tirer, lorsqu'il reçut avis que le comte d'Harcourt marchoit à lui, et qu'il arriveroit le lendemain à Miradoux. Leurs forces étoient trop inégales pour hasarder un combat. Ainsi il résolut de lever le siége et de se retirer à Staffort, où il arriva sans avoir été suivi de ses ennemis.

Cette ville n'est ni plus grande ni meilleure que Miradoux; mais comme le comte d'Harcourt étoit au-delà de la Garonne, et qu'il ne la pouvoit passer qu'à un lieu nommé Auvillars, M. le prince ayant l'autre côté du pays libre, sépara ses quartiers, dans la créance que c'étoit assez d'en mettre quelques-uns près d'Auvillars, et de commander qu'on détachât continuellement des partis de ce côté-là pour être averti de tout ce que les ennemis voudroient entreprendre : mais il ne prévit pas que de nouvelles troupes et de méchans officiers exécutent d'ordinaire ce qui leur est commandé d'une manière bien différente de ce qu'ont accoutumé de faire des gens éprouvés et aguerris ; et cet ordre, qui auroit suffi pour mettre un camp en sûreté, pensa perdre M. le prince, et l'exposer à la honte d'être surpris et défait : car de tous les partis commandés, pas un ne suivit son ordre ; et au lieu d'apprendre des nouvelles du comte d'Harcourt, ils allèrent piller les villages voisins. Ainsi il passa la rivière, marcha en bataille au milieu des quartiers de M. le prince, et arriva à un quart de lieue de lui, sans que personne en prît l'alarme ni lui en vînt donner avis. Enfin des gens poussés lui ayant apporté cette nouvelle avec le trouble ordinaire en semblables occasions, il monta à cheval, suivi du duc de La Rochefoucauld, du comte de Marsin et du marquis de Montespan, pour voir le dessein des ennemis : mais il n'eut pas fait cinq cents pas qu'il vit leurs escadrons qui se détachoient pour aller attaquer ses quartiers ; et même des gens s'ébranlèrent pour le pousser. Dans cette extrémité, il n'eut point d'autre parti à prendre que d'envoyer faire monter à cheval ses quartiers les plus éloignés, et de revenir joindre ce qu'il avoit d'infanterie campée sous Staffort, qu'il fit marcher à Boué pour y passer la Garonne en bateau, et se retirer à Agen. Il envoya tous les bagages au port Sainte-Marie, et laissa un capitaine à Staffort, et soixante mousquetaires avec une pièce de douze livres qu'il ne put emmener. Le comte d'Harcourt ne se servit pas mieux de cet avantage qu'il avoit fait de ceux qu'il pouvoit prendre à Tonnay-Charente et à Saint-Andras ; car au lieu de suivre M. le prince et de le charger dans le désordre d'une retraite sans cavalerie, et contraint de passer la Garonne pour se mettre à couvert, il s'arrêta pour investir le quartier le plus proche de Stafford, nommé Le Pergan, où étoient logés trois ou quatre cents chevaux des gardes de M. le prince, et des généraux. Ainsi il lui donna douze ou treize heures, dont il passa la plus grande partie à Boué, à faire passer la rivière à ses troupes, avec un désordre et des difficultés incroyables, et toujours en état d'être taillé en pièces si on l'eût attaqué.

Quelque temps après que M. le prince fut arrivé à Agen avec toute son infanterie, on vit paroître quelques escadrons de l'autre côté de la rivière, qui s'étoient avancés pour prendre des bagages qui étoient près de passer l'eau. Mais ils furent repoussés avec vigueur par soixante maîtres du régiment de Montespan, qui donnèrent tout le temps nécessaire à des bateaux chargés de mousquetaires d'arriver, et de faire retirer les ennemis. Ce jour même, M. le prince sut que sa cavalerie étoit arrivée à Sainte-Marie sans avoir combattu ni rien perdu de son équipage, et que ses gardes se défendoient encore dans Le Pergan, sans qu'il y eût toutefois apparence de les pouvoir secourir. En effet, ils se rendirent prisonniers de guerre le lendemain ; et ce fut tout l'avantage que tira le comte d'Harcourt d'une occasion où sa fortune et la négligence des troupes de M. le prince lui avoient offert une entière victoire. Ces mauvais succès furent bientôt suivis de la sédition d'Agen, et obligèrent M. le prince à tourner ses principales espérances du côté de Paris, et d'y porter la guerre, comme je le dirai dans la suite.

M. le prince ayant donc été contraint de se retirer à Agen, il trouva que les cabales et les divisions de la ville lui faisoient assez connoître qu'elle ne demeureroit dans son parti qu'autant qu'elle y seroit retenue par sa présence ou par une forte garnison : ce fut pour s'en assurer par ce dernier moyen qu'il se résolut d'y faire entrer le régiment d'infanterie de Conti, et de le rendre maître d'une porte de la ville, pour ôter au peuple la liberté de refuser la garnison. Mais comme ce dessein ne fut pas secret, il fut bientôt répandu dans la ville. A l'heure même les bourgeois prirent les armes, et firent des barricades. M. le prince en étant averti, monta à cheval pour empêcher la sédition par sa présence, et pour demeurer maître de la porte de Grave jusqu'à ce que le régiment de Conti s'en fût emparé ; mais l'arrivée des troupes augmenta le désordre au lieu de l'apaiser. Elles entrèrent, et firent halte dans la première rue ; et bien que M. le prince et M. le prince de Conti et tous les officiers généraux de l'armée voulussent apaiser le désordre, ils ne purent empêcher que toutes les rues ne fussent barricadées en un instant. Le peuple néanmoins conserva toujours du respect pour M. le prince et pour les officiers généraux ; mais la rumeur augmentoit dans tous les lieux où ils n'étoient point. Les choses ne pouvoient plus demeurer en cet état. Les troupes, comme je l'ai dit, tenoient la porte de Grave, et la moitié de la rue qui y aboutit. Le peuple étoit sous les armes ; toutes les rues barricadées, et des corps-de-garde partout. La nuit approchoit, qui eût augmenté le désordre, et M. le prince se voyoit réduit à sortir honteusement de la ville, ou à la faire piller ou brûler : l'un ou l'autre de ces partis ruinoit également le sien ; car s'il quittoit Agen, les troupes du Roi y alloient être reçues ; et s'il le brûloit, ce traitement soulevoit contre lui toute la province, dont les plus considérables villes tenoient encore son parti. Ces raisons le portèrent à désirer de trouver quelque accommodement qui sauvât son autorité en apparence, et qui lui servît de prétexte de pardonner au peuple. Le duc de La Rochefoucauld parla aux principaux bourgeois, et les disposa d'aller à l'hôtel-de-ville pour députer quelqu'un d'entre eux vers M. le prince pour lui demander pardon, et le supplier de venir à l'assemblée leur prescrire les moyens de lui conserver Agen dans la soumission et la fidélité qu'ils lui avoient jurées. M. le prince y alla, et leur dit que son intention avoit toujours été de leur laisser la liberté tout entière, et que les troupes n'étoient entrées que pour soulager les bourgeois dans la garde de leur ville ; mais que puisqu'ils ne le désiroient pas, il consentoit de les faire sortir, pourvu que la ville fît un régiment d'infanterie à ses dépens, dont il nommeroit les officiers. On accepta facilement ces conditions : on défit les barricades ; les troupes sortirent, et la ville fut tranquille et soumise en apparence, comme auparavant la sédition. Quoique M. le prince ne pût se fier à une obéissance si suspecte, il fit néanmoins quelque séjour à Agen pour remettre la ville en son état ordinaire.

Ce fut en ce temps-là qu'il reçut nouvelle que l'armée de Flandre commandée par le duc de Nemours, et les troupes de M. le duc d'Orléans commandées par le duc de Beaufort, s'étoient jointes, et marchoient vers la rivière de Loire. Il eut la joie de voir, au milieu de la France, une armée d'Espagne qu'il avoit si long-temps attendue, et qui pouvoit secourir Montrond, ou venir le joindre en Guienne. Cette joie fut néanmoins mêlée d'inquiétude ; il sut que la division et l'aigreur des ducs de Nemours et de Beaufort étoient venues à une extrémité très-dangereuse. Ils ne pouvoient compatir ensemble ; et leurs forces séparées n'étoient pas suffisantes pour tenir la campagne devant l'armée du Roi, commandée par M. de Turenne et le maréchal d'Hôcquincourt, fortifiée des troupes que le cardinal avoit amenées d'Allemagne, et encore du voisinage de la cour.

Les ordres que M. le prince avoit donnés au duc de Nemours étoient de passer la rivière de Loire pour secourir Montrond, et de marcher aussitôt vers la Guienne ; et le duc de Beaufort en recevoit de tout contraires de M. le duc d'Orléans, qui ne pouvoit consentir que l'armée s'éloignât de Paris, et appréhendoit que les peuples ou le parlement ne changeassent de sentiment lorsqu'ils verroient l'armée de M. de Nemours passer en Guienne, et celle du Roi demeurer dans leur voisinage. Le coadjuteur de Paris, qui avoit alors plus de part que nul autre à la confiance de M. le duc d'Orléans, appuyoit ce conseil, et augmentoit encore ses craintes et ses irrésolutions. Cet avis de retenir l'armée au-deçà de la rivière de Loire la rendoit non-seulement inutile à M. le prince, de qui le coadjuteur étoit ennemi déclaré, mais le rendoit lui-même plus considérable à la cour, en y faisant voir qu'étant maître de la conduite de Monsieur, il pouvoit avancer ou retarder le progrès de l'armée ; et il avançoit par ce moyen son dessein d'obtenir le chapeau de cardinal.

D'autre côté, M. de Chavigny écrivit plusieurs fois à M. le prince pour le presser de quitter la Guienne. Il lui représentoit le besoin que l'armée avoit de sa présence ; que se détruisant, toutes ses ressources étoient perdues ; et que faisant des progrès dans le royaume à la vue du Roi, il rétabliroit en un moment non-seulement la Guienne, mais tout le reste de son parti.

Ce n'étoient pas là les seules raisons de M. de Chavigny ; il avoit des desseins bien plus relevés : il prétendoit gouverner Monsieur en lui faisant connoître qu'il gouvernoit M. le prince, et s'assuroit aussi de se rendre maître de la conduite de M. le prince en lui faisant voir qu'il l'étoit de celle de Monsieur. Ses projets ne s'arrêtoient pas encore là. Dès le commencement de la guerre il avoit pris des mesures pour être négociateur de la paix des princes, et s'étoit uni avec le duc de Rohan, croyant qu'il lui pouvoit être également utile vers Monsieur et vers M. le prince. Il croyoit aussi avoir pris toutes les précautions nécessaires vers le cardinal, par le moyen de M. de Fabert, gouverneur de Sedan ; et comme il ne mettoit point de bornes à son ambition et à ses espérances, il ne douta point qu'en faisant la paix particulière il ne fût choisi pour aller avec le cardinal conclure la paix générale. Il crut aussi qu'en se servant de la considération que M. le prince lui pouvoit donner parmi les Espagnols, il auroit tout le mérite des bons succès, et que le cardinal au contraire seroit chargé de la honte et du blâme des mauvais événemens; et qu'ainsi il rentreroit dans les affaires, ou avec la gloire d'avoir fait la paix, ou avec l'avantage d'avoir fait connoître que le cardinal l'auroit rompue.

M. le prince se laissa persuader facilement à ce voyage par les raisons que lui avoit écrites M. de Chavigny; mais le principal motif qui l'y porta fut l'impatience de quitter la Guienne dans un temps où le petit nombre et la foiblesse de ses troupes l'obligeoit sans cesse à lâcher le pied devant le comte d'Harcourt. En effet, la guerre se soutenoit alors dans la Guienne par la seule vigilance et la réputation de M. le prince; et le comte d'Harcourt avoit déjà rétabli, par sa conduite et par sa fortune, tout le désavantage que la défaite du marquis de Saint-Luc à Miradoux avoit apporté aux armes du Roi. Le siége de Miradoux étoit levé; les gardes de M. le prince et trois ou quatre cents chevaux avoient été pris dans leurs quartiers au Pergan; et M. le prince lui-même, avec le reste de ses troupes, avoit été contraint de quitter Staffort, de repasser la Garonne à Boué, et de se retirer à Agen, comme j'ai dit. Ce fut en ce lieu-là qu'il communiqua le dessein du voyage de Paris au duc de La Rochefoucauld et au comte de Marsin. L'un et l'autre lui représentèrent également ce qu'il y avoit sujet d'en craindre et d'en espérer: pas un ne lui voulut donner de conseil, mais tous deux lui demandèrent instamment de le suivre. Il choisit le duc de La Rochefoucauld pour l'accompagner, et laissa le comte de Marsin auprès du prince de Conti, se reposant entièrement sur lui du soin de maintenir son parti en Guienne, et de conserver Bordeaux parmi les divisions qu'on avoit fomentées dans tous les ordres de la ville, où les affaires étoient en l'état que je vais dire.

Le peuple y étoit divisé en deux cabales : les riches bourgeois en composoient une, dont les sentimens étoient de maintenir l'autorité de leurs magistrats, et de se rendre si puissans et si nécessaires, que M. le prince les considérât comme ceux qui pouvoient le plus contribuer à sa conservation. L'autre cabale étoit formée par les moins riches et les plus séditieux, qui, s'étant assemblés plusieurs fois par hasard en un lieu proche le château du Ha, nommé *l'Ormée*, en retinrent depuis ce nom.

Le parlement, de son côté, n'étoit pas moins partagé que le peuple. Ceux de ce corps qui étoient contre la cour s'étoient aussi divisés en deux factions : l'une s'appeloit la grande Fronde, et l'autre la petite Fronde; et bien que toutes deux s'accordassent à favoriser les intérêts de M. le prince, chacune cherchoit avec ardeur de s'établir près de lui à l'exclusion de l'autre. Au commencement, l'Ormée avoit été unie avec l'une et l'autre Fronde, et s'en étoit plusieurs fois séparée, selon les divers intérêts qui ont accoutumé de faire agir les gens de cette sorte, lorsque M. le prince de Conti et madame de Longueville s'étant malheureusement divisés, augmentèrent à un tel point le crédit et l'insolence de cette faction pour se l'attacher, qu'ils avançoient la perte de leur parti en désespérant le parlement et la meilleure partie du peuple, et en donnant lieu à plusieurs conjurations, et à toutes les autres intelligences de la cour qui ont enfin soustrait Bordeaux au parti de M. le prince.

Je ne parlerai qu'en passant des sujets qui ont causé tant de désordres, et dirai seulement, sans entrer dans le particulier de beaucoup de choses qui ne se peuvent écrire, que M. le prince de Conti s'étant laissé persuader par ses gens, gagnés par le cardinal Mazarin, à rompre avec éclat avec madame de Longueville, sur des prétextes que la bienséance et l'intérêt du sang lui devoient faire cacher, ils fomentèrent en haine l'un de l'autre la fureur de l'Ormée, et sacrifièrent en tant de rencontres les plus grands avantages du parti à leurs passions et à leur aigreur particulière, qu'au lieu d'établir leur autorité, et de se rendre par là nécessaires à M. le prince, comme chacun d'eux en avoit le dessein, ils donnèrent cours aux désordres et aux séditions du peuple qui furent si près de les envelopper, et qui les réduisirent enfin à la nécessité d'abandonner M. le prince, et de subir toutes les conditions que le cardinal voulut leur imposer.

Le duc de La Rochefoucauld, qui étoit persuadé par plusieurs expériences que leur commune grandeur dépendoit de leur union, s'étoit trouvé plus en état que personne de la maintenir entre eux depuis la guerre de Paris. Mais alors madame de Longueville crut mieux trouver ses avantages en changeant le plan de ces choses; et il arriva néanmoins que les moyens dont elle se servit pour en venir à bout la brouillèrent avec messieurs ses frères.

M. le prince de Conti étoit porté à la paix par

l'ennui et par la lassitude qu'il avoit d'une guerre où il ne s'étoit engagé que pour plaire à madame sa sœur, et dont il se repentit du moment qu'il fut mal avec elle. Il allégua depuis, pour se justifier, que monsieur son frère, après lui avoir donné un écrit par lequel il promettoit de ne point traiter sans lui faire avoir le gouvernement de Provence, s'étoit ordinairement relâché sur ses intérêts. Mais la véritable cause de son détachement fut cette animosité contre madame sa sœur, dont je viens de parler, et qui le jetoit dans un emportement de colère et de jalousie contre elle qui eût été plus supportable à un amant qu'à un frère.

D'autre côté, M. le prince, encore qu'il parlât moins que lui des sentimens de madame de Longueville et de sa conduite dans le parti, n'en étoit pas dans son cœur plus avantageusement persuadé. Il savoit la liaison qu'elle avoit faite avec le duc de Nemours, et ce qu'il avoit pensé produire contre ses vrais intérêts; et il craignoit qu'elle ne fût capable d'en prendre qui pourroient peut-être causer encore de plus grands embarras.

Pour augmenter celui où se trouvoit alors madame de Longueville, il y avoit de plus qu'elle se croyoit irréconciliable avec son mari par les mauvais offices qu'on lui avoit rendus auprès de lui, et par l'impression qu'il avoit qu'elle n'eût trop de part à cette guerre. Elle avoit aussi tenté inutilement de se raccommoder à la cour par la princesse palatine ; de sorte que se voyant également ruinée de tous les côtés, elle avoit été contrainte de chercher, pour dernière ressource, l'appui de la faction de l'Ormée, et de s'efforcer de la rendre si puissante qu'elle pût la rétablir, et lui donner une nouvelle considération envers M. le prince ou envers la cour.

Au contraire, M. le prince de Conti, pour satisfaire sa vengeance, ne songeoit qu'à ruiner le crédit de madame sa sœur parmi les plus considérables de cette même faction pour se les acquérir en leur permettant toute sorte d'excès, plutôt que de les laisser regagner par une personne contre laquelle il étoit si fort aigri; de sorte que M. le prince, qui prévoyoit ce qu'une si grande opposition de sentimens alloit produire dans son parti, et qui jugeoit bien que l'aigreur et la division augmenteroient encore par son éloignement, laissa le comte de Marsin, comme nous venons de voir, pour remédier autant qu'il pourroit à de si grands désordres, et en tout événement pour empêcher que M. le prince de Conti et madame de Longueville n'entreprissent rien qui lui pût préjudicier durant son absence. Après donc avoir réglé avec le comte de Marsin et avec M. Lenet ce qui regardoit l'armée de Guienne, les cabales de Bordeaux et celles de sa famille, il fit venir M. le prince de Conti à Agen, et en lui laissant le titre du commandement, le pria de suivre les avis du comte de Marsin et de M. Lenet. Il témoigna aussi en apparence beaucoup de confiance au président Viole; mais en effet il ne croyoit laisser personne à Bordeaux qui fût véritablement dans ses intérêts, que les deux que je viens de nommer.

Les choses étant en cet état, il se prépara à partir d'Agen pour aller joindre l'armée de M. de Nemours. Ce voyage étoit fort long, et plein de tant de difficultés, qu'on ne pouvoit vraisemblablement se promettre de les surmonter. Le comte d'Harcourt étoit près d'Agen. Il y avoit dans la ville trop de gens gagnés de la cour pour ne donner pas avis du départ de M. le prince: ceux mêmes de son parti avoient soupçonné son voyage, et le bruit en avoit couru avant qu'il fût résolu. Le chemin étoit de près de six-vingts lieues, qu'il falloit faire sur les mêmes chevaux. Le comte d'Harcourt pouvoit non-seulement le faire suivre par des partis, mais encore donner en poste avis à la cour de sa marche, et mander aux villes et aux garnisons de s'opposer à son passage. De plus, il ne pouvoit confier cette affaire à beaucoup de gens, et un petit nombre n'étoit pas capable de l'accompagner avec sûreté. Il falloit encore persuader à tout le monde qu'il alloit à Bordeaux, et empêcher les officiers de le suivre, sous des prétextes qui ne leur fissent rien imaginer de son dessein. Pour cet effet il laissa M. le prince de Conti à Agen; et feignant de vouloir aller à Bordeaux pour deux ou trois jours seulement, il donna ordre à tous les officiers et à tous les volontaires de demeurer à Agen auprès de monsieur son frère.

M. le prince partit d'Agen le jour des Rameaux à midi, avec le duc de La Rochefoucauld, le prince de Marsillac son fils, Chavagnac, le comte de Guitaut, Gourville et un valet de chambre. Le marquis de Lévis l'attendoit avec des chevaux à Lanquais, maison du duc de Bouillon, où étoit Bercenet, capitaine des gardes du duc de La Rochefoucauld, qui fut aussi du voyage; et comme le marquis de Lévis avoit un passe-port du comte d'Harcourt pour se retirer chez lui en Auvergne avec son train, M. le prince et ceux qui l'accompagnoient passèrent, à la suite du marquis de Lévis, pour les mêmes domestiques dont les noms étoient écrits dans son passe-port. Ce qu'il y eut de plus rude dans ce voyage fut l'extraordinaire diligence avec laquelle on marcha jour et nuit, presque toujours sur les mêmes chevaux, et sans demeurer jamais deux heures en même lieu. On logea chez deux ou trois gentilshommes, amis du marquis de Lévis, pour se reposer quelques heures et pour acheter des chevaux ; mais ces hôtes soupçonnoient si peu M. le prince d'être ce qu'il étoit, que dans un de ces repas où l'on dit d'ordinaire ses sentimens avec plus de sincérité qu'ailleurs, il put apprendre des nouvelles de ses proches (1) qu'il avoit peut-être ignorées jusqu'alors. Enfin, après avoir pris son chemin par la vicomté de Turenne et par Charlus en Auvergne, il arriva, le samedi au soir, au Bec-d'Allier, à deux lieues de La Charité, où il passa la rivière de Loire sans aucun empêchement, bien qu'il y eût deux compagnies de cavalerie dans La Charité, commandées par Bussy-Rabutin.

Il dépêcha, de La Charité, Gourville à Paris, pour avertir Son Altesse Royale et M. de Chavigny de sa marche. Il passa le jour de Pâques dans Cosne, où l'on faisoit garde ; et comme la cour étoit alors à Gien, il dit partout qu'il alloit avec ses compagnons servir son quartier auprès du Roi. Néanmoins, jugeant bien qu'il ne pouvoit suivre long-temps le

---

(1) *Des nouvelles de ses proches :* Cette scène se passa chez un gentilhomme périgourdin appelé Bassinière. Le gentilhomme parla fort indiscrètement, en présence du prince, de la liaison de madame de Longueville avec La Rochefoucauld.

grand chemin de la cour sans être connu, il résolut de le quitter pour prendre celui de Châtillon-sur-Loing. Il pensa même avoir sujet de se repentir de ne l'avoir pas fait plus tôt, parce qu'ayant rencontré deux courriers qui venoient de la cour, il y en eut un qui reconnut le comte de Guitaut; et bien qu'il ne s'arrêtât pas pour lui parler, il parut assez d'émotion en son visage pour faire juger qu'il soupçonnoit que M. le prince fût là. Il s'en éclaircit bientôt après; car ayant rencontré le valet de chambre de M. le prince qui étoit demeuré mille pas derrière, il l'arrêta; et faisant semblant de le vouloir tuer, il apprit que son soupçon étoit bien fondé. Cet accident fit résoudre M. le prince non-seulement de quitter le grand chemin à l'heure même, mais encore de laisser Bercenet dans des masures proche d'un pont, sur le chemin que devoit tenir ce courrier pour retourner à la cour, afin de le tuer s'il y alloit; mais la fortune de cet homme lui fit prendre un autre chemin pour aller porter en diligence à Gien la nouvelle de ce qu'il avoit vu.

On dépêcha à l'heure même Sainte-Maure, avec vingt maîtres choisis, pour aller attendre M. le prince sur le chemin qui conduisoit de Châtillon à l'armée de M. de Nemours, avec ordre de le prendre mort ou vif. Mais comme il jugeoit bien que la rencontre que je viens de dire feroit indubitablement découvrir son passage; il marcha en diligence vers Châtillon; et parce qu'il lui falloit faire ce jour-là trente-cinq lieues sur les mêmes chevaux, la nécessité de repaître le fit retarder long-temps, et eût donné à Sainte-Maure celui qu'il lui falloit pour le joindre, s'il ne l'eût évité heureusement. Un autre accident pensa encore faire prendre M. le prince; car étant arrivé au canal de Briare, il rencontra les maréchaux des logis de deux ou trois régimens de cavalerie qui venoient au logement en ce lieu-là ; et comme les corps y arrivoient par différens côtés, il étoit encore plus difficile de prendre un chemin assuré. Chavagnac, qui connoissoit près de là un gentilhomme nommé La Brûlerie, le voulut aller chercher avec le comte de Guitaut pour prendre dans sa maison quelque chose à manger, et le porter à M. le prince, qui cependant n'avoit pu demeurer au lieu où il l'avoit laissé à cause de l'arrivée des troupes. Il avoit déjà envoyé son valet de chambre à Châtillon pour avertir le concierge de tenir la porte du parc ouverte ; et ainsi il n'avoit avec lui que le duc de La Rochefoucauld et le prince de Marsillac. Ils prirent tous trois le chemin de Châtillon. Le prince de Marsillac marchoit cent pas devant M. le prince, et le duc de La Rochefoucauld alloit après lui à même distance, afin qu'étant averti par l'un des deux, il pût avoir quelque avantage pour se sauver. Ils n'eurent pas fait grand chemin en cet état, qu'ils entendirent des coups de pistolet du côté où étoit allé le valet de chambre vers Châtillon, et en même temps ils virent paroître quatre cavaliers sur leur main gauche qui marchoient au trot vers eux. Ils ne doutèrent point alors qu'ils ne fussent suivis; et prenant le parti de les charger, ils tournèrent à eux, dans le dessein de se faire tuer plutôt que d'être pris. Mais ils reconnurent que c'étoient le comte de Guitaut et Chavagnac, qui les cherchoient avec deux autres gentilshommes (1).

(1) *Avec deux autres gentilshommes* : L'édition de 1723 ajoute les

Ce voyage de M. le prince étoit plein sans doute d'aventures si périlleuses, que les moindres l'exposèrent à être pris par les troupes du Roi, ou à être tué ; et ainsi il alla presque toujours de dangers en dangers jusques à Châtillon, où il apprit des nouvelles de l'armée qu'il vouloit joindre, et sut qu'elle étoit à huit lieues de là vers Lorris, près de la forêt d'Orléans. Ayant marché avec toute la diligence possible pour la joindre, il rencontra l'avant-garde de son armée (1), dont quelques cavaliers vinrent au qui-

détails suivans : « Comme cette journée-là étoit destinée aux aventures, « dans l'instant que Chavagnac sortoit de cette maison (celle où il étoit « allé demander des vivres pour le prince) pour chercher le maître, et « pour dire à Guitaut d'y aller, un officier des régimens que j'ai dit y « arriva ; et tout ce que put faire la maîtresse de la maison, dans la « crainte de voir arriver du désordre chez elle par la rencontre de gens « de différent parti, fut d'envoyer sa fille au devant de Guitaut, pour « l'avertir qu'il étoit entré chez elle un officier des troupes du Roi.

« Le prince de Condé apprit à Châtillon des nouvelles de l'armée qu'il « vouloit joindre, et sut qu'elle étoit vers Lorris près de la forêt d'Orléans, « à huit lieues de Châtillon. Il sut encore qu'il y avoit dix ou douze « chevau-légers de la garde du Roi et quelques officiers logés dans la « ville de Châtillon, et cela l'obligea d'en partir en diligence avec un « guide pour Lorris. Ce guide pensa être la cause de sa perte ; car, « après avoir long-temps marché, il reconnut qu'il n'étoit qu'à une pe- « tite lieue de Gien ; de sorte que voulant quitter ce chemin-là pour « prendre celui de Lorris, M. le prince passa à trente pas du lieu où « Sainte-Maure l'attendoit ; et soit que celui-ci ne le connût pas, ou « qu'il n'osât le charger, rien ne s'opposa à son passage, et il arriva « à Lorris, où il apprit des nouvelles certaines de son armée, qui n'étoit « qu'à deux lieues de lui. Bien qu'il se cachât avec les mêmes précau- « tions qu'il avoit fait ailleurs, il fut reconnu, et le duc de La Roche- « foucauld aussi, par plusieurs habitans du lieu, desquels il y en avoit « beaucoup qui étoient domestiques du Roi et de Monsieur : mais cela « lui servit au lieu de lui nuire, car il y en eut quelques-uns qui mon- « tèrent à cheval avec lui, et l'accompagnèrent jusqu'à l'armée. »...

(1) *Il rencontra l'avant-garde de son armée* : Ce fut le premier avril 1652.

vive avec M. le prince ; mais l'ayant reconnu, ce fut une surprise et une joie pour toute l'armée qui ne se peut exprimer. Jamais elle n'avoit eu tant de besoin de sa présence, et jamais elle ne l'avoit moins attendue. L'aigreur augmentoit tous les jours entre les ducs de Nemours et de Beaufort, et l'on voyoit périr avec certitude la seule ressource du parti par la division des chefs, lorsque la présence du Roi et celle de son armée les devoit le plus obliger à préférer l'intérêt public à leurs querelles particulières. Il étoit trop important à M. le prince de les terminer, pour n'y travailler pas avec tout l'empressement imaginable ; et il lui fut d'autant plus facile d'en venir à bout, que son arrivée leur ôtant le commandement, leur ôtoit aussi la principale cause de leur jalousie et de leur haine. M. le prince fit marcher l'armée à Lorris, où elle se reposa un jour. Il s'en passa encore trois ou quatre, durant lesquels on alla à Montargis, qui se rendit sans résistance. On le quitta de bonne heure, parce qu'il étoit rempli de blé et de vin dont on se pouvoit servir au besoin, et aussi pour donner un exemple de douceur qui pût produire quelque effet avantageux pour le parti dans les autres villes. L'armée, partant de Montargis, alla à Château-Renard.

Gourville y arriva en même temps de Paris, pour rapporter à M. le prince les sentimens de ses amis sur sa conduite envers Monsieur et envers le parlement. Ces avis étoient bien différens ; car les uns lui conseilloient de demeurer à l'armée, parce que les résolutions de Monsieur et du parlement dépendroient toujours des événemens de cette guerre, et que tant qu'il seroit à la tête d'une armée victorieuse, la puissance du parti résideroit en ses mains ; au lieu qu'allant à Paris, il ôtoit à ses troupes la réputation que sa présence leur avoit donnée, et qu'il n'en pouvoit laisser le commandement qu'aux mêmes personnes dont la division et la jalousie avoient été sur le point de produire tant de désordres.

M. de Chavigny au contraire mandoit positivement à M. le prince que sa présence étoit nécessaire à Paris; que les cabales de la cour et du nouveau cardinal de Retz, auparavant coadjuteur de Paris, augmentoient tous les jours dans le parlement, et qu'enfin elles entraîneroient sans doute M. le duc d'Orléans, si M. le prince ne venoit lui-même le retirer de la dépendance où il étoit, et mettre M. de Rohan et M. de Chavigny en la place du cardinal de Retz. La conclusion des avis des uns et des autres étoit qu'il falloit nécessairement entreprendre quelque chose de considérable sur l'armée du Roi, et qu'un événement heureux décideroit tout.

En ce même temps M. le prince apprit que le corps d'armée, commandé par le maréchal d'Hocquincourt, étoit encore dans des quartiers séparés assez proches de Château-Renard, et que le lendemain il se devoit joindre aux troupes de M. de Turenne. Cet avis le fit résoudre à marcher dès le soir même avec toute son armée droit aux troupes du maréchal d'Hocquincourt, pour ne point lui laisser le temps de les rassembler et de se retirer vers M. de Turenne. Le succès répondit à son attente (1) : il entra d'abord dans deux quar-

(1) *Le succès répondit à son attente* : Cette affaire, à laquelle on donna le nom de combat de Bleneau, commença dans la nuit du 7 au 8 avril.

tiers, qui donnèrent l'alarme aux autres ; mais cela n'empêcha pas qu'on n'en enlevât cinq tout de suite. Les quatre premiers ne firent presque point de résistance. Le maréchal d'Hocquincourt s'étant mis en bataille avec huit cents chevaux sur le bord d'un ruisseau qu'on ne pouvoit passer qu'un à un sur une digue fort étroite et fort rompue, fit mine de vouloir disputer ce passage, au-delà duquel étoit le cinquième quartier qu'on alloit attaquer. Mais lorsque le duc de Nemours et trois ou quatre autres eurent passé le défilé, le maréchal, qui jugea bien que toute l'armée devoit être là, se retira derrière le quartier et le laissa piller, se contentant de se mettre en bataille pour essayer de prendre son temps de charger pendant le pillage. Ce quartier ne fit pas plus de résistance que les autres ; mais comme les maisons étoient couvertes de chaume, et qu'on y mit le feu, il fut aisé au maréchal d'Hocquincourt de discerner à la clarté le nombre des troupes qui étoient passées; et voyant qu'il n'y avoit pas plus de cent chevaux, il marcha pour les charger avec plus de huit cents. M. le prince voyant fondre sur lui cette cavalerie, fit promptement un escadron de ce qu'il avoit avec lui, et marcha aux ennemis avec un nombre si inégal. Il sembloit que la fortune avoit fait trouver en ce lieu tout ce qu'il y avoit d'officiers généraux dans son armée, pour lui faire voir ce qu'un mauvais événement étoit capable de lui faire perdre d'un seul coup. Il avoit composé le premier rang, où il s'étoit mis, des ducs de Nemours, de Beaufort et de La Rochefoucauld, du prince de Marsillac, du marquis de Clinchant, qui commandoit les troupes d'Espagne; du comte de Tavannes, lieutenant général; du comte de Guitaut, de Gaucourt, et de quelques autres officiers. Les deux escadrons firent leur décharge d'assez près, sans que pas un pliât; mais deux autres du maréchal ayant chargé aussitôt après celui de M. le prince, le duc de Nemours eut un coup de pistolet au travers du corps, et son cheval fut tué. L'escadron de M. le prince ne pouvant soutenir deux charges si près à près, se rompit, et se retira cent pas en désordre vers le quartier, qui étoit en feu. Mais M. le prince et les officiers généraux qui étoient avec lui ayant pris la tête de l'escadron, l'arrêtèrent; les ennemis se contentèrent de l'avoir fait plier sans l'enfoncer, de crainte qu'il ne fût soutenu par l'infanterie, dont ils entendoient les tambours. Il y eut seulement quelques officiers et cavaliers qui avancèrent; et le prince de Marsillac, qui se trouva douze ou quinze pas derrière l'escadron qui plioit, tourna un officier, et le tua d'un coup d'épée entre les deux escadrons. M. le prince, comme j'ai dit, arrêta le sien, et lui fit tourner tête aux ennemis. Cependant un autre escadron de trente maîtres passa le défilé : il se mit aussitôt à sa tête avec le duc de La Rochefoucauld, et attaquant le maréchal d'Hocquincourt par le flanc, le fit charger en tête par le premier escadron, où il avoit laissé le duc de Beaufort. Cela acheva de renverser les ennemis : une partie se jeta dans Bleneau, et on poussa le reste trois ou quatre lieues vers Auxerre, sans qu'ils essayassent de se rallier. Ils perdirent tout leur bagage, et on prit trois mille chevaux. Cette déroute eût été plus grande, si l'on n'eût donné avis à M. le prince que l'armée de M. de Turenne paroissoit. Cette nouvelle le fit retourner à son infanterie, qui s'étoit débandée pour piller ; et après avoir rallié ses troupes, il marcha vers M. de Turenne, qui mit son armée en bataille dans de fort grandes plaines, et plus près que de la portée du mousquet d'un bois de très-grande étendue, par le milieu duquel l'armée de M. le prince devoit passer pour aller à lui. Ce passage étoit de soi assez large pour y pouvoir faire marcher deux escadrons de front ; mais comme il étoit fort marécageux, et qu'on y avoit fait plusieurs fossés pour le dessécher, on ne pouvoit arriver à la plaine qu'en défilant. M. le prince la voyant occupée par les ennemis, jeta son infanterie à droite et à gauche dans le bois qui la bordoit, pour les en éloigner. Cela fit l'effet qu'il avoit désiré ; car M. de Turenne craignant d'être incommodé par la mousqueterie, quitta son poste pour en aller prendre un qui étoit un peu plus éloigné, et plus élevé que celui de M. le prince. Ce mouvement fit croire à M. le prince qu'il se retiroit vers Gien, et qu'on le déferoit aisément, dans le désordre de sa retraite, avant qu'il pût y arriver. Pour cet effet il fit avancer sa cavalerie, et se hâta de faire passer le défilé à six escadrons pour entrer dans la plaine ; mais M. de Turenne jugeant bien le désavantage que ce lui seroit de combattre dans la plaine M. le prince, dont les troupes étoient victorieuses et plus fortes que les siennes, prit le parti de retourner, l'épée à la main, sur les six escadrons, pour défaire ce qui seroit passé, et pour arrêter le reste des troupes au-delà du défilé. M. le prince, qui jugea de son intention, fit repasser sa cavalerie ; et ainsi le défilé les empêchant de pouvoir aller l'un à l'autre sans un très-grand désavantage, on se contenta de faire avancer l'artillerie des deux côtés, et de se canonner longtemps; mais le succès ne fut pas égal : car outre que M. de Turenne en avoit plus que M. le prince, et qu'elle étoit mieux servie, elle avoit encore l'avantage de la hauteur sur les troupes de M. le prince, beaucoup trop serrées dans le passage qui séparoit le bois ; et elle ne tiroit presque point de coup inutile. Ainsi M. le prince y perdit plus de six vingts cavaliers et plusieurs officiers, entre lesquels fut Maré, frère du maréchal de Grancey. On passa en cet état le reste du jour, et au coucher du soleil M. de Turenne se retira vers Gien. Le maréchal d'Hocquincourt, qui l'avoit joint depuis sa défaite, demeura à l'arrière-garde ; et étant allé avec quelques officiers pour retirer l'escadron le plus près du défilé, il fut reconnu de M. le prince, qui lui envoya dire qu'il seroit bien aise de le voir, et qu'il pouvoit avancer sur sa parole. Il le fit ; et s'avançant avec quelques officiers, il trouva M. le prince avec les ducs de Beaufort et de La Rochefoucauld, et deux ou trois autres : la conversation se passa en civilités et en railleries du côté de M. le prince, et en justifications de celui du maréchal d'Hocquincourt sur ce qui lui venoit d'arriver, se plaignant de M. de Turenne, bien qu'on puisse dire avec vérité qu'il fit ce jour-là deux actions belles et hardies, dont le succès fut cause du salut de son armée et de celui de la cour; car dès qu'il sut que les troupes du maréchal d'Hocquincourt, qui le devoient venir joindre le lendemain, étoient attaquées, il marcha avec très-peu de gens dans le lieu où on le trouva en bataille, et y attendit tout le jour le reste de ses troupes, s'exposant par là à être inévitablement défait si M. le prince eût été droit à lui, au lieu de suivre deux ou trois lieues comme il fit les troupes du maréchal d'Hocquincourt, qu'il avoit défaites la nuit; et il sauva encore ce même jour les restes de l'armée du Roi avec beaucoup de valeur et de conduite, lorsqu'il retourna sur les six escadrons de M. le prince qui avoient passé le défilé, et arrêta par cette action une armée qui sans doute l'auroit taillé en pièces, si elle avoit pu se mettre en bataille dans la même plaine où il étoit.

L'armée du Roi s'étant retirée, M. le prince fit prendre à la sienne le chemin de Châtillon, et alla cette nuit loger dans des quartiers sur le canal de Briare, près de La Brûlerie. Il se rendit le lendemain à Châtillon avec toutes ses troupes, dont il laissa deux jours après le commandement à Clinchant et au comte de Tavannes, pour aller à Paris avec les ducs de Beaufort et de La Rochefoucauld.

Ce voyage méritoit d'être plus considéré qu'il ne le fut. L'envie d'aller à Paris pour recevoir l'applaudissement général que méritoit le succès d'un si périlleux voyage, et de cette victoire, fit vraisemblablement approuver à M. le prince les raisons de M. de Chavigny, qui étoient toujours les mêmes, c'est-à-dire pour être appuyé de sa présence et de son autorité, afin d'occuper la place que le cardinal de Retz tenoit auprès de M. le duc d'Orléans, et pour profiter de la bonne disposition du parlement, qui avoit donné un arrêt qui mettoit à prix la tête du cardinal Mazarin.

Outre cela, M. de Chavigny espéroit de se rendre

également considérable à ces deux princes, en persuadant à l'un et à l'autre qu'il étoit seul capable de maintenir leur union. Il se flattoit aussi de l'espérance de réussir dans le projet qu'il avoit fait avec Fabert. De quelque façon que M. le prince fût persuadé des avis qu'il lui avoit donnés, il ne laissa pas de les suivre, et il fut reçu à Paris avec tant de démonstrations d'une joie publique, qu'il ne crut pas avoir sujet de se repentir de son voyage.

Les affaires demeurèrent quelque temps en ces termes; mais comme l'armée manquoit de fourrage vers Châtillon et Montargis, et qu'on n'osoit ni l'éloigner ni l'approcher de Paris, on la fit marcher à Etampes, où l'on crut qu'elle pourroit séjourner un temps considérable avec sûreté et abondance de toutes choses. Le duc de Nemours n'étoit pas encore guéri de sa blessure, lorsqu'on vint donner avis à M. le prince que quelques troupes du Roi, commandées par le comte de Miossens et le marquis de Saint-Mesgrin, lieutenans généraux, marchoient de Saint-Germain à Saint-Cloud avec du canon, à dessein de chasser cent hommes du régiment de Condé qui s'étoient retranchés sur le pont, et qui en avoient rompu une arche. Cette nouvelle fit aussitôt monter à cheval M. le prince avec ce qu'il rencontra auprès de lui; mais le bruit s'en étant répandu par la ville, tout ce qu'il y avoit de personnes de qualité le vinrent trouver au bois de Boulogne, et furent suivis de huit ou dix mille bourgeois en armes. Les troupes du Roi se contentèrent de tirer quelques coups de canon, et se retirèrent sans avoir tenté de se rendre maîtres du pont. Mais M. le prince, pour profiter de la bonne disposition des bourgeois, leur donna des officiers, et les fit marcher vers Saint-Denis, où il avoit appris qu'il y avoit une garnison de deux cents Suisses. Ses troupes y arrivèrent à l'entrée de la nuit, et ceux de dedans en ayant pris l'alarme, on peut dire aussi qu'ils la donnèrent bien chaude aux assiégeans; car M. le prince étant au milieu de trois cents chevaux, composés de tout ce qu'il y avoit de personnes de qualité dans le parti, s'en vit abandonné dès qu'on eut tiré trois mousquetades; et il demeura lui septième, le reste s'étant renversé en désordre sur l'infanterie des bourgeois qui s'ébranla, et qui eût sans doute suivi cet exemple, si M. le prince et ce qui étoit demeuré auprès de lui ne les eussent arrêtés, et fait entrer dans Saint-Denis par de vieilles brèches qui n'étoient point défendues. Alors tout ce qui l'avoit abandonné le vint retrouver, chacun alléguant une raison particulière pour s'excuser, bien que la honte dût leur être commune. Les Suisses voulurent défendre quelques barricades dans la ville; mais étant pressés, ils se retirèrent dans l'abbaye, où deux heures après ils se rendirent prisonniers de guerre. On ne fit aucun désordre aux habitans ni au couvent; et M. le prince se retira à Paris, laissant Deslandes, capitaine de Condé, avec deux cents hommes dans Saint-Denis. La ville fut reprise dès le soir même par les troupes du Roi; mais Deslandes se retira dans l'église, où il tint trois jours. Quoique cette action ne fût considérable par aucune circonstance, elle ne laissa pas de disposer les bourgeois en faveur de M. le prince; et ils lui donnoient d'autant plus volontiers des louanges, que chacun le prenoit pour témoin de son courage, et du péril que personne n'avoit couru dans cette occasion.

Cependant le duc de Rohan et M. de Chavigny voulurent suivre leur premier dessein, et profiter d'une conjoncture si favorable pour faire des propositions d'accommodement. Ils croyoient que la cour accompliroit de bonne foi tout ce dont M. de Fabert ne leur avoit peut-être fait des ouvertures que pour les engager avec le cardinal, qui se vouloit servir d'eux pour entraîner M. le duc d'Orléans et M. le prince dans cet abyme de négociations dont on n'a jamais vu le fond, et qui a toujours été son salut, et la perte de ses ennemis. En effet, dès que les premiers jours de l'arrivée de M. le prince furent passés, les intrigues et les cabales se renouvelèrent de tous côtés; et soit qu'il fût las d'avoir soutenu une guerre si pénible, ou que le séjour de Paris lui donnât l'envie et l'espérance de la paix, il quitta enfin pour un temps toute autre pensée, pour chercher les moyens de la faire aussi avantageuse qu'il l'avoit projetée. M. de Rohan et M. de Chavigny lui en donnèrent de grandes espérances, pour l'obliger à se reposer sur eux du soin de cette négociation, et à les laisser aller seuls avec Goulas, secrétaire des commandemens de monseigneur le duc d'Orléans, à Saint-Germain, chargés des intérêts de ces deux princes. On proposa aussi d'y envoyer le duc de La Rochefoucauld, et M. le prince le souhaitoit pour beaucoup de raisons; mais il s'en excusa, croyant de deux choses l'une, ou que la paix étoit déjà conclue entre Monsieur et la cour par l'entremise secrète de M. de Chavigny, sans la participation de M. le prince; ou si cela n'étoit pas, qu'elle ne se concluroit point alors, non-seulement parce que les prétentions de M. le prince étoient trop grandes, mais encore parce que M. de Rohan et M. de Chavigny vouloient préférablement à tout assurer les leurs propres. Ainsi ces messieurs allèrent avec Goulas à Saint-Germain, avec charge expresse, en apparence, de ne point voir le cardinal Mazarin, et de ne rien traiter avec lui. Les demandes de Monsieur consistoient principalement en l'éloignement du cardinal; mais celles de M. le prince étoient plus étendues, parce qu'ayant engagé dans son parti la ville et le parlement de Bordeaux, et un grand nombre de personnes de qualité, il avoit fait des traités particuliers avec chacun d'eux, où il s'engageoit de n'en point faire avec la cour sans les y comprendre en la manière que je dirai ci-après. Peu de gens doutoient du succès du voyage de ces messieurs, parce qu'il n'y avoit point d'apparence qu'un homme habile comme M. de Chavigny, et qui connoissoit la cour et le cardinal Mazarin par tant d'expériences, se fût engagé à une négociation d'un tel poids après l'avoir ménagée trois mois, sans être assuré de l'événement. Cette opinion ne dura pas long-temps : on apprit, par le retour de ces députés, que non-seulement ils avoient traité avec le cardinal contre les ordres publics qu'ils en avoient, mais même qu'au lieu de demander pour M. le prince ce qui étoit porté dans leur instruction, ils n'avoient insisté principalement que sur l'établissement d'un conseil nécessaire, presque en la même forme de celui que le feu Roi avoit ordonné en mourant; moyennant quoi ils devoient porter M. le prince à consentir que le cardinal Mazarin, suivi de M. de Chavigny, allât traiter de la paix générale au lieu de M. le prince, et qu'il pût revenir en France après sa conclusion. Comme ces propositions étoient fort éloignées des intérêts et des sentimens de M. le prince, il les reçut avec aigreur contre M. de Chavigny, et se résolut de ne lui donner plus aucune connoissance de ce qu'il traiteroit secrètement avec la cour.

Pour cet effet, M. le prince chargea Gourville, qui étoit au duc de La Rochefoucauld, d'une instruction dressée en présence de madame la duchesse de Châtillon et des ducs de Nemours et de La Rochefoucauld, dont voici la copie :

Premièrement, qu'on ne veut plus de négociation passé aujourd'hui, et qu'on veut une réponse positive de oui ou de non sur tous les points, n'étant pas possible de se relâcher sur aucun : on veut agir sincèrement ; et comme cela on ne veut promettre que ce qu'on veut exécuter, et aussi on veut être assuré des choses promises.

2. On souhaite que M. le cardinal Mazarin sorte présentement du royaume, et qu'il aille à Bouillon.

3. Qu'on donne pouvoir à Monsieur et à M. le prince de faire la paix générale, et qu'ils y puissent travailler présentement.

4. Qu'à cet effet on tombe d'accord des conditions justes et raisonnables de la paix, et que M. le prince puisse envoyer en Espagne pour les ajuster, et arrêter le lieu de la conférence.

5. Qu'on fasse un conseil composé de personnes qui ne seront pas suspectes, et dont on conviendra.

6. Qu'on ôte le surintendant, et qu'on règle semblablement les finances par un bon conseil.

7. Que tous ceux qui ont servi Monsieur ou messieurs les princes soient rétablis dans leurs biens et dans leurs charges et gouvernemens, pensions et assignations; et qu'ils soient réassignés sur de bons fonds, et messieurs les princes aussi.

8. Que Monsieur soit satisfait sur les choses qu'il peut désirer pour lui, et pour ses amis et serviteurs.

9. Que les troupes et les officiers qui ont suivi messieurs les princes seront traités comme elles l'étoient auparavant, et auront le même rang qu'elles avoient.

10. Qu'on accorde à messieurs de Bordeaux les choses qu'ils demandoient avant cette guerre, et pour lesquelles ils avoient des députés à la cour.

11. Qu'on accorde quelque décharge des tailles dans la Guienne, selon qu'on conviendra de bonne foi.

12. Qu'on accorde à M. le prince de Conti la permission de traiter du gouvernement de Provence avec M. d'Angoulême, et de lui donner la Champagne en échange, ou de vendre ce gouvernement-là à qui il voudra pour en donner l'argent à M. d'Angoulême; et le surplus lui sera baillé par le Roi.

13. Qu'on donne à M. de Nemours le gouvernement d'Auvergne.

14. Qu'on donne à M. le président Viole la permission de traiter d'une charge de président à mortier, ou de secrétaire d'Etat, et parole que ce sera la première; et une somme d'argent dès cette heure pour lui en faciliter la récompense.

15. Qu'on accorde à M. de La Rochefoucauld et le brevet qu'il demande pareil à celui de messieurs

de Bouillon et de Guémené pour le rang de leurs maisons, et six vingt mille écus pour traiter du gouvernement de Saintonge et d'Angoumois si on le veut vendre, ou de tel autre qu'il voudra.

16. Qu'on donnera à M. le prince de Tarente un brevet pour son rang pareil à celui de M. de Bouillon, duquel on le mettra en possession, et une somme de deniers pour le dédommagement des pertes qu'il a souffertes à la prise et rasement de Taillebourg, suivant le mémoire qu'il en donnera.

17. Qu'on fasse messieurs de Marsin et Du Dognon maréchaux de France.

18. Qu'on donne des lettres de duc à M. de Montespan.

19. Qu'on rétablisse M. de Rohan dans son gouvernement d'Angers, et qu'on lui donne le pont de Cé et le ressort de Saumur.

20. Qu'on donne à M. de La Force le gouvernement de Bergerac et Sainte-Foy, et la survivance à M. de Castelnau son fils.

21. Qu'on assure M. le marquis de Sillery de le faire chevalier de l'ordre à la première promotion, dont il lui sera donné un brevet.

Moyennant tout ce que dessus, on promet de poser les armes, et consentir de bonne foi à tous les avantages de M. le cardinal Mazarin, à tout ce qu'il pourra faire pour sa justification, et à son retour même dans trois mois, ou dans le temps que M. le prince, après avoir ajusté les points de la paix générale avec les Espagnols, sera arrivé au lieu de la conférence avec les ministres d'Espagne, et qu'il aura mandé que la paix sera près d'être signée, laquelle néanmoins il ne signera qu'après le retour de M. le cardinal Mazarin. Cependant que l'argent mentionné par le traité sera donné auparavant son retour.

Le cardinal écouta les propositions de Gourville, et y parut très-facile, soit qu'il eût véritablement l'intention de les accorder, ou qu'il voulût découvrir les sentimens du duc de Bouillon sur ce qu'on lui proposoit, particulièrement sur l'article de sa sortie hors du royaume, et juger par là si le duc de Bouillon essaieroit de se prévaloir de son absence, ou s'il demeureroit ferme dans ses intérêts : mais le duc de Bouillon, qui pénétra son intention, et qui craignoit de plus que la paix se fît sans qu'il eût pour lui le duché d'Albret, qu'on devoit retirer de M. le prince pour faire une partie de la récompense de Sedan, dit au cardinal que puisqu'il trouvoit juste de faire des grâces à tous les amis de M. le prince, qui étoient ses ennemis déclarés, il croyoit qu'il étoit encore plus raisonnable de faire justice à ses amis, qui l'avoient assisté et maintenu contre M. le prince; qu'il ne trouvoit rien à dire à ce qu'on vouloit faire pour les ducs de Nemours et de La Rochefoucauld, Marsin et les autres; mais qu'il pensoit aussi qu'ayant un intérêt aussi considérable que le duché d'Albret, on ne devoit rien conclure sans obliger M. le prince à le satisfaire là-dessus. De quelque esprit que partissent les raisons du duc de Bouillon, elles empêchèrent le cardinal de passer outre, et il renvoya Gourville vers M. le prince pour lever cette difficulté. Mais comme dans toutes les grandes affaires les retardemens sont d'ordinaire très-considérables, ils le devoient être particulièrement dans celle-ci, qui étoit composée non-seulement de tant d'intérêts différens, et regardée par tant de cabales opposées qui la vouloient rompre, mais encore qui étoit conduite par M. le prince d'une part, et par le cardinal Mazarin de l'autre, lesquels, pour avoir tant de qualités directement opposées, ne laissoient pas dans la conjoncture présente de convenir en quelque vue, et particulièrement en celle-là, de traiter les plus grandes affaires sans y avoir de prétention limitée : ce qui fait que lorsqu'on leur a accordé ce qu'ils demandent, ils croient toujours en pouvoir obtenir davantage, et se persuadent tellement que tout est dû à leur bonne fortune, que la balance ne peut jamais être assez égale, ni demeurer assez long-temps en cet état pour leur donner loisir de résoudre un traité et de le conclure.

D'autres obstacles se joignirent encore à ceux-ci. L'intérêt du cardinal de Retz étoit d'empêcher la paix, parce qu'étant faite sans sa participation, et M. le duc d'Orléans et M. le prince étant unis avec la cour, il demeuroit exposé et sans protection. D'ailleurs M. de Chavigny, ensuite du mauvais succès de sa négociation, et piqué contre la cour et contre M. le prince, aimoit mieux que la paix se rompît, que de la voir faire par d'autres voies que la sienne. Je ne puis dire si cette conformité d'intérêts qui se rencontra alors entre le cardinal de Retz et M. de Chavigny les fit agir de concert pour empêcher le traité de M. le prince, ou si l'un des deux fit agir M. le duc d'Orléans : mais j'ai su depuis, par une personne que je dois croire, que, dans le temps que Gourville étoit à Saint-Germain, Monsieur manda au cardinal Mazarin, par le duc de Damville, qu'il ne conclût rien avec M. le prince; que Monsieur vouloit avoir vers la cour le mérite de la paix, et qu'il étoit prêt à aller trouver le Roi, et à donner par là un exemple qui seroit suivi du peuple et du parlement de Paris. Il y avoit apparence qu'une proposition comme celle-là seroit écoutée préférablement à toutes les autres; et en effet, soit par cette raison, soit par celles que j'ai dites de la disposition où étoient M. le prince et M. le cardinal Mazarin, ou soit, comme j'ai toujours cru, que le cardinal n'ait jamais voulu cette paix, et qu'il s'est seulement servi des négociations comme d'un piége où il a cru surprendre ses ennemis, enfin les choses furent si brouillées et si éloignées en peu de temps, que le duc de La Rochefoucauld ne voulut plus que ses gens eussent part à des négociations qui ruinoient son parti, et ordonna à Gourville de tirer une réponse positive du cardinal, la seconde fois qu'il alla à Saint-Germain, sans y plus retourner.

Cependant, outre que l'esprit de M. le prince n'étoit pas toujours constamment arrêté à vouloir la paix, il étoit combattu sans cesse par les divers intérêts de ceux qui l'en vouloient détourner. Les ennemis du cardinal Mazarin ne se croyoient pas vengés s'il demeuroit en France, et le cardinal de Retz jugeoit bien que l'accommodement de M. le prince lui ôtoit toute sa considération, et l'exposoit à ses ennemis; au lieu que la guerre ne pouvoit durer sans perdre ou sans éloigner M. le prince; et qu'ainsi, demeurant seul auprès de M. le duc d'Orléans, il pourroit se rendre considérable à la cour pour en tirer ses avantages. D'autre part, les Espagnols offroient à M. le prince tout ce qui étoit le plus capable de le tenter, et mettoient tout en usage pour faire durer la guerre civile. Ses plus proches parens, ses amis et ses domestiques même appuyoient ce sentiment pour leur intérêt particulier. Enfin tout étoit partagé en cabales pour faire la paix ou pour continuer la guerre ; et tout ce qu'il y a de plus raffiné et de plus sérieux dans la politique étoit exposé aux yeux de M. le prince pour l'obliger à prendre l'un de ces deux partis, lorsque madame de Châtillon lui fit naître le désir de la paix par des moyens plus agréables. Elle crut qu'un si grand bien devoit être l'ouvrage de sa beauté ; et mêlant de l'ambition avec le dessein de faire une nouvelle conquête, elle voulut en même temps triompher du cœur de M. le prince, et tirer de la cour des avantages de la négociation. Ces raisons ne furent pas les seules qui lui donnèrent ces pensées : un intérêt de vanité et de vengeance y eut autant de part que le reste. L'émulation que la beauté et la galanterie produisent souvent parmi les dames avoit causé une aigreur extrême entre madame de Longueville et madame de Châtillon. Elles avoient long-temps caché leurs sentimens, mais enfin ils parurent avec éclat de part et d'autre ; et madame de Châtillon ne borna pas seulement sa victoire à obliger M. de Nemours de rompre la liaison qu'il avoit avec madame de Longueville, elle voulut ôter aussi à madame de Longueville la connoissance des affaires, et disposer seule de la conduite et des intérêts de M. le prince. Le duc de Nemours, qui avoit beaucoup d'engagement avec elle, approuva ce dessein. Il crut que pouvant régler la conduite de madame de Châtillon envers M. le prince, elle lui inspireroit les sentimens qu'il voudroit, et qu'ainsi il disposeroit de l'esprit de M. le prince par le pouvoir qu'il avoit sur celui de madame de Châtillon. Le duc de La Rochefoucauld, de son côté, avoit alors plus de part que nul autre à la confiance de M. le prince, et se trouvoit en même temps dans une liaison étroite avec le duc de Nemours et madame de Châtillon. Il connoissoit l'irrésolution de M. le prince pour la paix; et craignant (ce qui arriva depuis) que la cabale des Espagnols et celle de madame de Longueville ne se joignissent ensemble pour éloigner M. le prince de Paris, où il pouvoit traiter tous les jours sans leur participation, il crut que l'entremise de madame de Châtillon pouvoit lever tous les obstacles de la paix. Dans cette pensée, il porta M. le prince à s'engager avec elle, et à lui donner la terre de Merlou en propre. Il disposa aussi madame de Châtillon à ménager M. le prince et M. de Nemours, en sorte qu'elle les conservât tous deux; et il fit approuver à M. de Nemours cette liaison, qui ne lui devoit pas être suspecte puisqu'on lui en vouloit rendre compte, et ne s'en servir que pour lui donner la principale part aux affaires.

Cette machine étant conduite et réglée par le duc de La Rochefoucauld, lui donna la disposition presque entière de tout ce qui la composoit; et ainsi ces quatre personnes y trouvant également leurs avantages, elle eût eu sans doute à la fin le succès qu'il s'étoit proposé, si la fortune ne s'y fût opposée par divers accidens qu'il fut impossible d'éviter. Cependant madame de Châtillon voulut paroître à la cour avec l'éclat que son nouveau crédit lui devoit donner. Elle y alla avec un pouvoir si général de disposer des intérêts de M. le prince, qu'on le prit plutôt pour un effet de sa complaisance envers elle, et une envie de flatter sa vanité, que pour une intention véritable de faire un accommodement. Elle revint à Paris avec de grandes espérances. Mais le cardinal tira des avantages solides de cette négociation : il gagnoit du temps, il augmentoit le soupçon des cabales opposées, et il amusoit M. le prince à Paris, sous l'espérance d'un traité, pendant qu'on lui ôtoit la Guienne, qu'on prenoit ses places ; que l'armée du Roi, commandée par messieurs de Turenne et d'Hocquincourt, tenoit la campagne, lorsque la sienne étoit retirée dans Etampes. Elle ne put même y demeurer longtemps sans recevoir une perte considérable ; car M. de Turenne ayant avis que Mademoiselle, revenant d'Orléans et passant par Etampes, avoit voulu voir l'armée en bataille, il fit marcher ses troupes, et arriva au faubourg d'Etampes avant que celles de l'armée des princes, qui y avoient leur quartier, y fussent rentrées, et en état de défendre ce même faubourg. Aussi fut-il forcé et pillé ; et M. de Turenne et le maréchal d'Hocquincourt se retirèrent en leur quartier, après avoir tué mille ou douze cents hommes des meilleures troupes de M. le prince, et emmené plusieurs prisonniers.

Ce succès augmenta les espérances de la cour, et fit naître le dessein d'assiéger dans Etampes toute l'armée des princes qui étoit enfermée dedans. Quelque difficile que parût cette entreprise, elle fut néanmoins résolue, sur l'espérance de trouver des troupes étonnées, des chefs divisés, une place ouverte en plusieurs endroits, fort mal munie, et hors d'état d'être secourue que par M. de Lorraine, avec lequel la cour croyoit avoir traité. Par dessus tout cela, il semble que l'on considéra moins l'événement du siége que la réputation qu'un si grand dessein devoit donner aux armes du Roi. En effet, quoiqu'on continuât avec empressement de négocier, et que M. le prince eût alors un extrême désir de la paix, on ne la pouvoit raisonnablement attendre, jusques à ce que le succès d'Etampes en eût réglé les conditions. Les partisans de la cour se servoient de cette conjoncture pour gagner le peuple, et pour faire des cabales dans le parlement; et bien que M. d'Orléans parût très-uni avec M. le prince, il avoit tous les jours des conférences particulières avec le cardinal de Retz, qui s'attachoit principalement à détruire toutes les résolutions que M. le prince lui faisoit prendre.

Le siége d'Etampes continuoit toujours; et quoique les progrès de l'armée du Roi ne fussent pas considérables, les bruits qui se répandoient dans le royaume lui étoient avantageux, et Paris attendoit le secours de M. de Lorraine comme le salut du parti. Il arriva enfin après tant de remises : et après avoir donné beaucoup de soupçons de son accommodement avec le Roi, sa présence dissipa pour un temps cette opinion, et on le reçut avec une extrême joie. Ses troupes campèrent près de Paris, et on en souffrit les désordres sans plaintes. Il y eut d'abord quelque froideur entre M. le prince et lui pour le rang; mais voyant que M. le prince tenoit ferme, il relâcha de ses prétentions, d'autant plus facilement qu'il n'avoit fait ces difficultés que pour gagner le temps de faire un traité secret avec la cour pour la levée du siége d'Etampes sans hasarder un combat. Néanmoins, comme on n'est jamais si facile à être surpris que quand on songe trop à tromper les autres, M. de Lorraine, qui croyoit rencontrer tous ses avantages et toutes ses sûretés dans les négociations continuelles qu'il ménageoit avec la cour, avec beaucoup de mauvaise foi pour elle et pour le parti des princes, vit tout d'un coup marcher M. de Turenne à lui avec toute l'armée; et il fut surpris lorsqu'il lui manda qu'il le chargeroit à l'heure même s'il ne décampoit, et ne se retiroit en Flandre. Les troupes de M. de Lorraine n'étoient pas inférieures à celles du Roi; et un homme qui n'eût eu soin que de sa réputation eût pu raisonnablement hasarder un combat : mais quelles que fussent les raisons de M. de Lorraine, elles lui firent préférer le parti de se retirer avec honte, et de subir ainsi le joug que M. de Turenne lui voulut imposer. Il ne donna aucun avis de ce qui se passoit à M. le duc d'Orléans ni à M. le prince; et les premières nouvelles qu'ils en eurent leur apprirent confusément que leurs troupes étoient sorties d'Etampes, que l'armée du Roi s'en étoit éloignée, et que M. de Lorraine s'en retournoit en Flandre, prétendant avoir pleinement satisfait aux ordres des Espagnols, et à la parole qu'il avoit donnée à M. le duc d'Orléans de faire lever le siége d'Etampes. Cette nouvelle surprit tout le monde, et fit résoudre M. le prince d'aller joindre ses troupes, craignant que celles du Roi ne les chargeassent en chemin. Il sortit de Paris avec douze ou quinze chevaux; et s'exposant ainsi à être rencontré par les partis des ennemis, il joignit son armée à Linas, et l'amena loger vers Villejuif. Elle passa ensuite à Saint-Cloud, où elle fit un long séjour, pendant lequel non-seulement la moisson fut toute perdue, mais presque toutes les maisons de la campagne furent brûlées ou pillées : ce qui commença d'aigrir les Parisiens, dont M. le prince fut près de recevoir de funestes marques en la journée de Saint-Antoine, dont nous allons parler.

Cependant Gaucourt avoit des conférences secrètes avec le cardinal, qui lui témoignoit toujours de désirer la paix avec empressement. Il étoit convenu des principales conditions; mais plus il insistoit sur les moindres, et plus on devoit croire qu'il ne vouloit pas traiter. Ces irrésolutions donnoient de nouvelles forces à toutes les cabales, et de la vraisemblance à tous les divers bruits qu'on vouloit semer. Jamais Paris n'a été plus agité, et jamais l'esprit de M. le prince n'a été plus partagé pour se résoudre à la paix ou à la guerre. Les Espagnols le vouloient éloigner de Paris pour empêcher la paix; et les amis de madame de Longueville contribuoient à ce dessein pour l'éloigner aussi de madame de Châtillon. D'ailleurs Mademoiselle avoit tout ensemble le même dessein qu'avoient les Espagnols et celui qu'avoit madame de Longueville; car d'un côté elle vouloit la guerre comme les Espagnols, afin de se venger de la Reine et du cardinal, qui ne vouloient pas qu'elle épousât le Roi; et de l'autre elle désiroit, comme madame de Longueville, rompre la liaison de M. le prince avec madame de

Châtillon, et avoir plus de part qu'elle à sa confiance et à son estime. Pour y parvenir par ce qui étoit le plus sensible à M. le prince, elle leva des troupes en son nom, et lui promit de fournir de l'argent pour en lever d'autres. Ces promesses, jointes à celles des Espagnols et aux artifices des amis de madame de Longueville, firent perdre à M. le prince les pensées qu'il avoit pour la paix. Ce qui les éloigna encore plus fut non-seulement le peu de confiance qu'il crut pouvoir prendre en la cour, (mais ce que je trouve de plus difficile à croire d'une personne de sa qualité et de son mérite) ce fut une vue démesurée qui lui vint d'imiter M. de Lorraine en plusieurs choses de sa façon de vie libre et indépendante, et particulièrement en la manière de traiter ses troupes : et il se persuada que si M. de Lorraine, dépouillé de ses Etats, et avec de bien moindres avantages que les siens, s'étoit rendu si considérable par son armée et par son argent, qu'ayant des qualités infiniment au-dessus de lui, il formeroit aussi à proportion un parti plus avantageux, et meneroit cependant, pour y parvenir, une vie entièrement conforme à son humeur. C'est ce qu'on a cru être le véritable motif qui a entraîné M. le prince avec les Espagnols, et pour lequel il a bien voulu exposer tout ce que sa naissance et ses services lui avoient acquis dans le royaume.

Il cacha ce sentiment autant qu'il lui fut possible, et fit paroître le même désir de la paix, qu'on traitoit toujours inutilement. La cour étoit alors à Saint-Denis, et le maréchal de La Ferté avoit joint l'armée du Roi avec des troupes qu'il avoit amenées de Lorraine. Celles de M. le prince étoient plus foibles que le moindre de ces deux corps qui lui étoient opposés, et elles avoient tenu jusque là le poste de Saint-Cloud, afin de se servir du pont pour éviter un combat inégal. Mais l'arrivée du maréchal de La Ferté donnant moyen aux troupes du Roi de se séparer, et d'attaquer Saint-Cloud par les deux côtés en faisant un pont de bateaux vers Saint-Denis, fit résoudre M. le prince à partir de Saint - Cloud, dans le dessein de gagner Charenton, et de se poster dans cette langue de terre où se fait la jonction de la rivière de Marne avec la Seine. Il eût pris sans doute un autre parti s'il eût eu la liberté de choisir; et il lui eût été bien plus sûr et plus facile de laisser la rivière de Seine à sa main gauche, et d'aller par Meudon et par Vaugirard se poster sous le faubourg Saint-Germain, où on ne l'eût peut-être pas attaqué, de peur d'engager par là les Parisiens à le défendre : mais M. le duc d'Orléans ne voulut point y consentir, par la crainte qu'on lui donna de l'événement d'un combat qu'il pouvoit voir des fenêtres du Luxembourg, et parce qu'on lui fit croire que l'artillerie du Roi feroit de continuelles décharges pour l'en chasser. Ainsi, par l'opinion d'un péril imaginaire, M. le duc d'Orléans exposa la vie et la fortune de M. le prince à l'un des plus grands dangers qu'il courut jamais.

Il fit donc marcher ses troupes à l'entrée de la nuit, le premier de juillet 1652, pour arriver à Charenton auparavant que celles du Roi le pussent joindre. Elles passèrent par le Cours de la Reine et par le dehors de Paris, depuis la porte Saint-Honoré jusqu'à celle de Saint-Antoine, pour prendre de là le chemin de Charenton. Il voulut éviter de demander passage dans la ville, craignant de ne le pas obtenir, et qu'un refus dans une telle conjoncture ne fît paroître le mauvais état de ses affaires. Il craignoit aussi que s'il l'obtenoit, ses troupes ne se dissipassent dans la ville, et qu'il ne pût les en faire sortir s'il en étoit besoin.

La cour fut aussitôt avertie de la marche de M. le prince, et M. de Turenne partit à l'heure même avec ce qu'il avoit de troupes pour le suivre, et l'arrêter, jusqu'à ce que le maréchal de La Ferté, qui avoit eu ordre de repasser le pont et de marcher avec les siennes, eût le temps de le joindre. On fit cependant aller le Roi à Charonne, afin d'y voir, comme de dessus un théâtre, une action qui, selon les apparences, devoit être la perte inévitable de M. le prince et la fin de la guerre civile, et qui fut en effet l'une des plus hardies et des plus périlleuses occasions de toute cette guerre, et celle où les grandes et extraordinaires qualités de M. le prince parurent avec le plus d'éclat. La fortune même sembla se réconcilier avec lui en cette rencontre, pour avoir part à un succès dont l'un et l'autre parti ont donné la gloire à sa valeur et à sa conduite: car il fut attaqué précisément dans le faubourg Saint-Antoine, où il eut moyen de se servir des retranchemens que les bourgeois y avoient faits quelques jours auparavant pour se garantir d'être pillés des troupes de M. de Lorraine; et il n'y avoit que ce seul lieu dans toute la marche qu'il vouloit faire qui fût retranché, et où il pût s'empêcher d'être entièrement défait. Quelques escadrons même de son arrière-garde furent chargés dans le faubourg Saint-Martin par des gens que M. de Turenne avoit détachés pour l'amuser, et se retirèrent en désordre dans le retranchement du faubourg Saint-Antoine, où il s'étoit mis en bataille. Il n'eut que le temps qui lui étoit nécessaire pour cela, et pour garnir d'infanterie et de cavalerie tous les postes par lesquels il pouvoit être attaqué. Il fut contraint de mettre le bagage de son armée sur le bord du fossé de Saint-Antoine, parce qu'on avoit refusé de le laisser entrer dans Paris. On avoit même pillé quelques chariots; et les partisans de la cour avoient ménagé qu'on y verroit de là, comme d'un lieu neutre, l'événement de cette affaire.

M. le prince retint auprès de lui ce qui s'y trouva de ses domestiques, ou de personnes de qualité qui n'avoient point de commandement, et qui étoient au nombre de trente ou quarante.

M. de Turenne disposa de ses attaques avec une extrême diligence, et toute la confiance que peut avoir un homme qui se croit assuré de la victoire. Mais lorsque ses gens détachés furent à trente pas du retranchement, M. le prince sortit avec l'escadron que j'ai dit, et, se mêlant l'épée à la main, défit entièrement le bataillon qui étoit commandé, prit des officiers prisonniers, emporta les drapeaux, et se retira dans son retranchement. D'un autre côté, le marquis de Saint-Mesgrin attaqua le poste qui étoit défendu par le comte de Tavannes, lieutenant général, et par L'Enques, maréchal de camp. La résistance y fut si grande, que le marquis de Saint-Mesgrin voyant que toute son infanterie mollissoit, emporté de chaleur et de colère, avança avec la compagnie des chevau-légers du Roi dans une rue étroite, fermée d'une barricade, où il fut tué avec le marquis de Nantouillet, Le Fouilloux, et quelques autres. Mancini, neveu du cardinal

Mazarin, y fut blessé, et mourut peù de jours après.
On continuoit de toutes parts les attaques avec une extrême vigueur, et M. le prince chargea une seconde fois avec même succès qu'à la première. Il se trouvoit partout; et dans le milieu du feu et du combat il donnoit les ordres avec une netteté d'esprit qui est si rare, et si nécessaire en ces rencontres. Enfin les troupes du Roi avoient forcé la dernière barricade de la rue qui va de celle du Cours à Charenton, et qui étoit quarante pas au-delà d'une fort grande place qui aboutit à cette même rue. Le marquis de Navailles s'en étoit rendu maître, et avoit, pour la mieux garder, fait percer les maisons proches, et mis des mousquetaires partout. M. le prince avoit dessein de les déloger avec de l'infanterie, et de faire percer d'autres maisons pour les chasser par un plus grand feu, comme c'étoit en effet le parti qu'on devoit prendre. Mais le duc de Beaufort, qui ne s'étoit pas rencontré auprès de M. le prince au commencement de l'attaque, et qui sentoit quelque dépit de ce que le duc de Nemours y avoit toujours été, pressa M. le prince de faire attaquer la barricade par l'infanterie; et comme cette infanterie étoit déjà lassée et rebutée, au lieu d'aller aux ennemis, elle se mit en haie le long des maisons sans vouloir avancer. Dans ce temps, un escadron des troupes de Flandre, posté dans une rue qui aboutissoit au coin de cette place du côté des troupes du Roi, ne pouvant y demeurer davantage de peur d'être coupé quand on auroit gagné les maisons voisines, revint dans la place. Le duc de Beaufort croyant que c'étoient les ennemis, proposa aux ducs de Nemours et de La Rochefoucauld, qui arrivoient

en ce lieu-là, de les charger. Ainsi étant suivis de ce qu'il y avoit de gens de qualité et de volontaires, on poussa à eux, et on s'exposa inutilement à tout le feu de la barricade et des maisons de la place, s'étant trouvé en abordant cet escadron qu'il étoit de même parti. Mais voyant en même temps quelque étonnement parmi ceux qui gardoient la barricade, les ducs de Nemours, de Beaufort, de La Rochefoucauld et le prince de Marsillac y poussèrent, et la firent quitter aux troupes du Roi. Ils mirent ensuite pied à terre, et la gardèrent eux seuls, sans que l'infanterie qui étoit commandée voulût les soutenir. M. le prince fit ferme dans la rue, avec ce qui s'étoit rallié auprès de lui de ceux qui les avoient suivis. Cependant les ennemis, qui tenoient toutes les maisons de la rue, voyant la barricade gardée seulement par quatre hommes, l'eussent sans doute reprise, si l'escadron de M. le prince ne les eût arrêtés. Mais n'y ayant point d'infanterie qui les empêchât de tirer par les fenêtres, ils recommencèrent à faire feu de tous côtés, et voyoient en revers depuis les pieds jusqu'à la tête ceux qui tenoient la barricade. Le duc de Nemours reçut treize coups sur lui ou dans ses armes, et le duc de La Rochefoucauld une mousquetade qui, lui perçant le visage au-dessous des yeux, lui fit à l'instant perdre la vue : ce qui obligea le duc de Beaufort et le prince de Marsillac à se retirer pour emmener les deux blessés. Les ennemis avancèrent pour les prendre; mais M. le prince s'avança aussi pour les dégager, et leur donna le temps de monter à cheval : ainsi ils laissèrent aux ennemis le poste qu'ils venoient de leur faire quitter, et presque tout ce qui avoit été avec eux dans la place fut tué ou blessé. M. le prince perdit en cette journée les marquis de Flamarins et de La Roche-Giffart, le comte de Castres, le comte de Bossu, Desfourneaux, La Martinière, La Mothe-Guyonnet, Bercenet, capitaine des gardes du duc de La Rochefoucauld, de L'Huillière, qui étoit aussi à lui, et beaucoup d'autres dont on ne peut mettre ici les noms. Enfin le nombre des officiers morts ou blessés fut si grand de part et d'autre, qu'il sembloit que chaque parti songeât plus à réparer ses pertes qu'à attaquer ses ennemis.

Cette sorte de trêve étoit avantageuse aux troupes du Roi, rebutées de tant d'attaques où elles avoient été repoussées. Durant ce temps, le maréchal de La Ferté avoit marché en diligence, et il se préparoit à faire un nouvel effort avec son armée fraîche et entière, lorsque les Parisiens, qui jusque là avoient seulement été spectateurs d'une si grande action, se déclarèrent en faveur de M. le prince. Ils avoient été si prévenus des artifices de la cour et du cardinal de Retz, et on leur avoit tellement persuadé que la paix particulière de M. le prince étoit faite sans y comprendre leurs intérêts, qu'ils avoient considéré le commencement de ce combat comme une comédie qui se jouoit de concert avec le cardinal Mazarin. M. le duc d'Orléans même les confirma dans cette pensée, en ne donnant aucun ordre dans la ville pour secourir M. le prince; et le cardinal de Retz, qui étoit auprès de lui, augmentoit encore l'irrésolution et le trouble de son esprit, en formant des difficultés sur tout ce qu'il proposoit. D'autre part, la porte Saint-Antoine étoit gardée par une colonelle de bourgeois, dont les officiers, qui étoient gagnés de la cour, empêchoient presque également de sortir de la ville et d'y entrer : enfin tout y étoit mal disposé pour y recevoir M. le prince et ses troupes, lorsque Mademoiselle faisant un effort sur l'esprit de Monsieur, son père, le tira de la léthargie où le tenoit le cardinal de Retz. Elle alla porter ses ordres à la maison-de-ville pour faire prendre les armes aux bourgeois. En même temps elle commanda au gouverneur de la Bastille de faire tirer le canon sur les troupes du Roi; et revenant à la porte Saint-Antoine, elle disposa tous les bourgeois non-seulement à recevoir M. le prince et son armée, mais même à sortir et à escarmoucher pendant que ses troupes rentreroient. Ce qui acheva encore d'émouvoir le peuple en faveur de M. le prince fut de voir remporter tant de gens de qualité, morts ou blessés. Le duc de La Rochefoucauld voulut profiter de cette conjoncture pour son parti; et quoique sa blessure lui fît presque sortir les deux yeux hors de la tête, il alla à cheval du lieu où il fut blessé jusqu'à l'hôtel de Liancourt, au faubourg Saint-Germain, exhortant le peuple à secourir M. le prince, et à mieux connoître à l'avenir l'intention de ceux qui l'avoient accusé d'avoir traité avec la cour. Cela fit, pour un temps, l'effet qu'on désiroit; et jamais Paris n'a été mieux intentionné pour M. le prince qu'il le fut alors. Cependant le bruit du canon de la Bastille produisit deux sentimens bien différens dans l'esprit du cardinal Mazarin : car d'abord il crut que Paris se déclaroit contre M. le prince, et qu'il alloit triompher de cette ville et de son ennemi; mais voyant qu'au contraire on tiroit sur les troupes du

Roi, il envoya des ordres aux maréchaux de France pour retirer l'armée et retourner à Saint-Denis. Cette journée peut passer pour l'une des plus glorieuses de la vie de M. le prince : jamais sa valeur et sa conduite n'ont eu plus de part à la victoire; et l'on peut dire aussi que jamais tant de gens de qualité n'ont fait combattre un plus petit nombre de troupes. On fit porter les drapeaux des régimens des Gardes, de la Marine et de Turenne à Notre-Dame, et on laissa aller sur leur parole tous les officiers prisonniers.

Néanmoins on continua les négociations. Chaque cabale vouloit faire la paix, ou empêcher que les autres ne la fissent; et M. le prince et le cardinal étoient également résolus de ne la pas faire. M. de Chavigny s'étoit bien remis en apparence avec M. le prince; et il seroit malaisé de dire dans quels sentimens il avoit été jusqu'alors, parce que sa légèreté naturelle lui en inspiroit sans cesse d'entièrement opposés. Il conseilloit de pousser les choses à l'extrémité toutes les fois qu'il espéroit de détruire le cardinal et de rentrer dans le ministère; et il vouloit qu'on demandât la paix à genoux toutes les fois qu'il s'imaginoit qu'on pilleroit ses terres et qu'on raseroit ses maisons. Néanmoins dans cette rencontre il fut d'avis, comme tous les autres, de profiter de la bonne disposition du peuple, et de proposer une assemblée à l'hôtel-de-ville pour résoudre que Monsieur seroit reconnu lieutenant général de l'Etat et couronne de France; qu'on s'uniroit inséparablement pour procurer l'éloignement du cardinal; qu'on pourvoiroit le duc de Beaufort du gouvernement de Paris en la place du maréchal de L'Hôpital, et qu'on établiroit Broussel en la charge de prevôt des marchands, au lieu de Le Febure. Mais cette assemblée (1) où l'on croyoit trouver la sûreté du parti fut une des principales causes de sa ruine, par une violence qui pensa faire périr tout ce qui se rencontra à l'hôtel-de-ville, et fit perdre à M. le prince tous les avantages que la journée de Saint-Antoine lui avoit apportés. Je ne puis dire qui fut l'auteur d'un si pernicieux dessein, car tous l'ont également désavoué; mais enfin, lorsque l'assemblée se tenoit, on suscita des gens armés qui vinrent crier aux portes de la maison-de-ville qu'il falloit non-seulement que tout s'y passât selon l'intention de Monsieur et de M. le prince, mais qu'on livrât dès l'heure même tout ce qui étoit attaché au cardinal Mazarin. On crut d'abord que ce bruit n'étoit qu'un effet ordinaire de l'impatience du menu peuple; mais voyant que la foule et le tumulte augmentoient, que les soldats et même les officiers avoient part à la sédition, et qu'en même temps on mit le feu aux portes et l'on tira aux fenêtres, alors tout ce qui étoit dans l'assemblée se crut perdu. Plusieurs, pour éviter le feu, s'exposèrent à la fureur du peuple. Il y eut beaucoup de gens tués, de toutes conditions et de tous les partis; et on crut très-injustement que M. le prince avoit sacrifié ses amis, afin de n'être pas soupçonné d'avoir fait périr ses ennemis. On n'attribua rien de cette action à M. le duc d'Orléans : toute la haine en fut rejetée sur M. le prince. Pour moi, je pense que l'un et l'autre s'étoient servis de M. de Beaufort pour faire peur à ceux de l'assemblée qui n'étoient pas dans leurs intérêts, mais

(1) *Cette assemblée :* Elle fut tenue le 4 juillet 1652.

qu'en effet pas un d'eux n'eut dessein de faire mal à personne. Ils apaisèrent promptement le désordre, mais ils n'effacèrent pas l'impression qu'il avoit faite dans tous les esprits. On proposa ensuite de créer un conseil composé de Monsieur, de M. le prince, du chancelier de France, de princes, ducs et pairs, maréchaux de France et officiers généraux du parti qui se trouvoient à Paris : deux présidens à mortier devoient aussi y assister de la part du parlement, et le prevôt des marchands de la part de la ville, pour juger définitivement de tout ce qui concernoit la guerre et la police.

Ce conseil augmenta le désordre au lieu de le diminuer, à cause des prétentions du rang qu'on y devoit tenir; et il eut, comme avoit eu l'assemblée de l'hôtel-de-ville, des suites funestes : car les ducs de Nemours et de Beaufort, aigris par leurs différends passés et par l'intérêt de quelques dames, se querellèrent pour la préséance au conseil, et se battirent ensuite à coups de pistolet; et le duc de Nemours fut tué dans ce combat par le duc de Beaufort son beau-frère. Cette mort donna de la compassion et de la douleur à tous ceux qui connoissoient ce prince : le public même eut sujet de le regretter : car, outre ses belles et agréables qualités, il contribuoit à la paix de tout son pouvoir; et lui et le duc de La Rochefoucauld avoient, pour apporter plus de facilité à la conclure, renoncé aux avantages que M. le prince leur devoit faire obtenir par son traité. Mais la mort de l'un et la blessure de l'autre laissèrent aux Espagnols et aux amis de madame de Longueville toute la liberté qu'ils désiroient pour entraîner M. le prince. Ils n'appréhendèrent plus que les propositions de l'emmener en Flandre fussent contestées. Ils lui promirent tout ce qu'il désiroit; et il sembla que madame de Châtillon même lui parut moins aimable depuis qu'il n'eut plus à combattre un rival digne de lui. Cependant il ne rejeta pas d'abord les propositions de paix; mais voulant prendre aussi ses mesures pour faire la guerre, il offrit au duc de La Rochefoucauld le même emploi qu'avoit le duc de Nemours; et comme il ne le put accepter à cause de sa blessure, il le donna ensuite au prince de Tarente.

Paris étoit alors plus divisé que jamais: la cour gagnoit tous les jours quelqu'un dans le parlement et parmi le peuple; le massacre de l'hôtel-de-ville avoit donné de l'horreur à tout le monde: l'armée des princes n'osoit tenir la campagne; son séjour à Paris augmentoit l'aigreur contre M. le prince; et ses affaires étoient réduites en de plus mauvais termes qu'elles n'avoient encore été, lorsque les Espagnols, qui vouloient également empêcher la ruine et l'élévation de M. le prince afin de perpétuer la guerre, firent marcher une seconde fois M. de Lorraine à Paris, avec un corps assez considérable pour arrêter l'armée du Roi. Il la tint même investie à Villeneuve-Saint-Georges, et manda à Paris qu'il la contraindroit de donner bataille, ou de mourir de faim dans son camp. Cette espérance flatta même M. le prince; et il crut tirer de grands avantages de l'événement de cette action, bien qu'il soit vrai que M. de Turenne ne manqua jamais de vivres, et qu'il eut toujours la liberté de se retirer à Melun sans hasarder un combat. Il le fit à la fin sans trouver de résistance, pendant que

M. de Lorraine étoit venu à Paris, et que M. le prince étoit malade d'une fièvre continue.

Le corps que commandoit le comte d Palluau joignit ensuite l'armée du Roi, après avoir pris Montrond. Il y avoit bloqué, avec assez peu de troupes, le marquis de Persan dès le commencement de la guerre; mais lorsque la garnison fut affoiblie par la faim et par les maladies, on l'attaqua de force, et on le prit avec moins de résistance qu'on n'en devoit attendre de si braves gens dans une des meilleures places du monde, si on n'y eût manqué de rien. Cette perte dut être d'autant plus sensible à M. le prince, qu'elle étoit arrivée en partie pour n'y avoir pas apporté les remèdes qui étoient en son pouvoir, puisque, dans le temps que l'armée du Roi étoit vers Compiègne, il lui fut souvent assez facile de secourir Montrond, au lieu que ses troupes, en ruinant les environs de Paris, augmentèrent la haine qu'on lui portoit.

Il ne fut pas plus heureux ni mieux servi en Guienne. La division de M. le prince de Conti et de madame de Longueville, en faisant accroître les partialités dans Bordeaux, servit de prétexte à tout ce qui voulut quitter son parti. Plusieurs villes, à l'exemple d'Agen, avoient ouvert les portes aux troupes du Roi; et le peuple de Périgueux avoit poignardé Chanlost son gouverneur, et chassé la garnison. Villeneuve-d'Agenois, où le marquis de Théobon s'étoit jeté, fut la seule qui résolut de se défendre; et elle le fit avec tant de vigueur, que le comte d'Harcourt fut contraint d'en lever le siége. Il séjourna peu en Guienne après cette petite disgrâce; et soit qu'il eût de véritables défiances de la cour, ou qu'il crût que, se rendant maître de Brisach, de Philisbourg et de l'Alsace, il pourroit y jeter les fondemens d'un établissement assuré et indépendant, il partit de son armée comme un homme qui craignoit d'y être arrêté prisonnier, et se rendit à Philisbourg avec toute la diligence possible.

Cependant la maladie de M. le prince augmentoit, et bien qu'elle fût très-violente, elle ne lui fut pas si funeste qu'à M. de Chavigny; car, dans un éclaircissement fort aigre qu'il eut avec M. le prince, il en sortit avec la fièvre qu'il prit de lui, et mourut peu de jours après. Son malheur ne finit pas avec sa vie; et la mort, qui doit terminer toutes les haines, sembla avoir réveillé celle de ses ennemis. On lui imputa presque toute sorte de crimes; et M. le prince, pour se justifier des soupçons que les Espagnols et les frondeurs conçurent d'un traité secret avec la cour par l'entremise de l'abbé Fouquet, accusa M. de Chavigny d'avoir écouté des propositions sans sa participation, et d'avoir promis de le faire relâcher sur des articles dont il ne se pouvoit départir. Il le crut ainsi peut-être sur ce qu'on fit courir des copies d'une lettre interceptée de l'abbé Fouquet, dont j'ai vu l'original, par laquelle il mandoit à la cour que Goulas porteroit M. le duc d'Orléans à se détacher de M. le prince, s'il n'acceptoit les conditions de paix qu'on lui offroit. Mais dans les copies qu'on en vit on avoit mis le nom de M. de Chavigny en la place de celui de Goulas; et ainsi on l'accusoit de trahir en même temps M. le prince, tant à l'égard de la cour qu'à l'égard de M. le duc d'Orléans, quoiqu'il soit véritable que M. le prince traitoit lui-même avec l'abbé

Fouquet, et qu'il en rendoit compte à M. de Chavigny : ce qui fait que je ne puis attribuer la cause de ce procédé qu'à d'autres mécontentemens particuliers que M. le prince avoit de M. de Chavigny, et à l'envie qu'il avoit alors de faire la guerre, qui, étant combattue par ses amis, lui fit changer de conduite avec eux et avec M. de Chavigny, et donner toute sa confiance aux Espagnols, auxquels il lui importoit de cacher ses conférences avec l'abbé Fouquet. Dans le même temps que M. de Chavigny mourut à Paris, le duc de Bouillon mourut à Pontoise. On peut dire que ce fut pour le malheur de la France, parce qu'apparemment il eût fait la paix ; car M. le prince l'avoit demandé pour garant des conditions du traité que Langlade négocioit ; et il n'y avoit que lui qui pût le rassurer contre la défiance qu'il avoit du cardinal. Cette mort du duc de Bouillon devroit seule guérir les hommes de l'ambition, et les dégoûter de tant de plans qu'ils font pour réussir dans leurs grands desseins ; car l'ambition du duc de Bouillon étoit soutenue par toutes les qualités qui pouvoient la rendre heureuse. Il étoit vaillant, et savoit parfaitement tous les ordres de la guerre. Il avoit une éloquence facile, naturelle et insinuante. Son esprit étoit net, fertile en expédiens, et capable de démêler les affaires les plus difficiles. Son sens étoit droit, son discernement admirable ; et il écoutoit les conseils qu'on lui donnoit avec douceur, avec attention, et avec un certain égard obligeant dont il faisoit valoir les raisons des autres, et sembloit en tirer ses résolutions. Mais de si grands avantages lui furent presque inutiles par l'opiniâtreté de sa fortune, qui s'opposa toujours à sa prudence ;

et il mourut dans le temps que son mérite et le besoin que la cour avoit de lui auroient apparemment surmonté son malheur.

Les Espagnols se vengeoient par une longue et rude prison de l'entreprise que le duc de Guise avoit faite sur le royaume de Naples, et se montroient depuis long-temps inexorables à toutes les instances qu'on leur faisoit pour sa liberté. Ils l'accordèrent néanmoins à la première instance que leur en fit M. le prince, et renoncèrent en cette rencontre à l'une de leurs principales maximes, pour le lier encore plus étroitement à leur parti par une déférence qui leur est si peu ordinaire. Le duc de Guise se vit donc en liberté lorsqu'il l'espéroit le moins ; et il sortit de prison, engagé par sa parole et par un bienfait si extraordinaire dans les intérêts de M. le prince. Il le vint trouver à Paris ; et croyant peut-être s'être acquitté par quelques complimens et quelques visites de ce qu'il lui devoit, il s'en alla bientôt après au devant de la cour, pour offrir au Roi ce qu'une si grande obligation lui faisoit devoir à M. le prince.

Cependant M. le prince commença dès-lors à prendre toutes ses mesures pour partir avec M. de Lorraine ; et il est vrai que l'état de ses affaires avoit rendu ce conseil si nécessaire, qu'il ne lui restoit plus de parti à prendre que celui-là, car la paix étoit trop généralement désirée à Paris pour y pouvoir demeurer en sûreté avec dessein de l'empêcher ; et M. le duc d'Orléans qui l'avoit toujours désirée, et qui craignoit le mal que la présence de M. le prince lui pouvoit attirer, contribua d'autant plus volontiers à son éloignement, qu'il se voyoit par là en liberté de faire son traité particulier. Mais encore que les choses fussent en ces termes, la négociation ne laissoit pas de continuer : car dans le temps que le cardinal Mazarin sortit pour la seconde fois du royaume, afin de faire cesser le prétexte de la guerre civile, et faire connoître que M. le prince avoit d'autres intérêts que son éloignement, il envoya Langlade, secrétaire du cabinet, vers le duc de La Rochefoucauld, soit qu'il eût véritablement dessein de traiter pour faciliter son retour, ou qu'il prétendît tirer quelque avantage en faisant paroître qu'il désiroit la paix. Les conditions qu'apporta Langlade étoient beaucoup plus amples que toutes celles que l'on avoit proposées jusqu'alors, et conformes à ce que M. le prince avoit demandé. Mais elles ne laissèrent pas d'être refusées; et sa destinée, qui l'entraînoit en Flandre, ne lui a permis de connoître le précipice que lorsqu'il n'a plus été en son pouvoir de s'en retirer. Il partit donc enfin (1) avec M. de Lorraine, après avoir pris de vaines mesures avec M. le duc d'Orléans pour empêcher que le Roi ne fût reçu à Paris; mais le crédit de Son Altesse Royale n'étoit pas alors capable de balancer celui de la cour. Il eut ordre lui-même de sortir de Paris le jour que le Roi y devoit arriver (2); et il obéit aussitôt, pour n'être pas témoin de la joie publique et du triomphe de ses ennemis.

(1) *Il partit donc enfin :* Le 13 octobre 1652. — (2) *Le Roi y devoit arriver :* Le Roi rentra à Paris le 21 octobre.

FIN DES MÉMOIRES DE LA ROCHEFOUCAULD.

MÉMOIRES

DE

J. H. DE GOURVILLE,

CONSEILLER D'ETAT,

CONCERNANT LES AFFAIRES AUXQUELLES IL A ÉTÉ EMPLOYÉ PAR LA COUR, DEPUIS 1642 JUSQU'EN 1698.

NOTICE
SUR GOURVILLE
ET
SUR SES MÉMOIRES.

De tous les hommes qui ont marqué sous le règne de Louis xiv, Jean Hérault de Gourville (1) est celui dont la vie offre les circonstances les plus singulières. Il naquit à La Rochefoucauld le 11 juillet 1625. Sa famille étoit obscure et malaisée : sa mère, restée veuve de bonne heure avec huit enfans, ne put lui faire faire aucune étude; il apprit seulement à lire et à écrire, et fut placé à l'âge de dix-sept ans chez un procureur à Angoulême. Il en sortit au bout de six mois; et son frère, qui étoit maître d'hôtel de l'abbé de La Rochefoucauld, le fit admettre dans la maison comme valet de chambre. Il suivit l'abbé à Paris, et le servit avec zèle pendant trois ans. Le prince de Marsillac, depuis duc de La Rochefoucauld, voulant faire la campagne de 1646, le prit pour maître d'hôtel, et l'emmena avec lui à l'armée. Le jeune Gourville avoit

(1) Il prit le nom de Gourville d'une terre située en Poitou, à quelques lieues d'Angoulême, et qu'il acheta de la maison de Longueville. Il ne parle pas de cette acquisition dans ses Mémoires; mais on y voit qu'il fut dans une position précaire et gênée jusqu'en 1654, et il est probable qu'il n'a pu acheter la terre de Gourville qu'en 1656, lorsqu'il commença à faire des affaires avec Fouquet.

la poitrine très-délicate; son frère craignoit qu'il ne pût supporter les fatigues de la guerre, et s'opposoit à son départ; mais l'envie de parvenir l'emporta.

Au retour de la campagne le prince de Marsillac, satisfait de ses services, le fit son secrétaire, et l'employa dès-lors dans les affaires les plus délicates. Les troubles de la Fronde, qui ne tardèrent pas à éclater, ouvrirent un vaste champ aux intrigues; le prince de Marsillac y prit une part très-active, et Gourville, qui étoit homme de tête et d'exécution, devint son principal agent.

Lorsque le prince de Condé eut été arrêté, et enfermé à Vincennes, Gourville pratiqua des intelligences dans le château, et fut sur le point de le faire sortir de prison. Un des soldats qu'il avoit séduits révéla le complot, sans nommer ceux qui devoient l'exécuter. Gourville jugea néanmoins qu'il n'étoit pas prudent à lui de rester à Paris, et il partit pour La Rochefoucauld. Les personnes auxquelles il conta son aventure le traitèrent de *fou achevé,* et lui dirent *que du temps du cardinal de Richelieu il n'auroit pas été huit jours en vie.* « Aussi dans ce temps-là,
« répondit-il, je ne l'aurois pas entrepris. » En parlant d'autres expéditions non moins hardies dont il se chargea, il ajouta : « Ceux qui n'ont pas vu la foiblesse
« du gouvernement d'alors ne s'imagineront jamais
« comment tout se passoit sans qu'on l'empêchât:
« ceux qui ont vu ces choses sont morts, et les jeunes
« les prendroient pour des rêveries. » Cependant, quelle que fût la foiblesse du gouvernement, Gourville n'étoit pas encore un personnage assez considérable pour pouvoir braver impunément la cour et le

ministre. Il courut de très-grands dangers ; deux fois il fut arrêté, et ne dut son salut qu'à son adresse et à sa présence d'esprit. Quand il se trouvoit dans des positions embarrassantes, il ne pouvoit s'empêcher de faire de tristes réflexions sur le parti qu'il avoit pris, tandis que ses frères vivoient heureux et tranquilles; mais aussitôt que le péril étoit passé, il oublioit ses réflexions, et se jetoit dans de nouvelles intrigues.

Après la délivrance des princes et leur retour à Paris, Gourville fut présenté au prince de Condé, qui l'accueillit avec distinction, le fit asseoir à sa table, et le mit dans la confidence de ses affaires les plus secrètes. Etant tombé malade, le prince alla le voir au troisième étage de l'hôtel de La Rochefoucauld où il étoit logé, et lui laissa ses instructions avant de partir pour la Guienne, où tout étoit préparé pour recommencer la guerre civile.

Le duc d'Orléans avoit puissamment contribué à la liberté des princes ; mais, gouverné par le coadjuteur, il n'avoit pas tardé à se rapprocher de la cour, et l'on cherchoit les moyens de l'en détacher de nouveau. Comme on n'en trouvoit aucun, Gourville proposa d'arrêter le coadjuteur; et après en avoir conféré à Bordeaux avec le prince de Condé, il consentit à se charger de l'entreprise. Il lui falloit des hommes déterminés, et beaucoup d'argent. On lui indiqua les moyens de se procurer des hommes; mais on ne put lui fournir que deux ou trois cents pistoles. Comme la fortune l'avoit toujours favorisé jusqu'alors, il compta encore sur elle. Il se mit en route, s'arrêta quelques jours dans l'Angoumois, où il avoit des amis;

par leur secours il prit cinq mille francs à un receveur des tailles, s'empara de ses chevaux, et lui donna une quittance de huit mille francs au nom des princes. Il n'apprit pas sans étonnement, quelques années plus tard, que sa quittance avoit été admise dans les comptes du receveur. Étant entré secrètement à Paris, il avisa aux moyens d'exécuter son entreprise. Le coadjuteur alloit ordinairement passer la soirée à l'hôtel de Chevreuse, d'où il ne se retiroit que fort tard. Gourville se mit en embuscade avec sa troupe, composée de seize hommes. Pendant que les uns auroient entouré la voiture et contenu les gens de sa suite, il devoit se présenter à la portière avec les autres, et arrêter le coadjuteur au nom du Roi. Des chevaux étoient préparés : on auroit fait monter sur l'un d'eux le prisonnier, qui auroit été lié avec une forte sangle au cavalier chargé de le conduire; on seroit parti au grand galop, et on auroit été loin de Paris avant qu'on pût y avoir connoissance de l'enlèvement. Toutes les mesures paroissoient si bien concertées, que Gourville se croyoit déjà assuré de sa proie; mais, par un hasard qu'il étoit impossible de prévoir, le coadjuteur sortit dans la voiture de madame de Rhodes, au lieu de se servir de la sienne; et le lendemain il n'alla pas à l'hôtel de Chevreuse. Tous ces mouvemens d'hommes et de chevaux n'avoient pu être faits deux nuits de suite sans éveiller les soupçons. Gourville ne crut pas devoir faire une troisième tentative; il congédia ses gens, et retourna en toute hâte à Bordeaux. Le prince de Condé le consola du mauvais succès de son entreprise par les éloges qu'il donna à son ordre de bataille.

Cependant le coadjuteur ayant eu connoissance des dangers qu'il avoit courus, fit faire le procès à Gourville : ce qui n'empêcha pas celui-ci de revenir à Paris peu de temps après pour les affaires du prince. Le coadjuteur, informé de son arrivée, mit tout en œuvre pour le faire arrêter, et envoya même des émissaires sur les diverses routes autour de Paris, afin de ne lui laisser aucun moyen d'échapper. Gourville trompa leur vigilance, et retourna heureusement à Bordeaux après avoir rempli sa mission (1).

Les affaires du prince de Condé étoient loin de prospérer en Guienne; il venoit encore d'éprouver un nouvel échec quand il apprit que le duc de Nemours, qui commandoit les troupes que les Espagnols envoyoient à son secours, s'étoit réuni au duc de Beaufort, qui commandoit celles du duc d'Orléans; que les deux généraux marchoient ensemble vers la Loire, afin d'agir contre l'armée royale; mais qu'ils vivoient en mauvaise intelligence, et que s'il ne se rendoit promptement sur les lieux, on perdroit bientôt tout le fruit de cette réunion (2). Il se décida d'autant plus volontiers à partir qu'il se voyoit vivement pressé par le comte d'Harcourt, qui avoit des forces supérieures aux siennes, et qu'il lui étoit impossible de se maintenir en Guienne. Mais le voyage offroit des difficultés sans nombre : il falloit traverser sans

(1) Le cardinal de Retz dit dans ses Mémoires que Gourville fut arrêté sur la route, et relâché par ordre du parlement de Paris. Gourville prétend n'avoir pas été arrêté. — (2) Le cardinal de Retz dit que le prince de Condé se trouvoit dans la nécessité de réparer par sa présence ce que l'incapacité et la mésintelligence de messieurs de Beaufort et de Nemours diminuoient du poids que la valeur et l'expérience des troupes qu'ils commandoient devoient donner à son parti.

être reconnu le Périgord, le Limousin, l'Auvergne et le Bourbonnais, pays occupés par les troupes royales; éviter les grandes villes, et suivre la plupart du temps des chemins détournés, où l'on avoit peu de ressources à espérer, soit pour changer de chevaux, soit pour passer les rivières. Il falloit en outre tromper la vigilance du comte d'Harcourt, qui, s'il eût découvert les projets du prince, n'auroit pas manqué d'envoyer des détachemens à sa poursuite.

Le prince de Condé, qui étoit alors à Agen, fit courir le bruit qu'il alloit à Bordeaux, dirigea ses équipages sur cette ville, et se mit en route avec six de ses officiers, Gourville, et un seul domestique. Il étoit déguisé, et devoit passer pour un des hommes de la suite du marquis de Levis, qui avoit obtenu un passe-port du comte d'Harcourt, et qui accompagnoit le prince. Gourville marchoit en avant, éclairoit le pays, préparoit les gîtes, et payoit d'effronterie dans les circonstances périlleuses. Il fait dans ses Mémoires une relation fort gaie de ce singulier voyage. Aussitôt qu'on eut passé la Loire, le prince envoya Gourville à Paris pour annoncer son arrivée au duc d'Orléans. Cette nouvelle atterra le duc, qui redoutoit l'influence du prince de Condé; mais il dissimula son chagrin, et fit un très-bon accueil à Gourville.

Le coadjuteur étoit au Luxembourg lorsque ce dernier y arriva : l'homme qu'il avoit voulu faire pendre quelques mois auparavant se trouvoit l'envoyé du prince de Condé; il ne pouvoit plus rien contre lui; et Gourville se donna le plaisir de saluer l'orgueilleux prélat d'un simple coup de tête. Il fut ensuite chargé d'entamer avec le cardinal Mazarin quelques négociations qui n'eurent pas de suite, mais qui le mirent encore plus en évidence.

Le prince ayant été obligé de sortir de France, Gourville, qui se trouvoit *désœuvré* et sans argent à Damvilliers, fit réflexion que lorsqu'il avoit voulu enlever le coadjuteur le hasard seul avoit fait manquer l'entreprise, et qu'il ne seroit pas impossible de l'exécuter sur quelque autre personnage considérable, dont on tireroit une bonne rançon. Le sort fit tomber entre ses mains un directeur des postes, homme très-riche, qui n'obtint sa liberté qu'en payant quarante mille francs.

Il y avoit encore beaucoup de désordre dans les provinces ; mais les factieux commençoient à n'être plus en état de lutter à force ouverte contre l'autorité du Roi. Presque tous les grands seigneurs qui avoient pris part aux troubles négocioient leur accommodement avec la cour, et le duc de La Rochefoucauld pensa à faire le sien ; mais il ne vouloit traiter qu'après avoir obtenu le consentement du prince de Condé et des généraux espagnols, auxquels il étoit lié par d'anciens engagemens. Gourville alla à Bruxelles, y vit le prince de Condé, qui se prêta à ce qu'on désiroit de lui, et facilita les autres arrangemens. Il fit promettre à Gourville de revenir à Bruxelles.

Lorsque Gourville fut de retour à Damvilliers, où étoit le duc de La Rochefoucauld, on l'envoya à Paris annoncer que tous les engagemens étoient rompus avec les Espagnols et avec le prince de Condé, et que rien ne s'opposoit plus à l'accommodement. Ce nouveau voyage n'étoit pas sans danger : le cardinal Mazarin se montroit fort mal disposé à l'égard de

Gourville, prétendant qu'il n'avoit pas été étranger à un complot dirigé contre sa personne. Gourville offrit de se constituer prisonnier à la Bastille, si on consentoit à ne le rechercher que sur ce fait. Son offre toucha le cardinal; il lui donna audience, et après avoir terminé l'affaire du duc de La Rochefoucauld, il l'engagea à s'attacher au service du Roi, et à lui particulièrement, lui promettant de se charger du soin de sa fortune. Gourville accepta, et obtint la permission de faire connoître au prince de Condé les nouveaux engagemens qu'il venoit de prendre.

Le cardinal, qui revit plusieurs fois Gourville, ne tarda pas à le charger d'une mission de confiance. La Guienne n'étoit pas encore entièrement soumise; la duchesse de Longueville et le prince de Conti se maintenoient à Bordeaux : il s'agissoit de les amener à faire un accommodement qui seul pouvoit rétablir l'ordre dans la province. Gourville parvint à faire un traité dont le cardinal approuva les dispositions. Ainsi, après avoir commencé par être l'agent très-subalterne des factieux, il fut employé comme négociateur par le ministre pour étouffer les derniers germes de la révolte; et à la fin des troubles il se trouvoit en bonne position à la cour, sans s'être brouillé avec aucun des personnages dont il avoit servi les intrigues.

Le cardinal lui fit donner une pension de deux mille écus sur les bénéfices, et voulut qu'il allât tenter des voies d'accommodement avec le prince de Condé. Il fut convenu que Gourville iroit sans escorte à l'armée, qui étoit auprès d'Arras; et qu'il tâcheroit de se faire faire prisonnier par les Espagnols, afin de pouvoir parler au prince sans leur donner d'ombrage. Il resta quelque temps à l'armée, fut admis à la table de Turenne, vécut dans une sorte de familiarité avec les généraux; mais il ne put parvenir à se faire prendre. Il revint à Paris; et, avec l'agrément du cardinal, il alla joindre le prince de Conti, qui commandoit en Catalogne. Le prince, que l'on avoit prévenu contre lui, le reçut d'abord assez froidement; mais bientôt il lui donna toute sa confiance, et le fit manger à sa table, au grand étonnement des officiers généraux. Gourville ayant été envoyé à Paris par ce prince, revint avec une commission d'intendant des vivres de l'armée : il avoue franchement qu'il en tira parti, et qu'un fournisseur lui donna quinze mille francs pour quelques signatures de sa complaisance.

A la fin de la campagne, le prince de Conti alla tenir les Etats de Languedoc : la province prétendoit ne pouvoir donner qu'un million; le ministre exigeoit cinq cent mille écus. Gourville indiqua à Mazarin les moyens de les obtenir, fut chargé de conduire l'affaire sous les ordres du prince, amena les Etats à voter un million six cent mille francs, et revint à Paris lorsque tout fut terminé. Il loua un appartement, le fit meubler avec goût, acheta des chevaux et une voiture, se mit à vivre en homme du monde, fréquenta la société, et pour y paroître avec plus d'avantage, il crut devoir prendre un maître de danse. Ce fut à cette époque qu'il fit connoissance avec Fouquet, auquel il servit d'intermédiaire pour acheter les voix de ceux des conseillers au parlement qui au-

roient pu mettre obstacle à la vérification des édits.
Il conservoit toujours des relations avec le prince de
Conti ; et comme ce prince fatiguoit sans cesse la
cour par de nouvelles demandes, le cardinal soup-
çonna quelque intrigue de la part de Gourville, et
se décida à le faire arrêter. Le gouverneur de la Bastille fut chargé d'exécuter l'ordre : il trouva Gourville
répétant une courante avec son maître à danser, le
fit monter dans son carrosse, lui donna une chambre
fort commode, et pendant les six mois que dura la
prison le traita en prisonnier d'importance.

Lorsqu'il eut obtenu sa liberté, son premier soin
fut d'aller voir le cardinal : il le remercia de lui avoir
donné le temps et les moyens de se guérir de la maladie de l'intrigue, qui pouvoit être considérée comme
incurable chez lui. Mazarin sourit, promit de l'employer, et l'engagea à entrer dans les affaires des
finances, où il étoit facile de faire fortune.

Gourville se ménagea la bienveillance de Fouquet,
qui lui fit avoir la recette générale des tailles de la
Guienne. Il eut alors intérêt à étudier la manière d'a-
gir de ceux qui participoient à l'administration des
finances ; il raconte naïvement tous les moyens que
l'on employoit pour dilapider les fonds de l'Etat, et
ajoute : « Ayant ces exemples devant moi, je profi-
« tai beaucoup. » Il profita si bien, que peu de temps
après il acheta onze cent mille francs la charge de secrétaire du conseil, et qu'il put, avec le secours de
ses amis, payer plus de sept cent mille francs comptant. Il rendit plusieurs services à Fouquet auprès du
cardinal, qui lui témoignoit toujours une grande confiance.

A cette époque on jouoit beaucoup, et on jouoit très-gros jeu. Gourville fut admis aux plus fortes parties, où se trouvoient le surintendant Fouquet, le duc de Richelieu, le maréchal de Clérembault, et tout ce qu'il y avoit de plus distingué à la cour. Il fit même plusieurs fois la partie du Roi. Il fut heureux au jeu comme il l'avoit été dans toutes les autres circonstances de sa vie, et gagna des sommes énormes. « Ceux qui comptoient ce que je gagnois au plus bas, « dit-il dans ses Mémoires, prétendoient que mon « gain alloit à plus d'un million. » Peut-être cherchoit-il lui-même à exagérer son gain au jeu, afin de pouvoir dissimuler les gains illicites qu'il faisoit dans les affaires. Tout sembloit lui sourire : il s'étoit fait une fortune considérable, et qu'il croyoit à l'abri des événemens; il avoit obtenu des lettres de conseiller d'Etat, étoit en crédit à la cour, et recherché par les plus grands seigneurs. La disgrâce de Fouquet vint troubler le cours de ses prospérités. Comme il l'avoit prévue depuis quelque temps, et qu'il ne s'étoit pas dissimulé les suites qu'elle pourroit avoir pour lui, étant connu pour être le principal agent de ce ministre; avant de partir pour Nantes avec la cour, il avoit eu la précaution de faire transporter chez ses amis tout son argent comptant, et tous les papiers qui auroient pu le compromettre. Il ne fut donc point pris au dépourvu, et se décida à tenir tête à l'orage. Le soin de ses propres affaires ne l'empêcha pas de veiller aux intérêts de Fouquet; il lui fit donner des avis fort importans dans sa prison, et fournit à madame Fouquet tout l'argent dont elle avoit besoin, soit pour se rendre à Limoges où elle étoit exilée, soit pour y vivre honorablement. Il revint à Paris avec la cour ; les scellés avoient été mis chez lui : il dit à Colbert qui examinoit ses papiers, qu'il prenoit une peine inutile, attendu qu'avant le voyage de Nantes il avoit mis ordre à ses affaires.

Colbert, qu'il revit quelques jours plus tard, l'engagea à verser au trésor quatre ou cinq cent mille francs, dont il seroit remboursé sur les recettes de la Guienne. Gourville fit le versement ; mais bientôt un arrêt du conseil l'empêcha de retirer les sommes qu'il avoit avancées. Il n'étoit pas sans inquiétude sur sa liberté ; et quoique les ministres ne lui montrassent pas précisément des dispositions ennemies, il résolut de s'éloigner, d'emporter tout ce qu'il avoit de précieux, et d'aller attendre à La Rochefoucauld l'issue du procès de Fouquet. Les nouvelles fâcheuses qu'il reçut de Paris lui prouvèrent qu'il avoit agi sagement. On lui manda que son procès s'instruisoit à la chambre de justice établie contre ceux qui avoient eu part à l'administration des finances, et qu'on cherchoit à connoître l'état de ses biens. Peu après il fut averti qu'on se mettoit en mesure pour s'assurer de sa personne. Il partit secrètement, alla voir le prince de Condé à Dijon, puis se rendit à Paris pour y régler des affaires d'intérêt. En descendant au milieu de la nuit à l'hôtel de La Rochefoucauld, la première chose qu'il apprit fut qu'il avoit été condamné à mort.

Gourville ne donne dans ses Mémoires aucun détail sur l'instruction de son procès, ni sur l'arrêt qui fut rendu contre lui. Nous citerons une partie d'un réquisitoire qui a été imprimé dans ce temps, et qui fait connoître les motifs de la condamnation.

« Le sieur Hérault de Gourville est accusé par M. le
« procureur général d'abus, malversations et vols
« par lui commis ès finances du Roi. Il y a même de
« violentes présomptions du crime de lèse-majesté
« en son affaire.

« Pour ce qui touche le fait des malversations dans
« les finances, jamais homme n'en fut plus claire-
« ment ni plus positivement convaincu. Tout con-
« court à la preuve : la bassesse de l'extraction de
« l'accusé, et les premiers emplois de sa vie dans la
« servitude la plus abjecte, le changement de sa for-
« tune si soudain, ses richesses immenses en moins
« de trois années, et telles qu'en une seule séance la
« chambre lui a retranché pour près de trois cent
« mille livres de revenu par la suppression des offices
« de commissaire des tailles, les pensions qu'il a exi-
« gées sur les fermiers généraux, les violences qu'il a
« exercées sur les gens d'affaires, le ministère qu'il a
« prêté aux dissipations de M. Fouquet, l'abus qu'il
« a fait du crédit qu'il s'étoit acquis dans son esprit,
« ses charges, ses profusions qui font encore tant
« d'éclat, et qui lui ont acquis la protection déclarée
« des grands du royaume ; et au milieu de tout cela
« la fuite dont il a pris le parti, pressé par le seul té-
« moignage de sa conscience, après avoir observé
« que la chambre travaillant sans dissimulation, il
« ne pouvoit manquer d'être un des premiers et des
« principaux objets de sa recherche : toutes ces cir-
« constances ramassées ne peuvent-elles pas passer
« pour autant de preuves irréprochables de ses cri-
« mes et de ses malversations? Et, pour comble de

« tous ses désordres, la participation qu'il a eue à cet
« écrit fameux, qui contient un projet de moyens
« pour rallumer la sédition dans le royaume (1), sont
« des titres suffisans d'une condamnation bien as-
« surée. »

L'arrêt rendu contre Gourville le condamnoit à être pendu, et prononçoit la confiscation de ses biens. La confiscation n'eut pas de suite; il avoit mis son argent et ses meubles à couvert; et ses créanciers, par leurs oppositions, firent surseoir à la vente des immeubles jusqu'à l'époque où il obtint ses lettres d'abolition.

Gourville, dans ses Mémoires, ne paroît pas avoir été très-affecté de sa condamnation. La nuit même de son arrivée à Paris, il envoya un des gens de M. de La Rochefoucauld chercher son portrait, qui étoit exposé sur la place du Palais; et lorsqu'on le lui apporta, il fit des plaisanteries sur ce que le peintre ne s'étoit pas beaucoup attaché à la ressemblance. Il termina ses affaires, et se mit en route pour la Flandre. Il visita plusieurs villes des Pays-Bas : son intention étoit de se fixer à Bruxelles; mais il voulut auparavant faire un voyage en Angleterre, où il fut reçu par Saint-Evremont, auquel il avoit rendu un fort grand service quelque temps auparavant. Il fut présenté au Roi, qui l'interrogea avec bonté sur sa position, et qui l'engagea à rester à Londres jusqu'à l'époque où il pourroit rentrer en France. Plusieurs seigneurs anglais qu'il avoit con-

(1) Fouquet avoit rédigé un écrit dans lequel il traçoit à ses amis la conduite qu'ils devoient tenir s'il étoit arrêté. Gourville, auquel il l'avoit communiqué, lui avoit démontré que le plan étoit inexécutable, et Fouquet avoit promis de brûler l'écrit : il l'oublia; le papier fut trouvé à Vincennes, et produit au procès de Fouquet. Nous en donnerons un extrait dans une note, à l'article des Mémoires où il en est fait mention.

nus à Paris le répandirent dans la haute société, et ne négligèrent rien pour lui rendre le séjour de Londres agréable. Mais il persista dans son premier projet ; et après avoir recueilli des notes sur la forme du gouvernement, et sur tout ce qu'il avoit pu apprendre de l'état de l'Angleterre, il retourna à Bruxelles, y loua une fort jolie maison, et la garnit de meubles élégans, qu'il fit venir de Paris : bientôt elle devint le rendez-vous de la noblesse. Le gouverneur des Pays-Bas, auquel il avoit été recommandé par le prince de Condé, lui demandoit souvent des conseils, et lui montroit beaucoup de déférence. Il fit plusieurs voyages à La Haye, gagna la confiance du prince d'Orange, qui le prit en affection, l'admit à son jeu, et dîna même chez lui avec les ambassadeurs de France, d'Espagne et de Portugal. La considération dont il jouissoit étoit telle, que Courtois, envoyé de France, crut devoir conférer avec lui avant de se rendre à Bréda, où il étoit chargé de négocier la paix entre l'Angleterre et la Hollande. Gourville le suivit à Bréda, et y resta jusqu'à la signature du traité (31 juillet 1667). Pendant son séjour dans cette ville, il fut invité chez tous les ambassadeurs, et eut plusieurs entretiens avec l'envoyé d'Angleterre, auquel il donna de très-bons conseils, dont son maître profita par la suite.

Gourville avoit eu occasion de connoître le duc de Zell et l'évêque d'Osnabruck son frère ; il les avoit éclairés sur leurs véritables intérêts, et s'étoit concilié leur amitié. La cour de France ayant à négocier avec ces deux princes, le prince de Condé, par ordre du Roi, lui demanda s'il voudroit se charger d'une

13.

mission auprès d'eux. Gourville accepta, et reçut des pleins pouvoirs pour traiter. « Ainsi, dit-il dans « ses Mémoires, mon procès étoit fait et parfait à « Paris, et je me trouvois plénipotentiaire du Roi en « Allemagne. » La triple alliance fut signée sur ces entrefaites entre l'Angleterre, la Suède et la Hollande (28 janvier 1668), et les négociations n'eurent pas de suite. Gourville alla voir à Hambourg Christine, reine de Suède, qu'il avoit connue en France. Il se trouvoit tous les soirs au cercle de cette princesse, et étoit invité à toutes les fêtes qu'elle donnoit.

La mission dont Gourville avoit été chargé par le Roi sembloit devoir lui donner l'espoir d'obtenir facilement des lettres d'abolition. Il pria Lyonne de demander pour lui au Roi la permission de se rendre à Paris. Quoique la réponse qu'il reçut ne fût pas telle qu'il la désiroit, il se décida à faire le voyage; il n'étoit point content de la conduite des personnes qui se mêloient de ses affaires. « Je prie Dieu qu'il me garde « de mes amis, écrivoit-il à madame Du Plessis-Gué- « négaud; à l'égard de mes ennemis, j'espère que je « m'en garantirai bien. » Il se mit donc en route, et alla descendre à Chantilly chez le prince de Condé, qui témoigna une grande joie de le revoir, et qui lui ménagea, non sans peine, une entrevue avec Colbert. Le ministre lui déclara d'abord qu'il falloit qu'il donnât huit cent mille livres au Roi, puis réduisit la somme à six cent mille, et lui laissa trois jours pour prendre sa résolution. Gourville refusa, et eut ordre de sortir du royaume. Il étoit déjà en route, lorsqu'il apprit que le duc de Hanovre arrivoit à la cour pour y épouser une des filles de la princesse palatine. Comme il avoit été dans le temps chargé par ce prince de faire les premières ouvertures de ce mariage, il profita de cette circonstance pour demander la permission de revenir : elle lui fut accordée.

Le prince de Condé, chez lequel il demeuroit, avoit beaucoup d'amitié pour lui, et faisoit avec raison grand cas de sa capacité. Ayant su que Gourville avoit, quelques années auparavant, rétabli les affaires de la maison de La Rochefoucauld, il résolut de le charger des siennes, qui étoient dans un effroyable désordre. Tous ses revenus étoient saisis ; ses antichambres étoient obstruées de créanciers ; il ne trouvoit plus à emprunter pour faire face à ses dépenses. Ayant des sommes considérables à répéter de l'Espagne, il pensa à y envoyer Gourville, et à lui faire donner en même temps une mission par le Roi dans ce pays : mais il falloit avant tout que Gourville fût réhabilité. Colbert, auprès duquel on fit de nouvelles démarches, réduisit à trois cent mille livres la somme qu'il avoit exigée. Gourville en offrit deux cent mille. On tint bon des deux côtés ; et il partit pour l'Espagne sans aucun caractère officiel, mais avec des instructions secrètes de Lyonne. Avant son départ, il commença à débrouiller les affaires du prince de Condé et du duc de Bourbon son fils, et assura le service de leurs maisons pendant son absence. Il arriva à Madrid comme une espèce d'ambassadeur, avec six personnes attachées à sa suite : il avoit eu la précaution d'emmener d'excellens cuisiniers, jugeant qu'il ne seroit pas inutile au succès de sa négociation d'avoir une très-bonne table. Malgré le peu de bonne volonté des ministres du roi d'Espagne, et l'extrême pénurie des finances, il parvint à conclure des arrangemens plus avantageux que le prince n'avoit pu espérer. Il vécut d'ailleurs à Madrid comme il avoit vécu à Bruxelles et à La Haye, dans l'intimité des grands, recherché et fêté par eux, sans se laisser éblouir, ni tirer vanité de leurs caresses. « Je ne me donnois à eux tous que pour ce que « j'étois, dit-il ; quand les grands me montroient de « l'amitié, je parlois de la médiocrité de ma condi- « tion. C'est ainsi que j'ai fait dans tous les pays où « j'ai été, et je m'en suis toujours bien trouvé. » Tout en s'occupant des intérêts du prince de Condé, il ne négligea pas ceux de la cour de France : non-seulement il sut se procurer des documens positifs et détaillés sur les finances de l'Espagne, sur leur administration, sur les forces et les ressources du royaume, mais le roi Charles II étant tombé dangereusement malade, il entama des négociations pour faire appeler au trône d'Espagne un des fils de Louis XIV. A son retour en France, il donna aux ministres des informations qui leur parurent d'autant plus précieuses, que jusqu'alors ils n'avoient connu que d'une manière très-imparfaite la situation intérieure de cette puissance rivale. Il ne fut plus question des cent mille écus qu'on exigeoit de lui ; ses lettres d'abolition furent expédiées, et enregistrées au parlement sans aucune difficulté ; et lors du voyage de Chantilly le prince de Condé le présenta au Roi, qui lui fit un très-bon accueil (avril 1671).

Libre de tout autre soin, il s'occupa exclusivement des affaires du prince de Condé et du duc de Bourbon ; il liquida les créances, améliora les recettes, fit cesser toutes les dilapidations, et trouva moyen de fournir aux deux princes les fonds dont ils avoient besoin pour tenir un état convenable à leur rang, pour continuer les constructions qu'ils avoient commencées, soit à Chantilly, soit dans leurs autres résidences.

En 1674 il se trouva à la bataille de Senef; le prince de Condé l'avoit mandé près de lui avant l'ouverture de la campagne, et il l'avoit suivi au camp. La curiosité l'ayant fait avancer trop près du lieu où l'on se battoit, il fit réflexion que s'il lui arrivoit malheur, cela lui attireroit des railleries; il se retira prudemment, et se chargea de la garde des prisonniers. Comme il partit presque immédiatement après l'action, et qu'il arriva l'un des premiers à la cour, Louvois l'envoya de suite au Roi, qui le retint pendant plus d'une heure pour connoître les détails de la victoire que le prince de Condé venoit de remporter.

Quelques années plus tard (1681), ayant eu une mission en Hollande, le prince d'Orange le traita publiquement avec tant d'amitié et tant d'égards, qu'on ne savoit plus à la cour de France jusqu'à quel point il étoit possible d'ajouter foi aux lettres qu'il écrivoit sur ce prince. Le duc de Hanovre, le duc de Zell, et les autres princes avec lesquels il eut des rapports pendant son voyage, lui montrèrent les mêmes égards. A son retour, les ministres proposèrent pour lui une ordonnance de huit mille francs: le Roi la fit faire de dix mille. On voit, par une lettre de l'abbé de Corbinelli au président de Moulceau [1], que Gour-

---

[1] « Que dites-vous de la conversion de Gourville ? M. de Tournay « me l'offrit l'autre jour comme une nouvelle importante à tous les ser- « viteurs de Dieu. »

ville, qui jusqu'alors avoit concentré toutes ses idées dans les affaires et les intrigues, se convertit en 1681, à l'âge de cinquante-six ans, et que sa conversion ne fut pas considérée comme un événement sans importance. Il n'en parle pas dans ses Mémoires.

Il vivoit fort agréablement à la cour, étoit bien vu des ministres, auxquels il étoit très-utile par son habileté, son expérience, et par la connoissance approfondie qu'il avoit de la Hollande, de l'Espagne et des Pays-Bas. On le consultoit non-seulement sur les affaires qui se rattachoient à la politique extérieure, mais encore sur celles qui tenoient à la haute administration du royaume. Quand il fut question d'abolir le protestantisme en France, il pensa que pour y parvenir il suffiroit d'arrêter tous les ministres, et de ne relâcher que ceux qui consentiroient à abjurer publiquement. Suivant lui, leur exemple devoit entraîner la multitude. Ce n'est point ici le lieu d'examiner quel auroit pu être le résultat d'une pareille mesure. Les services que rendoit Gourville le maintenoient dans les bonnes grâces du Roi, qui lui adressoit souvent des paroles bienveillantes. Le prince de Condé le traitoit plutôt comme un ami que comme un serviteur; il lui avoit abandonné la jouissance de Saint-Maur, avec une rente viagère de douze mille livres, sous la condition qu'il se chargeroit de terminer à ses frais les jardins et les bâtimens. Il recevoit la société la plus distinguée : le duc de Bourbon, le duc de La Rochefoucauld, mesdames de Sévigné, de Grignan, de Schomberg, de Frontenac, de Coulanges, etc., alloient souper chez lui; et madame de Sévigné en parlant d'un de ces soupers, dit qu'elle y fut

invitée avec toutes sortes d'amitiés. A la vérité les grands qui le fréquentoient n'oublioient pas pour cela sa première condition, et en faisoient quelquefois l'objet de leurs plaisanteries. Madame de Sévigné, qui paroissoit lui porter beaucoup d'attachement, ne pouvoit y résister lorsque l'occasion s'en présentoit. A sa prière, Gourville avoit placé un de ses domestiques, nommé Hébert, chez le prince de Condé. « M. de La Rochefoucauld, écrivoit-elle à sa fille,
« dit qu'il prend des liaisons avec Hébert, dans la
« pensée que c'est un homme qui commence une
« grande fortune : à cela je réponds que mes laquais
« ne sont pas si heureux que les siens (1). » Mais, ainsi que nous l'avons déjà fait observer, Gourville évitoit le ridicule en rappelant lui-même ce qu'il avoit été d'abord.

Gourville étoit célibataire ; il n'avoit pas une morale très-rigide : cependant il garde dans ses Mémoires le silence le plus absolu sur ses aventures galantes ; il n'y parle pas même de Ninon de Lenclos, avec laquelle il eut une liaison dans sa jeunesse, et dont il resta l'ami jusqu'à sa mort. « C'est sans doute cette
« liaison (dit l'auteur de l'Avertissement placé en
« tête de la deuxième édition des Mémoires) qui a fait
« mettre sur le compte de M. de Gourville la petite
« historiette du double dépôt, l'un entre les mains
« d'une personne vénérable par son état, qui le nia ;
« l'autre, entre les mains de Ninon sa maîtresse, qui
« le prévint sur la restitution, en lui annonçant qu'elle
« avoit perdu le goût qu'elle avoit eu pour lui.
« Cette anecdote se date de 1650, à la prison des

(1) Lettre de madame de Sévigné à madame de Grignan.

« princes, où, dit-on, il se vit proscrit, et obligé de
« sortir du royaume. A cette époque, M. de Gour-
« ville ne fut point proscrit; il ne sortit point du
« royaume; il n'étoit encore que secrétaire de M. de
« La Rochefoucauld, qu'il suivit jusqu'à Dieppe, où
« il avoit conduit madame de Longueville. Ce départ
« fut précipité, mais l'absence fut courte : d'ailleurs
« il n'avoit pas alors cent vingt mille livres d'argent
« comptant pour en mettre la moitié dans chaque dé-
« pôt. Un fait si singulier ne lui seroit pas échappé
« dans ses Mémoires, puisqu'il n'oublie pas le dépôt
« qu'il fit à madame Du Plessis-Guénégaud en 1661. »

Quoique étranger aux lettres, il étoit lié avec Boileau, et avec plusieurs autres grands écrivains de cette époque. Il falloit qu'il jouît d'une très-grande considération, puisqu'à la mort de Colbert, en 1683, il fut présenté au Roi, avec le procureur général de Harlay et Pelletier, pour la place de contrôleur général des finances. Dans le conseil tenu à ce sujet, le Roi parut d'abord fixer son choix sur lui. Le duc de Créqui, qui écoutoit à la porte, croyant l'affaire terminée, se hâta d'aller annoncer à Gourville qu'il étoit nommé, et lui demanda sa protection pour un de ses amis. Gourville se mit à réfléchir sur la position où il se trouveroit placé comme contrôleur général. Le poste éminent où il étoit appelé flattoit sa vanité et son ambition; mais il ne se dissimuloit point les embarras auxquels il alloit être exposé : il se voyoit brouillé avec ses nombreux amis, dont il lui seroit impossible de satisfaire toutes les prétentions, accablé des demandes de ses parens, qui le maudiroient s'il ne les avançoit pas au gré de leurs caprices; il craignoit d'avoir bientôt à regretter la vie heureuse et tranquille qu'il menoit. Au milieu de ses réflexions, on vint lui dire que c'étoit Pelletier qui étoit contrôleur général; et, si on en croit ses Mémoires, cette nouvelle le soulagea au lieu de l'attrister.

Les lettres d'abolition, dont nous avons parlé plus haut, avoient annulé le jugement qui le condamnoit à être pendu; mais elles ne l'avoient point mis à l'abri des poursuites que le trésor pouvoit avoir à exercer contre lui relativement aux recettes des tailles de la Guienne, dont les comptes n'avoient point été rendus. Avant la mort de Colbert, Gourville avoit obtenu un arrêt du conseil et des lettres patentes qui assuroient sa tranquillité. Malheureusement pour lui, il avoit négligé de les faire enregistrer à la chambre des comptes, et le nouveau contrôleur général fit élever des difficultés sur l'enregistrement. Gourville, qu'on prétendoit être redevable de sommes très-fortes, se trouvoit d'autant plus embarrassé que des agens infidèles avoient, pendant son séjour hors de France, trafiqué des pièces dont il avoit besoin pour sa décharge, et qu'il lui étoit impossible de justifier même celles des parties de sa gestion qui auroient pu être régulières. Ainsi, après avoir été naguère presque agréé par le Roi pour la place de contrôleur général, il se voyoit à la veille d'être ruiné de fond en comble, et peut-être obligé de sortir de nouveau du royaume. Il ne perdit point courage; il fit agir tous ses amis, et redoubla d'efforts pour se rendre utile aux ministres et agréable au Roi. Enfin, après plusieurs années de soins, de peines et de démarches, sa persévérance l'emporta; mais il n'obtint un nouvel arrêt du conseil et de nouvelles lettres patentes qu'en 1690, lorsque Pelletier eut cédé le contrôle général à Pontchartrain. La grâce que le Roi lui accordoit étoit d'ailleurs si extraordinaire, et si éloignée de toutes sortes d'exemples (1), que le procureur général, afin de sauver l'honneur de la chambre des comptes, exigea des lettres de jussion pour l'enregistrement.

Le prince de Condé, qui s'étoit occupé de cette affaire avec autant de zèle que si elle l'eût intéressé personnellement, mourut (2) avant qu'elle fût terminée. Il voulut faire un legs de cinquante mille écus à Gourville, qui les refusa, et qui ne le quitta point dans ses derniers momens. On voit dans les Mémoires de Dangeau que, quatre jours après la mort du grand Condé, Gourville rendit compte au Roi de différentes choses dont le prince l'avoit chargé. En 1687, le duc de Hanovre, avec lequel il étoit en correspondance suivie, l'avoit engagé à aller le trouver à Aix-la-Chapelle : il étoit parti après avoir demandé le consentement du Roi, et n'avoit eu qu'à se louer des égards qu'on avoit eus pour lui pendant son voyage.

Quelque temps après l'enregistrement des lettres patentes dont nous avons parlé plus haut, il se blessa à la jambe : la plaie s'envenima, les remèdes employés par les médecins ne firent qu'augmenter le mal; et, vers la fin de l'année 1696, il étoit réduit à un tel état qu'on désespéroit de sa vie. Cependant sa santé se rétablit; mais sa plaie se rouvroit souvent, et ses jambes, dès long-temps fatiguées par la goutte, étoient devenues si foibles, qu'il ne pouvoit marcher

(1) Ce sont les propres expressions rapportées par Gourville. — (2) Le 11 décembre 1686.

sans être soutenu. Cela ne l'empêcha pas d'aller à Versailles, et de se faire placer sur le passage du Roi, qui s'arrêta pour lui parler. Gourville lui demanda la permission de le remercier peut-être pour la dernière fois d'avoir assuré le bonheur et la tranquillité de sa vieillesse. Louis xiv lui répondit qu'il l'avoit fait avec plaisir, et que s'il avoit encore quelque chose à désirer, il étoit disposé à le lui accorder.

Gourville ne reparut pas à la cour : il perdit entièrement l'usage de ses jambes, et ne sortit plus de son appartement. Lorsqu'il étoit tombé malade, une foule de gens qu'il considéroit comme ses amis étoient allés le voir une fois ou deux ; puis jugeant qu'il ne pouvoit plus leur être bon à rien, avoient à peine envoyé pendant quelques jours savoir de ses nouvelles (1). Un petit nombre d'amis véritables continuèrent de le voir, et lui portèrent des consolations. Ce qui l'inquiéta long-temps, c'est qu'il ne put se dissimuler à lui-même l'influence funeste de sa maladie sur ses facultés intellectuelles. Il n'y avoit plus de suite dans ses idées ; et quand il vouloit écrire une lettre, il falloit qu'on l'aidât à l'achever. Afin qu'on ne s'aperçût point de ce changement, il rompit tout commerce ; mais il lui fut impossible de refuser la visite d'un envoyé du duc de Zell et de l'ambassadeur d'Angleterre, qui avoient ordre de l'entretenir de la part de leurs maîtres. Heureusement pour lui, il étoit déjà à peu près revenu à son état naturel, et il se tira très-bien

---

(1) Ninon de L'Enclos écrivoit à Saint-Evremont : « M. de Gourville « ne sort plus de sa chambre ; assez indifférent pour toutes sortes de « goûts, bon ami toujours, mais que ses amis ne songent pas d'em- « ployer, de peur de lui donner des soins. »

de ces deux conférences. Il reprit alors les correspondances qu'il avoit interrompues ; et comme il s'étoit arrangé de manière à être toujours au courant des nouvelles, il envoyoit des relations fort curieuses à ceux de ses amis qui habitoient la province.

Souvent on l'avoit engagé à écrire ses Mémoires; il s'y étoit toujours refusé : enfin vers le milieu du mois de juin 1702, à l'âge de soixante-dix-huit ans, il se décida à les dicter, et il les termina en quatre mois et demi, sans avoir recours à personne, et sans autre aide que ses souvenirs.

Ses affaires étoient arrangées de manière à ne lui causer aucun embarras : il avoit donné ses terres et ses maisons à un de ses neveux qui portoit le nom de Gourville, et ne s'étoit réservé que des rentes, dont le revenu suffisoit et au-delà pour les dépenses de sa maison. Il étoit entouré d'anciens domestiques qui le servoient avec zèle, et qui lui tenoient fidèle compagnie. Enfin, malgré son grand âge et ses infirmités, il se trouvoit heureux : au commencement de l'année il ne faisoit d'autre souhait que de pouvoir manger des fraises; et quand elles étoient passées, il aspiroit aux pêches. Il vécut ainsi jusqu'au mois de juin 1703 [1]. Madame de Coulanges, en annonçant sa mort à madame de Grignan le 17 juin, s'exprime ainsi : « Je « suis fort touchée de la mort de Gourville, avec « lequel j'avois renouvelé un commerce très-vif : j'a- « jouterai que son bon esprit étoit si parfaitement re- « venu, que jamais lumière n'a tant brillé avant de « s'éteindre. » Elle en reparle encore dans une autre lettre du 7 juillet. « L'esprit de Gourville, dit-elle,

[1] Il mourut le 14 juin 1703, et fut enterré à Saint-Sulpice.

« étoit plus solide et plus aimable qu'il n'avoit jamais
« été ; il étoit revenu d'une manière qui a fait sentir
« bien vivement le regret de le perdre. »

Telle a été la vie de Gourville, qui, après avoir commencé par être simple domestique, parvint non-seulement à se faire une fortune immense, mais occupa des postes éminens, fut recherché par les plus grands seigneurs, et même par des princes qui l'honorèrent de leur amitié, et que les souverains n'hésitoient pas à consulter dans les circonstances les plus importantes. « Ce qui le distingue, dit M. Anquetil,
« entre ceux qui se sont élevés de l'état le plus bas à
« la faveur des grands, c'est qu'il n'est parvenu ni
« par la flatterie, ni par souplesse, ni par aucun ser-
« vice honteux, mais par beaucoup de ressources
« dans l'esprit, d'activité, de hardiesse, de talent à se
« rendre utile dans les occasions importantes et pé-
« rilleuses. »

Suivant madame de Motteville, « il étoit né pour les
« grandes choses, avide d'emplois, touché du plaisir
« de plaire et de bien faire : il avoit beaucoup de cœur,
« et de génie pour l'intrigue ; il savoit marcher parfai-
« tement par les chemins raboteux et tortus, comme
« par les droits ; il persuadoit presque toujours ce qu'il
« vouloit qu'on crût, et trouvoit les moyens de parve-
« nir à tout ce qu'il entreprenoit. » Lenet, qui l'avoit connu à Bordeaux, dit que c'étoit un homme d'un beau talent, fécond en expédiens, allant à ses fins par toutes les voies ; qu'il étoit d'une activité fort brusque et infatigable, et qu'il a changé de maîtres et d'emplois autant de fois que son intérêt l'a voulu. Ce dernier trait mérite d'être expliqué. Gourville a plu-

sieurs fois changé de maîtres, c'est-à-dire qu'il a été successivement employé par les ennemis du cardinal Mazarin, et par ce ministre, par Fouquet et par Colbert; mais jamais il n'a trahi ni les uns ni les autres, lorsqu'il s'étoit engagé à les servir. C'est ce que reconnurent le cardinal Mazarin et le prince de Condé, quand après leur réconciliation ils se firent mutuellement des confidences sur la conduite que Gourville avoit tenue avec chacun d'eux à différentes époques. Gourville, en changeant de parti, avoit l'art de ne pas rompre avec ceux qui restoient dans le parti opposé. Le prince de Condé ne crut pas pouvoir mieux faire que de se l'attacher, quoiqu'il l'eût quitté quelques années auparavant pour servir le cardinal.

On a vu par quels moyens Gourville avoit amassé les richesses immenses qu'il possédoit; mais si la source en étoit honteuse, il en fit l'emploi le plus honorable. En 1659, il acheta une charge de secrétaire du Roi à son frère Elie Hérault (1), auquel il fit prendre le nom de Gourville; il donna de son vivant une partie de ses biens au fils de ce frère; il mit tous ses parens (et ils étoient en grand nombre (2)) à l'abri du besoin; il avança plus de cent mille livres à madame Fouquet pendant la prison de son mari, et fit présent de cette somme à son fils. Il brûla une reconnoissance de cent cinquante mille livres que lui devoit madame Du Plessis-Guénégaud, à laquelle il avoit des obligations, et qui pouvoit se trouver dans l'embarras après la disgrâce de Fouquet. Il donna plusieurs sommes assez considérables à ses amis en diffé-

(1) C'étoit le seul de ses frères qu'il eût conservé. — (2) Il avoit quatre-vingt-dix neveux, nièces et arrière-neveux.

rentes circonstances; enfin il fonda un hôpital pour vingt-quatre malades à La Rochefoucauld. En lisant ses Mémoires, on seroit tenté de croire qu'il n'avoit pas le sentiment de ce qui étoit bien ou mal : il parle avec la même indifférence de celles de ses actions qui sont le plus blâmables, et de celles qui lui font le plus d'honneur.

Comme il avoit une égale indifférence pour les actions des autres, il s'exprime avec une grande impartialité sur ses amis et sur ses ennemis (1).

Les Mémoires qu'il nous a laissés sont fort curieux; mais le style se ressent de l'âge avancé et du défaut d'éducation de l'auteur.

Gourville n'a pas eu l'intention de faire une histoire suivie du règne de Louis XIV : il ne s'occupe que des événemens auxquels il a pris part; et, suivant l'usage de presque tous ceux qui ont écrit des Mémoires, il exagère trop souvent l'influence qu'il a eue dans les affaires. Il ne s'épargne pas les louanges; il avoue lui-même que beaucoup de personnes pourront penser qu'il se loue un peu trop; mais il ajoute qu'après y avoir bien réfléchi, il a reconnu qu'il n'avoit dit que la vérité. Si on laisse de côté la partie de l'ouvrage qu'on pourroit appeler les aventures de Gourville, on trouve dans le surplus des Mémoires le secret de plusieurs grandes intrigues politiques, des anecdotes piquantes, des détails précieux sur la plupart des

---

(1) On prétend que c'est pour lui que Boileau fit cette épitaphe :

> Ci-gît, justement regretté,
> Un savant homme sans science,
> Un gentilhomme sans naissance,
> Un très-bon homme sans bonté.

événemens de cette époque, sur les principaux personnages qui figuroient alors dans les différentes cours de l'Europe, et sur tous les ministres depuis la régence jusqu'à la fin du dix-septième siècle.

Gourville avoit communiqué à ses amis le manuscrit de ses Mémoires. Madame de Coulanges, qui l'avoit eu entre les mains, écrivoit à madame de Grignan, le 7 juillet 1703 : « Les Mémoires de Gourville
« sont charmans ; ce sont deux assez gros manuscrits
« de toutes les affaires de notre temps, qui sont
« écrits, non pas avec la dernière politesse, mais avec
« un naturel admirable : vous voyez Gourville pendu
« en effigie, et gouverner le monde. Tout ce qui m'en
« a déplu (car je les ai entièrement lus), c'est un
« portrait ou plutôt un caractère de madame de La
« Fayette très-offensant, pour la tourner très-fine-
« ment en ridicule. Je le trouvai quatre jours avant sa
« mort avec la comtesse de Gramont : je l'assurai que
« je passois toujours cet endroit de ses Mémoires.
« Les caractères de tous les ministres y sont merveil-
« leux. Vous m'allez demander si on ne peut point
« avoir un aussi aimable ouvrage. Non, madame, on
« ne le verra plus, et en voici la raison : Gourville y
« parle de sa naissance avec une sincérité parfaite ; et
« son neveu n'est pas un assez grand homme pour
« soutenir une chose aussi estimable, à mon gré. »

Gourville, ainsi que nous l'avons fait remarquer, ne se borne pas dans ses Mémoires à parler de sa naissance avec cette parfaite sincérité qu'admire madame de Coulanges, il y rapporte plusieurs circonstances de sa vie qui sont loin d'être honorables. On ne doit donc pas être étonné que son neveu, qui portoit son nom, et qui occupoit un certain rang dans le monde, se soit refusé à toute communication du manuscrit. Ce neveu (1), auquel il avoit laissé la plus grande partie de sa fortune, fut conseiller au parlement de Metz, gouverneur de Montluel en Bresse, et envoyé extraordinaire du Roi auprès de divers princes d'Allemagne. Il mourut en 1718, sans avoir été marié.

Les Mémoires de Gourville ont été publiés pour la première fois en 1724 (2), par l'abbé Foucher son parent. Il y a dans cette édition plusieurs lacunes et plusieurs transpositions de faits (3); l'abbé Foucher a retouché le texte : non-seulement il a quelquefois substitué ses propres idées à celles de l'auteur, mais en voulant corriger des erreurs qu'il avoit cru découvrir et qui n'existoient pas, il en a fait lui-même de fort graves. Nous en citerons un exemple. Charles II tomba dangereusement malade en 1669; Gourville se trouvoit alors à Madrid : on lui fait dire, dans l'édition de ses Mémoires de 1724, qu'il proposa à quelques grands d'Espagne, si Charles II mouroit, d'élever au trône Monsieur, frère unique de Louis XIV, qui s'appeloit alors duc d'Anjou; et qu'en le faisant venir à Madrid, ils l'éleveroient à leur manière, etc.

Monsieur, frère de Louis XIV, n'avoit porté le nom de duc d'Anjou que jusqu'en 1660; il avoit pris le nom de duc d'Orléans à la mort de Gaston, duc d'Orléans, frère de Louis XIII. Il étoit né le 21 septembre 1640; en 1669 il avoit vingt-neuf ans, et on ne pouvoit pas dire de lui que les Espagnols l'éleveroient à leur

---

(1) François Hérault de Gourville. — (2) Paris, 2 vol. in-12. — (3) Au milieu de l'année 1673, on rapporte les événemens de la campagne de 1675, sans justifier ni expliquer cette transposition.

manière. Ce n'étoit donc pas Monsieur que Gourville avoit proposé aux grands d'Espagne, mais le second fils de Louis XIV, qui étoit né le 2 août 1668, auquel on avoit donné le nom de duc d'Anjou, et qui mourut le 18 juillet 1671. L'abbé Foucher, oubliant que Louis XIV avoit, en 1669, un fils d'un an qui s'appeloit le duc d'Anjou, et pour lequel on pouvoit proposer à cette époque ce qui a été exécuté vingt-un ans plus tard pour un de ses petits-fils, a mis le nom de Monsieur à la place de celui du jeune prince, sans s'apercevoir qu'il n'y avoit rien dans le texte de Gourville qui lui fût applicable.

L'édition de 1724, toute défectueuse qu'elle étoit, fut très-recherchée. Elle commençoit à devenir fort rare, lorsqu'en 1782 on en fit paroître une nouvelle, dont le texte est rectifié d'après un manuscrit de Gourville (1). Nous avons adopté le texte de cette deuxième édition.

(1) Paris, 2 vol. in-12, chez Le Clerc et Barrois.

MÉMOIRES

DE

J. H. DE GOURVILLE.

J'ai composé ces Mémoires dans l'oisiveté où je me suis trouvé réduit par un accident qui m'est survenu pour m'être frotté du talon gauche au-dessus de la cheville du pied droit; j'en fus si incommodé, que la gangrène se mit à ma jambe: ce qui obligea les chirurgiens à me faire plusieurs incisions. Ils m'ordonnèrent de boire des eaux vulnéraires, qui m'avoient tellement échauffé qu'on ne croyoit pas que j'en pusse guérir; et je fus réduit en si mauvais état vers la fin de l'année 1696, que je me souviens d'avoir entendu dire quelques mots pendant ma maladie qui me faisoient croire que chacun songeoit déjà à ce qu'il feroit après ma mort: mais les forces et le courage ne m'ayant pas manqué, je me trouvai en fort peu de temps en état d'espérer que ma vie seroit en sûreté pour cette fois.

Comme je fus long-temps privé de tout commerce, le bruit se répandit que mon esprit n'étoit plus comme auparavant, et peut-être sur quelque fondement. Mes amis, dont le nombre étoit grand, me vinrent voir une fois ou deux chacun; mais jugeant que je ne pouvois plus être bon à rien, ils se contentèrent d'envoyer pendant quelque temps savoir de mes nouvelles: cependant un petit nombre de mes amis, particuliers continuèrent à me voir. Enfin, après être guéri, mes jambes se trouvèrent si foibles que je n'ai pu marcher depuis; outre que de temps en temps ma plaie, qui avoit été fort grande, se rouvroit. Avant cela, il y avoit près d'un an que j'avois beaucoup de peine à marcher; sur la fin même il me falloit absolument quelqu'un pour me soutenir. Cela n'empêcha pas que je n'eusse toujours envie de me présenter devant le Roi. M'étant trouvé à son passage à Versailles, et Sa Majesté s'étant aperçue que j'étois soutenu par un homme, s'arrêta, et eut la bonté de me demander de mes nouvelles, et par quel accident j'étois en l'état où elle me voyoit: je répondis que c'étoit par une foiblesse qui m'étoit venue au genou, qui m'empêchoit de marcher. Je pris là liberté de lui dire, par une espèce de pressentiment, que comme je n'aurois peut-être plus l'honneur de la voir, je la suppliois de trouver bon que je la remerciasse nonseulement de toutes les bontés et de la bienveillance dont elle m'avoit honoré, mais encore de ce qu'en terminant en dernier lieu toutes les affaires que je pouvois avoir, elle m'avoit mis en état, quoi qu'il m'arrivât, de finir ma vie avec douceur et commodité. Elle eut la charité de m'entendre, et de me dire qu'elle l'avoit fait avec plaisir; que si j'avois encore quelque chose à désirer, elle étoit disposée à le faire. Ce discours me toucha sensiblement, et j'en fus si attendri que je ne pus lui répondre que par une profonde inclination de tête. Je ferois connoître ce qui a donné occasion à la bonne volonté de Sa Majesté pour moi, si j'avois le temps d'achever les Mémoires de tout ce qui s'est passé pendant le cours de ma vie (ce que je n'ose espérer); et on verroit que le Roi a eu des bontés pour moi au-delà de ce qu'on peut s'imaginer.

Je commence donc ces Mémoires aujourd'hui 15 juin 1702, après l'avoir souvent refusé à la sollicitation de plusieurs personnes d'esprit, qui s'offroient de les rectifier. Cette idée m'est venue lorsque j'y pensois le moins, sur des questions que m'a faites un de mes amis au sujet des affaires du temps passé. Ayant trouvé que ma mémoire me fournissoit les choses comme si elles ne venoient que d'arriver, le plaisir que j'ai senti en cela me l'a fait entreprendre, estimant que je m'amuserois fort si j'y employois une partie du temps que je passe à me faire lire.

Je commencerai donc par dire que je vais entrer dans ma soixante-dix-huitième année, et que je suis né à La Rochefoucauld le 11 juillet 1625.

Après la mort de mon père, ma mère me fit apprendre à écrire. On me mit en pension à l'âge de dix-sept ans chez un procureur à Angoulême, où je demeurai au plus six mois, d'où étant revenu à La Rochefoucauld, M. l'abbé de La Rochefoucauld (1), depuis évêque de Lectoure, me prit pour son valet de chambre, mon frère aîné étant pour lors son maître d'hôtel; et j'y fus installé au mois de juin 1642.

Vers le commencement de décembre de cette même année, le cardinal de Richelieu étant mort, les amis de messieurs de La Rochefoucauld leur mandèrent qu'ils feroient bien de venir à Paris, et ils prirent le parti de s'y rendre incontinent; j'y vins avec eux, et y demeurai jusqu'au mois d'avril 1646. Je puis dire

(1) *L'abbé de La Rochefoucauld* : Louis de La Rochefoucauld, évêque de Lectoure, abbé de Saint-Jean-d'Angely, mort en 1654.

que M. l'abbé de La Rochefoucauld étoit fort content de moi, et qu'il m'accordoit sa confiance ; mais M. le prince de Marsillac, qui depuis a été M. le duc de La Rochefoucauld (1), voulant faire la campagne de 1646, pria monsieur son frère de lui accorder que je le suivisse pour le servir en qualité de maître d'hôtel. Mon frère parut y avoir quelque répugnance, parce qu'il craignoit que je ne fusse attaqué du poumon : en effet, de huit frères ou sœurs que nous étions, il en est mort sept, les uns plus âgés que les autres. Cela n'a pas empêché que je ne me sois trouvé l'année passée quatre-vingt-dix neveux ou nièces, arrière-neveux et nièces, d'un frère et de cinq sœurs, dont quatre étoient plus âgés que moi. La loterie de l'Hôpital général me fit venir la curiosité d'écrire de tous côtés qu'on m'envoyât la liste de chaque famille; et je mis un louis d'or pour chacun à cette loterie.

Je reviens donc à la campagne de 1646. Malgré les répugnances de mon frère à me la laisser faire, l'envie de parvenir prévalut. Après la prise de Courtray (2), l'armée marcha au canal de Bruges (3), pour faire passer avec le maréchal de Gramont six mille hommes qui devoient joindre M. le prince d'Orange, père du dernier mort (4). Les ennemis, qui avoient avancé leurs lignes à la portée du pistolet des nôtres devant Courtray, ayant su qu'on capituloit, et peut-être qu'on avoit le dessein d'aller voir le canal de

---

(1) *Le duc de La Rochefoucauld :* François, sixième du nom. *Voyez* la Notice qui précède ses Mémoires, tome 51, page 277, de cette série. — (2) *La prise de Courtray :* le 28 juin. — (3) L'armée étoit commandée par le duc d'Orléans, qui avoit sous ses ordres les maréchaux de La Meilleraye, de Gramont et de Gassion. — (4) *Voyez* les Mémoires du maréchal de Gramont, qui font partie de cette série.

Bruges, prirent leur marché de ce côté-là. Comme personne ne doutoit que ce ne fût pour nous combattre à l'entrée de cette plaine, à mesure que notre avant-garde y entroit on se rangeoit en bataille. M. le duc de Retz et M. le prince de Marsillac, qui étoient volontaires, se mirent dans le premier rang de l'escadron du régiment du Roi, que commandoit M. le comte de Montbas. Je fus mis avec leurs gentilshommes au second rang derrière eux; mais les ennemis ne pensoient pas à nous attaquer. Ainsi, sur le soir, chacun commença à se poster, et chercha à se loger pour la nuit (tout le monde convient que ce jour fut le plus chaud qu'on ait jamais vu) : comme il n'y avoit presque point de tentes, parce qu'on avoit laissé les gros bagages, j'allai couper du bois pour faire une baraque à M. le prince de Marsillac; et sachant qu'il y avoit un petit ruisseau, je me servis d'un baril pour lui apporter de l'eau. A mon retour je fis faire cette baraque, où M. le prince de Marsillac coucha sur un matelas; mais, comme homme peu expérimenté, je me couchai sur l'herbe auprès de lui, et me fis rafraîchir les bras et les jambes de cette eau que j'avois fait apporter.

On fit marcher de grand matin les troupes qui devoient passer le canal avec M. le maréchal de Gramont; je voyois tout le monde monter à cheval, sans qu'il me fût possible de remuer bras ni jambes. Le soleil commençant à avoir de la force, j'espérois que cela me procureroit beaucoup de soulagement; mais après être demeuré jusqu'à ce que l'on m'avertît que les troupes de l'arrière-garde marchoient, je montai à cheval, et ayant trouvé un morceau d'une pique, je m'en fis un bâton, et allai joindre les chevaux de bagage de M. de Marsillac. Quelque temps après j'entendis crier derrière moi : *Gare, gare!* et me sentis donner un coup de canne sur la tête. Je me retournai brusquement, et déchargeai un coup de bâton sur le cou de celui qui m'avoit frappé, sans savoir qui il étoit. Aussitôt je me vis environné; et le capitaine des Suisses de M. le duc d'Orléans m'ayant pris par les épaules pour me jeter à bas, je lui donnai un si grand coup de coude dans l'estomac, qu'il quitta prise. M. le marquis de Mosny, capitaine des gardes de Monsieur, qui étoit présent, m'ayant reconnu dans ce triste état, se mit en devoir de me secourir ; il me fit faire passage, et me dit de fuir : ce que je fis avec toute la diligence possible. On parla fort de cela le soir, et on trouva extraordinaire d'avoir frappé un aide de camp de Monsieur, qui lui faisoit faire place. Je contai mes raisons, et dis que m'étant senti frappé (d'ailleurs j'ignorois que Monsieur fût présent), ayant un bâton à la main, j'avois rendu le coup à celui qui m'avoit frappé; après quoi il fut arrêté qu'en présence du capitaine des gardes de M. de Marsillac, je demanderois pardon à genoux à M. le comte de Chaumont, qui étoit au lit : ce que je fis, et lui dis que j'étois au désespoir de l'avoir frappé, ne l'ayant pas connu. Il me pardonna, et me montra son cou et sa tête fort enveloppés, et dit à M. Bercenay, qui m'amenoit, qu'il alloit être saigné pour la troisième fois. Je l'ai rencontré depuis, et j'ai feint de ne le pas reconnoître.

L'on revint faire le siége de Mardick ; je pris mon temps pour aller seul à la tranchée, et voir à quel point j'aurois peur : ne m'en étant pas beaucoup senti, je me fis un plaisir d'être toujours auprès de M. le prince de Marsillac quand il y alloit la nuit, avec beaucoup d'autres, pour soutenir les travailleurs. Une nuit que je m'étois offert à porter ses armes, étant debout, et appuyé contre un terrain qui avoit été relevé pour couvrir ceux qui étoient dans la tranchée, un coup de canon donnant sur cet ouvrage me couvrit de terre : comme la nuit étoit assez claire, on crut que j'étois tué ; mais j'en fus quitte pour la peur.

Quelques jours après les ennemis firent une grande sortie, environ à l'heure de midi ; M. le prince de Marsillac y courut en toute diligence, et fut suivi de la plupart des gens de qualité, qui repoussèrent les ennemis. On y perdit beaucoup de monde, entre autres M. le comte de La Rocheguyon, qui ne laissa pour héritier de la maison de Liancourt qu'une petite fille âgée d'un an et demi, qui épousa ensuite M. le prince de Marsillac (1) ; M. de La Feuillade et quelques autres personnes de remarque y furent aussi blessés à mort ; M. le prince de Marsillac y reçut un coup de mousquet au haut de l'épaule. Quelques jours après (2), il se fit porter à Paris dans un brancard ; M. l'abbé de La Rochefoucauld étant venu au devant de lui, M. le prince de Marsillac lui dit qu'il étoit content de moi, et des soins que je lui rendois ; qu'il lui feroit plaisir de me laisser à son

---

(1) *Le prince de Marsillac* : Fils du duc de La Rochefoucauld, dont les Mémoires précèdent ceux-ci, et qui n'étoit alors lui-même connu que sous le nom de prince de Marsillac. — (2) *Quelques jours après* : Mardick se rendit le 24 août.

service. Je fus bientôt dans sa confidence, et tout-à-fait dans ses bonnes grâces. Il acheta le gouvernement de Poitou; l'y ayant suivi, il me fit son secrétaire; et après avoir reçu quelque instruction de M. Cerizay, qui avoit beaucoup d'esprit et qui étoit secrétaire de M. de La Rochefoucauld le père, je m'acquittai assez bien de ma commission.

M. le prince de Marsillac étant revenu à Paris avec peu d'argent, parce que, outre que sa famille n'en avoit guère, on auroit fort souhaité qu'il n'y fût pas retourné, m'ordonna d'aller parler de quelques affaires à M. d'Emery, pour lors contrôleur général (j'avois ce jour-là une casaque rouge, avec quelques galons dessus). Peu de jours après, M. le prince de Marsillac ayant envoyé son intendant lui parler, M. d'Emery, à la première rencontre de M. le prince de Marsillac, lui dit : « Quand vous aurez quelque « chose à me faire dire, envoyez-moi la casaque « rouge qui m'a déjà parlé une fois de votre part. » Cela m'en fit connoître, et me donna lieu de faire quelques affaires auprès de lui pour M. le prince de Marsillac, qui auroit été obligé de quitter Paris, si je ne m'étois avisé de demander à M. d'Emery un passe-port pour faire sortir du Poitou huit cents tonneaux de blé. Je lui demandai en même temps s'il ne trouveroit pas mauvais d'en ajouter deux cents pour moi, afin que je pusse en avoir le profit. En souriant, il me dit qu'il le vouloit bien. Aussitôt que j'eus retiré mon passe-port, je pris la poste pour aller à Niort, où je trouvai moyen de le trafiquer, et d'en tirer une lettre de change de dix mille livres. Je ne saurois exprimer la joie qu'eut M. le prince de Marsillac de se voir en état de continuer son séjour à Paris; mais toute la famille en conçut beaucoup de chagrin contre moi. M. le prince de Marsillac me dit de prendre mes deux mille livres, et d'employer les huit autres pour son service; mais avec le temps les dix y furent à peu près employées.

[1649] Le Roi étant sorti de Paris la nuit de la veille des Rois 1649, se retira à Saint-Germain. M. le prince de Marsillac le suivit; il me laissa à Paris, et me donna un billet pour M. l'abbé de Maisons, frère du président de Longueil qui étoit insigne frondeur, et du nombre des six qui avoient été arrêtés (1) par le parlement pour des affaires secrètes. Après la convention que M. le prince de Conti seroit élu généralissime s'il vouloit rentrer à Paris, je trouvai moyen d'en sortir pour lui annoncer cette résolution. M'étant fait lieutenant d'une compagnie de bourgeois du faubourg Saint-Honoré, commandée par un charcutier qui demeuroit devant la porte du logement de M. le prince de Marsillac, et ayant monté la garde avec la compagnie, je fis tenir un cheval prêt, et m'en allai à Saint-Germain aussitôt. Ce jour-là il fut résolu que M. le prince de Conti partiroit le soir sur les onze heures, avec M. le prince de Marsillac et de Noirmoutier, et qu'on feroit tenir des chevaux prêts à l'abreuvoir. Cette résolution étant prise, M. le prince de Marsillac m'entretint long-temps, et m'instruisit de ce qu'il vouloit que je disse à Paris en cas qu'il fût fait prisonnier, ne doutant pas qu'on ne lui coupât le cou. Après m'avoir dit beaucoup de belles choses, je lui dis que s'il vouloit faire savoir sûrement les

(1) *Arrêtés* : choisis.

choses dont il me parloit à la personne qu'il m'indiquoit, il devoit lui écrire, étant bien résolu de ne le point abandonner si nous étions pris, et que s'il avoit le cou coupé je serois pendu.

L'heure du départ de ces seigneurs approchant, M. de Marsillac s'imaginant que M. le prince de Conti auroit quelque peine d'aller à pied jusqu'à l'abreuvoir, chargea M. de Berquigny, son premier écuyer, d'aller prendre un cheval, de mener en main celui que M. le prince de Conti devoit monter, et de le venir joindre dans l'avant-cour, au-dessus de la grande porte qui entre dans le château. Etant donc revenu, M. le prince de Marsillac mit pied à terre; et s'approchant de cette porte pour voir quand M. le prince de Conti passeroit, ne l'ayant point averti de ce changement, le hasard fit que quelqu'un sortit avec un flambeau. Dans le temps qu'il voulut se mettre à l'écart pour n'être pas reconnu, M. le prince de Conti sortit, accompagné de M. de Noirmoutier, qui lui donna la main pour aller jusqu'à l'abreuvoir, parce qu'il avoit beaucoup de peine à marcher; enfin la porte du château étant fermée, M. le prince de Marsillac nous vint rejoindre M. de Berquigny et moi, croyant que M. le prince de Conti avoit été arrêté : il nous dit cependant qu'ayant été obligé de quitter cette porte à cause du flambeau, il étoit peut-être sorti dans ce moment. Nous résolûmes d'aller à l'abreuvoir pour nous en assurer; mais n'y ayant trouvé personne que l'écuyer de M. de Noirmoutier, duquel M. le prince de Conti avoit pris le cheval, et qui avoit eu ordre d'attendre M. le prince de Marsillac pour lui dire que Son Altesse étoit partie avec

M. de Noirmoutier, nous prîmes le parti de marcher. Mais ayant représenté qu'il falloit passer trois ponts, et que ces messieurs pourroient avoir donné l'alarme en s'en allant, on convint que le plus sûr étoit d'aller par derrière Meudon prendre un chemin qui nous meneroit du côté du faubourg Saint-Germain; nous le connoissions pour l'avoir pratiqué souvent dans des parties de chasse. Nous allâmes tomber auprès d'une barrière où nous avions aperçu du feu. A mesure que nous en approchions, nous entendions souvent des *qui va là?* et crier que si nous voulions avancer, on tireroit sur nous. Je mis pied à terre, et m'approchai de la barrière; je dis que nous venions pour le secours de la ville de Paris. On me répondit que l'on ne pouvoit laisser entrer personne, sans l'ordre de M. le président Bocquemart; je l'allai trouver: il vint avec moi pour faire entrer M. le prince de Marsillac. M. le prince (1) fut fort en colère contre M. le prince de Conti, et encore plus contre M. de Marsillac.

On commença à lever des troupes, et de la part du Roi à bloquer Paris. Après qu'on eut fait quelque cavalerie, on songea à faire venir des convois; en ayant été disposé un considérable à Brie-Comte-Robert, M. de Noirmoutier fut chargé de l'amener une nuit. M. le prince de Marsillac sortit le soir avec quelques escadrons de cavalerie pour le favoriser, et s'avança vers Grosbois. La terre étant toute couverte de neige, les nouvelles troupes souffrirent beaucoup: le matin on eut l'alarme, tout le monde monta à cheval; M. le prince de Marsillac se mit à la tête de l'escadron de

(1) *M. le prince :* Le prince de Condé.

M. le marquis de Rauzan, frère de M. de Duras. Nos escadrons firent assez bonne mine en se mettant en ordre de bataille; mais aussitôt qu'on eut commencé à tirer le premier coup, tout se sauva en grand désordre, à la réserve de l'escadron de Rauzan, qui fit ferme pour quelque temps. M. le comte de Sillery, beau-frère de M. le prince de Marsillac, M. de Bercenay son capitaine des gardes, et moi, étions auprès de lui : le cheval sur lequel j'étois fut blessé de trois coups, dont il mourut. Ces messieurs furent pris et moi aussi, et menés au château de Lissy. M. le prince de Marsillac fut extrêmement blessé, et son cheval tué; il ne laissa pas de monter sur un autre qui se rencontra par hasard, et se rendit à Paris. Quelque temps après on parla de paix; elle se fit (1).

[1650] M. le prince s'étant fort signalé pour favoriser M. le cardinal Mazarin, tout le monde disoit que c'étoit lui qui l'avoit maintenu : cela lui fit croire qu'il pouvoit lui demander tout ce qu'il jugeroit à propos, et qu'il n'oseroit lui refuser; en sorte qu'il avoit de grandes prétentions. M. le cardinal en étant fort embarrassé, résolut de le faire arrêter au Palais-Royal, avec M. le prince de Conti et M. de Longueville (2). L'ayant appris à la ville, je courus chez M. le prince de Marsillac, où j'appris que madame de Longueville devoit se retirer à Rouen, et que M. le prince de Marsillac l'accompagneroit. Elle fit tant de diligence, en prenant beaucoup de chevaux à la campagne et dans les villages pour atteler à son carrosse, qu'elle y ar-

---

(1) *Elle se fit :* La paix fut signée le 11 mars; mais la cour ne rentra à Paris que le 18 août. — (2) Les princes furent arrêtés le 18 janvier 1650.

riva le lendemain : sur ce qu'on lui représenta qu'elle n'y pouvoit avoir aucune sûreté, nous allâmes le jour suivant à Dieppe, d'où madame de Longueville partit pour la Hollande, et se rendit de là à Stenay. M. le prince de Marsillac se retira en Angoumois, et M. le duc de Bouillon à Turenne; ils complotèrent ensemble de mener madame la princesse et M. le duc d'Enghien à Bordeaux, où ils savoient que régnoit un esprit de révolte. Je fus envoyé à madame la princesse douairière à Chantilly, pour la disposer à envoyer madame la princesse et M. le duc d'Enghien à Mouzon : ce qu'elle fit. Ceux qui n'ont pas vu la foiblesse du gouvernement d'alors ne s'imagineront jamais comment tout se passoit, sans qu'on l'empêchât.

M. le prince de Marsillac, pour lors devenu M. de La Rochefoucauld par la mort de son père (1), décédé au château de La Rochefoucauld, sous prétexte de faire conduire son corps à Verteuil, où ils sont inhumés, assembla deux ou trois cents gentilshommes, avec les valets et autres gens de ses terres. Ayant fait jusqu'à six ou sept cents hommes de pied, ils accompagnèrent le corps à Verteuil. Alors M. de La Rochefoucauld proposa à ses amis d'aller avec lui à Saumur, où le gouverneur, qui étoit mis par M. le maréchal de Brezé, promettoit de le recevoir. Il marcha jusqu'à Lusignan; et m'ayant envoyé devant pour avertir le gouverneur de sa marche, j'appris en approchant son traité avec le Roi, et qu'il y avoit reçu ses troupes. Je revins aussitôt en porter la nouvelle à M. de La Rochefoucauld, qui arrivoit à Lusignan;

---

(1) *La mort de son père :* Il mourut le 8 février 1650.

ce qui l'obligea à s'en retourner, et à congédier ses amis.

Messieurs de Bouillon et de La Rochefoucauld conduisirent madame la princesse et M. le duc à Bordeaux, où on les reçut; bientôt après, M. le maréchal de La Meilleraye y mena des troupes pour tâcher de les réduire. La vendange approchant, Bordeaux songea à faire la paix. Je fus envoyé à M. le cardinal, et ménageai une entrevue de M. de La Rochefoucauld et de M. de Bouillon avec lui, laquelle se fit en sortant de Bordeaux après l'amnistie.

L'aversion générale qu'on avoit pour M. le cardinal Mazarin, et les grandes actions de M. le prince, faisoient que presque tout le monde le plaignoit, et demandoit sa liberté. Je ne sais par quel hasard quelques-uns des sergens et caporaux des compagnies des gardes qui le gardoient à Vincennes raisonnèrent entre eux qu'ils feroient leur fortune s'ils pouvoient donner la liberté à M. le prince.

Un caporal qui avoit été de la conférence, nommé Francœur, de qui j'avois tenu un enfant, m'étant venu voir, et m'ayant rapporté ce qui s'étoit dit à Vincennes, il n'en fallut pas davantage pour me donner envie de suivre cette affaire, et de me signaler à quelque prix que ce fût. Je chargeai donc mon compère de mettre sur le tapis le discours qu'on avoit tenu pour la liberté de M. le prince, et de faire envisager à ses camarades que si on pouvoit la lui procurer, ce seroit le moyen de faire leur fortune, et à tous ceux qui entreroient dans ce dessein. Je lui dis de leur proposer de faire un régiment sous le nom de M. le duc d'Enghien, dont les sergens seroient les capitaines; de distribuer les autres offices à ceux qui auroient le plus servi à la liberté de M. le prince, et une somme d'argent pour chaque soldat qui y seroit entré; mais surtout de ne me pas nommer. Quelques cinq jours après, il vint me dire qu'il ne doutoit pas que le projet ne pût réussir; et après avoir encore eu une conférence sans me nommer, il m'assigna un rendez-vous dans le mail de l'Arsenal, avec deux sergens qui auroient pouvoir de traiter. Je lui dis qu'avant de m'engager je voulois en faire part à madame la princesse douairière, pour m'assurer de l'exécution des promesses que je pourrois faire, et qu'ensuite nous conviendrions du jour que je pourrois me trouver au rendez-vous.

Aussitôt je me rendis chez cette princesse pour lui raconter tout ce qui se passoit: comme j'avois l'honneur d'être connu d'elle, je ne fus point embarrassé de lui dire que je n'attendois que ses ordres pour l'exécution du projet, et pour savoir jusqu'à quelle somme je pourrois m'engager. J'oserai presque dire qu'elle m'embrassa; du moins elle mit les deux mains sur mes bras, en me disant que je pouvois promettre tout ce que je voudrois, m'assurant qu'elle me le feroit délivrer: mais je pensai que je ferois mieux d'être certain d'une somme fixe. Je lui demandai si je pouvois promettre jusqu'à cent mille écus: elle me répondit oui; même jusqu'à cinq cent mille livres s'il étoit nécessaire. Je lui parlai du régiment que j'avois proposé: elle me dit que cela étoit fort bien imaginé; qu'elle me conjuroit de suivre cette affaire avec grand soin, et qu'elle m'alloit faire donner une ordonnance de six mille livres sur son trésorier, en cas que je crusse devoir faire quelques avances à ceux avec qui j'avois fait l'entreprise. Elle fit appeler M. de La Tour son secrétaire, et signa l'ordonnance : je m'en revins aussitôt, et envoyai chercher mon compère Francœur, pour lui dire que j'étois prêt à me trouver au rendez-vous qu'il m'avoit proposé à l'Arsenal, qui fut assigné au lendemain, trois heures après midi.

Aussitôt qu'il fut sorti de ma chambre, plusieurs réflexions me vinrent en pensée : d'un côté j'examinois si l'entreprise n'étoit pas un cas pendable à mon égard, et l'impossibilité qu'il y avoit presque à la réussite ; de l'autre côté je regardois la gloire et l'avantage qui pouvoient m'en revenir. Enfin j'allai le lendemain à notre rendez-vous, où je trouvai Francœur et les deux sergens aux Gardes avec lui. Je commençai par leur demander comment ils prétendoient faire pour mettre M. le prince hors des portes de Vincennes : ils me dirent qu'il n'y avoit presque point de sergens ni soldats qui ne parlassent souvent du chagrin qu'ils avoient de garder ce prince, qui avoit si souvent hasardé sa vie pour le service du Roi (comme quelques-uns disoient l'avoir vu en plusieurs occasions), pour maintenir un étranger qui l'avoit si injustement fait arrêter; et que Francœur, en qui j'avois confiance, pouvoit me dire que de huit sergens ou caporaux qui avoient entendu la proposition, il n'y en avoit pas un qui n'eût dit être tout prêt de perdre sa vie, ou du moins de la risquer, pour procurer la liberté à ce grand prince. Je leur parlai des grandes récompenses qu'ils pourroient avoir en faisant une si belle action. Francœur me répondit que ces messieurs voudroient bien savoir à quelle somme cela pourroit aller, afin de s'en servir à en engager d'autres dans l'entreprise. Je ne balançai pas à leur promettre deux cent mille livres, qu'ils toucheroient à Chantilly, à partager entre tous ceux qui voudroient l'y conduire, laissant à la générosité de M. le prince de gratifier encore ceux qui auroient le plus contribué à sa liberté. Je leur dis ensuite que Francœur devoit leur avoir communiqué la pensée que j'avois eue qu'on fît un régiment sous le nom de M. le duc d'Enghien; et que si M. le cardinal apprenoit la liberté de M. le prince, il n'avoit point d'autre parti à prendre que de sortir du royaume. Quelle gloire auroient alors ceux qui l'y auroient forcé!

Les deux sergens et Francœur se séparèrent de moi pour un moment, et me rejoignirent pour me dire qu'ils espéroient pouvoir faire réussir l'affaire. Ils firent beaucoup de façons pour prendre vingt pistoles que je leur présentai, pour boire avec ceux qu'ils auroient dessein d'engager; et nous convînmes de ne nous plus assembler, et que Francœur porteroit les paroles de part et d'autre. Peu de jours après, il me vint trouver pour me dire la résolution qui avoit été prise de faire ledit coup un jour de dimanche, parce qu'alors M. de Bar, gouverneur de Vincennes, avoit coutume d'aller à vêpres, et que les officiers qui étoient à la garnison, à son exemple, y alloient aussi; qu'ils prétendoient faire faire des tire-fonds, dont l'anneau seroit assez large pour passer dedans des morceaux de bois qui iroient d'un jambage à l'autre; qu'ils en mettroient aux portes de l'église, et qu'aussitôt qu'ils auroient crié : *Liberté des princes! et deux cent mille livres à distribuer à ceux qui la leur voudront procurer!* tout le monde se rangeroit de leur côté ; enfin qu'ils me répondoient du succès. Je lui donnai dix pistoles pour faire ces petits frais; ensuite j'allai trouver madame la princesse, qui étoit pour lors à Merlou; elle m'embrassa tout de bon, après que je lui eus compté ce que je viens de dire. Elle me dit qu'elle avoit choisi quatre personnes, qui devoient venir me trouver à Paris pour être présentes à l'entreprise ; que M. Dalmas, son écuyer, s'y rendroit avec les autres, et un certain nombre de chevaux pour monter les princes : ce qui fut exécuté. Mais le vendredi, un des quatre ayant été saisi de peur, fit semblant, le même jour, d'aller à confesse à l'église Notre-Dame, au pénitencier ; et s'étant accusé d'un vol dont il vouloit faire la restitution, il lui donna un paquet où il avoit mis quelque argent, et lui dit qu'il y trouveroit le nom de la personne. Le pénitencier étant rentré chez lui, ouvrit le paquet, et y trouva écrit : *Dimanche à trois heures on doit mettre les princes en liberté; il y a une intelligence dans Vincennes pour cela.* Le pénitencier alla aussitôt porter le billet à M. le coadjuteur ; et le samedi M. de Beaufort monta à cheval suivi d'un nombre de cavalerie, et alla dans les villages aux environs de Vincennes, pour voir s'il ne trouveroit point quelques personnes préparées pour soutenir l'entreprise. Cela s'étant répandu le même jour, je vis bien qu'il n'y avoit plus rien à faire, M. de Bar devant être informé de toutes choses. Je m'en allai passer chez Francœur pour lui donner avis de ce que j'avois appris : il me dit qu'il en avoit déjà entendu parler, et qu'il alloit à Vincennes pour avertir ses camarades. Sur-le-champ je montai à cheval, et m'en allai prendre la poste à Longjumeau; je fis beaucoup de diligence pour arriver à La Rochefoucauld, où étant arrivé fort fatigué, je contai mon aventure à M. de Cerizay, dont j'ai déjà parlé. C'étoit un homme d'esprit, mais fort bouillant; il se mit dans une grande colère, et me traita non-seulement de téméraire, mais de fou achevé, me disant que du temps du cardinal de Richelieu je n'aurois pas été huit jours en vie. Je lui répondis que peut-être aussi dans ce temps-là je ne l'aurois pas entrepris, et qu'à bon compte je m'en allois chez mes amis, en attendant que je susse la suite de cette affaire, dont je viendrois quelquefois lui demander des nouvelles à la brune. Et soit que l'avis qui avoit été donné fût regardé comme une chose faite exprès et sans fondement, ou de quelque façon que ce fût, j'appris que cette découverte n'avoit produit que le changement des compagnies de gardes, pour en mettre d'autres.

[1651] Je fis ensuite deux voyages en poste à Stenay, le premier au commencement de janvier 1651. Les derniers chevaux que je pouvois prendre étoient à Sainte-Menehould. Les frontières étant presque désertes, et les chemins extrêmement mauvais, il y avoit beaucoup de bois à passer, et les paysans y étoient en petites troupes, et tuoient indifféremment tous les passagers. Je me trouvai vers le soir proche d'un endroit où mon postillon me dit qu'il y avoit ordinairement grand danger: pour l'éviter, il prit à côté du chemin; quatre hommes sortirent de derrière une masure pour nous couper; quoiqu'il nous fût impossible de galoper, voyant néanmoins qu'ils ne pouvoient pas nous joindre, ils tirèrent trois coups de fusil; j'en fus quitte pour la peur. Il faisoit un temps diabolique. La nuit étant venue, je souffris des peines qui ne peuvent s'exprimer : le postillon ayant voulu quitter le grand chemin, prit sur la droite dans la campagne, croyant qu'il y faisoit meilleur; mais mon cheval, qui étoit extrêmement las, enfonçoit : de sorte qu'il ne pouvoit plus marcher. J'avois mis mon manteau sur mes épaules, à cause qu'il tomboit de la neige fondue, qui le rendoit fort pesant. Je voulus mettre pied à terre pour soulager le cheval; mais nous avions tant de peine tous deux, que nous faisions fort peu de chemin; mon postillon avoit aussi mis pied à terre pour la même raison. Le vent qui nous donnoit dans le néz nous faisoit extrêmement souffrir. Je trouvai la souche d'un arbre, je m'assis dessus, tournant le visage du côté d'où je venois; là, je fis réfléxion que j'avois un frère et quatre sœurs qui étoient couchés bien différemment de moi, et qui, avec le temps, me feroient bien des neveux; et que les uns et les autres, si la fortune m'étoit favorable, prétendroient que je leur en devrois faire bonne part, sans songer aux peines qu'elle m'auroit coûtées. Je m'entretins ensuite avec mon postillon de ce qu'il croyoit que nous pourrions faire : il me dit que nous ne pourrions arriver au lieu qu'il s'étoit proposé pour être en sûreté, mais qu'à un demi quart de lieue il y avoit une espèce de cabaret dont il connoissoit l'hôte pour être honnête homme; que cependant il y avoit souvent des canailles chez lui; qu'il étoit à craindre que nous voyant dans ce lieu, ils ne sortissent avant nous pour tâcher de nous assommer : ce qui me fit peur. Je ne voyois cependant d'autre parti à prendre que celui d'en courir les risques ; et pour pouvoir m'y rendre, je donnai mon manteau, qui m'accabloit, au postillon, qui le mit sur son cheval, et nous fûmes plus d'une grosse demi-heure pour y arriver ; encore nous tint-on assez long-temps à la porte, n'osant pas nous ouvrir, parce que l'on ne savoit pas qui nous étions. Enfin ayant ouvert, il parut que je faisois pitié à ce pauvre cabaretier en l'état où il me voyoit : après m'être séché et avoir mangé, je dormis sur de la paille ; nos chevaux ayant mangé, nous partîmes, et j'arrivai à midi à Stenay. Il s'est présenté bien des rencontres qui m'ont fait faire des réflexions sur le triste état où je m'étois trouvé sur la souche ; et, grâces à Dieu, ma famille a fort augmenté. Peu de jours après je retournai à Paris, sans avoir eu aucune aventure.

Au second voyage que je fus obligé de faire à Stenay, je fus arrêté par delà Grandpré par des cavaliers de la compagnie de M. le maréchal de L'Hôpital, qui me menèrent à M. le comte d'Aspremont qui en étoit le lieutenant, lequel m'envoya à Sedan comme prison empruntée. En y arrivant, le geolier, qui étoit un homme de très-méchante mine, prit plaisir à me faire voir comment on donnoit la question, en me disant que je l'aurois bientôt. Il me mit au cachot avec mon homme sur de la paille ; le lendemain au soir, sa femme, par pitié ou par curiosité, me vint voir ; le jour suivant elle en fit de même, et m'apprit que M. de Fabert ne vouloit point prendre connoissance de mon affaire ; ce qui me fit bien augurer de ma destinée. Elle me dit que son mari devoit me donner des draps et un matelas pour coucher, et que l'on me laisseroit sortir l'après-dînée dans la cour ; ce qui me fit un très-grand plaisir. Après quelques entretiens avec elle, la voyant disposée à me secourir, je la priai de me donner du papier et de l'encre : ce qu'elle fit, et porta ensuite ma lettre à la poste, sans que personne en sût rien. J'écrivis à Paris pour mander l'état où j'étois, et qu'il ne falloit pas faire autre démarche qu'envers M. le maréchal de L'Hôpital, de qui ma liberté dépendoit. Madame de Puisieux s'étant trouvée de ses amies, elle fit si bien qu'elle obtint une lettre de lui à M. d'Aspremont pour me faire mettre en liberté : mais comme celui-ci avoit écrit à M. le maréchal de L'Hôpital que s'il avoit envie de me faire sortir, il seroit bien aise de profiter de quelque chose sur les contributions que ses terres payoient à Stenay ; ayant envoyé proposer que si on vouloit lui donner six mille livres à déduire sur les contributions, il me feroit sortir, cela fut accordé. On m'envoya deux chevaux et un tambour pour me mener à Stenay, où je fus reçu avec grande joie.

Après quelque séjour dans cette ville, je m'en retournai à Paris ; et M. de La Rochefoucauld y étant revenu quelque temps avant la liberté de M. le prince, alla au devant de lui jusqu'à sept ou huit lieues du Havre (1). En revenant avec Son Altesse, nous trouvâmes deux endroits où on faisoit des feux de joie pour le retour de M. le prince ; il y en avoit un entre autres sur lequel étoit une figure de paille couverte d'une vieille jupe rouge dessus, représentant le cardinal, que l'on brûloit. La ville de Paris témoigna autant de joie du retour de M. le prince qu'elle en avoit témoigné lorsqu'il fut arrêté.

(1) Les princes rentrèrent à Paris le 16 février 1651.

Je commençai à me faire connoître dans cette occasion à Son Altesse ; et quelque temps après ayant eu l'honneur de lui parler deux ou trois fois, il me donna des marques de sa bienveillance : entre autres, un soir que j'étois allé pour le voir souper à l'hôtel de Condé, il me commanda deux fois de me mettre à sa table ; ce que je fis, et qui me fit grand honneur, et regarder avec un peu plus de distinction qu'on ne faisoit auparavant. Enfin étant entré de plus en plus dans sa confidence, il me parloit de toutes ses affaires secrètes, et de ce qui se négocioit à Bordeaux et à Madrid, étant dans la résolution de faire la guerre. Je tombai fort malade d'une fièvre double-tierce, dont je crus mourir ; mais huit ou dix jours après étant un peu mieux, et même en convalescence, M. le prince, qui étoit prêt à partir pour Bordeaux, monta chez M. de La Rochefoucauld au troisième étage, où j'étois logé ; et m'ayant raconté l'état de ses affaires, m'ordonna de l'aller trouver le plus tôt que je pourrois, et de voir M. de Chavigny, pour pouvoir lui rendre compte de tout ce qui se passeroit à son égard.

Sitôt que je crus pouvoir monter en carrosse, j'allai recevoir les ordres de M. de Chavigny, à qui M. le prince avoit dit de prendre une entière confiance en moi. Après un assez long entretien, il me chargea de dire à M. le prince que M. le coadjuteur de Paris, et depuis cardinal de Retz, étoit si fort le maître de l'esprit de M. le duc d'Orléans (ce qui étoit la grande affaire), qu'à moins qu'on ne le fît enlever et conduire en lieu de sûreté, il n'y avoit aucune espérance de faire rien de bon avec Monsieur ; et qu'on pourroit le mener à Damvilliers. Je partis donc par le carrosse d'Orléans, n'osant pas me hasarder d'aller à cheval; à Orléans, je pris un bateau pour me conduire jusqu'à Amboise, où je pris la poste. Etant arrivé à Bordeaux, M. le prince passa une grande partie de la nuit à me faire rendre compte de tout ce que m'avoit dit M. de Chavigny; et convenant de sa proposition, il me dit de m'aller coucher, et qu'il songeroit à ce qu'il auroit à me dire le lendemain sur ce sujet.

Dans la seconde conversation, il me nomma trois ou quatre personnes, paroissant chercher quelqu'un qui fût capable d'exécuter ce dessein; mais aussitôt qu'il m'en avoit nommé un, il trouvoit des raisons qui devoient l'en empêcher. Enfin ayant jeté les yeux sur M. le marquis de Clérembault, qui étoit pour lors capitaine de cavalerie dans son régiment, et qu'il estimoit fort, il me fit croire qu'il en demeureroit là : cependant, après un peu de réflexion, il me dit que c'étoit un homme amoureux, et qu'il voudroit voir sa maîtresse à Paris; ce qui étoit une raison insurmontable. M'ayant remis sur une autre conversation, il me dit enfin qu'il ne voyoit que moi capable de l'exécuter, et que je lui ferois un extrême plaisir de vouloir bien l'entreprendre; que lui et M. de La Rochefoucauld me donneroient des ordres pour tirer le nombre d'hommes que je voudrois de la compagnie de cavalerie de Damvilliers; que l'officier qui meneroit ceux que je voudrois faire venir à Paris auroit ordre de les payer.

Nous convînmes que je ferois avancer le reste quand je jugerois à propos, et où il le faudroit, pour favoriser la conduite. M. de La Rochefoucauld me dit que je pouvois passer en Angoumois; que j'y avois des amis et des parens à qui je pourrois me fier, et que j'en pouvois faire aller quelques-uns à Paris. M. le prince m'ayant donné trois cents pistoles et deux chevaux, me dit qu'il ne doutoit pas que je ne vinsse bien à bout du reste. Mais en chemin faisant, voyant qu'il me falloit au moins prendre quinze hommes pour les faire venir à Paris, tant à pied qu'à cheval, je considérai la médiocrité de mes finances : je ne laissai pas de marcher avec confiance, espérant que la fortune m'assisteroit comme elle avoit fait en plusieurs autres desseins. Etant donc arrivé en Angoumois, je fis quelques tours aux environs de La Rochefoucauld, où j'avois des parens; j'en engageai quelques-uns à venir à Paris, et d'y joindre leurs amis avec d'autres qui étoient aussi de ma connoissance; je m'assurai encore de trois jeunes hommes qui avoient été laquais dans la maison de La Rochefoucauld, qui savoient bien les rues de Paris.

A mon arrivée à La Rochefoucauld, le sieur Mathier, frère de M. Tabouret, qui recevoit la taille de ces côtés-là, me vint voir : je lui demandai des nouvelles de la recette, et quand il portoit son argent à Angoulême; il me dit que lorsqu'il avoit sept ou huit mille livres, il y faisoit un tour. Je considérai que la fortune me présentoit cette occasion pour favoriser mes desseins, par le secours que je pourrois trouver en prenant bien mes mesures. L'ayant fait questionner sur l'argent qu'il pouvoit avoir, j'appris que cela pouvoit aller à plus de quatre mille livres, sans compter quatre ou cinq cents qu'il avoit reçues à La Rochefoucauld. Je me proposai de profiter de l'occasion que ma bonne fortune m'envoyoit; et laissant passer quelques jours pour donner le temps à la recette d'augmenter, je fis observer sa marche. Ayant appris qu'il étoit dans une bourgade, et qu'il avoit envoyé dans les villages des environs pour faire venir en ce lieu-là les collecteurs du voisinage qui avoient de l'argent à lui remettre, je pris quatre hommes à cheval de ceux dont je m'étois déjà assuré, deux autres à pied avec chacun un fusil, et m'en allai dans la bourgade où il étoit. M'ayant été facile en arrivant d'apprendre le cabaret où il faisoit sa recette, je mis pied à terre avec deux de mes cavaliers; j'entrai dans sa chambre le pistolet à la main, et lui demandai *Qui vive?* Ayant répondu *Vivent les princes!* je lui dis : *Vive le Roi!* Il s'écria : « Hé, « monsieur, vous savez bien que c'est pour lui que « je ramasse de l'argent. » Je lui dis alors : « Mon- « sieur Mathier, j'ai besoin de celui que vous avez « pour le service de messieurs les princes; » et m'approchant d'une table où il comptoit de l'argent qu'un collecteur lui avoit apporté, je me saisis d'une grosse bourse qui étoit dessus, à laquelle il y en avoit trois ou quatre autres attachées, servant à mettre les différentes espèces d'or qui avoient cours dans ce temps-là. Ayant aperçu un sac plein d'argent dans un coffre qui étoit ouvert, je m'en emparai, et lui demandai quelle somme il pouvoit y avoir en tout cela : il me répondit qu'il y avoit plus de cinq mille livres; je lui dis que comme j'avois besoin de ses chevaux, je lui donnerois une quittance de huit mille livres. En effet je l'écrivis et la signai, ayant expliqué qu'il lui seroit tenu compte de cette somme, comme l'ayant reçue de lui pour le service de messieurs les princes.

Un de mes gens m'étant venu dire que l'on s'étoit saisi des trois chevaux, je voulus faire des honnêtetés à M. Mathier; mais comme il me parut qu'il ne recevoit pas trop bien mon compliment, je lui donnai le bonsoir avec mes deux hommes montés, et un cheval en main.

Après avoir marché un quart de lieue, j'attendis deux hommes que j'avois laissés derrière pour observer si on ne me suivoit pas. Ayant su d'eux qu'ils n'avoient vu personne, je pris au travers des champs pour quitter le chemin; je m'en allai chez un de mes parens du côté de Saint-Clos, avec deux cavaliers qui étoient avec moi; je dis aux autres d'aller à un village à quelque distance de là, attendre de mes nouvelles. Je convins avec le sieur de La Plante (ce parent s'appeloit ainsi) qu'il feroit marcher les gens que nous avions choisis en différentes troupes; je lui laissai de l'argent pour donner grassement à ceux qui devoient faire le voyage de Paris, pour s'y rendre et pour s'en retourner chez eux, comme aussi le lieu où il auroit de mes nouvelles en arrivant à Paris; je donnai la même adresse à ceux qui conduisoient les autres petites troupes, et pour lors je me fis appeler M. de La Motte, disant qu'il faudroit s'informer sous ce nom-là où j'étois, à l'adresse que j'avois donnée pour Paris. J'allai joindre mes autres gens au village que je leur avois marqué; je laissai l'argent nécessaire à l'un d'eux pour les conduire à Paris à la même adresse, et leur dis de s'en aller par le grand chemin, mais doucement, afin de me donner le temps d'y arriver avant eux. Je m'y rendis, sans être entré dans le chemin d'Orléans.

Ayant vu à Paris des personnes à qui je pouvois me confier, j'appris que M. le coadjuteur alloit tous les soirs à l'hôtel de Chevreuse dans la rue Saint-Thomas-du-Louvre, d'où il ne sortoit point avant minuit. L'ayant fait observer, on me rapporta qu'il s'en retournoit toujours par le guichet, et le long du quai. A mesure que mes gens arrivoient d'Angoumois, je les logeois par petites troupes dans des cabarets; et, peu de jours après, le courrier que j'avois envoyé à Damvilliers étant revenu, il me dit que j'aurois incessamment les cavaliers que j'avois demandés, dont deux savoient parfaitement bien les chemins qu'il falloit prendre, ainsi que j'avois paru le désirer; et que le reste de la compagnie qui étoit entretenue à Damvilliers viendroit au voisinage de Reims, et y seroit positivement le jour que j'avois marqué. Il me nomma aussi les villages par où ils devoient passer pour y venir, en cas que je ne les trouvasse pas arrivés. Les dix cavaliers avec l'officier que j'avois demandés étant arrivés, je les fis loger dans les cabarets du côté du Roule. Je commençai pour lors à espérer du succès de mon entreprise; et croyant qu'il falloit de la diligence, je disposai toutes mes affaires pour l'exécution. Je donnai par écrit à mes gens ce que chacun devoit faire; et le soir de l'entreprise étant venu, j'en fis poster quinze ou seize (pour n'être pas découvert par les passants) dans un endroit où l'on descend sur le bord de la rivière, et où quelquefois on décharge des foins et autres choses. Ceux-là étoient destinés, deux pour se saisir des laquais qui portoient les flambeaux, et les éteindre; deux pour arrêter les chevaux du carrosse; deux pour monter sur le siége du cocher pour le tenir, et les autres pour empêcher les laquais de descendre de derrière le carrosse, de peur qu'ils n'avertissent de ce qui se passeroit : moi je devois me présenter à la portière avec un bâton d'exempt, deux hommes à mes côtés, deux à l'autre portière avec des armes, et j'aurois dit que j'arrêtois M. le coadjuteur de la part du Roi. Je l'aurois monté derrière un cavalier, ayant là un cheval tout prêt que mon valet m'y tenoit. J'avois fait venir des chevaux à l'autre guichet pour monter quatre cavaliers que j'avois amenés de La Rochefoucauld, et un cheval en main, avec des bottes, pour faire monter M. le coadjuteur quand je le jugerois à propos, avec le cavalier que j'avois destiné pour mettre derrière M. le coadjuteur, avec un bon coussinet et une sangle fort large, et assez grande pour les embrasser tous deux : je savois par un autre cavalier que les autres étoient au bout du Cours. Le tout étant disposé à onze heures, et ayant été averti par l'un des deux hommes que j'avois mis à la suite du coadjuteur, qu'il étoit entré dans l'hôtel de Chevreuse, et qu'il y étoit encore très-certainement, je comptois déjà mon coadjuteur à Damvilliers.

Environ à minuit, un de mes hommes vint me dire qu'il étoit sorti quatre ou cinq carrosses de l'hôtel de Chevreuse, mais qu'il n'avoit point vu celui de M. le coadjuteur : ce qui m'embarrassa un peu. Je pris le parti d'aller heurter à la porte de cet hôtel : quelque temps après, le suisse, à moitié déshabillé, m'ouvrit; et lui ayant demandé si M. le coadjuteur n'étoit pas encore là, il me dit qu'il étoit sorti dans le carrosse de madame de Rhodes : ce qui me surprit, et me fâcha beaucoup. Je jugeai que ce qui avoit fait que mes gens ne l'avoient pas remarqué, c'est qu'il n'étoit pas dans son carrosse, et qu'on n'avoit point allumé de flambeaux devant. Je renvoyai tout mon monde, et me retirai fort déconcerté. Le lendemain ayant vu ceux qui étoient de la confidence, et leur ayant dit ce qui s'étoit passé, ils furent d'avis que je devois renvoyer mes gens et m'en retourner, de crainte que quelqu'un ne se fût aperçu de quelque chose qui auroit donné l'alarme; mais l'extrême désir que j'avois de venir à bout de l'entreprise me fit souhaiter de faire encore une tentative le soir. Soit qu'on eût quelque connoissance de mon dessein, ou que le hasard le fît, M. le coadjuteur alla passer la soirée chez madame la présidente de Pommereuil. Je fis aussitôt partir les cavaliers pour retourner à Damvilliers, et les autres en Angoumois, à la réserve de trois, que je gardai avec moi pour m'en retourner à Bordeaux, où j'arrivai un peu confus; mais après que j'eus rendu compte à M. le prince de toute la conduite que j'avois tenue dans cette affaire, il me donna beaucoup de louanges sur l'ordre de bataille que j'avois formé, sur l'exécution, et sur l'entreprise que j'avois faite contre le receveur des tailles en Angoumois. On ne peut pas mieux traiter une personne qu'il me traita pour lors et dans la suite; il me faisoit souvent l'honneur de me parler de tout ce qui se passoit de plus considérable.

Bientôt après, je sus que deux gentilshommes, l'un de M. le prince de Conti, et l'autre de M. de La Rochefoucauld, étant à Damvilliers, et voulant s'en aller à Bordeaux, prirent l'occasion de se mettre avec les cavaliers qui venoient dans le voisinage de Reims, où ayant attendu pour voir par quelle raison on avoit fait marcher ces gens-là, ceux qui étoient venus à Paris les ayant joints pour leur dire de s'en retourner, ils surent de ceux-ci tout ce qui étoit venu à leur connoissance. Ces messieurs étant arrivés à Paris, ne purent s'empêcher de parler de ce qu'ils avoient ouï dire ; ils y mêlèrent mal à propos le nom de M. le coadjuteur ; ils furent arrêtés, et menés à la Bastille. Etant interrogés, ils dirent ce qu'ils savoient, et peut-être plus. M. le coadjuteur, sur ces ouï-dire, me fit faire mon procès. Je conçois aisément que si quelqu'un voyoit ces Mémoires, il ne pourroit jamais les croire véritables : les vieux qui ont vu l'état où les choses étoient dans le royaume ne sont plus, et les jeunes n'en ayant eu connoissance que dans le temps que le Roi a rétabli son autorité, prendroient ceci pour des rêveries, quoique ce soit assurément des vérités très-constantes. Je puis même avancer que M. Mathier, avec lequel j'ai fait quelques affaires depuis mon retour en France, m'a assuré, en parlant de mon aventure, qu'on lui avoit tenu compte du billet que je lui avois donné.

M. le prince croyoit que M. le duc de Bouillon lui avoit promis de demeurer dans ses intérêts: peut-être ce dernier lui avoit-il parlé un peu ambigument, pour voir s'il pourroit faire un traité avantageux avec la cour. M. le prince reçut des lettres par lesquelles on lui mandoit que M. de Bouillon, surtout M. de Turenne, ne paroissoient point disposés à se déclarer comme il le souhaitoit. On disoit seulement que si Son Altesse vouloit bien envoyer un pouvoir au gouverneur de Stenay pour remettre la place entre les mains de M. de Turenne purement et simplement, cela les détermineroit tout-à-fait. M. le prince me proposa d'être porteur de cet ordre, pour qu'il sût une fois à quoi s'en tenir, me demandant si je croyois que ce qu'avoit fait M. le coadjuteur contre moi pût m'empêcher de l'entreprendre. Je voyois bien quelque péril à le faire; mais l'envie que j'avois dans le fond du cœur de retourner à Paris l'emporta; j'espérois prendre si bien mes mesures quand j'y serois arrivé, que M. le coadjuteur n'en sauroit rien. J'allai rendre compte à M. de La Rochefoucauld de ce qui venoit de se passer avec M. le prince; il blâma fort ma témérité, et me dit cependant que puisque je m'étois engagé à faire ce voyage, il ne vouloit point s'y opposer. Le lendemain, M. le prince m'ayant donné un ordre pour le gouverneur de Stenay tel qu'on le souhaitoit, et de l'argent pour mon voyage, je ne songeai qu'à mettre mon billet en lieu où il ne fût pas trouvé, en cas que je fusse arrêté par les chemins; je l'enveloppai dans un parchemin, et le fourrai dans un panneau de ma selle. Etant parti en poste, j'appris par un gentilhomme de ma connoissance que je trouvai en mettant pied à terre à la porte de Villefagnan, et qui venoit d'Angoulême, que M. de Montausier étoit fort en colère contre moi de ce qu'on l'avoit assuré que j'avois voulu prendre des mesures pour le faire arrêter et mener à Bordeaux, lorsqu'il venoit dans son carrosse à Angoulême. Je continuai mon chemin, comptant d'arriver à Poitiers un peu de nuit; et après que j'y serois entré, de prendre sur la gauche, le long de la muraille, où il y a un chemin qui va rendre proche la porte de Châtelleraut, devant laquelle il y a quelques petites maisonnettes : mais voulant sortir de la poste de Chaunay, où j'avois pris des chevaux, je trouvai M. le marquis de Sainte-Maure, cousin germain de M. de Montausier, qui étoit entré, et qui avoit mis pied à terre avec six ou sept autres messieurs qui l'accompagnoient, dont je connoissois la plupart. Un d'entre eux, qui étoit de mes amis, nommé M. de Guipe, crut aussi bien que les autres faire sa cour à mes dépens en me menant à M. de Montausier. Ils mangèrent un morceau, et montèrent à cheval dans ce dessein, en me disant que M. de Montausier auroit une grande joie de me voir. Je répondis que je savois bien qu'on m'avoit rendu de mauvais offices auprès de lui ; mais que je connoissois son cœur, et que je n'aurois pas de peine à le désabuser ; que je ne craignois que le retardement que cela apporteroit à mon voyage. J'étois pourtant bien fâché d'y aller.

Ces messieurs étant montés à cheval et moi aussi, prirent le chemin d'Angoulême : en marchant, je songeois à me dispenser de faire le voyage avec eux. Il me vint en pensée de hasarder de me faire mener chez M. de Châteauneuf, alors premier ministre, et duquel j'étois un peu connu ; je savois qu'il craignoit autant le retour de M. le cardinal Mazarin que M. le prince. M'étant adressé au lieutenant colonel du régiment de Montausier, à qui depuis j'ai eu occasion de faire grand plaisir, je lui dis dans la conversation que j'avois peur que M. de Sainte-Maure, et eux aussi, ne fissent mal leur cour en me menant à Angoulême, parce que j'allois trouver M. de Châteauneuf pour des affaires d'une très-grande importance, et que je craignois aussi d'être blâmé de ne l'avoir pas dit. Celui-ci l'alla dire à M. de Sainte-Maure : cela s'étant répandu entre eux, ils crurent qu'il valoit mieux faire leur cour à M. de Châteauneuf qu'à M. de Montausier. M. de Sainte-Maure, pour lui en porter plus tôt la nouvelle, prit mon cheval de poste, et me donna le sien; mais, en marchant, je trouvai qu'après avoir perdu l'idée du premier abord que je craignois de la part de M. de Montausier, je commençois à douter si le parti que j'avois pris étoit le meilleur.

Enfin nous arrivâmes à Poitiers : le lendemain, M. de Sainte-Maure et les autres m'ayant mené chez M. de Châteauneuf dans le temps que l'on servoit sur la table, ce ministre sortant de son cabinet pour dîner, M. de Sainte-Maure lui dit : « Voilà Gourville, « que je vous avois dit que nous avions pris hier. » M. de Châteauneuf leur répondit : « Messieurs, le Roi « vous remercie ; » et d'un air gracieux m'ordonna de dîner avec lui. Ces messieurs s'en retournèrent peu satisfaits, et moi je me mis à table fort content. Après que M. de Châteauneuf eut donné quelques audiences fort courtes, il me fit appeler dans son cabinet, et me garda une bonne heure et demie : la conversation roula principalement sur les raisons qui devoient obliger M. le prince de s'accommoder avec la cour, et que peut-être trouveroit-il plus grands les avantages qu'on lui feroit alors qu'il n'en pourroit obtenir dans la suite. Ayant repassé sur toutes les propositions qui avoient été faites à Paris, et entré dans le détail de ce qu'on pourroit faire présentement, je lui dis que je ne pouvois savoir ce que M. le prince penseroit là-dessus ; mais que quand je serois de retour auprès de lui, je ne manquerois pas de lui rendre compte de tout ce qu'il m'avoit fait l'honneur de me dire. Il me fit connoître clairement ce que j'avois soupçonné, et s'ouvrit jusqu'à me dire que si M. le prince ne s'accommodoit pas, on presseroit la Reine pour le retour de M. le cardinal, à quoi elle avoit beaucoup de penchant; qu'il ne pouvoit pas s'empêcher de considérer que ce seroit un nouveau bouleversement dans le royaume; il entra même dans le détail qui le lui faisoit craindre : je n'eus pas de peine à entrer dans ses sentimens. Comme on le vint avertir d'aller chez la Reine, il me fit beaucoup d'honnêtetés, et me dit que je pouvois continuer mon voyage; que quand je serois retourné auprès de M. le prince, si je trouvois l'occasion de lui faire savoir quelque chose, je pouvois lui envoyer quelqu'un. Il sortit; et l'ayant suivi, je trouvai dans l'antichambre M. de Guipe mon ami, qui étoit venu pour savoir ma destinée. Je le priai de me mener où M. de Sainte-Maure étoit logé; il m'y mena, et me fit rendre ma selle. Je la fis porter à la poste, où il m'accompagna, et me vit monter à cheval; je le priai de faire mes complimens à M. de Sainte-Maure et à ces autres messieurs, et de dire à M. de Montausier que la première fois que je passerois dans le voisinage d'Angoulême j'irois lui faire la révérence, et le désabuser de ce qu'on lui avoit dit de moi. Je lui demandai en même temps de me faire savoir à Bordeaux la réponse qu'il lui feroit.

Je m'en allai le plus vite qu'il me fut possible jusqu'à Loches, où je me reposai. L'on me dit qu'il y avoit deux courriers qui marchoient devant moi; je craignis qu'il n'y en eût quelqu'un qui fût expédié pour donner avis à M. le coadjuteur que j'allois à Paris. Je partis de grand matin, pour tâcher d'attraper mes courriers et les passer : à deux heures après midi j'en passai un, pendant qu'il prenoit des chevaux de poste ; et voyant que l'autre paroissoit aussi pressé que moi, je me fis une affaire de le devancer. Mon valet ayant toutes les peines du monde à me suivre, me dit à Etampes qu'il n'en pouvoit plus ; je l'y fis rester, et lui dis de me venir joindre le lendemain à Paris. Je passai mon second courrier proche de Chastres. J'arrivai environ à dix heures et demie du soir ; je payai mon postillon grassement, et fus descendre auprès du Cheval de bronze ; je fis mettre ma selle à terre, et là portai de mon mieux chez un cordonnier auquel j'avois beaucoup de confiance, et qui logeoit près de là. Ayant frappé à sa porte, il demanda qui c'étoit ; je lui dis : « Lyonnais (qui étoit son nom), « c'est votre compère. » Ayant reconnu ma voix, il m'ouvrit ; aussitôt que je fus entré, il referma promptement sa porte, et me dit : « Ah, monsieur, je suis « au désespoir de vous voir ici ! M. le coadjuteur « prend toutes les mesures qu'il peut pour découvrir « quand vous viendrez à Paris : un de ses gens, qui « sait que je vous connois, dit dernièrement qu'il me « donneroit cinquante pistoles si je voulois contri- « buer à vous faire arrêter. » Je répondis au compère que j'étois persuadé qu'il n'en feroit rien ; je le priai de me donner des souliers, et de serrer mes bottes et ma selle, jusqu'à ce que je les envoyasse chercher. Je sortis, en lui disant que si on lui demandoit de mes nouvelles, il répondît, comme il avoit fait ci-devant, qu'il n'en savoit rien. Tout cela ne le rassura pas sur mon chapitre : il m'offrit de me conduire, ce que je refusai, et m'allai reposer en lieu de sûreté toute la nuit, et une bonne partie du lendemain.

Ayant envoyé savoir à quelle heure je pourrois avoir l'honneur de voir M. le duc de Bouillon, il me manda à onze heures et demie du soir. Après lui avoir fait des complimens de la part de M. de La Rochefoucauld, je lui dis que M. le prince m'avoit envoyé auprès de lui pour le prier de considérer que le délai qu'il prenoit pour se déclarer, aussi bien que M. de Turenne, faisoit grand tort à ses affaires : à quoi il me répondit qu'il n'avoit jamais donné de paroles positives à M. le prince d'entrer dans son parti; et que la manière dont il en avoit usé avec lui et M. de Turenne après sa liberté les mettoit en état de chercher leurs avantages : mais qu'il y avoit mieux à faire que cela, et qu'il étoit ravi d'apprendre que j'étois à Paris, parce qu'il ne savoit comment faire dire à M. le prince qu'il étoit chargé de lui proposer un accommodement qu'il croyoit lui être avantageux et à ses amis : c'étoit à peu près la même chose qui avoit été proposée avant son départ. Il me dit de presser M. de La Rochefoucauld de contribuer de toutes ses forces à porter M. le prince à un accommodement, puisqu'il avoit parole qu'on lui donneroit le gouvernement de Blaye, et qu'on feroit messieurs de Marsin et du Dognon maréchaux de France, avec le gouvernement de Brouage pour le dernier, et encore quelques autres choses pour des particuliers attachés à M. le prince. Je lui dis que je rendrois compte exactement à Son Altesse de tout ce qu'il venoit de me dire, qui sembloit être bon et avantageux pour tout le monde; que je ne doutois pas que lui et M. de Turenne n'y trouvassent leurs avantages. Il l'avoua, et me dit qu'ils regarderoient cela comme une nouvelle obligation qu'ils auroient à M. le prince, si la chose pouvoit réussir. Il me chargea de m'en retourner le plus tôt qu'il me seroit possible, pour lui mander les intentions de M. le prince; qu'il feroit savoir à M. le cardinal qu'il m'avoit chargé de la proposition. Je persévérai toujours à lui dire que M. le prince m'avoit chargé de tirer une dernière résolution de lui et de M. de Turenne, afin que Son Altesse pût savoir à quoi s'en tenir; qu'on lui avoit mandé que l'affaire dépendoit de savoir s'il vouloit remettre Stenay à M. de Turenne pour en être absolument le maître; qu'il m'avoit donné un ordre pour M. de Chamilly, gouverneur de Stenay, pour cela. Je voulus tirer cet ordre de ma poche pour le lui faire voir; mais il me répliqua qu'il n'en étoit pas question présentement, étant persuadé qu'après ce qu'il m'avoit dit, l'affaire s'accommoderoit au contentement de tout le monde. N'en pouvant tirer davantage, je pris congé de lui.

Le lendemain, un petit nombre des amis de M. le prince devoit s'assembler chez M. le président de Maisons; j'y fus invité pour rendre compte à M. le prince de l'état où les choses en étoient alors; je m'y rendis dans une chaise à porteurs. Après que l'assemblée fut finie, pensant qu'on pouvoit bien m'avoir observé, je priai M. de Flamarins de prendre ma chaise, et de me donner sa place dans la calèche de M. de Croissy-Fouquet. Apparemment que quelqu'un qui étoit pour m'épier alla rendre compte que j'y étois venu; la résolution fut prise de m'arrêter en sortant. En effet, M. de Flamarins n'eut pas fait la valeur de cent pas, que des gens armés firent mettre les porteurs bas; ayant ouvert la porte pour me prendre prisonnier, ils furent bien surpris d'entendre dire à celui qui étoit dedans : « Vous cherchez Gourville, « et je suis Flamarins, » lequel en ayant reconnu quelques uns, fit des plaisanteries sur la méprise, et continua son chemin. Le lendemain au soir, M. de Flamarins vint me dire que j'aurois bien de la peine à sortir de Paris; qu'on avoit cherché des gens qui connussent mon visage; que même M. le coadjuteur avoit demandé dix à douze gardes de Monsieur, pour mettre sur toutes les routes par où l'on croiroit que je devrois passer. Je lui demandai s'il pouvoit bien me conduire une nuit, avec dix ou douze de ses amis, à deux ou trois lieues de Paris, quand j'en voudrois partir. Il m'assura qu'il le feroit très-volontiers; car il étoit fort ami de M. de La Rochefoucauld, et avoit beaucoup de bonté pour moi.

Je crus que je devois laisser passer quelques jours pour amortir l'ardeur de ceux qu'on avoit mis pour me prendre. Après avoir bien examiné sur la carte par où je pouvois mieux m'en retourner à Bordeaux, et m'être assuré de trois chevaux de louage, je fis prier M. de Flamarins de venir me prendre avec ses amis devant le grand portail de Saint-Eustache, à dix heures et demie du soir. Y étant venu très-ponctuellement, il me trouva avec mon valet, et un homme pour ramener les chevaux de louage. Je le priai de me conduire jusque sur le pont de Charenton, où j'arrivai à minuit, et d'y demeurer une heure, afin d'empêcher que personne venant de Paris ne passât pendant ce temps : il me promit d'y demeurer davantage. Je pris mon chemin comme si je voulois aller à Melun. Le jour étant venu, après que j'eus passé à Lieursaint, quoique je fusse persuadé qu'on ne seroit pas allé là pour m'observer, je pris un chemin sur la droite pour passer la rivière, au-dessous de Pont-Thierry, et j'allai prendre des chevaux de poste à Auzonnette. Continuant mon chemin du côté de Milly, je me rendis à Gien, où je m'étois proposé d'aller m'embarquer : j'y arrivai devant la nuit. Ayant arrêté un petit bateau couvert de toile et deux bateliers, après y avoir fait mettre quelques provisions, je m'embarquai, quoique mes bateliers me remontrassent qu'ils n'avoient jamais vu les eaux si hautes. La lune, qui étoit fort claire, m'ayant manqué avant que je fusse au pont de Beaugency, mes bateliers ne voulurent jamais hasarder de le passer que le jour ne fût venu ; et comme je m'étois levé sur le bout du bateau pour me jeter à la nage en cas de nécessité, je touchai le haut de l'arche en passant : j'allai si vite que j'arrivai le lendemain à Saumur, où je pris des chevaux, et m'en allai à Lusignan, d'où je me rendis fort heureusement à Bordeaux.

Après avoir rendu compte à M. le prince de ce dont m'avoit chargé M. le duc de Bouillon, il se mit si en colère contre lui, qu'il pensa plus à ne pas faire ce qu'il proposoit qu'à examiner si cela étoit avantageux à lui et à ses amis. Il me dit qu'il vouloit qu'il se déclarât avant que d'écouter ses propositions : je pris la liberté de lui dire que son traité étoit fait avec

M. le cardinal, ou du moins bien avancé; mais cela ne le toucha pas plus que ce que M. de La Rochefoucauld lui put dire. Enfin M. le prince se mit en campagne : il défit M. de Saint-Luc proche de Miradoux. Le régiment de Champagne s'étant jeté dedans tout entier, Son Altesse voulut le prendre; mais quelque diligence qu'il eût faite, il ne put avoir qu'un canon. Ayant su que M. le comte d'Harcourt pouvoit lui tomber sur le corps, il se retira, et alla prendre quartier d'hiver pour ses troupes proche la rivière, vis-à-vis d'Agen. Il prit le sien à Roquefort.

Après avoir demeuré quelques jours en cet endroit, j'écrivis à Paris; et voulant faire une méchante plaisanterie, je priois qu'on me mandât où étoit M. le comte d'Harcourt, parce qu'effectivement il y avoit quelques jours qu'on n'en parloit point : mais dans cet instant on me dit que tout le monde montoit à cheval, parce que M. le comte d'Harcourt avoit enlevé les gardes de M. le prince; j'ajoutai à ma lettre : « N'en prenez pas la peine, parce qu'il a déjà enlevé « quelques uns de nos quartiers. » M. le prince, qui étoit à Pergau, se retira, et marcha avec le peu de troupes qu'il avoit au port de Boué, où il y avoit quelques bateaux; il y en arriva bientôt d'autres pour nous passer de l'autre côté : comme chacun étoit pressé de s'y embarquer, cela faisoit quelque désordre. Je me mis au lieu où arrivoient ces bateaux, avec une canne à la main : j'arrêtai cette précipitation, marquant ceux qui devoient entrer dans le bateau; et assurément je n'y fus pas inutile. Heureusement M. le comte d'Harcourt et ses troupes avoient poussé ceux des autres quartiers qui cherchoient à se sauver vis-à-vis d'Agen, à un autre port au-dessous : ce qui nous donna le temps de passer tous. M. le prince ayant voulu entrer dans Agen par une porte où il y avoit de nos troupes, les habitans s'étant révoltés, firent des barricades. M. le prince et M. de La Rochefoucauld s'étant avancés, coururent assurément grand risque; mais enfin ils en vinrent à bout par douceur, et firent ouvrir cette barricade, et encore une autre qu'ils trouvèrent : après cela nos troupes s'avancèrent, et entrèrent toutes.

Quelques jours après M. le prince ayant eu des nouvelles que M. de Beaufort qui commandoit les troupes de Monsieur, et M. de Nemours qui commandoit les siennes, quoique beaux-frères, avoient de grands démêlés ensemble; jusque là qu'on craignoit qu'ils n'en vinssent aux mains, et que si M. le prince pouvoit se rendre à cette armée, cela pourroit obliger la cour à faire une paix qui lui seroit avantageuse; M. le prince prit le parti de s'y rendre, avec un petit nombre de gens à sa suite, ayant concerté l'affaire avec M. de La Rochefoucauld, qui souhaita que M. le prince de Marsillac, quoique fort jeune, en fût aussi, M. le marquis de Levis, M. de Chavagnac, M. Guitaut, M. de Bercenay, capitaine des gardes de M. de La Rochefoucauld, moi et Rochefort, valet de chambre de Son Altesse Sérénissime.

[1652] Le jour qui fut choisi pour partir étoit le dimanche des Rameaux. Ils prirent tous des habits modestes, qui paroissoient plutôt habits de cavaliers que de seigneurs. Dès le matin M. le prince fit partir ses domestiques par eau, disant qu'il les iroit joindre à cheval à Marmande. Je fus chargé de m'en aller devant, avec un guide à cheval que j'avois trouvé, qui avoit derrière lui un porte-manteau dans lequel il avoit quatre mousquetons avec leurs bandoulières, mêlées avec de la paille, l'un pour M. le prince qui le donna à Rochefort à porter, l'autre pour M. de La Rochefoucauld, le troisième pour son capitaine des gardes, et l'autre pour moi, estimant que M. le prince de Marsillac auroit assez de peine à supporter la fatigue du voyage : en effet il donna bien de l'embarras, et à moi beaucoup de peine à cause de sa jeunesse. Ces messieurs s'étant pourvus d'armes chacun de leur côté, je m'en allai pour passer la rivière du Drot, lieu où M. le prince devoit congédier tous ceux qui l'avoient accompagné jusque là, et passa seulement avec ceux que je viens de nommer. M'étant mis à couvert d'une masure tout proche, j'en sortis d'abord que je vis ces messieurs; et ayant le mémoire des lieux où nous devions passer, je pris le devant avec mon guide : en marchant on convint que chacun prendroit un nom de guerre, auquel on fut bientôt accoutumé ; on arriva à la nuit fermée proche de...., dont M. de **** étoit gouverneur pour M. le prince, quoique nous eussions eu dessein de l'éviter. La sentinelle ayant pris l'alarme, s'écria, et la donna aux autres ; je dis que nous étions des gens de M. le prince pour entrer dans la ville ; et en effet, quand nous fûmes vis-à-vis de la porte, ces messieurs marchant deux à deux, je leur dis de faire halte, et j'entrai seul. Ayant trouvé M. le gouverneur à table, je lui dis que M. le prince m'envoyoit avec quelques cavaliers pour avoir des nouvelles de M. de Biron ; je ressortis sur-le-champ, et me mis à la tête de ma petite troupe.

Nous nous trouvâmes le lundi matin sur les huit heures proche de Cahusac, qui étoit à M. de La Rochefoucauld. Un homme qui en sortoit m'ayant dit qu'il venoit d'y entrer une compagnie de cavalerie, je dis à ces messieurs de prendre un chemin sur la droite qui les meneroit à une petite métairie, à cinq ou six cents pas de Cahusac ; ayant trouvé là des officiers de M. de La Rochefoucauld, je me fis connoître, et priai l'officier de vouloir bien s'en aller ailleurs : ce qu'il me promit, après qu'ils auroient mangé un morceau. Je fis mettre dans des paniers du pain, du vin, des œufs durs, des noix et du fromage, et les fis porter à la grange, où je trouvai la petite troupe endormie ; après avoir mangé, ils se reposèrent encore une heure. Les chevaux ayant mangé leur avoine, nous marchâmes bien avant dans la nuit, et entrâmes dans un village où il y avoit un cabaret : l'on y demeura trois ou quatre heures ; et n'y ayant trouvé que des œufs, M. le prince se piqua de bien faire une omelette. L'hôtesse lui ayant dit qu'il falloit la tourner pour la mieux faire cuire, et enseigné à peu près comme il falloit faire, l'ayant voulu exécuter, il la jeta bravement du premier coup dans le feu ; je priai l'hôtesse d'en faire une autre, et de ne la pas confier à cet habile cuisinier. Nos gens ne faisant que dormir, j'étois obligé d'avoir soin des chevaux et de compter ; de sorte que je ne pouvois reposer un moment. Nous partîmes deux ou trois heures avant le jour, pour passer la Dordogne ; et comme l'on nous avoit dit qu'à ce port-là on faisoit difficulté de passer des gens qu'on ne connoissoit pas, surtout quand il y en avoit un certain nombre, je dis que j'allois avancer, et que le reste de la troupe me suivît de distance en distance, en ralentissant leur marche. En m'avançant, j'entendis des sonnettes de mulets qui étoient devant moi; je mesurai ma marche pour arriver à peu près comme eux : le batelier les ayant entendus d'un peu loin, se trouva du côté où nous devions entrer dans son bateau. J'avois un sifflet d'argent dont je me faisois entendre de fort loin; j'appelai celui qui étoit derrière moi, qui s'avança; je m'approchai pour entrer, et priai le muletier d'attendre que nous fussions passés : ce que nous fîmes heureusement en deux voitures.

Le mercredi à trois heures du matin, marchant auprès de notre guide, que je questionnois de temps en temps, et voyant que nous approchions d'un lieu qui me parut assez gros, je lui demandai si nous devions passer dedans : il me dit que non, mais que la rivière en étoit si proche, qu'il n'y avoit que la largeur du chemin entre deux, et qu'on y faisoit une espèce de garde. Je me mis pour lors une écharpe blanche, dont je m'étois nanti : voyant quelques hommes devant la porte, je les priai de ne laisser entrer personne de ceux qui me suivoient; je fus aussitôt obéi. Nous passâmes, et allâmes faire repaître nos chevaux dans un gros village, où un paysan dit à M. le prince qu'il le connoissoit bien, et en effet le nomma : l'ayant entendu, je me mis à rire; et quelques autres s'approchant, je leur dis ce qui venoit d'arriver. Tous plaisantant sur cela, le pauvre homme ne savoit plus qu'en croire.

Quand nous voulûmes partir, M. le prince de Marsillac, qui n'avoit presque pas mangé et qui s'étoit endormi, après qu'on l'eut éveillé pour monter à cheval se trouva si assoupi, qu'il sembloit avoir perdu toute connoissance; deux de ces messieurs l'ayant levé, aussitôt qu'on ne le soutenoit plus, ses genoux fléchissoient : je lui jetai beaucoup d'eau sur le visage, qui le fit revenir; on le mit à cheval, ensuite on marcha. La plupart de nos chevaux étoient fort fatigués: passant auprès d'une gentilhommière qui paroissoit considérable, nous demandâmes le nom du maître; M. de Chavagnac dit qu'il en étoit connu, et qu'il pourroit bien trouver chez lui des chevaux à acheter : effectivement il en acheta deux qu'il nous amena, dont nous en reconnûmes un qui avoit été de l'écurie de M. de La Rochefoucauld il n'y avoit pas bien long-temps; et dans le lieu où nous fûmes dîner, nous trouvâmes un homme au cabaret qui en avoit deux, dont l'un paroissoit assez bon, que nous achetâmes encore. Nous hasardâmes de mettre à ceux que nous quittions la bride attachée sur le haut de la tête, et quelqu'un demeuroit derrière pour les suivre; mais le lendemain, celui qu'avoit M. le prince de Marsillac étant accoutumé à suivre quand on le menoit au relais pour la chaise, nous nous aperçûmes que les autres suivoient avec lui, et que même quelquefois s'étant jetés dans les blés pour manger, ils venoient au grand trot nous joindre quand ils nous voyoient un peu éloignés. Nous allâmes coucher dans un château qui appartenoit à M. le marquis de Levis, où la plupart de ces messieurs, pour la première fois depuis le départ, se mirent entre deux draps. M. de La Rochefoucauld ayant eu une première atteinte de goutte qui le prit assez rudement, je lui fis faire toute la nuit un gros bas qui se boutonnoit par lès côtés, dont il se trouva fort soulagé pendant le reste du voyage. Tous ces messieurs étoient tellement fatigués, à la réserve de M. le prince, qu'à peine pouvoient-ils se soutenir quand ils mettoient pied à terre.

Le lendemain matin, M. le prince de Marsillac ayant laissé aller son cheval, il passa dans l'eau, où il y avoit un terrain fort bourbeux, qu'on appelle terre bourbonnaise, tomba dedans, et, comme l'on dit, l'eau lui entra par le collet. Peu de temps après nous arrêtâmes chez un homme qui faisoit des sabots, où je le fis changer de linge, et sécher ses habits auprès d'un grand feu. Nous eûmes bientôt rejoint ces messieurs, qui n'alloient que le pas, pendant que nous allions toujours le trot. Le vendredi sur les quatre heures, nous arrivâmes dans un village sur le bord de la Loire, un peu plus bas que l'endroit où la rivière d'Allier tombe dans celle-ci, que l'on appelle le Bec d'Allier; n'y ayant point trouvé de bateau, nous fûmes fort embarrassés. M. le marquis de Lévis, qui étoit connu en ce pays, ayant appris qu'il y en avoit un au-dessus, envoya pour le faire amener; et cependant tous nos gens se mirent à dormir. M. le prince examinant avec moi ce que nous pourrions faire, je lui proposai qu'aussitôt que nous aurions un bateau, nous fissions marché avec le maître pour nous mener à Orléans; et que quand nous aurions passé Sully où étoit la cour, nous nous informerions, aux maisons que nous trouverions de l'autre côté de la rivière, où étoit l'armée que nous voulions joindre, et si nous pouvions nous y rendre en toute sûreté; que nous pourrions laisser tous nos chevaux à M. le marquis de Levis, qui s'en retourneroit dans son château. M. le prince approuva la pensée; mais son embarras étoit que nous ne savions pas à quelle distance de la rivière pourroit être l'armée.

Ayant eu avis que le bateau étoit arrivé, et que nous pouvions passer en deux fois avec nos chevaux, il préféra ce parti à l'autre. Nous nous embarquâmes, et passâmes de l'autre côté : nous prîmes un guide qui devoit nous éloigner de La Charité; mais s'étant trompé, nous nous trouvâmes tout contre la porte; la sentinelle ayant demandé « Qui va là ? » je m'avisai de répondre que c'étoit des officiers du Roi qui alloient à la cour, et qui désiroient d'entrer. M. le prince cria que l'on fît dire à M. de Bussy, qui en étoit gouverneur pour le Roi, qu'il le prioit de faire ouvrir; que c'étoit La Motheville (qui étoit le nom qu'il avoit pris, feignant d'y vouloir entrer). Il parut d'autres soldats sur la porte, et un d'eux dit qu'il alloit avertir M. le gouverneur; un peu après je dis tout haut à M. le prince : « Vous avez du temps pour coucher « ici; mais nous autres, dont le congé finit demain, « sommes obligés de continuer notre route. » Et quelques uns m'ayant suivi, disant à M. le prince : « Demeurez si vous voulez, » il se mit en marche, se plaignant que nous étions d'étranges gens; mais qu'il ne vouloit pas se séparer, et prioit que l'on fît ses complimens à M. le gouverneur. Nous fûmes bien aises que cela se fût terminé de cette façon. M. le prince m'ayant dit, avant de passer la rivière, qu'il falloit que je brûlasse la poste pour aller dire à M. de Chavigny qu'il espéroit joindre incessamment l'armée, il prit sur la droite pour aller passer la rivière à Châtillon avec ces messieurs. Je fis tant de diligence, nonobstant ma lassitude, que j'arrivai à Paris à l'hôtel de Chavigny à cinq heures du matin. M. de Chavigny en ayant été averti, vint dans son cabinet en robe de chambre, me fit appeler, et me témoigna une grande joie d'apprendre ce que je lui disois, n'ayant eu aucunes nouvelles du départ de M. le prince.

Après m'avoir entretenu long-temps, et m'avoir fait raconter comment nous avions pu faire tant de chemin au travers de la France sans avoir trouvé aucun obstacle, il entra en matière de ce qu'il falloit faire quand M. le prince seroit arrivé, ne doutant pas qu'en l'état où étoient les affaires de la cour, il ne pût faire un traité très-avantageux pour lui et ses amis; et que pour y trouver de la sûreté à l'avenir, il faudroit demander un conseil de douze personnes, qu'on ne pouvoit choisir sans que le plus grand nombre se trouvât dans les intérêts de Son Altesse. Je vis bien que M. de Chavigny souhaitoit cela, espérant être le maître du conseil : je ne laissai pas d'approuver tout ce qu'il me disoit. Il m'ajouta que si M. le prince pouvoit donner quelque échec aux troupes du Roi avant de venir à Paris, il seroit reçu avec une grande joie, et que cela donneroit une grande disposition pour le bien de ses affaires. Il me dit ensuite qu'il iroit rendre compte à Monsieur de mon arrivée et de ce que je lui avois raconté, et que je ferois bien de lui aller faire la révérence après m'être reposé; qu'apparemment il seroit bien aise de me questionner sur ce voyage. Après dîner j'allai au Luxembourg, où je fus fort bien reçu de Monsieur, qui me fit plusieurs questions sur la route que nous avions tenue; et M. le coadjuteur y étant entré, je le saluai d'une inclination de tête, songeant que je n'avois plus rien à craindre de sa part. Quelque temps après je sortis de la chambre de Monsieur; je trouvai dans son antichambre quelques personnes de ma connoissance informées de l'arrivée de M. le prince, qui s'attroupèrent autour de moi pour m'entendre parler : mais je m'excusai sur ma lassitude, et sur ce que je n'avois presque pas dormi depuis le départ d'Agen. J'allai retrouver M. de Chavigny, qui m'apprit que M. le prince avoit joint ses troupes, et qu'il étoit à Château-Renard : nous étant entretenus à peu près des mêmes choses dont il avoit déjà été question, je pris congé de lui, pour partir le lendemain au matin. Etant arrivé auprès de Son Altesse, pendant que je lui rendois compte de tout ce que j'avois à lui dire de la part de M. de Chavigny, un officier lui amena deux paysans qui lui donnoient avis que M. d'Hocquincourt étoit logé à Bleneau avec ses troupes, à deux lieues de Château-Renard. M. le prince ordonna qu'on fît avertir tout le monde de monter à cheval, et de faire marcher ses troupes pour achever de donner ses ordres. Il me mit à une autre fois, et s'en alla.

Il fit marcher un escadron devant lui (1), et donna ordre qu'on fît avancer beaucoup de tambours, timbales et trompettes, qui firent un si grand bruit, que tout ce qui étoit dans le village ne songea qu'à s'enfuir, abandonnant tout ce qui leur restoit de bagage. M. le prince apprit aussitôt que M. d'Hocquincourt, sur la première alarme, s'étoit sauvé avec le peu de

(1) Le 6 avril 1652.

troupes qu'il avoit pu emmener ; tout le bagage, dont une partie étoit déjà en chemin, fut pillé. M. le prince ayant été averti qu'on avoit trouvé un gué, passa le canal ; j'eus l'honneur de le suivre de bien près : ce qu'il y avoit de gens de considération auprès de sa personne passèrent avec lui. M. de Nemours fit mettre le feu à une maison, pour servir de signal à ceux qui venoient pour joindre. Quelques coureurs ayant rapporté qu'il y avoit trois escadrons sous une futaie tout proche de M. le prince, Son Altesse en forma un d'environ soixante ou quatre-vingts personnes, et voulut charger ces gens-là, qui ne voyant qu'un petit nombre firent ferme ; mais une assez grande quantité de troupes ayant passé à la file et s'y joignant, ils s'enfuirent : on passa quasi toute la nuit à les poursuivre, et les autres troupes, qui se retiroient comme elles pouvoient. M. le prince ayant su que M. de Turenne étoit dans une plaine à quelque distance de là, marcha pour l'attaquer, avant que les troupes de M. d'Hocquincourt pussent l'avoir joint. M. de Turenne ayant laissé son canon tout braqué sur un défilé qu'il falloit passer, les canonniers couchés auprès firent semblant de se retirer ; et ayant aperçu qu'il y avoit déjà cinq ou six escadrons de passés, qui se mettoient en bataille à mesure qu'ils passoient ce défilé, M. de Turenne revint, et son canon tirant tout de ce côté-là fit assez de désordre. Après s'être bien canonné de part et d'autre, et la plupart des troupes de M. d'Hocquincourt ayant joint M. de Turenne, on cessa de tirer : alors plusieurs gens de qualité et officiers vinrent saluer M. le prince ; les deux troupes furent longtemps mêlées ; enfin chacun se retira.

Son Altesse étant venue à Paris avec tous ses amis, tout le monde témoigna une grande joie de le revoir; et, si je ne me trompe, Monsieur sortit pour aller au devant de lui. Quelques jours après M. le prince voulant prendre Saint-Denis, fit sortir des compagnies de bourgeois, qui faisoient plus de deux à trois mille hommes. Ayant posté ses troupes à côté du grand chemin qui va à Saint-Denis, et les bourgeois de l'autre; lorsque la nuit fut venue, Son Altesse s'avança assez près du fossé, suivie d'un grand nombre de personnes de qualité et d'officiers.

Elle avoit envoyé M. de Gaucourt pour demander aux Suisses, qui étoient dedans en petit nombre, s'ils vouloient se rendre prisonniers de guerre; sinon qu'on les alloit attaquer, et qu'ils ne pouvoient pas tenir. Ils le refusèrent; et la plupart étant venus du côté qu'ils voyoient bien qu'on les vouloit forcer, tirèrent environ cinquante ou soixante coups de mousquet, sans tuer ni blesser personne : néanmoins l'épouvante fut si grande, peut-être parce qu'on ne s'y attendoit pas, que tous les gens de M. le prince, qui étoient en grand nombre, s'enfuirent; de sorte qu'il ne resta que M. de La Rochefoucauld, M. le prince de Marsillac, Guitaut, et, si j'ose le dire, moi. Ce prince dit que de sa vie il n'avoit rien vu de semblable; il courut pour rassurer les bourgeois, qu'il ne douta pas de trouver ébranlés, entendant fuir tout le monde. Ensuite il alla à ses troupes, et leur commanda de passer le fossé et d'entrer dans la ville : ce qu'ils firent sans résistance. Les Suisses, après avoir tiré, se jetèrent dans l'église; et les bourgeois s'étant avancés du côté où j'étois demeuré, je leur dis qu'il n'y avoit qu'à descendre dans le fossé, et à monter de l'autre côté : les plus hardis descendirent, et j'en poussai quelques-uns qui balançoient, pour les faire descendre. N'ayant trouvé que peu d'eau dans le fond, ils remontèrent de l'autre côté ; et pour lors ayant crié qu'ils ne voyoient ni n'entendoient personne, tous ceux qui les entendirent voulurent se jeter tout à la fois dans le fossé. Ayant entendu dire qu'on avoit ouvert une porte qui étoit près de moi, je repris mon cheval que j'avois donné à tenir à un bourgeois, et j'entrai dans la ville, où je vis beaucoup de ceux que la terreur panique avoit fait fuir qui commençoient à en revenir. J'allai d'abord au couvent des Filles Sainte-Marie, qui avoient été recommandées à M. de La Rochefoucauld par madame la comtesse de Brionne. Après les avoir rassurées, je leur demandai du bois, et fis faire un grand feu devant la porte ; j'y vis venir, pour se sécher, plusieurs de nos gens qui avoient eu les jambes mouillées, et qui contoient leurs prouesses. Mais ce qu'on auroit peine à croire est que je vis revenir deux personnes de qualité qui avoient de la réputation, et qui devoient avoir fui bien loin, puisqu'il y avoit du temps que l'on étoit entré ; ils me démandèrent avec empressement où étoit M. le prince.

Quelques jours après les troupes du Roi reprirent cette ville ; et la cour étant revenue à Saint-Germain, M. de Chavigny trouva M. le prince fort disposé à se confier à lui. Il commença à négocier avec M. le cardinal ; mais après qu'il se fut passé quelque temps sans rien terminer, Son Altesse conçut quelque défiance de M. de Chavigny, et me chargea d'aller trouver M. le cardinal pour lui dire, une fois pour toutes, qu'il étoit bien aise de savoir si Son Eminence vouloit faire la paix, ou non. Je lui proposai les conditions dont j'avois été chargé; mais comme c'étoit assez que l'un proposât quelque chose, pour que l'autre y apportât des difficultés (ce que j'ose dire avoir mieux connu que personne), toutes les négociations n'aboutirent à rien.

M. de Turenne marcha du côté de Vincennes pour venir attaquer le faubourg Saint-Antoine; et M. le prince y ayant fait venir des troupes, qui firent le tour par le faubourg, on commença de rudes combats (1). M. de La Rochefoucauld l'ayant su, sur le point de monter à cheval, m'envoya au Luxembourg pour apprendre la vérité de l'état des choses, et fit sortir ses chevaux, dont il y en avoit un destiné pour moi, quand je serois de retour. M. le marquis de Flamarins vint à cet instant pour voir M. de La Rochefoucauld, et lui dit que l'on étoit tout-à-fait aux mains: cela le fit partir sur-le-champ avec M. de Flamarins, qui prit mes bottes, et le cheval qu'on avoit amené pour moi. Il eut le malheur d'être tué presque en arrivant dans le faubourg; M. de La Rochefoucauld y reçut un coup qui, sans un miracle, auroit dû lui faire perdre les deux yeux. Au sujet de cet accident, il fit graver un portrait de madame de Longueville, avec ces deux vers au bas:

<blockquote>
Faisant la guerre au Roi, j'ai perdu les deux yeux;
Mais, pour un tel objét, je l'aurois faite aux dieux (2).
</blockquote>

---

(1) *De rudes combats*: Ils furent livrés le 2 juillet 1652. — (2) *Voyez* la Notice qui précède les Mémoires du duc de La Rochefoucauld, sur les liaisons de ce seigneur avec madame de Longueville. La Rochefoucauld

Les Parisiens étant incertains de ce qu'ils devoient faire, Mademoiselle fit tirer le canon de la Bastille sur les troupes du Roi. M. de La Rochefoucauld se présentant à la porte tout couvert de sang, dit aux bourgeois le risque où se trouvoit M. le prince, et leur fit voir l'état dans lequel il étoit : tout cela ensemble fit que le Mazarin ne se rendit pas maître de Paris; les portes furent ouvertes à M. le prince, et le furent depuis pour tous ses gens. Après que je fus revenu du Luxembourg, je demandai mon cheval; mais on me dit que M. de Flamarins l'avoit pris avec mes bottes : il me fallut quelque temps pour en chercher un autre. Je montai à cheval pour aller joindre M. de La Rochefoucauld ; je le trouvai près des Jésuites, tout couvert de sang, sur son cheval, et soutenu par deux hommes : ce qui m'affligea cruellement. Deux jours après, étant logé à l'hôtel de Liancourt, on vint m'avertir que mon cheval, qui avoit servi à M. de Flamarins à l'affaire du faubourg Saint-Antoine, venoit d'arriver chez un maréchal qui étoit vis-à-vis; je l'allai prendre et le fis mettre dans l'écurie, disant à celui qui l'avoit amené qu'il étoit permis de prendre son bien où on le trouvoit. Il s'en alla, et je n'en ai pas ouï parler depuis.

fut pendant quelque temps privé de l'usage de la vue, à la suite de la blessure qu'il reçut au combat du faubourg Saint-Antoine. Les vers que cite Gourville sont imités de deux vers de la tragédie d'Alcyonée :

> Pour mériter son cœur, pour plaire à ses beaux yeux,
> J'ai fait la guerre aux rois; je l'aurois faite aux dieux.

Après sa rupture avec madame de Longueville, La Rochefoucauld les parodia ainsi :

> Pour ce cœur inconstant, qu'enfin je connois mieux,
> J'ai fait la guerre au Roi; j'en ai perdu les yeux.

Dans ce temps-là M. de Lorraine, qui avoit pris de l'argent des Espagnols pour venir joindre les troupes de M. le prince, qui étoit pour lors à Villeneuve-Saint-Georges, ayant touché de la cour une somme plus considérable, se retira avec ses troupes: ce qui obligea M. le prince de s'en aller à Stenay avec ce qu'il avoit de troupes.

Vers la fin de septembre M. de La Rochefoucauld s'en alla avec une partie de sa famille à Damvilliers, dont M. le marquis de Sillery étoit gouverneur. Peu après qu'il y fut arrivé, M. le prince me manda de l'aller trouver, et me dit qu'y ayant beaucoup de désordre à Bordeaux entre M. le prince de Conti et madame de Longueville, principaux amis, il désiroit fort retourner en cette ville. Il me proposa de l'y ramener, si je trouvois la chose possible; je lui fis réponse que je n'y trouvois aucune difficulté, pourvu qu'il voulût faire ce voyage seul avec moi, pouvant se souvenir de la peine que nous avoient faite les seigneurs qui l'avoient accompagné d'Agen à Paris. Mais quelques jours après Son Altesse ayant eu des nouvelles de Bruxelles telles qu'elle pouvoit les désirer, prit bientôt le parti d'aller de ce côté-là.

Me trouvant à Damvilliers fort désœuvré, je fis réflexion que l'on pourroit bien prendre quelques personnes auprès de Paris, en les menant par le chemin où j'avois voulu conduire M. le coadjuteur: j'en fis la proposition à M. le marquis de Sillery, gouverneur, et à M. de La Mothe, lieutenant de roi de Damvilliers; ce dernier, qui depuis fut fait lieutenant général, étoit homme fort entendu. Je leur dis que je croyois que l'on pourroit prendre M. Barin (contre lequel j'avois quelques rancunes), directeur des postes, homme fort riche, et surtout en argent comptant. Etant convenu que j'écrirois à Paris pour savoir s'il n'alloit pas toujours à sa maison de campagne, comme il avoit accoutumé de faire, on me manda qu'il y alloit encore souvent. M. de Sillery et M. de La Mothe jetèrent les yeux sur huit personnes pour faire ce coup, tant officiers que cavaliers, de ceux-là mêmes que j'avois fait venir de Paris pour l'affaire de M. le coadjuteur. On les fit partir, et ils réussirent si bien qu'ils amenèrent M. Barin à Damvilliers. Il y arriva extrêmement fatigué et désolé : je feignis de le consoler ; et ayant traité de sa liberté, je convins à quarante mille livres, à condition qu'il feroit venir cette somme à Verdun, et qu'après qu'on l'auroit apportée à Damvilliers il auroit sa liberté. L'argent étant venu quelque temps après, il s'en alla.

[1653] M. de La Rochefoucauld passa toute l'année 1653 à Damvilliers : tous ses amis lui conseilloient de se dégager absolument d'avec M. le prince, surtout pour assurer le mariage de M. le prince de Marsillac avec mademoiselle de La Roche-Guyon [1], sa cousine germaine. Je fus chargé d'aller à Bruxelles pour le dégager d'avec Son Altesse ; je partis, accompagné d'un seul cavalier. Y étant arrivé, je reçus beaucoup de témoignages de bonté de la part de M. le prince ; et ayant exposé à Son Altesse que M. de La Rochefoucauld, pour des raisons de famille, étant obligé de retourner en France, je venois de sa part

(1) *Mademoiselle de La Roche-Guyon* : Jeanne-Charlotte Du Plessis-Liancourt, fille unique de Henri Du Plessis, comte de La Roche-Guyon ; morte le 30 septembre 1669, à l'âge de vingt-quatre ans.

lui en demander l'agrément et la permission. M. le prince entra assez bien dans ses raisons, et me donna M. de Ricousse pour me mener chez M. de Fuensaldagne : je dégageai aussi M. de La Rochefoucauld d'avec les Espagnols. M. le prince m'ayant demandé avec assez d'instance que je le vinsse trouver à Bruxelles, lorsque M. de La Rochefoucauld auroit la permission de retourner en France, me dit qu'il auroit soin de ma fortune; je le lui promis, et m'en retournai. Le voyage d'aller et de venir ne fut pas sans beaucoup de péril, parce que les troupes de M. le prince ayant pris par force des quartiers d'hiver en plusieurs lieux du pays de Liége, et aux environs du chemin que je devois tenir, les paysans enragés s'étoient jetés dans les bois, et ne faisoient quartier à personne; mais ma bonne étoile m'ayant conduit, j'arrivai à Damvilliers. Il fut question d'envoyer quelqu'un à Paris aux amis de M. de La Rochefoucauld, pour dire qu'il étoit entièrement dégagé d'avec M. le prince et les Espagnols : on jeta pour cela les yeux sur un de mes parens que j'avois mis auprès de M. de La Rochefoucauld. Je ne fus pas choisi, parce qu'on avoit mandé à M. de La Rochefoucauld que M. le cardinal avoit montré beaucoup d'aigreur contre moi; cependant à la fin on convint qu'il falloit que je hasardasse le voyage. Pour cette fois-là, c'étoit moins l'envie de retourner à Paris que l'utilité que M. de La Rochefoucauld pouvoit tirer de mon voyage qui me le faisoit entreprendre, puisqu'il s'agissoit de son retour en France.

Je me mis donc en chemin pour Paris, où étant arrivé, j'allai descendre chez mademoiselle de Lagny, dont le fils avoit été élevé auprès de moi, et à qui je donnois mes commissions pendant mon absence. En me voyant, elle se mit à pleurer d'une grande force, et me dit qu'on avoit mis prisonniers depuis peu de jours son fils, deux dames avec qui j'avois quelque commerce, et un valet que j'avois envoyé à Paris il y avoit trois semaines; et que l'on disoit que M. le cardinal étoit fort en colère contre moi. Cela m'étonna assez; mais ayant pensé à ce que j'avois à faire, je pris la résolution d'aller trouver M. de Liancourt, oncle de M. de La Rochefoucauld, pour lui dire le sujet de mon voyage, et le prier de parler à M. le cardinal; mais il me dit qu'il étoit bien embarrassé, qu'il ne savoit comment s'y prendre, parce qu'il avoit ouï dire qu'on avoit fait entendre à M. le cardinal que j'avois été en commerce avec le frère de Ricousse, auquel il avoit fait faire le procès et exécuter. Je l'assurai bien positivement du contraire, et le priai de demander à M. le cardinal s'il vouloit bien m'entendre sur ce pied-là; et qu'en quelque temps qu'il eût des preuves contraires, je consentois qu'il me fît mourir. Après cela, je le priai de dire à Son Eminence que ce seroit une chose qui tireroit à conséquence pour tous ceux qui étoient attachés à M. le prince, de voir qu'elle refusoit à M. de La Rochefoucauld de le laisser revenir en France, ne lui ayant voulu demander cette grâce qu'après avoir fait ce qu'un honnête homme devoit faire, qui étoit de s'être dégagé entièrement d'avec M. le prince et les Espagnols; que cela pourroit même avoir sa conséquence à Bordeaux, parce que M. de La Rochefoucauld y avoit beaucoup d'amis, et que tous ses parens et amis se disposoient à lui venir demander cette grâce et à l'en presser, jusqu'à ce qu'ils l'eussent obtenue. M. de Liancourt me rapporta ensuite qu'aussitôt qu'il eut dit à M. le cardinal que j'étois arrivé à Paris, il lui répondit que je pourrois bien n'en pas sortir : mais après que M. de Liancourt lui eut avancé les protestations que je l'avois prié de lui faire, et que j'étois près d'aller me mettre à la Bastille, s'il le souhaitoit, pour me faire faire mon procès, il parut sur cela fort radouci, et écouta tout ce que M. de Liancourt voulut lui faire entendre. Après avoir dit qu'il me connoissoit avoir de l'esprit, et capable de servir le Roi, il chargea M. de Liancourt de me faire savoir que j'eusse à me trouver le lendemain à dix heures chez ce dernier, où il se rendroit pour me parler. En effet il n'y manqua pas. Je commençai par lui faire de nouvelles protestations, à peine de perdre la vie, que j'étois innocent du crime dont on m'avoit accusé vers lui, et lui répétai à peu près les mêmes choses que j'avois prié M. de Liancourt de lui dire. J'y ajoutai encore tout ce que je m'étois pu imaginer depuis pour tâcher de lui faire accorder le retour de M. de La Rochefoucauld ; ce qu'il fit sur-le-champ : et après avoir dit sur mon chapitre beaucoup de choses obligeantes, même bien au-delà de ce que j'osois espérer, il ajouta qu'il falloit que je m'attachasse au service du Roi et au sien particulier; que c'étoit là le vrai moyen de faire ma fortune. Je l'en remerciai fort, en le suppliant de trouver bon que j'écrivisse à M. Guitaut, pour le prier de dire à M. le prince de ne plus attendre aucun service de moi, ni mon retour auprès de Son Altesse comme je lui avois promis, m'étant engagé à servir le

Roi et M. le cardinal, à l'occasion du retour de M. de La Rochefoucauld, que je lui étois venu demander. Il reçut fort bien tout cela. Ensuite je le suppliai de vouloir bien faire mettre en liberté les quatre personnes qu'il avoit fait mettre en prison à mon sujet. Il me répondit qu'il le vouloit bien, mais qu'il ne falloit pas que les femmes demeurassent à Paris. Je lui répliquai qu'il y en avoit une qui avoit une maison à Courbevoie, et lui demandai s'il vouloit bien leur permettre d'y aller demeurer. Il se mit à rire, et dit qu'il le vouloit bien, et que je n'avois qu'à aller chez M. Le Tellier prendre le passe-port de M. de La Rochefoucauld pour aller dans ses maisons en Angoumois, et l'ordre au gouverneur de la Bastille pour mettre en liberté les gens pour qui je lui avois parlé. M. de Liancourt, qui avoit été présent à tout cela, me donna beaucoup de louanges sur la conduite que j'avois tenue dans cette affaire, et sur le zèle que j'avois pour M. de La Rochefoucauld. Aussitôt après je m'en allai chez M. Le Tellier, qui fut non-seulement surpris de me voir, mais encore plus de ce que je lui venois dire de la part de M. le cardinal. Après m'avoir un peu entretenu, il me dit qu'il ne manqueroit pas sur le soir de voir Son Eminence et de prendre ses ordres; que je pouvois revenir le lendemain à neuf heures; qu'il me remettroit les ordres entre les mains. Les ayant reçus, je dépêchai un courrier à M. de La Rochefoucauld, et m'en allai à la Bastille avec un carrosse, d'où je tirai mes prisonniers, et menai les deux dames à Courbevoie.

Dans le séjour que je fis à Paris en attendant le retour de M. de La Rochefoucauld, je vis deux ou trois fois M. le cardinal. Je jugeai bien qu'il avoit envie de m'envoyer à Bordeaux, sur ce qu'il me demanda si je n'étois pas bien dans l'esprit de M. le prince de Conti et de madame de Longueville. Je lui dis que j'avois l'honneur d'en être bien connu, et que M. de Marsin et M. Lenet(1) étoient très-particulièrement de mes amis; que je ne doutois pas que, dans le temps que la vendange approcheroit, il n'y eût quelque nouveau mouvement à Bordeaux; et qu'il étoit important de tâcher de profiter des occasions qui pourroient se présenter. « Comment croyez-vous, me dit-il, pouvoir entrer dans cette ville?» Je lui dis que, lorsque je croirois l'occasion favorable, je pourrois y aller sous prétexte d'en faire sortir les meubles que M. de La Rochefoucauld y avoit laissés; et sur ce qu'il me demanda encore si j'étois connu de M. de Vendôme et de M. de Candale, je lui répondis que je l'étois très-peu du premier, et beaucoup du second; que j'osois même dire qu'il m'honoroit de sa bienveillance. Il me répliqua qu'il en étoit bien aise; que je pourrois m'adresser à lui et à M. d'Estrades. Il me sembla que tout cela lui faisoit plaisir; et il ajouta qu'il me donneroit des lettres de créance pour M. de Candale; qu'après cela il s'en remettoit à mon savoir faire, dont il avoit bonne opinion; que je n'avois qu'à venir le lendemain matin prendre la lettre. Bernouin, son valet de chambre, me la remit, et me donna deux cents pistoles.

M. de La Rochefoucauld étant arrivé en Angoumois, je me rendis auprès de lui, et lui racontai tout

---

(1) *M. Lenet:* Les Mémoires de Lenet font partie de cette série. D'après la manière dont il y parle de Gourville, on a peine à croire qu'il ait été de ses amis particuliers.

ce qui m'étoit arrivé, dont il me parut fort aise. Je m'acheminai ensuite pour joindre M. de Candale, qui étoit aux environs de Bordeaux. Je passai dans un endroit qu'on appeloit le fort César, que M. de Vendôme avoit fait faire sur le bord de la rivière : il y avoit beaucoup de canons, par le moyen desquels on prétendoit empêcher que la flotte d'Espagne, commandée par M. le marquis de Sainte-Croix, ne montât plus haut, où étoit l'armée navale de M. de Vendôme. Je trouvai M. de Chavagnac, qui avoit été du voyage d'Agen : il commandoit dans ce poste-là ; il me fit conduire au camp de M. de Candale, qui témoigna une grande joie de me voir, laquelle s'augmenta encore de beaucoup quand je lui eus donné ma lettre de créance, parce qu'il espéroit que si je pouvois trouver l'occasion de faire quelque chose, il en auroit l'honneur. Ensuite nous parlâmes à M. d'Estrades, et j'appris d'eux que l'armée commençoit à perdre son crédit : c'étoit une cabale de séditieux que M. de Marsin et M. Lenet avoient formée pour le service de M. le prince, qui pendant quelque temps s'étoit maintenue avec beaucoup d'autorité. Le nommé Duretête en étoit comme le chef ; et M. le prince de Conti, depuis peu de jours, étoit entré, par le moyen de M. Choupes, dans quelque négociation.

Je fus là quelques jours : nous avions très-souvent des nouvelles de ce qui se passoit dans la ville ; nous apprîmes un jour qu'il se faisoit des assemblées de plusieurs personnes qui ne parloient que de paix. Je crus alors que la conjoncture étoit favorable ; je dis donc à ces messieurs qu'il me paroissoit qu'il n'y avoit plus de temps à perdre : ils trouvèrent bon que

j'écrivisse à M. Lenet, pour lui dire que je souhaitois bien aller à Bordeaux pour retirer les meubles de M. de La Rochefoucauld. Il me manda que je pouvois venir; que M. de Marsin s'étoit chargé de dire à la porte qu'on me laissât entrer quand je voudrois; et que l'un et l'autre auroient bien de la joie de me voir: ce qui me fit dire à M. de Candale et à M. d'Estrades que cela me paroissoit de bon augure. M'étant mis en chemin, j'arrivai après la nuit fermée, et m'en allai chez M. Lenet, qui ayant fait avertir M. de Marsin, nous passâmes une bonne partie de la nuit en conférence. Ils m'avouèrent bonnement l'embarras où ils étoient, qui étoit fort grand. « Je vois bien, leur dis-je
« (parce que je savois déjà ce qu'ils venoient de me
« dire), que la fortune m'a amené ici bien à propos. » Je leur fis entendre que trouvant les choses bien disposées, comme elles me paroissoient, je croyois qu'il n'y avoit pas un moment à perdre pour entrer en quelque proposition. Enfin je m'ouvris à eux du commerce que j'avois eu avec M. le cardinal en le quittant; et j'avançai que j'étois en état de faire un traité avec eux, que je ferois signer à M. de Candale, leur disant aussi ce qui s'étoit passé de lui à moi. Je m'aperçus qu'il falloit qu'ils se crussent bien pressés, par la joie qu'ils témoignèrent à mesure que je m'ouvrois; cela alla jusqu'à entrer dans les conditions du traité. Je ne trouvai de difficultés dans ce qu'ils me proposoient, que de vouloir que les troupes qui étoient là au service de M. le prince pussent l'aller joindre à Stenay, et qu'on leur donnât l'étape sur toute la route où elles devroient passer. Je réduisis cela à quelques régimens d'infanterie, qui portoient le nom de M. le

prince et de M. le duc d'Enghien ; et leur dis qu'en licenciant toutes les autres troupes, ils pourroient choisir les meilleurs hommes pour mettre dans leurs régimens, pourvu que cela ne passât pas le nombre de deux mille quatre à cinq cents hommes ; ayant jugé, par ce que M. le cardinal m'avoit témoigné, que la joie qu'il auroit de voir Bordeaux réduit lui feroit agréer le reste.

J'appris de M. de Marsin que lorsqu'on avoit dit chez M. le prince de Conti que j'avois demandé à venir pour retirer les meubles de M. de La Rochefoucauld, M. l'abbé de Conac, Sarrasin et Guilleragues, qui s'étoient emparés de l'esprit de ce prince, dirent qu'il me falloit jeter dans la rivière : mais je dis à messieurs de Marsin et Lenet que connoissant bien M. le prince de Conti, et de quelle manière j'avois été avec lui, il n'étoit pas impossible que, dans le soupçon qu'on lui avoit donné de mon arrivée, il ne voulût entrer en quelque conférence avec moi ; que je leur rendrois compte de ce qui se seroit passé, et que nous conviendrions de quelle manière ils pourroient lui parler, en cas que je me fusse trompé. Ayant su l'heure à peu près que M. le prince de Conti devoit aller à la messe, je me mis à portée de me présenter à lui quand il monteroit en carrosse. En effet m'ayant aperçu, il me dit d'un air goguenard : « Apparemment que « vous venez ici pour quelque bonne affaire ? » Je lui dis qu'elle n'étoit pas grande, puisque ce n'étoit que pour retirer les meubles de M. de La Rochefoucauld. Il monta en carrosse avec deux de ces messieurs : moi, sans m'étonner de rien, je suivis le carrosse jusqu'à l'église, où il étoit entré ; et l'ayant aperçu au côté droit du chœur, je m'allai mettre proche la balustrade du côté gauche, afin qu'il me pût voir; et après l'élévation, s'étant tourné du côté où j'étois, comme j'avois toujours les yeux sur lui, je m'aperçus qu'il me faisoit signe de m'approcher. Je passai par dessus les balustrades pour aller à lui; en passant par devant ces messieurs, qui étoient restés à la balustrade, je les saluai. Il commença à me dire que ce n'étoient pas les meubles de M. de La Rochefoucauld qui m'avoient amené; et m'ajouta qu'il avoit su que j'avois couché chez M. Lenet, où j'avois vu M. de Marsin; qu'apparemment nous n'y avions pas seulement parlé de meubles. Je lui répondis que si par hasard j'étois chargé de choses de plus grande conséquence, Son Altesse trouveroit bon que je ne m'en découvrisse point sitôt à elle. A la fin de la messe, il me dit de le suivre; et étant dans son carrosse, il m'ordonna d'y monter avec ces messieurs que j'ai nommés.

Lorsqu'il fut arrivé chez lui, il se mit au lit comme il avoit accoutumé, et me fit dire d'entrer; il fit de plus mettre une table auprès de son lit, et me commanda de dîner seul avec lui, au grand étonnement de tout le monde, surtout de ces messieurs, qui avoient proposé de me jeter dans la rivière. Après dîné, M. le prince de Conti me dit que si je ne voulois pas lui dire mon secret, dont je m'étois ouvert à messieurs de Marsin et Lenet, du moins je lui disse si j'étois chargé de quelque chose qui le regardât. Je lui dis alors que puisqu'il me le commandoit, je pouvois lui dire qu'en l'état où étoient les affaires de Leurs Altesses, je me trouvois assez heureux d'avoir occasion de pouvoir leur rendre service, et à tout ce qui étoit du parti de M. le prince dans Bordeaux. Il me parut qu'il se savoit bon gré de m'en avoir fait tant avouer; il me découvrit son inquiétude d'esprit que je n'eusse déjà arrêté quelque chose avec messieurs de Marsin et Lenet, et qu'ils ne fussent déjà entrés là-dessus en négociation avec madame de Longueville. Je lui dis qu'en tout cas, s'il vouloit bien m'honorer de sa confiance, je lui promettois de ne rien faire avec personne sans sa participation; et que je m'en allois chez madame de Longueville, que je n'avois pas encore eu l'honneur de voir. Il me demanda donc en confidence quelle conduite il auroit à tenir. Sur cela je lui dis qu'assurément messieurs de Marsin et Lenet ne manqueroient pas de lui parler, pour voir avec madame de Longueville ce qu'ils auroient tous à faire dans une conjoncture aussi fâcheuse que celle où ils se trouvoient; et que quand ils seroient ensemble, il falloit oublier toutes les petites divisions et partialités qu'il y avoit eu entre eux, et faire un traité le plus avantageux qu'ils pourroient pour tout ce qui pouvoit regarder les intérêts de M. le prince. Il m'en remercia, et me dit que je visse donc ces messieurs, pour les obliger à lui parler.

Je sortis de là avec espérance que je ne manquerois plus mon affaire. J'allai dire à messieurs de Marsin et Lenet ce qui venoit de se passer, dont ils furent fort aises; de là je m'en allai pour faire la révérence à madame de Longueville, à qui M. Lenet avoit déjà parlé. Elle me reçut assez froidement, parce qu'elle vouloit mettre la négociation entre les mains de M. Matha, pour aller traiter avec M. de Candale. Je convins avec messieurs de Marsin et Lenet qu'il falloit incessamment faire un traité particulier, selon le pouvoir que j'en avois, et que je le mettrois sous le nom de M. de Candale, afin de le lui faire signer; et qu'après cela ils pussent entrer en négociation avec messieurs de la ville pour faire un traité de concert avec eux, de crainte qu'ils n'en commençassent un sans leur participation, le peuple s'échauffant, et demandant la paix. M. le prince de Conti, madame de Longueville, messieurs de Marsin et Lenet, s'assemblèrent chez madame la princesse, où étoit M. le duc d'Enghien, fort jeune. M. le prince de Conti dit dans l'assemblée tout ce que je lui avois dit l'après-dînée; et tous ensemble résolurent de faire le lendemain un traité avec moi. Chacun exposa ce qu'il pouvoit souhaiter qui y fût employé ; et messieurs de Marsin et Lenet insistèrent toujours pour que l'on tâchât que les troupes de M. le prince eussent l'étape par la France pour se rendre à Stenay. Messieurs de Marsin et Lenet, à onze heures du soir, me contèrent tout ce qui s'étoit passé, et que M. le prince de Conti avoit parlé à merveille. Nous remîmes au lendemain à faire un projet de traité : dès six heures du matin, j'envoyai mon valet à M. de Candale, pour lui dire que dans le jour j'espérois faire un traité en son nom, que je ferois signer, et lui en porterois un double afin qu'il le signât; que je n'étois embarrassé qu'au sujet des troupes que l'on vouloit faire passer à Stenay : et en ayant parlé à M. le comte d'Estrades, en présence de l'homme que j'y avois envoyé, ils me mandèrent de tâcher à les réduire au plus petit nombre que je pourrois; mais qu'après tout il falloit finir le traité; qu'il signeroit le double quand je le lui enverrois. Dès que mon homme fut revenu avec cette réponse, je proposai à ces messieurs de commencer à faire un mémoire de ce que nous avions à traiter; et prenant la plume, je leur dis de me faire leurs propositions.

Le premier article fut que le Roi donneroit une amnistie générale pour tous ceux qui avoient suivi le parti de M. le prince.

2. Que les troupes qu'avoit M. le prince à Bordeaux seroient conduites par étape à Stenay : sur quoi je leur répondis que cela étoit impossible ; et après quelque contestation, je leur dis qu'il falloit réduire cela aux régimens de M. le prince et de M. le duc d'Enghien ; mais qu'ils pourroient choisir entre toutes les troupes les officiers et les soldats qu'ils voudroient, pourvu que cela ne passât pas le nombre de deux mille quatre à cinq cents hommes ; et nous terminâmes sur ce pied-là le second article du traité.

3. Que M. le duc et madame la princesse auroient la liberté de s'en aller en Flandre trouver M. le prince avec tous leurs domestiques, messieurs de Marsin et Lenet avec les leurs, et un nombre d'officiers principaux qui pourroient s'embarquer aussi ; que les autres officiers qui voudroient s'en aller par terre pourroient se mettre dans le régiment.

4. Que M. le prince de Conti auroit la liberté d'aller faire son séjour à Pésenas, et madame de Longueville à Montreuil-Bellay, en Anjou : et moi, je leur demandai une lettre signée de tous pour M. de Sainte-Croix, commandant l'armée navale des Espagnols, laquelle étoit dans la Garonne, portant qu'ayant été obligés de signer un traité avec M. de Candale, qui avoit

pouvoir du Roi, ils le prioient de s'en retourner; et qu'en cas que la ville de Bordeaux n'eût pas fait sa paix dans un mois, ils promettoient d'en sortir avec leurs troupes.

Dans le temps que ces messieurs s'en allèrent chez madame la princesse, où l'on devoit signer le traité, et d'où ils me devoient mander quand je m'y rendrois, je dressai les deux traités de ma main, et les portai lorsqu'ils m'eurent envoyé chercher. Ces messieurs ayant rendu compte à l'assemblée de ce que nous avions arrêté ensemble, le traité fut bientôt signé; et l'ayant porté sur-le-champ à M. de Candale, il le signa avec bien de la joie, et, si je l'ose dire, il me donna beaucoup de louanges sur la manière dont j'avois conduit le tout. Je lui répondis que le principal gré en étoit dû à ceux qui en avoient fait naître l'occasion, et m'en retournai aussitôt.

M. de Candale s'étant approché beaucoup de Bordeaux, messieurs de Marsin et Lenet, qui avoient déjà commencé à parler à ceux de la ville pour faire un traité avec M. de Vendôme, conduisirent les choses au point que l'on convint du château de Lormont pour traiter de la paix. Cependant j'allois et venois à Bordeaux, et au camp de M. de Candale. Le jour que l'on devoit s'assembler étant arrivé, je me rendis à Lormont, comme un curieux, dans le temps que l'on étoit presque convenu des demandes que faisoit la ville de Bordeaux, qui alloient à peu de choses après l'amnistie. Les députés de la ville, qui étoient chargés de ce qui regardoit messieurs les princes, firent leur proposition pour les troupes de la manière que M. de Marsin me l'avoit expliqué : ces messieurs parurent faire sur cela beaucoup d'instance; et messieurs de Candale et d'Estrades sachant de quoi j'étois convenu, le proposèrent comme un expédient pour terminer l'affaire, et il passa. M. d'Estrades sortit à l'instant, vint dans la chambre prochaine, où j'étois avec beaucoup d'autres gens; et m'ayant tiré à part, il me dit que l'affaire des troupes étant accordée, le reste des autres conditions passeroit sans beaucoup de peines ni de difficultés. Ainsi la paix fut signée sur les dix heures du soir.

J'étois convenu avec M. de Candale et M. d'Estrades que je partirois dans le moment pour en porter les premières nouvelles à M. le cardinal. M. de Candale m'avoit donné dès la veille une lettre de créance à M. le cardinal, et y avoit ajouté beaucoup de choses obligeantes pour moi: mais en sortant il me dit que M. de Vendôme avoit chargé M. de Montesson d'en porter la nouvelle à la cour; cependant que si je pouvois partir sur l'heure, assurément je serois rendu le premier. Comme j'avois gardé ma chaloupe, je m'embarquai aussitôt, et me fis mener à l'endroit où l'on avoit mis des chevaux de poste pour moi, afin d'aller regagner la grande route. Je montai à cheval, ne doutant plus que je ne portasse la première nouvelle, me proposant bien de faire une extrême diligence. En passant la poste de Villefagnan, j'écrivis à M. de La Rochefoucauld, qui étoit à Verteuil, pour lui donner avis que la paix étoit faite, et que je continuois ma route. Je fis si bien, que j'arrivai le surlendemain au Louvre comme on sortoit de la comédie. M. le cardinal m'ayant aperçu, s'approcha de moi; je lui dis que la paix de Bordeaux étoit signée; et sans vouloir en apprendre davantage, il me dit de m'en aller à sa chambre, et porta la nouvelle au Roi et à la Reine. Il vint aussitôt à son appartement, et me demanda les conditions tout au long. A l'article des troupes de M. le prince qui devoient aller à Stenay, il me dit que si on avoit pu éviter cette condition, cela auroit été mieux; mais lorsque je lui eus rendu compte en détail de la manière dont cela s'étoit passé, et que je ne l'avois fait que de concert avec M. de Candale et M. d'Estrades, l'ayant prié de se souvenir que lorsque j'avois reçu ses derniers ordres pour aller à Bordeaux, je lui avois exposé que l'on pourroit faire instance sur ce chapitre, et qu'il m'avoit dit seulement : « Ayons Bordeaux; » lors, dis-je, que je lui eus représenté toutes ces choses, il ne fit plus aucune difficulté là-dessus. Après avoir lu la lettre de M. de Candale, et le petit traité particulier écrit de ma main, il me parut fort content, et me dit de le venir trouver le lendemain au matin. Aussitôt qu'on lui eut annoncé que j'étois là, il me fit entrer; et repassant sur toute l'affaire, il me dit que ces messieurs auroient bien dû excepter de l'amnistie Duretête, et quatre ou cinq des principaux séditieux avec lui. J'avouai bonnement que je n'en avois pas entendu parler; mais que quand cela n'y seroit pas, on pourroit peut-être encore y remédier : et m'ayant demandé comment je l'entendois, je lui dis que je croyois qu'on pouvoit faire deux amnisties, l'une conforme au traité, et l'autre pour en exclure Duretête, et quatre autres que je lui nommai; que s'il vouloit me renvoyer avec les deux amnisties, je ne doutois pas que je ne vinsse à bout de faire accepter celle de l'exclusion de ces séditieux : ce qui me parut lui faire un fort grand plaisir. Il me dit de revenir le lendemain, et qu'il vouloit encore m'entretenir là-dessus, ne doutant pas qu'alors M. de Montesson ne fût arrivé avec le traité; et en effet il arriva le soir, mais plus de vingt-quatre heures après moi.

Le lendemain Son Eminence ayant vu le traité, me dit d'aller voir M. de La Vrillière pour lui faire entendre mon expédient. J'y fus; et lui ayant proposé la chose, il me dit qu'il étoit bien vieux, mais qu'il n'avoit jamais vu ni entendu dire qu'on eût donné deux amnisties pour la même affaire : et sur ce je lui représentai que l'intention de M. le cardinal étoit que l'on présentât celle de l'exclusion de Durétête et des autres : la première pour tâcher de la faire recevoir, et qu'en cas d'impossibilité on donneroit l'autre; mais que j'étois fort persuadé que la ville de Bordeaux ayant déjà joui du plaisir de savoir la paix faite, et voulant éloigner les troupes, ne feroit pas de difficulté de recevoir l'amnistie telle qu'on la présenteroit, avec les réserves; que du moins c'étoit mon opinion. Il me dit qu'il s'en alloit prendre les ordres de M. le cardinal sur cela. Les deux amnisties ayant été mises en la meilleure forme, Son Eminence me les remit, et me fit donner deux mille écus. Je lui parlai du passage des troupes de M. le prince : elle me dit qu'elle alloit envoyer M. de Villautrais, l'un des gentilshommes du Roi, pour donner les ordres et faire fournir l'étape; qu'elle le feroit partir incessamment. Il m'ajouta que je ferois un bon service au Roi, si l'amnistie avec les réserves pouvoit être acceptée; et après m'avoir fait beaucoup d'honnêtetés, elle m'assura qu'elle auroit soin de ma fortune.

Je partis, et m'en retournai à Bordeaux, où l'affaire se passa comme je l'avois espéré. Duretête fut arrêté peu après, roué et mis en quartiers sur les portes de la ville. On peut dire que cet homme avoit maîtrisé Bordeaux, et pendant un temps maintenu le parti des princes. On fit sauver deux des autres, à qui M. le prince de Conti, après son mariage, fit donner des lettres de grâce. Je portai en même temps une lettre de M. le cardinal à M. de Candale, laquelle lui fit grand plaisir. M. le prince de Conti me reçut fort bien. M. l'abbé de Conac et les autres ne purent s'empêcher de se divertir un peu avec moi de l'aventure de la messe, et nous fûmes tous bons amis. Chacun prit sa route conformément au traité : M. le prince de Conti s'en alla à Pésenas, et ces messieurs emmenèrent avec eux une dame de Calvimont, dont le prince étoit amoureux. Pour moi, en m'en retournant à Paris je passai à Verteuil, où étoit M. de La Rochefoucauld, qui fut fort réjoui de me voir. Pendant deux jours que j'y restai, je lui rendis compte de mon bonheur et de mes aventures. M. de Vendôme ayant su comme les choses s'étoient passées, ne me l'a jamais pardonné.

Je fus parfaitement bien reçu de M. le cardinal, qui, peu de temps après, me fit donner deux mille écus de pension sur des bénéfices. Dans ce temps-là, M. l'abbé de Conac et ces autres messieurs songèrent à faire le mariage de M. le prince de Conti avec mademoiselle de Martinozzi, nièce de M. le cardinal. M. l'abbé de Conac eut, peu de jours après ce mariage, l'évêché de Valence; et présentement il a l'archevêché d'Aix.

[1654] Après avoir demeuré pendant quelque temps à Paris, je fis un tour à la cour. Le siége d'Arras étant fort avancé, M. le cardinal me dit qu'il voudroit bien que je pusse parler à M. le prince, et lui donner idée d'une souveraineté par où il croyoit pouvoir le tenter; mais je lui représentai que M. le prince n'étoit nullement capable d'entendre aucune proposition de cette nature dans l'état où étoient les choses. Il me dit que son dessein étoit que quand même Arras seroit pris, M. le prince pût prendre des vues pour un accommodement général, où il trouveroit bien son compte: ce qui me fit penser, pour la seconde fois, que M. le cardinal envisageoit dans ce temps que la paix générale étoit nécessaire; et il conclut qu'il étoit toujours d'avis que j'allasse sans escorte au camp de M. de Turenne, dans la pensée que je pourrois être pris prisonnier et mené à M. le prince, comme il l'auroit désiré : mais par hasard j'y arrivai avec mon valet sans aucune aventure; et étant fort connu de M. le marquis d'Humières, depuis maréchal de France, j'allai à son quartier. Il me témoigna beaucoup de joie de me voir, et me donna une petite chambre dans le logis qu'il occupoit. Je fus bien surpris le soir, quand on lui servit à souper, de voir que c'étoit avec la même propreté et la même délicatesse qu'il auroit pu être servi à Paris. Jusque là personne n'avoit porté sa vaisselle d'argent à l'armée, et ne s'étoit avisé de donner de l'entremêts et un fruit régulier : mais ce mauvais exemple en gâta bientôt d'autres; et cela s'est poussé si loin jusqu'à présent, qu'il n'y a aucuns officiers généraux, colonels ni mestres de camp qui n'aient de la vaisselle d'argent, et qui ne se croient obligés de faire, autant qu'ils peuvent, comme les autres. Aussitôt qu'on eut soupé, M. le marquis d'Humières me mena dans sa chambre, où après m'avoir entretenu quelque temps sur ce qui se passoit à la cour, je lui demandai quelle opinion il avoit sur le secours d'Arras. Il me répondit qu'on avoit de grandes espérances de forcer les lignes; mais qu'il étoit persuadé que les officiers généraux n'en seroient pas mieux traités.

Le lendemain j'allai voir M. de Turenne, et j'eus l'honneur de dîner avec lui : il n'avoit que de la vaisselle de fer blanc, avec une grande table servie de toutes sortes de grosses viandes en grande abondance : il y avoit plus de vingt officiers à la grande table, et encore quelques autres petites; il y avoit des jambons, des langues de bœuf, des cervelas et du vin en quantité. M. de Turenne, en quelque occasion où j'eus l'honneur d'être seul avec lui, me dit qu'il espéroit de pouvoir forcer les lignes; mais qu'il doutoit fort que quand même il en viendroit à bout, il en fût pour cela mieux dans ses affaires. Il y avoit une assez grande gaieté parmi les officiers, et je leur entendis souvent dire : « Nous secourrons Arras, et nous en aurons de plus méchans quartiers d'hiver. »

Le lendemain M. le marquis d'Humières étant de garde, me demanda si je voulois aller avec lui : je lui répondis que j'en serois fort aise. Après dîné, les ennemis sortirent en très-grand nombre. M. de Turenne accourut, après avoir donné ses ordres pour être suivi de beaucoup de troupes. Il y eut quelques décharges de part et d'autre : M. le duc de Joyeuse, de la maison de Lorraine, y reçut une blessure au bras, dont il mourut peu de temps après. Sur le soir, M. de Turenne ayant appris que M. le prince avoit marché, et se trouvant six ou sept mille hommes qui étoient sortis avec lui à cette alarme, marcha pour tâcher de les rencontrer, et même assez avant dans la nuit; mais n'en ayant aucunes nouvelles, il voulut s'en retourner.

Un officier de cavalerie qui servoit de guide (je crois que c'étoit M. d'Espagnet), ne sachant pas bien où il étoit, aperçut quelque feu; et croyant que ce fût dans notre camp, alla assez près d'une barrière des Espagnols, d'où ayant été crié *Qui vive?* le guide répondit : « C'est M. de Turenne. » Les autres croyant qu'il avoit dit *Lorraine,* firent répéter une seconde fois *Qui va là ?* Et celui-ci ayant encore répondu : *M. de Turenne,* ils firent une décharge de quelque mousqueterie, et tirèrent un coup de canon. La surprise fut si grande, que tout le monde s'enfuit dans le plus grand désordre du monde; enfin le guide reprit ses esprits, et trouva notre camp. Il y a peut-être des officiers qui ont fait vingt campagnes, sans avoir vu deux fois des terreurs paniques comme celle-ci et celle que j'avois vue à Saint-Denis.

Deux ou trois jours après je m'en retournai à la cour, et rendis compte à M. le cardinal de tout ce que j'avois fait pour tâcher de me faire prendre; mais que j'avois joué de malheur. Cela le fit rire; et il me dit qu'il étoit bien vrai, puisque souvent il entendoit parler de gens qui étoient pris en allant de la cour à l'armée, et de l'armée à la cour. Alors la nouvelle vint que les lignes avoient été forcées, et Arras secouru (1). L'archiduc, qui commandoit l'armée d'Espagne, et les autres officiers, se retirèrent de bonne heure en grand désordre ; et sans la fermeté et l'expérience de M. le prince, cette armée auroit été entièrement défaite : mais il fit une si belle retraite, qu'elle fut admirée en France ; et elle lui donna une si grande réputation en Espagne qu'il en fut traité de mieux en mieux.

L'année d'après (2), M. le prince de Conti fut fait général des armées du Roi en Catalogne. Il écrivit à M. de La Rochefoucauld la lettre dont voici la copie, qui m'a été remise, il y a environ trois mois, par une personne des amis de mademoiselle de La Rochefoucauld, qui l'avoit trouvée parmi des lettres que son père avoit mises à part.

Copie de la lettre écrite par M. le prince de Conti à M. le duc de La Rochefoucauld, au camp de Saint-Jordy, le 17 septembre 1654.

« Quoique j'eusse résolu de faire réponse à votre
« lettre et de vous rendre grâce de votre souvenir,
« j'ai présentement la tête si pleine de Gourville, que
« je ne puis vous parler d'autre chose. Comment, ce
« diable-là a été à l'attaque des lignes d'Arras ! La des-
« tinée veut qu'il ne se passe rien de considérable
« dans le monde qu'il ne s'y trouve ; et toute la for-
« tune du royaume et de M. le cardinal n'est pas assez
« grande pour nous faire battre les ennemis, s'il n'y
« joint la sienne. Cela nous épouvante si fort, M. de

---

(1) *Arras secouru* : Le 25 août. — (2) *L'année d'après* : Ce seroit l'année 1655. Il y a erreur : le prince de Conti alla prendre le commandement de l'armée de Catalogne en 1654.

« Candale et moi, que nous sommes muets sur cette
« matière-là : sérieusement je vous supplie de me
« l'envoyer bien vite en Catalogne; car comme j'ai
« fort peu d'infanterie, et que sans infanterie ou
« sans Gourville on ne sauroit faire de progrès en ce
« pays-ci, je vous aurai une extrême obligation de
« me donner lieu, en le faisant partir promptement,
« de faire quelque chose d'utile au service du Roi. Si
« je manque de cavalerie la campagne qui vient, je
« vous prierai de me l'envoyer encore; car, sur ma
« parole, la présence de Gourville remplace tout ce
« dont on manque. Il est en toutes choses ce que les
« quinola sont à la petite prime; et quand j'aurai be-
« soin de canon, je vous demanderai encore Gour-
« ville. Au reste, je vous garde un commentaire assez
« curieux que j'ai fait sur des lettres que madame de
« Longueville a écrites à madame de Châtillon; je
« prétends vous le dédier; et ainsi, avant de le faire
« imprimer, je veux qu'il ait votre approbation : ce
« sera à notre première vue. En attendant, je vous
« supplie d'être persuadé que je suis pour vous,
« comme je le dois, dans les termes de notre traité.

« ARMAND DE BOURBON.

« *P. S.* Nous marchons après-demain pour aller at-
« taquer une place en Cerdagne, appelée Puycerda :
« j'attends Gourville pour en faire la capitulation (1). »

Quoique la lettre de M. le prince de Conti parût fort pressante pour me faire aller en Catalogne, je craignois de n'y point avoir de satisfaction, par la cabale qui étoit si animée contre moi; de plus, je me

(1) La ville de Puycerda fut prise le 17 octobre 1654.

trouvois bien à Paris. Ainsi je pris le parti d'y passer l'hiver. Néanmoins au printemps je me résolus de faire ce voyage; et auparavant j'allai prendre congé de M. le cardinal. Je lui dis que M. le prince de Conti avoit témoigné qu'il seroit bien aise que j'allasse le trouver; il me fit l'honneur de me dire que quand j'y serois, s'il se présentoit quelque chose à lui mander qui en valût la peine, je pourrois lui écrire.

Quelqu'un manda à ces messieurs qui étoient auprès de Son Altesse qu'ils n'avoient qu'à se bien tenir, et que j'allois partir pour la Catalogne. Quoiqu'ils se crussent maîtres de l'esprit de M. le prince de Conti, ayant mis dans leur cabale M. le marquis de Villars, qui avoit été fait premier gentilhomme de sa chambre, ils ne laissèrent pas, à ce que j'ai su depuis, d'être fort embarrassés à mon arrivée, se souvenant de ce qui s'étoit passé à Bordeaux. Je ne sais comment ils avoient fait; mais je fus surpris d'être reçu de M. le prince de Conti avec un peu de froideur; et ces messieurs me regardant fort de côté, à proprement parler, personne n'osoit m'approcher ni me parler. La nuit étant venue et ne sachant où la passer, l'aumônier de M. le prince de Conti, à qui j'ai eu depuis occasion de faire plaisir, me donna la moitié de son matelas. Le lendemain M. le prince de Conti, qui faisoit le siége de Castillon, devant aller à la tranchée, je montai sur mon cheval de poste, et allai l'y attendre. M'étant approché de lui quand il mit pied à terre, il s'appuya sur mon bras pour lui aider à marcher; il me demanda comment j'étois avec M. le cardinal. Je lui dis que depuis la paix de Bordeaux j'en avois toujours reçu de bons traitemens, et qu'en prenant congé de lui pour venir trouver Son Altesse, il m'avoit chargé de lui écrire, quand je serois auprès d'elle, s'il y avoit quelque chose qui en valût la peine. Il s'assit dans la tranchée, et causa quelque temps avec moi; il me demanda des nouvelles de M. de La Rochefoucauld. Après lui avoir fait des complimens de sa part, je lui dis que c'étoit M. de La Rochefoucauld qui m'avoit conseillé de venir auprès de Son Altesse, sur une lettre qu'elle lui avoit écrite il y avoit quelque temps, paroissant le désirer ainsi : il me dit qu'on lui avoit donné de l'ombrage de mon arrivée, mais qu'il étoit très-persuadé de mon affection. Quand il fut question de se mettre à table, il m'ordonna de m'y mettre, au grand étonnement de la compagnie; et le soir j'eus un lit par son ordre. M. le prince de Conti avoit autant d'esprit qu'un homme puisse en avoir, même de la science; agréable dans la conversation, du cœur, et d'autres bonnes qualités : mais, avec tout cela, il avoit toujours quelqu'un à qui il donnoit grand pouvoir sur son esprit.

La première occasion qu'il y eut d'envoyer à la cour, M. le prince de Conti m'en chargea : j'allai pour lors trouver la cour en Picardie; on me donna mille écus pour mon voyage. En repassant par Paris pour m'en retourner, je trouvai fortuitement un nommé M. Rose qui avoit acheté une charge d'intendant des vivres des armées, avec pouvoir de commettre quelqu'un dans chacune. Il me donna une commission pour en faire les fonctions en Catalogne, où j'appris que M. de Bezons, intendant, s'en étoit allé à Pésenas où étoit madame la princesse de Conti, et ensuite à Paris, à cause de quelque petite sédition qu'il y avoit eu dans les troupes contre lui. Je m'installai dans ma commission d'intendant des vivres, et m'en trouvai parfaitement bien.

A la fin de la campagne, M. Jaquier, qui avoit les vivres, ayant eu besoin de moi pour beaucoup de signatures, afin de mettre son compte en état d'être rendu, me fit présent de quinze mille livres.

Je m'en retournai auprès de M. le prince de Conti ; et M. le marquis de Villars vivant fort bien avec moi, les autres prirent le parti de garder la bienséance, mais non pas sans chagrin de me voir aller et venir, et toujours bien avec M. le prince de Conti. La campagne finie, il s'en retourna à Pésenas : comme gouverneur de Languedoc, il étoit chargé de la part du Roi de prendre des mesures pour la tenue des Etats. Sa Majesté souhaitoit qu'on lui donnât un million cinq cent mille livres ; et messieurs les évêques, avec de grandes remontrances, prétendoient que la province ne pouvoit pas passer un million, le pays étant fort ruiné. Je m'avisai d'écrire à M. le cardinal que pour avoir un million cinq cent mille livres des Etats, et peut-être plus, et lever toutes les difficultés, il n'y avoit qu'à expédier des quartiers d'hiver pour toutes les troupes de Catalogne dans le Languedoc ; et que j'étois bien persuadé qu'aussitôt que cela seroit su, l'on feroit de grandes instances auprès de M. le prince de Conti pour recevoir un million cinq cent mille livres ; qu'il falloit en même temps envoyer les expéditions pour les quartiers d'hiver en Guienne, et charger le courrier de rendre à M. le prince de Conti celles qui regarderoient le Languedoc, et me faire remettre entre les mains le paquet qui regarderoit la Guienne :

ce que M. le cardinal goûta fort, et ordonna que cela fût exécuté. Ainsi il me fit réponse qu'il avoit si approuvé ma pensée, qu'il mandoit à M. le prince de Conti de prendre confiance en moi pour tout ce qui regardoit la tenue des Etats.

Le paquet étant venu à M. le prince de Conti, cela fit une grande rumeur parmi ceux qui étoient déjà à Pésenas, où l'on devoit faire l'assemblée. Messieurs les évêques d'Aleth et de Comminges, qui étoient les plus fermes pour ne donner qu'un million, furent les premiers à venir prier M. le prince de Conti d'avoir pitié de cette pauvre province qui alloit être ruinée, et le supplièrent de la vouloir garantir de ce naufrage. Je convins avec M. le prince de Conti qu'il leur diroit qu'il ne pouvoit pas s'en mêler, à moins qu'on ne donnât un million huit cent mille livres qu'on avoit demandées; et comme les troupes marchoient et s'approchoient, M. de Comminges, que je connoissois fort, m'ayant parlé de cette affaire, je lui dis que je croyois qu'ils feroient bien d'offrir vitement un million six cent mille livres à M. le prince de Conti, puisque cela ôteroit à la province sa ruine totale (qui étoit le langage qu'il me tenoit); et m'ayant demandé comment cela se pouvoit faire, je lui dis que je croyois qu'à cette condition M. le prince de Conti pourroit faire passer les troupes en Guienne.

Cela fut convenu bientôt après, parce que l'affaire pressoit beaucoup ; et les paroles étant données, toutes les troupes allèrent prendre leurs quartiers en Guienne. M. le prince de Conti fut fort aise de recevoir une lettre de M. le cardinal, qui lui marquoit que le Roi étoit fort content de sa conduite, et de ce qu'il avoit obtenu de la province. Cela augmenta de beaucoup la confiance qu'il avoit en moi; et je puis dire que, particulièrement pour tout ce qui regardoit la cour, j'étois le seul à qui il parloit.

N'ayant plus rien à faire dans ce pays-là, je m'en revins à Paris, et louai un appartement assez honnête dans le petit hôtel de Bourbon. J'achetai un carrosse et des chevaux, entretenant toujours un commerce de lettres avec M. le prince de Conti. Quelque temps après, madame la princesse de Conti étant revenue à Paris, je lui faisois régulièrement ma cour; et peu après la reine de Suède y étant arrivée, M. le cardinal, qui en sortoit avec le Roi pour quelque temps, m'ordonna de prendre garde qu'elle traitât madame la princesse de Conti comme elle feroit Mademoiselle. J'avois même dit à la reine de Suède, avant que Mademoiselle l'eût été voir, qu'elle devoit faire le même traitement à madame la princesse de Conti qu'elle feroit à Mademoiselle; que cela se pratiquoit ainsi. Je ne sais si quelqu'un lui avoit dit qu'elle y devoit mettre quelque différence. Quoi qu'il en soit, elle donna un fauteuil à Mademoiselle; et quand madame la princesse de Conti y alla, elle fit ôter les fauteuils qui étoient dans sa chambre, et n'y laissa que des siéges pliants, croyant bien que l'on n'auroit pas sujet de se plaindre, si on ne lui donnoit que des siéges dont elle se servoit elle-même. En écrivant à M. le cardinal la chose comme elle s'étoit passée, je lui mandai que je ne m'amuserois pas à lui témoigner le chagrin que j'en avois; mais que j'allois donner toute mon application à faire que la reine de Suède réparât ce qu'elle avoit fait. J'en avois été un peu connu dès le jour de son arrivée ; je l'allai donc trouver, pour lui dire que j'étois au désespoir de la différence que Sa Majesté avoit mise entre Mademoiselle et madame la princesse de Conti ; que c'étoit une nouveauté en ce pays-ci; et que si quelqu'un lui avoit dit le contraire, ce ne pouvoit être que dans la vue de donner cette mortification à M. le cardinal, qui s'en prendroit à moi de ce que je ne l'en avois pas averti, quoique pourtant elle savoit bien que j'avois pris cette liberté, et que je croyois que cela le fâcheroit fort. J'ajoutai tout ce que je crus qui lui pourroit faire prendre le parti de réparer ce qui s'étoit passé, et, entre autres, que je serois ravi de pouvoir mander à M. le cardinal qu'elle lui avoit fait le même traitement qu'à Mademoiselle, aussitôt qu'il auroit appris la différence qu'elle y avoit mise. Elle s'y résolut sur-le-champ, et me marqua une heure pour le lendemain que madame la princesse de Conti pourroit venir. En effet, elle lui donna un fauteuil comme elle avoit fait à Mademoiselle ; et je l'écrivis aussitôt à M. le cardinal.

Quelque temps après je fus connu de M. Fouquet, qui me goûta d'abord assez. En me parlant un jour de la peine qu'il y avoit à faire vérifier des édits au parlement, je lui dis que dans toutes les chambres il y avoit des conseillers qui entraînoient la plupart des autres; que je croyois qu'on pouvoit leur faire parler par des gens de leur connoissance, leur donner à chacun cinq cents écus de gratification, et leur en faire espérer autant dans la suite aux étrennes. J'en fis une liste particulière, et je fus chargé d'en voir une partie que je connoissois. On en fit de même pour d'autres. M. Fouquet me parla de M. le président Le Coigneux comme d'une personne qu'il falloit tâcher de voir : je lui dis que j'allois quelquefois à la chasse avec lui, et que je verrois de quelle manière je pourrois m'y prendre. Un jour, me parlant des ajustemens qu'il faisoit faire à sa maison de campagne, je lui dis qu'il falloit essayer de faire en sorte que M. le surintendant aidât à achever une terrasse qu'il avoit commencée. Deux jours après, j'eus ordre de lui porter deux mille écus, et de lui faire espérer que cela pourroit avoir de la suite. Quelque temps après, il se présenta une occasion au parlement où M. Fouquet jugea bien que ce qu'il avoit fait avoit utilement réussi. Il me chargea encore de quelques autres affaires; et étant fort content de moi, cela me fit espérer que je pourrois faire quelque chose par ce chemin-là.

En ce temps, M. le cardinal se trouvoit assez souvent fatigué des demandes que faisoit M. le prince de Conti pour lui et quelquefois pour ses amis, qui étoient appuyées par madame la princesse de Conti. Un de ces messieurs de la cabale contre moi, qui étoit auprès de Son Altesse, et qui ne m'aimoit pas, étant venu à Paris, et M. le cardinal s'en étant plaint devant lui, il lui dit que c'étoit par mes conseils, et que j'avois beaucoup empiété sur l'esprit de madame la princesse de Conti; que si Son Eminence me faisoit mettre à la Bastille, et faisoit venir M. le prince de Conti, elle verroit qu'il ne lui feroit pas la moindre peine.

[1656] M. le cardinal, au commencement d'avril 1656, donna ordre à M. de Bachelière, gouverneur de la

Bastille, de m'y mener. Il vint le lendemain pour cela à mon appartement, accompagné de quelques gens; et ayant trouvé mon laquais à la porte de ma chambre, il lui demanda si j'étois là, et ce que je faisois : ce laquais lui répondit que j'étois avec mon maître à danser. M'ayant trouvé que je répétois une courante, il me dit en riant qu'il falloit remettre la danse à un autre jour; qu'il avoit ordre de M. le cardinal de me mener à la Bastille. Il m'y conduisit dans son carrosse; et comme il n'y avoit aucunes personnes de considération, il me mit dans une chambre au premier, qui étoit la plus commode de toutes. J'y fus enfermé avec mon valet pendant huit jours, sans voir personne que celui qui m'apportoit à manger; mais M. le gouverneur m'étant venu voir, me dit que M. le surintendant l'avoit prié de me faire les petits plaisirs qui pourroient dépendre de lui; que je pouvois communiquer avec les autres prisonniers, mais qu'il ne falloit pas qu'aucun de mes amis demandât à me voir. Cela me fit un grand plaisir, m'étant déjà ennuyé au-delà de tout ce qu'on peut s'imaginer. Peu de temps après, un jour maigre, ayant fait venir un brochet fort raisonnable, je priai M. le gouverneur d'en vouloir bien manger sa part : ce qu'il m'accorda. Nous passâmes une partie de l'après-dînée à jouer au trictrac, et j'en fus dans la suite traité avec beaucoup d'amitié. J'avois la liberté d'écrire et de recevoir des lettres tant que je voulois, et quelquefois une personne de mes amis venoit demander à voir d'autres prisonniers qui étoient proche de ma chambre. Ainsi j'avois l'occasion de lui pouvoir parler; mais cela n'empêchoit pas que je ne m'ennuyasse extrêmement, surtout depuis les neuf heures du soir que l'on fermoit ma porte, jusqu'à huit heures du matin. Je m'avisai, pour m'amuser, de me faire apporter des fèves que je fis mettre dans des papiers séparés par nombre ; je me promenois dans ma chambre, qui avoit onze pas entre les encoignures des fenêtres ; et chaque tour que je faisois, mon valet tiroit une fève du papier, et la mettoit sur la table : comme le nombre étoit fixe, quand j'avois achevé, j'avois fait deux mille pas.

Je fis venir des livres ; mais en voulant lire, mon esprit étoit aussitôt aux moyens que je pourrois trouver pour me tirer de là : de sorte que je n'avois presque aucune application à ce que je lisois ; et mes amis ne voyoient point de jour à m'en tirer. Cependant y ayant entre autres six prisonniers raisonnables, je pensai que si j'avois les clefs de leur chambre et de la mienne, je pourrois faire cacher mon valet un soir avant qu'on fermât ma porte, et lui donner ma clef pour l'ouvrir ; qu'ensuite j'irois faire sortir les autres ; et que nous pourrions descendre dans le fossé par un endroit que j'avois remarqué, et remonter par l'autre. Pour y parvenir, étant tous six logés dans deux degrés, je trouvai moyen de gagner celui qui avoit soin d'ouvrir nos portes ; je pris les mesures de chaque clef avec de la cire, et je les envoyai dans une boîte à La Rochefoucauld pour en faire faire de pareilles par un serrurier habile qui y demeuroit. Mais, vers le mois de septembre, sachant que M. l'abbé Fouquet étoit fort employé par M. le cardinal pour faire mettre des gens à la Bastille, et qu'il en faisoit aussi beaucoup sortir, je tournai toutes mes pensées de ce côté-là. A ce propos, je me souviens d'un procureur, homme d'esprit et grand railleur, qu'il y avoit fait mettre. Comme nous nous promenions un jour ensemble, il entra un homme dans la cour, qui y trouvant un levrier en fut surpris, et demanda pourquoi il étoit là. Le procureur répondit avec son air goguenard : « Monsieur, dit-il, c'est qu'il a mordu le chien « de M. l'abbé Fouquet. »

Je fis proposer à mes amis de parler à M. le surintendant, et de voir avec monsieur son frère si, en parlant de temps en temps à M. le cardinal, comme il avoit coutume, des autres prisonniers, il ne pourroit pas trouver moyen de me faire sortir. Cela réussit si bien, que M. le cardinal devant partir, deux ou trois jours après, pour aller à La Fère, M. l'abbé Fouquet lui porta la liste de tous les prisonniers de la Bastille, comme il faisoit de temps en temps; il ordonna la sortie de trois, dont j'en fus un. Ayant reçu l'ordre, je sortis aussitôt. Dès le soir, étant allé dans l'antichambre de M. le cardinal pour l'en remercier, M. Rose, son secrétaire, me félicita en passant de mon heureuse sortie. Je le priai de dire, en entrant, que j'étois là. M. le cardinal répondit : « Je sais bien « que je l'ai fait sortir ; mais je ne sais pas trop qu'en « faire ; qu'il vienne à La Fère, je le verrai là. »

M'y étant rendu, je me présentai le soir à lui, comme il sortoit de chez le Roi. Je lui fis une révérence, en lui disant que j'avois bien des remercîmens à faire à Son Éminence, qui, en me faisant mettre à la Bastille, m'avoit donné lieu de faire réflexion sur ma mauvaise conduite. Il se mit à rire, et me dit de le venir trouver le lendemain, à sept heures du matin. Dès que je parus, un valet de chambre lui alla dire que j'étois là ; il me fit entrer, et congédia M. Vallot, premier médecin, qui étoit avec lui. Le voyant sortir, je dis à M. le cardinal qu'il s'en falloit bien que ni M. Vallot ni tous les autres médecins connussent aussi bien que Son Eminence les remèdes propres à un chacun, puisque, par ma propre expérience, je m'étois trouvé avec une maladie presque incurable; qu'un seul remède qu'elle m'avoit fait donner à propos m'avoit si bien guéri, que ceux qui auroient cru me connoître ci-devant ne me reconnoîtroient plus, tant j'avois profité du temps que Son Eminence m'avoit donné pour faire des réflexions, qui me seroient d'une grande utilité pour le reste de mes jours; que j'avois bien compris qu'au lieu que je voulois mener les autres à mon point, je ne devois songer qu'à entrer dans l'esprit de ceux dont j'avois affaire.

Après m'avoir écouté patiemment en souriant, il me fit juger que mon discours ne lui avoit pas déplu ; il me dit : « Vous vous êtes donc un peu ennuyé à « la Bastille ? » Je lui répondis : « Beaucoup, Dieu « merci; et j'ai bien résolu d'éviter tout ce qui pour- « roit m'y faire remettre. » J'ajoutai que si Son Eminence vouloit me faire l'honneur de m'employer à quelque chose, elle verroit combien son remède m'avoit été salutaire. Il me dit qu'il y avoit long-temps qu'il s'étoit senti de la bonne volonté pour moi; qu'il étoit encore dans les mêmes sentimens, et qu'il songeoit à me faire secrétaire de l'ambassade de Portugal, où alloit M. le comte de Comminges; et que le Roi me donneroit de bons appointemens. Je lui répondis que j'étois bien obligé à Son Eminence de vouloir couvrir d'un prétexte honnête l'exil où elle vouloit m'envoyer; que je la suppliois très-instamment d'avoir la charité de me donner du temps pour connoître la vérité de ce que je lui avois avancé; et qu'elle m'avoit fait assez de bien par les pensions qu'elle m'avoit données sur des bénéfices, quoique j'en eusse amorti une partie pour vivre doucement. Il me dit qu'il le voyoit bien; mais que je prisse garde de me mettre dans un bon chemin, parce que si je ne tournois pas mon esprit tout-à-fait au bien, il se tourneroit au mal. Je lui dis en souriant que je pouvois avoir été comme cela; mais qu'il m'avoit bien donné occasion de changer, comme j'avois fait. Je me sentis bien content du tour que j'avois donné à mon discours, ayant lieu d'espérer qu'il avoit fait impression.

Deux jours après, la nouvelle vint que M. le prince avoit secouru Valenciennes, et que M. le maréchal de La Ferté y avoit été fait prisonnier. M. le cardinal me parla fort de cette affaire, et m'envoya à Paris, avec une instruction sur la manière dont il falloit que j'en rendisse compte à M. le chancelier et à M. le premier président, et que je la débitasse dans le monde, en gardant la vraisemblance, parce qu'il craignoit que cette nouvelle ne fît beaucoup de bruit à Paris.

Je crois que dans ce temps-là M. le coadjuteur s'étoit sauvé du château de Nantes. Etant revenu, et ayant rendu compte à Son Eminence de la manière dont je m'étois conduit, il me parut fort content, et me dit ce jour-là que je ferois bien de tâcher d'entrer en quelque affaire de finance; qu'il voyoit tant de gens qui y faisoient leur fortune, qu'il ne croyoit pas que je pusse mieux faire que de me tourner de ce côté-là. Je lui répondis que je m'en allois donc faire ma cour le mieux que je pourrois à M. le surintendant.

M. de Langlade (1), pendant ma prison, continua à me donner des marques de son amitié; mais dans la suite elle me causa bien des peines. Je trouvai que son commerce avoit continué de la même façon avec madame de Saint-Loup; et ma mémoire me fournit une historiette que je trouve assez singulière pour être rapportée. Si d'un côté madame de Saint-Loup craignoit le diable, de l'autre elle trouvoit tant de commodités à l'empire qu'elle avoit sur M. de Langlade, qu'elle ne pouvoit se résoudre à le perdre. Apparemment elle songea aux moyens d'accommoder tout cela ensemble; et pour y parvenir elle en choisit un qui lui réussit extrêmement bien, et qui l'auroit brouillée et fait mépriser par tout autre.

Pour en commencer la scène, elle choisit un jour que je devois partir fort matin en poste pour faire un voyage en Guienne. Elle m'envoya prier, à deux heures après minuit, de ne pas partir sans la voir; et y étant allé sur-le-champ pour savoir ce que ce pouvoit être, je la trouvai au coin de son feu, appuyée sur une table, avec un air triste et dolent. Après avoir gardé le silence, je sentis quelque effroi, ne voyant pas à quoi cela pouvoit aboutir; enfin elle me dit qu'elle n'avoit pas voulu me laisser partir sans

---

(1) *Langlade :* Il avoit été secrétaire du duc de Bouillon pendant les troubles de la Fronde, s'étoit ensuite attaché au cardinal Mazarin, et étoit devenu secrétaire du cabinet.

m'avoir conté ce qui lui étoit arrivé, qui me surprendroit fort. Elle me dit qu'après s'être couchée et avoir fait sa prière, commençant à s'assoupir, elle avoit entendu tirer son rideau ; qu'ayant sorti sa main dessus sa couverture, elle avoit senti quelque chose à cette main ; et s'étant fait apporter de la lumière, elle y avoit trouvé une croix qu'elle me montra, parfaitement bien faite. Je n'ai jamais pu savoir si elle s'étoit servi pour cela d'un fer chaud ou de quelque eau brûlante. La première chose qui me vint dans l'esprit, c'est que le miracle auroit pu se faire les rideaux fermés; en un mot, je ne la crus nullement. Mais après qu'elle m'eut prié d'aller dire cette nouvelle à M. de Langlade, je sentis bien qu'il falloit au moins en faire semblant. Elle me dit ensuite qu'elle croyoit que ce miracle ne s'étoit pas fait pour elle seule. Je lui dis qu'à mon égard j'attendrois à mon retour, pour voir le changement que cela apporteroit en elle; et je m'en allai, dans un grand embarras, conter l'aventure à M. de Langlade. S'étant aussitôt levé, nous y fûmes ensemble : ce furent de grands cris et beaucoup de larmes de leur part ; elle répéta à M. de Langlade que ce miracle n'avoit pas été fait pour elle seule. Il dit que son cœur le lui marquoit bien, puisqu'il se trouvoit déjà tout changé. Et comme je ne savois que penser ni que dire à tout cela, je m'en allai monter à cheval pour faire mon voyage, y pensant fort, et ayant de la peine à croire ce que je venois de voir et d'entendre.

A mon retour de Guienne, j'allai voir madame de Saint-Loup : je trouvai sa tapisserie couverte de petits cadres où il y avoit des sentences et des dictums pleins de dévotion, avec un assez gros chapelet qui pendoit sur son écran. Elle me dit qu'elle avoit bien prié Dieu pour moi, et qu'elle souhaitoit fort que je fisse mon profit de ce qui lui étoit arrivé, comme avoit fait M. de Langlade : je la remerciai de ses vœux et de ses prières, ne me trouvant pas encore touché; mais quand l'heure du dîné fut venue, je le fus encore moins, quand je vis servir deux potages, l'un à la viande pour eux, et un maigre pour moi, me disant qu'ils avoient été bien fâchés de rompre le carême à cause de leurs indispositions. On ôta les potages, et on servit une poularde devant eux, avec un petit morceau de morue pour moi. Madame de Saint-Loup voyant que je la regardois, me dit qu'elle auroit mieux aimé manger ma morue que sa poularde; M. de Langlade citoit à tous propos saint Augustin : elle le faisoit souvenir des passages de ce saint, et tous deux me jetoient de temps en temps quelques propos de dévotion. J'avoue que je ne me suis jamais trouvé dans un embarras pareil à celui où j'étois; et n'y pouvant plus tenir, aussitôt après dîné je sortis sous prétexte de quelques affaires, et m'en allai chez M. de La Rochefoucauld lui raconter mon aventure, en lui disant que je ne pouvois pas m'empêcher d'ouvrir les yeux à M. de Langlade : mais il me dit qu'il falloit bien s'en garder; qu'il avoit fait ce qu'il avoit pu pour tâcher d'entrer avec lui en matière sur ce sujet; mais qu'il étoit de toute impossibilité de lui faire entendre raison. Il convint avec moi que cela lui donnoit un grand ridicule, et que force gens étoient curieux d'aller voir cette croix. Souvent madame de Saint-Loup la montrant, leur demandoit quelque chose pour les pauvres. M. de La Rochefoucauld me recommanda encore fortement de ne point entrer en discours sur cette matière avec M. de Langlade, parce qu'assurément je me brouillerois irréconciliablement avec lui. Le temps qui s'étoit écoulé avoit effacé la croix; mais ce qu'on aura peine à croire, c'est qu'elle supposa que, par un autre miracle, la croix avoit été renouvelée. Elle disoit qu'étant aux Pères de l'Oratoire fort attentive comme on levoit le saint-sacrement, elle avoit encore senti à sa main qui étoit gantée la même chose que la première fois; et qu'ayant ôté son gand, elle avoit trouvé la croix très-bien refaite. Mon étonnement augmenta beaucoup; mais M. de Langlade parut si persuadé de ce second miracle, qu'il l'attestoit avec des sermens effroyables. Cela n'empêcha pas que quelque temps après il ne songeât à se marier, apparemment suivant les règles de saint Paul, et qu'il ne se mît en tête d'aller en Périgord pour épouser mademoiselle de Campagnac, fille de qualité, sans aucun bien, qu'il avoit connue fort jeune. Je me souviens qu'un soir, après avoir soupé avec lui à Saint-Mandé, nous partîmes à pied en causant : faisant suivre notre carrosse, nous continuâmes notre chemin sans y monter jusqu'à la porte Saint-Antoine, où j'avois une petite maison. Je n'oubliai rien de tout ce qui pouvoit me venir dans la pensée pour tâcher de le dissuader de son mariage : entre autres, que du moins il devoit rompre avec madame de Saint-Loup; que quoique je crusse que leur commerce étoit innocent, cependant il étoit difficile de s'imaginer que la femme qu'il épouseroit s'accommodât de la société qu'il auroit avec cette dame, si son intention étoit de la continuer. Il me dit que n'étant point amoureux, il pouvoit bien se marier, et vivre honnêtement avec madame de Saint-Loup; et que la demoiselle à qui il pensoit étant dans une extrême nécessité, consentiroit aisément à tout ce qui pourroit lui plaire. Tout ce que je pus lui dire ne changea en rien la résolution qu'il avoit prise de s'aller marier; et ce qu'il y a encore de singulier et de très-véritable, c'est qu'il m'écrivit, deux jours avant d'arriver chez mademoiselle de Campagnac, qu'il me prioit de faire dire des messes à son intention, afin que Dieu lui envoyât des inspirations sur ce qu'il avoit à faire. Mais j'appris bientôt qu'il avoit terminé son mariage sans attendre l'effet des prières qu'il avoit demandées. Il me marqua qu'il alloit amener sa femme à Paris; et ma condescendance pour lui alla encore jusqu'à louer une maison proche la mienne pour les nouveaux mariés. Je leur fis faire un lit fort propre de damas jaune, et deux tapisseries fort raisonnables que je fis tendre dans son appartement. Je m'aperçus que madame de Langlade ne s'accommodoit pas du commerce de son mari avec madame de Saint-Loup comme il se l'étoit imaginé. En effet il causa beaucoup de brouilleries; mais comme il se flattoit que cela ne venoit que de la forte amitié qu'elles avoient toutes deux pour lui, il s'en consoloit. Je n'ai pas su s'il avoit été désabusé des miracles de madame de Saint-Loup, ni que jamais personne eût osé lui en parler. Pour elle, l'ayant mis quelque temps après sur ce chapitre, elle me les abandonna volontiers; mais elle se savoit bon gré de la conduite qu'elle avoit tenue depuis qu'elle croyoit fortement avoir effacé le passé. Madame de Liancourt étant venue à mourir, elle s'étoit persuadée que M. de Liancourt ne pouvoit jamais mieux faire que de l'épouser, et elle le disoit à bien des gens ; mais n'ayant pas trouvé jour à pouvoir réussir, elle me parla fort souvent, et croyoit me dire de fort bonnes raisons pour me prouver que je serois trop heureux en l'épousant. Si j'avois eu foi aux sortiléges, j'aurois craint que par là elle ne fût venue à bout de son dessein, tant elle en avoit envie, autant pour mon bonheur, me disoit-elle, que pour le sien. Elle me fit présent un jour d'un sac de senteur pour mettre sur mon lit, qui me donna si fort dans la tête, que je m'en réveillai la nuit tout troublé. Mon premier mouvement alla à penser si ce n'étoit point quelque secret pour me porter au mariage. Après tout, il faut convenir qu'elle avoit l'esprit fort amusant dans la conversation, et qu'elle a eu toujours beaucoup d'amis ; elle n'ignoroit rien de tout ce que savoit M. de Langlade, et je lui dois cette justice que je n'ai jamais appris qu'elle eût parlé de ce qu'on lui avoit confié. Il n'en étoit pas de même de M. de Gondrin, archevêque de Sens, qui la venoit voir fort souvent : il avoit beaucoup d'esprit, et parloit extrêmement bien, mais, à mon avis, un peu trop. Il auroit fort souhaité d'entrer en quelques affaires, comme c'étoit assez la mode en ce temps-là, tout étant en cabale. Je fus fort d'avis que l'on ne s'ouvrît pas beaucoup avec lui, parce que je trouvois que sa vanité le portoit à aimer mieux le bruit d'une affaire que la réussite : au surplus, il étoit de très-bon commerce.

Etant revenu à Paris, je m'attachai fortement à faire ma cour à M. le surintendant : il me parloit de beaucoup de choses, et m'employa même dans une affaire fort délicate, dont je m'acquittai bien. Le bruit ayant couru qu'il avoit de la bonne volonté pour moi, quelques personnes me chargèrent de quelques propositions : il me dit que je n'entendois pas assez cette matière ; et M. Girardin ayant été enlevé proche de Paris par M. de Barbezières, il vint dans l'esprit de M. le surintendant de faire contribuer tous les gens d'affaires à m'acheter la charge de prevôt de l'île, pour les garantir de pareilles aventures. Le Roi fit mettre M. le comte de Chemerault, frère de M. de Barbezières, à la Bastille, dans une chambre, sans en sortir. M. le cardinal me chargea de le voir pour tâcher de traiter de la liberté de M. Girardin, et il me dit de promettre pour cela jusqu'à cinquante mille livres ; mais que je fisse en sorte de ménager quelque chose dessus, si cela étoit possible. M. de Chemerault me dit bonnement que n'ayant point de pouvoir sur son frère, il ne savoit pas ce que nous pourrions faire. Je lui dis que je croyois que nous pourrions fixer une somme qui le pût mettre en état de servir honorablement M. le prince. Ayant compté à peu près ce qu'il lui en coûteroit pour lever un régiment de cavalerie, nous trouvâmes que cela ne pourroit aller au-dessus de vingt-cinq à trente mille livres ; mais qu'il falloit encore ajouter pour le mettre en équipage : sur quoi m'ayant dit de faire ce que je jugerois à propos, il m'assura qu'il écriroit à son frère tout de son mieux. Je conclus donc qu'il falloit lui faire donner quarante-cinq mille livres. Il me pria de lui dicter la lettre que je pensois qu'il devoit écrire. Nous commençâmes par dire qu'il avoit bien souffert dans une chambre pendant quelques jours, sans presque voir de lumière; que j'avois eu ordre de M. le cardinal de lui venir parler de la liberté de M. Girardin, et que nous avions estimé que cela devoit aller à quarante-cinq mille livres, en y ajoutant les raisonnemens que je viens de dire; que je l'avois fait mettre en liberté à la Bastille pour quinze jours, pour lui donner le temps d'avoir sa réponse, et qu'il seroit renfermé de nouveau s'il n'acceptoit pas ces offres; que ce n'étoit pas là seulement ce qui devoit l'y obliger, mais encore la considération que si le chagrin prenoit à M. Girardin dans sa prison, et qu'il vînt à mourir, ils seroient tous deux dans une méchante posture. M. le cardinal, à qui je rendis compte de tout cela, m'en parut content, et me dit que si l'affaire s'accommodoit, il étoit d'avis que je prisse des lettres de crédit sur Anvers, et que, sous prétexte d'y aller faire compter de l'argent et ramener M. Girardin, j'aurois occasion de voir M. le prince, que l'on disoit en ce temps-là n'être pas trop bien traité des Espagnols; et que s'il se trouvoit quelque disposition en lui pour son retour en France, je pourrois l'assurer des bonnes grâces du Roi et d'une amitié très-sincère de la part de Son Éminence, et qu'on le rétabliroit dans tous ses biens et dans toutes ses charges. Mais comme je représentai que M. le prince auroit peine à manquer aux Espagnols, il me dit que je pourrois encore lui proposer de chercher des moyens pour pouvoir se dégager d'eux avec bienséance. Je poussai déjà mes espérances jusqu'à croire que cela pourroit bien produire la paix entre les deux couronnes, sachant que les uns et les autres étoient bien las de la situation où ils se trouvoient. En attendant la réponse de M. de Barbezières à son frère, on apprit la mort de M. Girardin; M. le cardinal me dit qu'il étoit bien fâché que je n'eusse pas eu ce prétexte pour voir M. le prince, sachant bien certainement qu'il n'étoit pas content de la manière dont M. de Fuensaldagne vivoit avec lui.

[1657] L'année suivante 1657, M. de Turenne mit le siége devant Cambray; et M. le prince, qui étoit avec ses troupes du côté de Valenciennes, en ayant eu avis, vouloit joindre les troupes d'Espagne aux siennes pour tâcher de le secourir; mais il se résolut sur-le-champ d'en aller faire la tentative, et mena M. le marquis d'Yenne, gouverneur de Franche-Comté, qui étoit le seul des troupes espagnoles qui se trouvât avec lui, pour être témoin de sa bonne volonté, sachant bien qu'il alloit exposer ses troupes, qui étoient ce qu'il avoit de plus précieux. Il marcha le long du chemin; et s'étant avancé sur une hauteur assez près de Cambray, il remarqua lui-même la situation du camp, et envoya faire une fausse attaque à main gauche, à environ un bon quart de lieue de là. Toutes ses troupes avoient ordre de ne point combattre, de ne songer qu'à passer avec la plus grande diligence, et de se suivre de fort près. Il passa ainsi sur le ventre aux troupes que M. de Turenne avoit postées de côté-là, sans tirer un seul coup, et secourut par ce moyen la place: ce qui accrut grandement sa considération parmi les Espagnols. On ne fit que trois prisonniers des gens de M. le prince, et le pauvre M. de Barbezières fut assez malheureux pour être du nombre. On lui fit faire son procès pour avoir enlevé mademoiselle de Basinières, qu'il avoit amenée à Stenay, où je l'avois vue à un voyage que j'y fis; et il me parut qu'ils vivoient bien ensemble, après avoir fait le mariage. Il fut condamné d'avoir la tête tranchée, et exécuté.

Environ ce temps-là, le Roi étant à Metz, M. le surintendant m'envoya à M. le cardinal pour lui proposer de récompenser celui qui avoit la charge de contrôleur général, qui ne la faisoit point; et qu'en la partageant entre messieurs de Breteville et Herval, il en reviendroit dans les coffres du Roi de grosses sommes. En même temps il fut d'avis que je lui parlasse de la pensée qu'il avoit eue de me faire acheter, par les gens d'affaires, la charge de prevôt de l'île. M. le cardinal accepta volontiers le secours que je lui proposois de la charge de contrôleur général; mais il parut fort éloigné que j'eusse celle de prevôt de l'île, prenant pour prétexte qu'il faudroit faire une taxe sur les gens d'affaires; qu'il ne le jugeoit pas à propos : et je ne sais ce qui lui passa dans l'esprit, mais il rebuta fort la proposition. Le lendemain, en prenant congé de M. le cardinal, il me dit qu'il m'avoit déjà parlé autrefois de me mettre tout-à-fait dans les finances; et, ayant fait réflexion qu'on donneroit au moins quatre sous pour livres à ceux qui se chargeroient du recouvrement des tailles de Guienne, qui alloient à de grosses sommes, il me dit qu'en me chargeant d'en faire la recette pour le compte du Roi, on me donneroit dix à douze mille écus par an d'appointemens, et que je ne laisserois pas de lui rendre service en cela. Quoique cela me parût fort beau, je ne pus m'empêcher de lui représenter que je n'entendois pas assez tout ce grimoire-là pour m'en charger, et que j'avois peur de ne pouvoir pas faire ce qu'il attendoit de moi. Il me répondit qu'il avoit une parfaite connoissance de la plupart de ceux qui passoient pour habiles en ces matières, et qu'il ne croyoit pas qu'ils eussent autant d'esprit et d'industrie qu'il m'en connoissoit. Après l'avoir remercié de la bonne opinion qu'il avoit de moi, je lui fis la révérence, et m'en allai. Quand je fus de retour à Paris, je rendis compte à M. le surintendant de tout ce qui s'étoit passé à mon voyage ; et je lui trouvai autant de répugnance à me charger de l'affaire de Guienne dont M. le cardinal m'avoit parlé, que Son Eminence en avoit eu pour la charge de prevôt de l'île. Je me remis dans mon train ordinaire.

Le Roi étant revenu à Paris, M. le cardinal se ressouvint de ce qu'il m'avoit proposé pour la Guienne, et parla à M. le surintendant, qui lui représenta que cela paroissoit impossible, parce que ceux qui faisoient ces traités étoient obligés de faire de grosses avances ; qu'ils se mettoient plusieurs ensemble, tous gens ayant du crédit, qui trouvoient de l'argent pour l'épargne ; que je n'avois ni l'un ni l'autre. M. le cardinal lui répondit qu'il lui étoit dû deux millions sept cent mille livres des avances qu'il avoit faites pour le service du Roi, dont M. Fouquet devoit lui donner des assignations ; qu'il se contenteroit volontiers qu'il lui en donnât sur le traité que je ferois. M. Fouquet lui dit qu'il m'en parleroit, pour voir si je trouverois des associés qui entrassent avec moi, et qui voulussent faire les avances. Me l'ayant dit aussitôt, je le priai de considérer que cela pourroit faire ma fortune ; et que, pour peu qu'il voulût paroître seconder les bonnes intentions de M. le cardinal, je ne doutois point que je ne trouvasse des associés. J'ajoutai que j'avois déjà pensé que ceux qui avoient fait des traités pour les généralités de Guienne les années passées, et qui étoient dans de grandes avances, voyant que je cherchois des associés avec lesquels je serois le maître, se trouveroient bien heureux de me mettre dans leur société pour une portion, et de faire les avances pour moi, surtout me sachant sous sa protection. Je ne me trompai pas dans ce que j'avois pensé, puisque en peu de jours je fus assuré de faire réussir mon projet. M. Fouquet considérant que si M. le cardinal n'avoit pas ses assignations, il en demanderoit sur d'autres fonds, et surtout à cause de la bonne volonté que M. le cardinal paroissoit avoir pour moi, m'aida beaucoup en tout cela, et me dit que je n'avois qu'à prendre mes mesures avec M. le cardinal.

J'allai sur-le-champ me présenter à Son Eminence pour lui dire que je croyois être en état de faire le traité de Guienne, ayant trouvé des associés, et que je pouvois l'assurer qu'il seroit payé très-ponctuellement. Il me parut que cela lui fit plaisir; il me dit qu'il chargeroit M. de Villacerf, qui tenoit ses registres pour les finances, de convenir avec moi. Ayant donc conféré ensemble, je lui fis un billet portant promesse de payer à l'ordre de Son Eminence deux millions sept cent mille livres en quinze paiemens égaux, de mois en mois, le premier commençant au mois d'octobre prochain; et après l'avoir daté et signé, M. de Villacerf le porta à M. le cardinal, qui l'ayant vu s'écria, regardant M. de Villacerf: « Ah! *bestia*,

« *bestia!* » M. de Villacerf étonné lui demandant ce que c'étoit, M. le cardinal lui répondit : « Gourville n'a « pas mis dans son billet *valeur reçue*.— Il n'en seroit « guère meilleur, lui dit M. de Villacerf : cependant « je lui en ferai faire un autre. » Me l'étant venu dire, il me conta comme la chose s'étoit passée (il m'en parla encore depuis et à d'autres gens, parce qu'il avoit trouvé la chose fort singulière). J'en refis un autre où je mis *valeur reçue*, et le priai de dire à M. le cardinal que je n'y avois point entendu finesse ; mais que comme c'étoit le premier billet que j'eusse jamais fait, je pouvois bien n'y avoir pas observé toutes les formalités. Je fus assez heureux pour faire payer tous les mois à l'échéance le contenu de mon billet à M. Colbert, qui étoit pour lors intendant de M. le cardinal ; il me donnoit des décharges que je remettois ensuite à mes associés. Ma faveur fit tant de bruit parmi les gens d'affaires, que la plupart de ceux qui avoient quelque chose à proposer à M. le surintendant s'adressoient à moi. M. Fouquet trouva que je m'étois bientôt stylé ; et il étoit bien aise que je lui fisse venir de l'argent.

M. Fouquet ayant laissé aller son autorité à M. de Lorme son premier commis, au point de ne regarder presque plus ce qu'il lui faisoit signer, le rendit par là maître des gens d'affaires. L'abbé Fouquet, qui n'étoit pas bien avec son frère, et qui trouvoit plus de facilité avec le commis pour avoir de l'argent, se mit en tête de faire tomber monsieur son frère, faute de crédit. M. Fouquet m'ayant parlé de cela, me dit qu'il falloit nécessairement qu'il perdît M. de Lorme. Je le priai de trouver bon que je parlasse à celui-ci avant de se déterminer tout-à-fait. Je l'allai trouver, et lui dis que comme il m'avoit fait plaisir, j'étois bien aise de lui dire que je croyois être obligé de lui rendre; et tout de suite je lui exposai les motifs qu'avoit M. Fouquet d'être mal satisfait de lui, étant persuadé qu'il étoit soutenu de monsieur l'abbé son frère; qu'il m'avoit permis néanmoins de lui parler avant de prendre ses dernières résolutions, et que je venois l'exhorter de tout mon pouvoir à se réconcilier de bonne foi avec M. le surintendant, et à faire tout de son mieux, comme il avoit fait par le passé. Mais M. de Lorme, qui de son naturel étoit fort orgueilleux et présomptueux, ne parut pas faire grand cas de tout ce que je lui disois: ce qui m'obligea de lui dire, en le quittant, que j'avois voulu m'acquitter de l'obligation que je lui avois; que peut-être s'apercevroit-il dans la suite que lui et M. l'abbé Fouquet n'en étoient pas où ils pensoient. M. Fouquet se trouvant fort en peine quand je lui eus rapporté ce qui s'étoit passé, me demanda ce que je pensois qu'il pût faire: je lui dis que j'estimois qu'il falloit commencer à chercher du crédit d'une somme un peu considérable ailleurs que chez les gens d'affaires, et qu'après cela nous pourrions bien les mettre à la raison; que je ne voyois personne plus propre à cela que M. d'Herval, qui avoit un grand crédit. En étant convenu, j'allai trouver M. Pellissari, qui étoit un galant homme, fort de mes amis, comme aussi lui et son frère l'étoient de longue main de M. d'Herval. Après avoir confié à M. Pellissari toute l'affaire et ce que j'avois pensé, je le priai d'en jeter quelques propos à M. d'Herval, en lui faisant voir de quelle utilité cela lui seroit. M. d'Herval, accoutumé à fourrager dans les finances, avoit trouvé quelquefois M. de Lorme dans son chemin : ce qui fit espérer à M. Pellissari et à moi que nous pourrions bien venir à bout de notre dessein. Pour y parvenir, il résolut de nous donner à dîner le lendemain, où se trouvèrent M. Stoupe et M. de Saint-Maurice, tous deux de la faction de M. d'Herval. Avant de nous séparer, M. d'Herval me donna sa parole de prêter deux millions dans le temps que nous convînmes, en lui donnant les assignations dont il me parla, avec de gros intérêts. Il avançoit quatre cent mille livres comptant, et dans quelques jours encore autant. Je donnai une grande joie dès le soir à M. Fouquet, en lui portant cette nouvelle ; je lui dis qu'il falloit qu'il marquât son mécontentement contre M. de Lorme, particulièrement à quelques-uns de ceux que nous croyions être plus particulièrement attachés à lui, sans pourtant leur demander aucun secours. Le bruit s'étant répandu du mécontentement de M. Fouquet, chacun commença à se détacher de M. de Lorme. Comme j'avois mis un homme à sa porte pour examiner tous les gens d'affaires qui y seroient entrés, dès le lendemain M. Fouquet ou moi leur en parlions ; et avant qu'il fût trois semaines, le crédit de M. Fouquet se rétablit sur tous ceux qui étoient les plus puissans. Les amis de M. de Lorme proposoient d'eux-mêmes de faire des avances : les choses vinrent bientôt en tel état, que M. d'Herval étoit en peine de savoir si on exécuteroit ce qui avoit été arrêté avec lui, par les avantages qu'il y trouvoit. Ainsi les affaires reprirent leur train ordinaire, et M. de Lorme fut disgracié.

Le désordre étoit grand dans les finances : la banqueroute générale qui se fit lorsque M. le maréchal de La Meilleraye fut surintendant des finances remplit tout Paris de billets de l'épargne, que chacun avoit pour l'argent qui lui étoit dû ; et en faisant des affaires avec le Roi, on mettoit dans les conventions que M. Fouquet renouvellercit de ces billets pour une certaine somme : on les achetoit communément au denier dix; mais après que M. le surintendant les avoit assignés sur d'autres fonds, ils étoient bons pour la somme entière. Messieurs les trésoriers de l'épargne s'avisèrent de faire si bien par leurs manigances, qu'ils ôtoient la connoissance de ce que cela étoit devenu. M. Fouquet en rétablissant toujours de nouveaux, ces messieurs s'accommodoient avec ceux qui en avoient entre les mains, et les passoient dans leurs affaires. Cela fit beaucoup de personnes extrêmement riches: cependant, parmi ce grand désordre, le Roi ne manquoit point d'argent; et ayant tous ces exemples devant moi, j'en profitai beaucoup.

Je reviens à M. l'abbé Fouquet, qui fut outré de voir chasser M. de Lorme; et croyant bien que c'avoit été par mon savoir faire, il jura ma perte d'une façon ou d'autre : ce qui fit peur à beaucoup de mes amis, parce qu'il entretenoit à ses dépens cinquante ou soixante personnes, la plupart gens de sac et de corde, qui lui servoient d'espions et le faisoient craindre ; mais je me mis en tête de n'avoir point de peur. Il n'oublia rien alors pour se raccommoder avec monsieur son frère à toutes conditions, pensant par là me faire plus de mal qu'il n'avoit pu me faire peur. Il s'efforça de donner de la jalousie à M. Fouquet sur mon chapitre en toutes façons ; je m'apercevois que cela faisoit quelquefois impression : mais, sans m'arrêter à beaucoup de particularités, je veux rapporter ici un tour de son métier.

Il machina tout une histoire : pour y faire donner plus de croyance, il la fit tenir à M. le surintendant comme une révélation d'un confesseur, consentie néanmoins par le pénitent. Ayant fait choix pour cela d'un jésuite qu'il crut être bien aise de faire sa cour, il envoya une de ces bonnes gens qui feignit de se confesser à lui, et qui à la fin de sa prétendue confession le pria de vouloir bien l'éclaircir sur un cas de conscience. Il lui dit qu'étant venu un jour pour me parler, et étant entré dans ma chambre comme je venois de sortir, il eut peur, m'ayant entendu revenir, que je ne fusse fâché de le trouver là, et qu'étant près d'une alcove, il s'étoit caché derrière le rideau; qu'étant entré avec moi un autre homme, cet homme avoit dit qu'il seroit bien aise de me parler en secret, et que je fermasse ma porte; qu'il avoit débuté par me dire qu'il y avoit une grande cabale qui avoit juré la perte de M. Fouquet d'une façon ou d'autre, et qu'il étoit chargé de s'informer si je voulois y entrer, sachant que depuis quelque temps M. Fouquet n'avoit plus la même confiance en moi; et qu'ayant baissé sa voix, il m'avoit parlé quelque temps, sans qu'il eût été possible à cette bonne ame d'entendre que quelques mots entrecoupés, dont il n'avoit pu tirer autre chose, sinon qu'il falloit que ce fût quelque affaire bien considérable; qu'il lui avoit paru cependant que je n'y étois point entré. Le bon jésuite, après l'avoir entendu et questionné, lui dit qu'il croyoit qu'en conscience il étoit obligé de faire savoir à M. Fouquet le péril où il étoit; et celui-ci, qui s'y étoit bien attendu, lui répondit qu'il ne savoit comment s'y prendre, et qu'il le prioit de vouloir bien s'en charger. Il lui déclara sa demeure, au cas qu'on eût besoin de lui pour quelque éclaircissement. Le père ne perdit pas de temps à faire savoir à M. Fouquet ce qu'il avoit appris; et ayant su par lui la demeure du pénitent, il le pria de l'aller trouver, et de l'amener chez lui pour l'interroger en sa présence, lui marquant une certaine heure pour cela. Le drôle s'étant bien souvenu de ce qu'il avoit dit au jésuite, parut le conter très-naïvement à M. le surintendant, qui lui demanda s'il avoit vu cet homme-là. Il lui dit qu'il n'avoit pu le voir que fort peu, mais que s'il se présentoit devant lui, il pourroit le reconnoître. M. le surintendant aussitôt fit appeler Vatel, son maître d'hôtel, homme de confiance, pour lui dire ce qui venoit d'arriver, et pour voir avec cet homme comment on pourroit faire pour connoître la personne dont il étoit question. Apparemment qu'ayant rendu compte de tout cela à son bon abbé, celui-ci dit qu'il falloit aller avec le maître d'hôtel au Louvre, pour voir les gens comme ils y arrivoient. L'ayant donc donné au sieur Vatel pour le mener avec lui et voir s'il le pourroit connoître, ils y allèrent trois jours de suite; et ayant vu venir M. de La Rochefoucauld, qui avoit un bâton à la main, il lui dit que c'étoit l'homme qu'il avoit vu avec moi dans ma maison; qu'il se souvenoit qu'en me parlant il avoit laissé tomber son bâton, que je lui avois ramassé : ce que le maître d'hôtel rapporta à M. Fouquet. Il ajouta que quoiqu'il ne pût point deviner ce que ce pouvoit être, il trouvoit étrange que je ne l'eusse point averti de ce que j'avois su. J'appris tout cela long-temps après du sieur Vatel, que je trouvai en Angleterre pendant qu'on instruisoit le procès de M. Fouquet: et m'étant fait dire dans quel temps cela étoit arrivé, je rappelai dans ma mémoire qu'à peu près au temps qu'il me citoit, M. Fouquet m'avoit paru plus réservé; et que lui ayant parlé d'une affaire de M. de La Rochefoucauld, il me rebuta fort, en me disant qu'il savoit bien que M. de La Rochefoucauld n'étoit pas de ses amis. Mais il ne voulut jamais s'ouvrir à moi davantage sur cela.

Aussitôt que je me trouvai en argent comptant, je songeai à traiter des anciennes dettes de la maison de La Rochefoucauld. J'obtenois des remises que je mettois au profit de M. de La Rochefoucauld. Enfin m'étant trouvé assez bien dans mes affaires quand M. Châtelain voulut vendre sa charge de secrétaire du conseil, j'en fis le prix à onze cent mille livres; et en très-peu de jours, s'il m'est permis de le dire, il se trouva des gens en grand nombre qui s'offrirent à me prêter, pour en faire le paiement, jusqu'à sept cents et tant de mille livres. Avant de conclure, j'allai en demander la permission à M. le cardinal : il me témoigna qu'il en avoit de la joie; qu'il se savoit bon gré de m'avoir mis en si bon chemin; qu'il voyoit avec plaisir que j'en avois profité. Il me demanda en riant jusqu'où je poussois mon ambition. Je lui dis que, sous son bon plaisir, s'il se trouvoit quelque charge de trésorier de l'épargne à vendre, ce seroit là que je voudrois me borner. Il me dit que je ne pensois pas trop mal, et que si l'occasion s'en présentoit, il m'y serviroit volontiers.

[1659] Le Roi étant allé en Provence, et M. le cardinal étant à Saint-Jean-de-Luz, où il avoit bien avancé le traité de paix, M. Fouquet se mit en chemin pour aller joindre la cour; et comme j'étois alors assez bien avec lui, il désira que je l'accompagnasse. Le lendemain que nous fûmes arrivés à Bordeaux, il m'envoya chercher en toute diligence pour me montrer un grand projet que M. Colbert envoyoit à M. le cardinal pour le rétablissement des finances, qui étoient en grand désordre. Il projetoit une chambre de justice, et par conséquent la perte de M. Fouquet. Cette chambre devoit être composée des membres de tous les parlemens; il en faisoit M. Talon procureur général; enfin de la manière qu'elle fut établie quand M. Fouquet fut arrêté. Après me l'avoir lu, il me dit qu'il falloit qu'il remît incessamment ce papier entre les mains de celui qui l'avoit apporté, et qu'il vouloit cependant en garder une copie. Il le mit entre lui et moi; nous le copiâmes, lui une page et moi l'autre, ainsi jusqu'à la fin.

Je ne saurois m'empêcher de faire ici une petite digression, pour marquer que cette copie, après que M. Fouquet fut fait prisonnier, ayant été trouvée parmi ses papiers, lui sauva la vie, parce qu'aussitôt qu'il fut arrivé à Nantes on nomma douze commissaires pour lui faire son procès, tous, ce me semble, maîtres des requêtes, avec M. le chancelier. Messieurs Pussort, Hottman et Pelot, tous trois parens et dans une dépendance absolue de M. Colbert, étoient du nombre; la plupart des autres étoient intendans de provinces, ou aspiroient à le devenir. Le projet qui s'étoit trouvé derrière un miroir dans un cabinet, et qui fit tant de bruit alors, que l'on disoit que son intention avoit été d'exciter une guerre civile; tout cela, joint à la connoissance que tout le monde avoit de l'extrême dissipation des finances, faisoit juger par avance que M. Fouquet seroit condamné. L'enlèvement de ses papiers sans aucune formalité, qui depuis fut d'un grand poids en sa faveur, n'auroit peut-être pas été relevé devant les commissaires : mais la copie dont je viens de parler ayant été trouvée dans ce même cabinet, M. Colbert voulut faire connoître au Roi qu'il avoit pensé au remède qu'on auroit dû apporter, il y avoit déjà du temps, à cette grande dissipation des finances; mais que c'étoit la faute de M. le cardinal de n'avoir pas écouté son projet. Il fit faire une nouvelle commission entièrement conforme à ce qu'il avoit pensé alors, et en composa la chambre de justice, comme elle fut établie. Un de ceux qui avoit été nommé pour commissaire, et que je puis dire homme d'honneur, aussitôt qu'il eut su qu'il ne seroit point des juges de M. Fouquet, me témoigna une extrême joie de ce changement, et me dit en ces propres termes : « Vous savez mieux que personne « les obligations que je lui ai; mais je craignois extrê- « mement de ne pouvoir pas opiner en sa faveur. »

Je reviens à la peine que ce projet avoit faite à M. Fouquet. Après qu'il m'en eut parlé, je convins que c'étoit une chose fâcheuse; mais qu'il me passoit dans l'esprit qu'on s'en pourroit servir, en le faisant regarder à M. le cardinal comme un effet de l'ambition de M. Colbert. Je lui proposai de trouver un prétexte pour m'envoyer à Saint-Jean-de-Luz; que je ne désespérois pas de me servir de la connoissance que j'avois de ce mémoire, pour lui rendre de bons offices auprès de Son Eminence. En effet j'y allai, et je fus encore plus heureux que je n'avois osé l'espérer. Dans une seconde conversation que j'eus avec M. le cardinal, je lui dis qu'il couroit des bruits dans Paris qu'il se faisoit une furieuse cabale contre M. le surintendant ; que cela étoit capable de le décréditer ; et j'ajoutai que je n'étois pas surpris qu'on cherchât à le ruiner, son poste étant si fort à désirer, que pour peu que quelqu'un se flattât de l'espérance d'y parvenir, il n'y avoit point de démarches auxquelles il ne se portât pour y réussir. Cette pensée m'étoit venue par les chemins, en réfléchissant sur tout ce que je pourrois dire à M. le cardinal : elle me plut si fort, que je la mis par écrit pour m'en mieux ressouvenir, trouvant que par là je désignois bien M. Colbert sans le nommer. J'ajoutai qu'il étoit à craindre que les bruits qui s'en répandoient n'empêchassent M. Fouquet de trouver de l'argent, dont on avoit grand besoin ; que s'il jugeoit à propos de lui faire un bon accueil quand il le verroit, cela feroit un bon effet. Il ne s'ouvrit de rien à moi ; mais il me parut que ce que je lui avois dit lui avoit fait quelque impression.

M. le cardinal étant venu avec le Roi à Toulouse, où étoit M. Fouquet, il le reçut assez bien d'abord ; mais soit qu'il eût goûté la proposition qu'on lui avoit faite, ou qu'on eût encore écrit quelque chose dans ce même dessein, M. Fouquet étant sur le point de retourner à Paris, il lui ordonna de ne faire aucune ferme ni traité, sans lui en mander les conditions par un courrier, pour voir s'il les agréeroit. M. Fouquet se souvenant de ce qu'il avoit vu à Bordeaux, se trouva dans un si grand étonnement, que cette fois-là il se crut perdu. Il m'envoya chercher en toute diligence; et l'ayant trouvé se promenant à grands pas dans une chambre où il étoit avec M. de Brancas, qui étoit dans la confidence par l'amitié qu'il avoit avec madame Du Plessis-Bellière, il me conta le discours que lui avoit fait M. le cardinal, ajoutant qu'il voyoit bien à cette fois qu'il n'y avoit plus de ressources pour lui, et qu'il ne doutoit pas que M. de Villacerf, dont Son Eminence se servoit pour tout ce qui regardoit les affaires des finances, proche parent de M. Le Tellier et de M. Colbert, ne fût celui qu'ils employoient pour l'aigrir contre lui. Et M. de Brancas m'ayant dit tristement : « Voilà qui est bien mauvais, » aussitôt que j'eus fait un moment de réflexion, je dis : « Il me semble que M. le cardinal se met par là dans « un étrange embarras : je m'en vais hasarder de lui « parler. » Etant donc allé à son logis, après avoir été introduit dans sa chambre, je le priai de me pardonner la liberté que j'allois prendre de ne pas regarder si ce pouvoit être dans la vue de faire plaisir à M. le surintendant; mais de considérer si ce que je voulois lui dire pouvoit lui être bon, et au service du Roi; et qu'après qu'il auroit eu la bonté d'écouter ce que j'avois pensé lui devoir dire, je n'attendois aucune réponse de sa part, me remettant aux réflexions que je croyois qu'il jugeroit à propos d'y faire.

Je commençai mon discours par lui représenter que M. Fouquet m'avoit conté ce que Son Eminence venoit de lui dire, et qu'il m'avoit paru dans une grande désolation; qu'après avoir fait réflexion sur les ordres qu'elle lui avoit donnés, j'avois pensé que,

dans quelques sentimens que fût Son Eminence sur son chapitre, je croyois qu'il y avoit toute autre chose à faire, parce que, dans l'affliction où étoit M. Fouquet, le nombre de ses amis à qui il conteroit sa disgrâce en feroit assez courir le bruit, qui, le devançant à Paris, le mettroit hors d'état, à son arrivée, de trouver aucun des secours dont Son Eminence savoit bien que le Roi avoit besoin ; que je croyois qu'un parti tout contraire devoit plutôt être du goût de Son Eminence, quand même elle seroit prévenue contre M. le surintendant (ce que je n'osois approfondir) ; que si elle vouloit le bien traiter publiquement, et le renvoyer à Paris avec l'espérance d'un plus grand crédit qu'il n'avoit eu jusqu'à présent, il trouveroit tout l'argent qu'il voudroit ; qu'il me sembloit que les dépenses de la guerre et toutes celles que je croyois que Son Eminence voudroit mettre sous sa disposition, se montoient à vingt-huit millions, comme elle m'avoit fait l'honneur de me dire en quelque autre occasion ; qu'elle en pourroit demander trente, convenir du temps du paiement, et lui laisser à payer les charges ordinaires et les autres dépenses qui pourroient survenir. « Je suis persuadé,
« lui dis-je, que quand Votre Eminence arrivera à
« Paris, elle trouvera que l'argent sera commun à
« l'épargne, et qu'elle sera en état de disposer librement
« des fonds qu'elle aura réservés à sa disposi-
« tion ; que si elle s'en trouve bien, en ce cas-là elle
« laissera subsister M. le surintendant, en l'accrédi-
« tant toujours de plus en plus, jusqu'au jour qu'elle
« en voudra mettre un autre. Et soit que, devant ou
« après l'avoir ôté, elle voulût faire une chambre de

« justice, Son Eminence y trouvera beaucoup de fa-
« cilité, puisque la plupart des gens d'affaires se trou-
« vant en avance pour moins d'autant qu'ils ont de
« bien, ils seront à la discrétion de Votre Eminence
« pour ne leur en laisser que ce qu'elle jugera à pro-
« pos. » Et je finis là mon discours.

De la manière dont Son Eminence m'avoit entendu parler sans m'interrompre, je ne doutai pas que ce que je lui avois dit ne lui eût fait impression : j'y ajoutai que M. de Villacerf, à cause de l'alliance qu'il avoit avec M. Le Tellier, n'étoit pas des amis de M. Fouquet; que si le poste qu'il occupoit auprès de Son Eminence étoit donné à quelque autre à son choix, cela pourroit encore faire un bon effet pour l'augmentation du crédit de M. Fouquet. Aussitôt je songeai à entretenir Son Eminence de quelque autre chose. J'avois alors un champ libre sur le retour de M. le prince, parce que M. le cardinal m'en parloit fort souvent, et surtout dans le voyage que j'avois fait à Saint-Jean-de-Luz, lorsqu'on étoit sur le point de conclure la paix.

Après cela je fus rendre compte à M. Fouquet de ce que j'avois cru devoir dire, dans la conjoncture présente, à M. le cardinal; et que j'osois me flatter que les raisons que je lui avois données étoient si bonnes, que je ne doutois pas que le lendemain il ne le trouvât extrêmement changé; que si par hasard il convenoit de déplacer M. de Villacerf, je tâcherois de m'introduire dans ce poste, s'il l'avoit agréable. Je ne sais ce qui lui passa pour lors dans l'esprit; car il me dit que si cela arrivoit, il voudroit pouvoir y placer L'Epine, qui étoit un homme que lui avoit donné M. Chanut, et qui véritablement étoit un bon garçon. Je lui répondis ingénument que je croyois qu'il feroit bien : ce qui surprit grandement M. de Brancas, qui étoit encore là.

M. Fouquet étant sorti pour un moment, M. de Brancas me dit qu'il ne croyoit pas qu'il y eût personne au monde capable de faire et de dire ce qu'il venoit d'entendre : je lui dis que je ne doutois point que le service que je venois de rendre à M. Fouquet ne me fît tort auprès de lui dans la suite. Un petit moment de colère causé par la réponse qu'il m'avoit faite m'y fit ajouter que si cela étoit, ce pourroit être tant pis pour lui. M. de Brancas étoit assez de mes amis, parce que de temps en temps je lui donnois de l'argent de la part de M. Fouquet, et à bien d'autres aussi. Le lendemain M. Fouquet ayant été voir M. le cardinal, Son Eminence lui dit qu'elle avoit fait réflexion sur ce qui s'étoit passé la veille; qu'elle étoit résolue de prendre encore une véritable confiance en lui; qu'il falloit qu'il s'en retournât à Paris, et que quand elle y seroit de retour, ils verroient ensemble les fonds qui demeureroient à sa disposition; qu'il lui feroit fournir des décharges à mesure qu'il les feroit recevoir : cependant qu'il pourroit faire à Paris tout ce qu'il jugeroit à propos pour le service du Roi.

M. l'abbé Fouquet étant pour lors à Toulouse, et s'étant mis un peu mieux avec son frère, le pria de nous mettre tous deux en bonne intelligence. M. Fouquet me l'ayant dit, je le fus trouver aussitôt, et lui dis que tout ce qui s'étoit passé entre nous dans ces derniers temps ne m'avoit pas fait oublier le plaisir qu'il m'avoit fait, en contribuant à me faire sortir de la Bastille, quoique c'eût été à la prière de monsieur son frère; que j'avois reçu avec joie l'ordre qu'il m'avoit donné de le voir; que je ferois tout ce qui dépendroit de moi pour mériter ses bonnes grâces et son amitié. Cela m'attira beaucoup de protestations de sa part : ce qui fit que depuis nous nous vîmes souvent, et parûmes en bonne intelligence; dont on fut assez surpris dans le monde. Un courrier qui s'en alloit en poste ayant attrapé M. Fouquet, lui dit que nous paroissions de bonne intelligence, et qu'on nous voyoit souvent ensemble : il m'envoya un homme sur-le-champ, par lequel il me manda ce qu'il avoit appris, me priant de ne me pas trop ouvrir à son frère. Je ne lui témoignai rien de ce nouvel ordre, devant partir bientôt pour aller à Paris, où j'arrivai peu de temps après. M. le surintendant, qui me marqua beaucoup d'amitié et de confiance, me chargea de grosses affaires sous le nom de gens que je nommois, pour avoir lieu de distribuer beaucoup d'argent de sa part, sans que personne en eût connoissance. J'allai loger dans une maison que madame Du Plessis-Guénégaud m'avoit fait bâtir dans une place appartenant à M. Du Plessis, tout devant l'hôtel de Nevers, qui leur appartenoit aussi alors : elle me la fit meubler. C'est aujourd'hui l'hôtel de Sillery.

[1660] Le peu de séjour que je fis à Paris ne laissa pas de m'être d'une grande utilité. M. Fouquet me dépêcha pour aller rendre compte à M. le cardinal de tout ce qui s'étoit passé. Je m'embarquai sur le Rhône à Lyon; étant abordé à Thein, village de Dauphiné, à trois lieues de Valence, j'appris que M. le prince y dînoit, revenant de la cour pour la pre-

mière fois depuis son retour en France. Je mis pied
à terre pour avoir l'honneur de lui faire la révérence :
il me témoigna une grande joie de me voir; et ayant
fait sortir ceux qui étoient avec lui, il me remercia
d'un plaisir que j'avois fait à M. de Fontenay, sur un
billet qu'il m'avoit écrit en sa faveur. Il se mit à me
conter tout ce qui s'étoit passé pendant le petit séjour
qu'il avoit fait auprès du Roi, et surtout entre lui et
M. le cardinal. La conversation fut rompue par M. de
Polastron, que M. le maréchal de La Ferté envoyoit
à la cour, sur la mort de M. le duc d'Orléans (1).
Cette nouvelle l'ayant surpris, il s'informa de beaucoup de particularités; mais ayant été averti que ses
chevaux étoient au carrosse pour aller coucher à
Vienne, il me dit que je lui ferois un grand plaisir si je
pouvois l'y suivre : ce que je fis. Après m'avoir beaucoup parlé de tout ce qui le regardoit, il me dit qu'il
me découvroit ses sentimens comme à un homme
auquel il se confioit entièrement, ainsi qu'il avoit fait
autrefois. Après l'en avoir remercié, et assuré que je
lui serois aussi fidèle que je l'avois été, il me demanda si je croyois que je pusse entrer en conversation avec M. le cardinal sur cette rencontre : je
lui répondis qu'il suffiroit de lui faire dire par quelqu'un que j'avois eu l'honneur de voir Son Altesse
pour lui donner la curiosité de m'entendre. Il me demanda en riant : « Eh bien, que lui direz-vous ? » Je lui
répliquai : « Ce que Votre Altesse m'a dit qui pourra
« lui faire plaisir, et tout ce qu'elle auroit pu me dire
« si elle avoit eu du temps pour y réfléchir, comme
« j'en ai jusqu'à mon arrivée à Toulon, pour cimen-

(1) *M. le duc d'Orléans :* Mort à Blois le 2 février 1660.

« ter l'amitié qu'il me disoit être commencée entre
« lui et M. le cardinal. » Il m'embrassa fort, et me dit
que je lui avois fait un grand plaisir de l'avoir recherché comme j'avois fait.

M'étant embarqué, je me rendis à la cour, où je dis
à M. le maréchal de Gramont le bonheur que j'avois
eu de faire la révérence à M. le prince, et l'honneur
qu'il m'avoit fait de me parler avec la même confiance
qu'il avoit eue autrefois. M. le cardinal se disposa à
m'en parler, et à me faire conter tout ce que M. le
prince m'avoit dit. En effet, il ne manqua pas de m'en
faire la question. Je lui répondis que M. le prince
avoit commencé par me faire souvenir de la répugnance qu'il avoit eue à se séparer de la cour; qu'il
avoit su bien mauvais gré depuis à tous ceux qui
l'avoient poussé à entrer dans le méchant parti qu'il
avoit pris; qu'il se proposoit deux choses qui feroient
toute son application à l'avenir : la première, de n'oublier rien pour obliger M. le cardinal à être de ses
amis, comme il lui avoit promis; la seconde, qu'il se
donneroit pour exemple à M. le duc d'Enghien, pour
lui faire comprendre que les personnes de leur naissance ne devoient jamais se séparer des intérêts du
Roi; qu'il tâcheroit de lui ôter l'impression que lui
auroit pu faire sa conduite passée, et que souvent il
lui parleroit de ce qu'il avoit souffert avec les Espagnols, et de la misère où il avoit été quelquefois; qu'il
se sentoit fort obligé à Son Eminence du bon traitement qu'il avoit reçu du Roi après tout ce qui s'étoit
passé, et des assurances qu'il lui avoit données de
son amitié. De temps en temps je tenois d'autres petits discours qui tendoient à fomenter leur bonne in-

telligence. Je me persuadai que cela lui avoit fait quelque impression. En effet, j'appris par M. le maréchal de Gramont qu'il avoit été fort content de la conversation qu'il avoit eue avec moi, lui en ayant dit même une partie. Il en parla aussi à M. le maréchal de Villeroy dans le même sens ; et ajouta qu'après ce que je lui avois rapporté, il ne doutoit pas que l'amitié que M. le prince et lui s'étoient promise ne fût de longue durée. M. le cardinal me parut aussi très-content de ce que je lui avois rapporté de la conduite de M. Fouquet. Peu de temps après je retournai à Paris, où M. le prince me fit l'honneur de me dire que M. le maréchal de Gramont lui avoit mandé que M. le cardinal s'étoit fort réjoui de tout ce que je lui avois dit de ma conversation avec Son Altesse, dont il me remercia fort. Il prenoit plaisir à m'en faire conter tout le détail.

Le Roi étant revenu à Paris, j'allois faire ma cour de temps en temps à Son Eminence. Tout le monde s'apercevoit qu'elle me regardoit de bon œil. On jouoit alors un jeu prodigieux ordinairement au trente et quarante. M. de Vardes s'avisa un jour de me venir prier de lui prêter quatre cents pistoles. Après lui avoir dit que je le voulois de tout mon cœur, je chargeai un de mes gens de les aller prendre d'un commis pour les lui porter. Il me dit que c'étoit comme si je les lui avois données ; qu'il me demandoit de lui donner à dîner, s'il y avoit moyen, avec messieurs d'Herval et de La Basinière, avec lesquels il avoit grande envie de jouer, à condition que je jouerois avec eux cette somme, au hasard de la perdre. Le jour étant venu, l'après-dînée je proposai à ces messieurs de jouer au trente et quarante ; que n'y ayant jamais joué, je serois bien aise de l'apprendre : je gagnai pour la première fois sept à huit cents pistoles. Peu de temps après, M. le surintendant étant à Saint-Mandé, proposa à M. d'Herval et à d'autres gens de jouer. M. d'Herval ayant dit à M. Fouquet que j'étois joueur, et qu'il avoit joué avec moi, il me dit qu'il falloit que je fusse de la partie : je gagnai dix-sept cents pistoles ; j'en donnai cent aux cartes, ne sachant pas trop bien comment il en falloit user en ces occasions. On jouoit presque tous les jours chez madame Fouquet assez gros jeu : madame de Launay-Grancé, depuis marquise de Piennes, y jouoit ordinairement avec d'autres dames, et quelquefois aussi des messieurs : j'étois de ces jeux toutes les fois que je m'y rencontrois. M. le comte d'Avaux s'y étant trouvé une fois, se mit au jeu ; et comme je me sentois heureux, je jouois un gros jeu, surtout quand je gagnois. M. d'Avaux, à la fin de la séance, me devoit dix-huit mille livres. Ces jeux-là se jouoient sans avoir de l'argent sur table ; mais à la fin du jeu on apportoit une écritoire, chacun écrivoit sur une carte ce qu'il devoit à l'autre, et en envoyant cette carte on apportoit l'argent. M. d'Avaux me donna sa carte, et me vint prier le lendemain de vouloir bien faire une constitution de la somme qu'il me devoit : ce que je fis volontiers. On jouoit aussi fort souvent des bijoux de conséquence, des points de Venise de grand prix ; et, autant que je m'en puis souvenir, on jouoit aussi des rabats pour soixante-dix ou quatre-vingts pistoles chacun.

Un jour M. Fouquet voulant faire une partie de grands joueurs, pria M. de Ricouart de lui donner

à dîner dans une maison qu'il avoit près de Paris.
M. d'Herval étoit toujours le premier prié aux parties
du jeu : c'étoit l'homme du monde le plus malheureux
au jeu. M. de La Basinière, attaqué à peu près de la
même maladie, y étoit aussi. Je ne me souviens pas
bien des autres acteurs, si ce n'est de M. le maréchal
de Clérembault, qui cherchoit souvent l'occasion de
jouer avec ces messieurs. Toute la compagnie étant
arrivée un peu avant l'heure du dîner, on fit apporter
des cartes, et je gagnai environ quatre à cinq cents
pistoles avant que l'on servît sur table. Après dîner,
M. Fouquet se piqua beaucoup contre moi, et me
jouoit de si grosses sommes à la fois quand j'avois la
main, que ses marques, qui étoient sur une carte cou-
pée, valoient souvent cent pistoles pièce : cela le fâ-
choit extraordinairement, et la compagnie étoit éton-
née de tout ce qu'il disoit ; mais voyant que le temps
de s'en retourner approchoit, il me fit un si gros *va*
des marques qui étoient sur ses cartes, que lui ayant
donné trente-et-un et à moi quarante, il se racquitta
par ce seul coup de plus de soixante mille livres qu'il
me devoit. La gaieté le prit ; et je fus fort raillé par
ces messieurs de n'avoir pas su me retirer avec la
meilleure partie du grand profit que j'avois fait. Je
leur dis en riant qu'en mon pays la bienséance étoit
que celui qui gagnoit ne quittoit point le jeu. Tout le
monde se leva pour partir ; et M. d'Herval ayant ramassé des cartes à terre, où il y en avoit un très-
grand nombre, s'adressa à moi pour lui faire une masse
de quelque chose ; je lui en fis une de cinq cents pistoles, qui étoit tout ce que je m'étois proposé de perdre : l'ayant gagné, je pris les cartes ; il me poussa si

fort deux ou trois fois de suite, qu'en très-peu de temps il me dut cinq mille pistoles. Pour lors je jetai les cartes, et lui dis que je ne voulois plus jouer à la mode de mon pays : cela fit rire toute la compagnie, et chacun monta en carrosse pour s'en aller. Il me souvient encore qu'un jour que l'on devoit faire des feux d'artifice sur la rivière, M. de La Basinière pria à souper M. le surintendant et son épouse, et beaucoup d'autres personnes, dont je fus, sa maison étant vis-à-vis du lieu où l'on devoit tirer le feu. M. le duc de Richelieu, qui étoit là, me dit qu'il avoit ouï dire que j'étois grand et beau joueur, et prit un jeu de cartes qui étoit sur la table, les autres pour lors ne songeant point à jouer : en moins d'un demi quart-d'heure je lui gagnai cinquante-cinq mille livres. Mais le feu commençant à paroître, je me souvins de la leçon qu'on m'avoit donnée, et lui fis une grande révérence, dont il fut surpris et un peu fâché. Cela n'empêcha pas que je n'en fusse payé par une terre qu'il avoit en Saintonge, qu'il vendit à M. le maréchal d'Albret. Mes grands profits venoient toujours lorsque je tenois les cartes, et que les autres se piquoient pour se racquitter de ce qu'ils avoient perdu. Quand les autres les tenoient, je ne jouois jamais gros jeu; je m'étois fait une loi de ne jamais perdre de mon argent au-dessus de mille pistoles. Une seule fois en ma vie, m'étant piqué à mon tour, je perdis vingt mille livres.

A peu près dans ce temps-là, M. Fouquet s'avisa de me lire dans la galerie de Saint-Mandé un projet qu'il avoit fait quelques années auparavant pour se maintenir, au cas que M. le cardinal le voulût pousser, comme il y avoit des temps où il le craignoit (1). Ce projet étoit rempli de tout ce que ses amis devoient faire en ce cas-là. Il comptoit, parmi ses amis qui devoient faire un soulèvement, un nombre de

(1) Cette pièce se trouve sous le n° 384 dans une collection de manuscrits de la bibliothèque du Roi, cotée n° 494. Nous en citerons le préambule et les principales dispositions.

« L'esprit de Son Eminence, susceptible naturellement des mauvaises impressions de qui que ce soit, et particulièrement contre ceux qui sont dans un poste considérable, et en quelque sorte estimés dans le monde; son naturel défiant et jaloux, les dissensions et inimitiés qu'il a semées avec un soin et un artifice incroyable dans l'esprit de ceux qui ont quelque part dans les affaires de l'Etat, et le peu de reconnoissance qu'il a des services reçus quand il ne croit plus avoir besoin de ceux qui les lui ont rendus, donnent lieu à chacun de l'appréhender. En mon particulier, le plaisir qu'il a souvent témoigné, et un peu trop ouvertement, à écouter tous ceux qui lui ont parlé contre moi, auxquels il donna tout accès et toute créance, sans considérer la qualité des gens qui lui parlent contre moi, l'intérêt qui les pousse, et le tort qu'il se fait lui-même de discréditer un surintendant; une infinité d'ennemis qu'attire à ce surintendant un emploi, lequel ne consiste qu'à prendre le bien d'autrui pour le service du Roi, outre la haine et l'envie qui suivent ordinairement les financiers; d'ailleurs les emplois qu'il a donnés à mon frère l'abbé, qui s'est engagé trop légèrement à l'exécution de tous ses ordres contre tous ceux que Son Eminence a voulu persécuter, ne pouvant qu'ils ne nous aient attiré un nombre d'ennemis considérables qui, confondant toute la famille, travaillent sans discontinuer à nous perdre, connoissant son foible, et à lui mettre dans l'esprit des défiances et soupçons mal fondés :

« Ces choses, dis-je, et les connoissances particulières qu'il a données à un grand nombre de personnes de sa mauvaise volonté, m'en faisant craindre avec raison les effets, puisque le pouvoir absolu qu'il a sur l'esprit du Roi et de la Reine lui rend facile tout ce qu'il veut entreprendre; et connoissant que la timidité naturelle qui prédomine en lui ne lui permettra pas simplement de m'éloigner (ce qu'il auroit déjà fait s'il n'eût été retenu par l'opinion de quelque vigueur qu'il a reconnue en mes frères et en moi, un bon nombre d'amis que l'on a servis en quelques occasions, quelque intelligence que l'expérience m'a donnée dans les affaires, une charge considérable dans le parlement, des places fortes occupées par nous ou par nos parens, outre la dignité de mes

gens auxquels il avoit fait donner de l'argent de pure grâce, et un nombre d'autres qui avoient des prétextes pour en demander. Je ne pus l'entendre, sans être fort surpris que cela lui fût venu dans l'esprit

deux frères dans l'Église) : ces considérations, qui paroissent fortes d'un côté, ne peuvent d'un autre permettre que j'en sorte sans que l'on tente tout d'un coup de nous accabler et de nous perdre, parce que, par la connoissance que j'ai de ses pensées, dont je l'ai ouï parler en diverses occasions, il ne se résoudra jamais de nous pousser s'il peut croire que nous en reviendrons, et qu'il pourroit être exposé au ressentiment de gens qu'il estime hardis et courageux. Il faut donc craindre, et le prévenir, afin que si je me trouve hors de la liberté de m'expliquer, lors on eût recours à ce papier pour y chercher les remèdes qu'on ne pourroit trouver ailleurs, et que ceux de mes amis qui auront été avertis d'y avoir recours sachent qui sont ceux auxquels ils peuvent prendre confiance. »

Fouquet prescrit ensuite les mesures qu'il faut prendre s'il est mis en prison.

1° Toute la famille et les amis se réuniront pour qu'il puisse avoir un domestique fidèle, un cuisinier et un médecin. On demandera pour lui des livres, et la permission de s'occuper de ses affaires domestiques.

2° On cherchera à lui procurer des relations avec les autres prisonniers; et, s'il le faut, à séduire les gardes en leur donnant de l'argent.

3° On laissera passer trois mois sans que les partisans du prisonnier se déclarent. « Madame Du Plessis-Bellière, dit-il, à qui je me fie de « tout, et pour qui je n'ai aucune réserve, seroit celle qu'il faudroit « consulter sur toutes choses, si elle étoit en liberté ; même la prier de « se mettre en lieu sûr. Elle connoît mes véritables amis ; et peut-être « qu'il y en auroit qui auroient honte de manquer aux choses qui se- « roient proposées pour moi de sa part. »

4° Après les trois mois écoulés, le comte de Charost, dont le fils a épousé la fille de Fouquet, mettra garnison dans Calais, dont il est gouverneur, et s'en emparera.

M. de Bar fera de même à Amiens. Messieurs de Créqui et de Feuquières agiront de même dans leurs gouvernemens.

Fabert sollicitera près de Mazarin la liberté de Fouquet.

M. de Brancas et plusieurs autres amis se jetteront dans Belle-Ile, forteresse appartenant à Fouquet.

5° Il ne faut rien confier à la poste : il faut tout envoyer par des courriers. Madame de Bellière doit prendre pour ses principaux agens Langlade et Gourville.

comme quelque chose de bon; enfin je lui dis qu'il mettoit là M. le maréchal de La Meilleraye; que je le priois de considérer quel établissement avoit ce maréchal, et s'il pouvoit s'imaginer qu'ayant un fils et

6° « J'ai beaucoup de confiance, dit Fouquet, en M. de La Rochefoucauld et en sa capacité. Il m'a donné des paroles si précises d'être dans mes intérêts, bonne ou mauvaise fortune, envers et contre tous, que comme il est homme d'honneur, et reconnoissant de la manière que j'ai tenue avec lui, et des services que j'ai eu intention de lui rendre, je suis assuré que lui et M. de Marsillac ne me manqueront pas. »

7° Il compte sur la protection de M. de Bournonville à la cour et au parlement. Il compte au parlement sur l'appui de M. de Harlay, qu'il regarde *comme un de ses plus fidèles amis.*

8° Il veut que Langlade et Gourville quittent Paris. Ils y laisseront quelques hommes déterminés, propres à tenter un coup de main si cela est nécessaire.

9° L'argent est nécessaire à toutes ces dépenses. « Je laisserai, dit-il, ordre au commandant de Belle-Ile d'en donner autant qu'il pourra, sur les ordres de madame Du Plessis, de M. de Brancas et Gourville.

10° « M. d'Andilly est de mes amis, et l'on pourroit savoir de lui en quoi il peut servir. En tout cas, il échauffera M. de Feuquières, qui sans doute agira bien. »

Voilà l'état où doivent être les choses si l'on se borne à tenir Fouquet prisonnier. « Mais si l'on passoit outre, dit-il, et que l'on voulût me faire mon procès, il faudroit prendre une autre démarche; et après que tous les gouverneurs auroient écrit à Son Éminence pour demander ma liberté avec des termes pressans comme mes amis, s'ils n'obtenoient promptement l'effet de leur demande, et que l'on continuât à faire la même procédure, il faudroit en ce cas montrer leur bonne volonté, et commencer tout d'un coup; sous divers prétextes de ce qui leur seroit dû, arrêter tous les deniers des recettes, non-seulement de leurs places, mais des lieux où leur garnison pourroit courre; faire faire nouveau serment aux officiers et soldats, et publier un manifeste contre l'oppression et la violence du gouvernement. »

11° Il veut qu'on arme à Belle-Ile des corsaires.

12° « Une chose qu'il ne faudroit pas manquer de tenter, dit-il, seroit d'enlever les plus considérables du conseil au moment de la rupture, comme M. Le Tellier et quelques autres de nos ennemis les plus redoutables.

de grands biens, il voulût hasarder sa fortune pour l'amour de lui. Il m'avoit aussi nommé M. de Bar, gouverneur d'Amiens, comme un de ceux qui devoient faire merveille : il fondoit ses espérances sur ce qu'il l'avoit fait payer de quarante mille livres de mauvaises drogues. Il m'avoit aussi nommé pour avoir un emploi ambulatoire vers ses amis. Là-dessus je pris la liberté de lui dire que je pensois si peu comme lui, que si dans mon prétendu emploi j'eusse été obligé de passer auprès d'Amiens pour son service, et qu'on l'eût rapporté à M. de Bar, il auroit pu me faire arrêter, au lieu que, en faisant semblant de ne pas entendre, il m'eût laissé passer à sa considération, je croirois qu'il auroit bien reconnu le plaisir qu'il lui avoit fait du paiement de ces quarante mille livres. Je ne devois pas faire ma cour en parlant ainsi : néanmoins cela lui fit une si grande impression, qu'il me dit : « Il n'y a donc autre chose à faire qu'à brûler ce « projet. » En effet il appela un valet de chambre, et lui dit d'apporter une bougie allumée dans un cabinet où il alloit par un souterrain qui traversoit la rue, et répondoit par une sortie dans le parc de Vincennes. Il m'assura qu'il alloit le brûler; mais dans la suite il me fit savoir tout le contraire par les avocats

---

13° « M. Pellisson est un homme d'esprit et de fidélité auquel on pour-
« roit prendre créance, et qui pourroit servir utilement à composer les
« manifestes et autres ouvrages dont l'on auroit besoin, et porter des
« paroles secrètes aux uns et aux autres.

14° « Il faudroit, sous mille noms différens et divers intérêts, recom-
« mencer à faire des imprimés de toute sorte dans les grandes villes du
« royaume, et en envoyer par les portes et semer par les maisons ; pour
« cet effet, mettre des imprimeries en lieu sûr. Il y en aura une dans
« Belle-Ile. »

qu'on lui avoit donnés pour conseils : car m'ayant fait prier en ce temps-là de venir à Paris pour concerter avec eux toutes les choses dont il pourroit se décharger par mon moyen, sur ce que je les priai de savoir de lui comment cet écrit s'étoit trouvé, puisque j'avois raison de croire qu'il étoit brûlé, il me fit faire réponse qu'ayant trouvé une personne qui étoit entrée par ce côté de Vincennes comme elle avoit accoutumé, au lieu de brûler ce papier, qui étoit un assez gros volume, il l'avoit mis derrière son miroir, et s'en étoit si peu souvenu depuis, qu'on le trouva à la même place après qu'il eut été arrêté. On voulut même en faire un principal chef de son accusation. Il acheta la terre de Belle-Ile, dans le dessein de faire fortifier le château. En effet il y envoya le sieur Getard, très-bon architecte, qui y fit travailler assez long-temps. Il y avoit aussi envoyé un parent de M. de Charce, qui avoit servi dans les troupes, pour commander dans cette place : ce qui excita même beaucoup de bruit dans ce temps-là.

Pendant le reste de l'année 1660 je fis de grands profits au jeu. M. Fouquet étant un jour à Vaux avec M. le maréchal de Clérembault, m'écrivit de leur amener M. d'Herval. Ayant su qu'il étoit à une maison qu'avoit M. de Pelissari, à peu près sur le chemin de Vaux, je partis sur-le-champ pour y aller coucher. M. d'Herval me proposa alors de jouer aux dés, parce que j'étois trop heureux au trente et quarante, et qu'il n'y joueroit jamais que je n'eusse joué aux dés avec lui : mais comme je n'y entendois rien, je le priai de jouer pour nous deux ; et après que j'eus perdu sept à huit mille livres, je lui dis que je ne jouerois pas davantage que je n'eusse appris le jeu. Il en fut très-content, et nous jouâmes ensuite au trente et quarante ; à quoi je lui gagnai jusqu'à douze à treize mille livres. Nous convînmes de partir le lendemain pour aller à Vaux ; mais comme on mettoit les chevaux au carrosse, il me dit qu'il vouloit s'acquitter de quatre ou cinq mille livres que je lui avois gagnées le soir précédent ; et nous étant remis au jeu de trente et quarante, je lui gagnai jusqu'à soixante-quatorze mille livres : lui ayant dit que c'en étoit assez, et qu'il falloit partir pour Vaux, il me déclara qu'il n'iroit point à ce château jusqu'à ce qu'il se fût racquitté : alors je me déterminai d'y aller seul. Ces messieurs, qui attendoient la proie avec impatience, dès que j'arrivai sortirent sur le perron pour voir mettre pied à terre à M. d'Herval ; mais me voyant sortir seul du carrosse, M. le maréchal de Clérembault dit à M. Fouquet : « Ah ! monsieur, faites-lui « faire son procès ; car assurément il a pillé la voi- « ture. » Je contai en riant à ces messieurs comment l'affaire s'étoit passée chez M. de Pellissari ; mais il me parut qu'ils ne trouvoient pas cela aussi plaisant que moi. Nous nous mîmes au jeu tous trois : M. Fouquet auroit bien voulu me gagner au moins ce qu'il pouvoit perdre, pour ne lui avoir pas amené M. d'Herval ; et se piquant extrêmement quand j'avois la main, il m'y jouoit des poignées de cartes coupées qui valoient dix et vingt pistoles chacune : j'en mis pour mille pistoles à part devant moi, ayant presque autant d'envie que lui qu'il se racquittât du surplus ; ce qui arriva. Il ne fut pas content néanmoins de voir que je quittois le jeu. Tout cela se répandit dans le monde ;

on y parloit fort de ma bonne fortune; et ceux qui comptoient ce que je gagnois au plus bas disoient que mon gain alloit à plus d'un million.

Au mois de décembre, je trouvai moyen d'obtenir des lettres de conseiller d'Etat, dont je prêtai le serment devant le chancelier Seguier. Cela n'étoit pas alors de beaucoup de considération, et ne l'est devenu que quelque temps après, parce qu'on en fit un nombre pour entrer dans les conseils. Tous les conseillers d'Etat qui avoient été faits auparavant n'y avoient point d'entrée, et cette qualité n'étoit utile qu'à ceux qui avoient assez de crédit pour se faire payer des appointemens qui y étoient attachés.

[1661] Vers le commencement de 1661, je ne sais par quel bonheur je me trouvai à l'appartement de madame la comtesse de Soissons, où le Roi étant venu pour jouer à la petite prime, et n'ayant trouvé que madame la maréchale de La Ferté, qui avoit accoutumé de jouer avec lui, et une autre dame, Sa Majesté me commanda d'être de la partie. Je crus devoir l'honneur qu'on me fit à madame la comtesse de Soissons, qui étoit des amies de M. de Vardes, lequel étoit des miens. Cela fut cause d'une conversation que M. le prince eut avec M. le cardinal, qui tourna fort à mon avantage, étant convenus ensemble que lorsque j'avois été dans les intérêts de l'un d'eux, j'étois toujours demeuré fidèle au parti que je tenois. M. de Nogent étant entré dans la chambre de M. le cardinal, Son Eminence lui demanda ce que faisoit le Roi: il lui répondit que Sa Majesté jouoit chez madame la comtesse de Soissons avec des dames, et que je faisois le cinquième. Quelques jours après, M. le cardinal dit tout haut que la fortune se jouoit bien des hommes, et qu'elle en alloit chercher quelquefois dans l'obscurité pour les mettre au grand jour. Après que le Roi eut quitté le jeu, Sa Majesté montant chez M. le cardinal, je trouvai M. le commandeur de Jars qui en sortoit; il m'arrêta pour me dire qu'il falloit que je fusse un des plus heureux des hommes du monde, après ce qu'il venoit d'entendre dire à M. le prince et à M. le cardinal sur mon sujet; il m'ajouta qu'il n'étoit pas impossible que quand M. le cardinal avoit parlé de mon étoile fortunée, il n'eût fait réflexion à la sienne. Je descendis avec M. le commandeur pour apprendre en détail ce qu'il m'avoit dit en gros, par le plaisir que j'en ressentois. Dans la suite il m'arriva que ne m'étant pas trouvé pour jouer avec le Roi, Sa Majesté me demanda, quelques jours après, pourquoi j'avois manqué : je répondis que M. le surintendant m'avoit mené à Saint-Mandé. Elle fit dire ensuite à M. Fouquet qu'elle seroit bien aise qu'il m'expédiât à Paris quand il auroit quelque chose à lui faire savoir.

Au mois de mars, M. le cardinal tomba malade; et la dernière fois que j'eus l'honneur de le voir, ce fut par rencontre cinq ou six jours avant sa mort. Comme il se promenoit sous les pins proche Vincennes pour y prendre l'air, je l'aperçus par hasard tout seul avec son lieutenant des gardes, qui suivoit sa chaise. Je voulus l'éviter : s'en étant aperçu, il me fit appeler; et ayant fait arrêter ses porteurs, il s'amusa un moment à me parler, et me dit qu'il se croyoit à la fin de sa vie; dont je fus fort touché. En effet, je remarquai sur son visage le mauvais état où il étoit. Sa mort étant arrivée (1), le conseil du Roi fut composé seulement de messieurs Le Tellier, Fouquet et de Lyonne.

M. de La Rochefoucauld n'étant pas trop bien dans ses affaires, me demanda de vouloir bien lui faire le plaisir de recevoir les revenus de ses terres, et de lui faire donner tous les mois quarante pistoles pour ses habits et ses menus plaisirs : ce qui a duré jusqu'à sa mort. Non-seulement j'avois soin de faire payer les arrérages, mais encore d'éteindre beaucoup de petites dettes de sa maison, tant à Paris qu'en Angoumois : ce qui lui faisoit un plaisir si sensible, qu'il en parloit souvent pour mieux le témoigner. M. le prince de Marsillac voulant aller à l'armée, se trouva sans argent ni équipage ; et désirant d'y porter un service de vaisselle d'argent, sa famille jugea qu'il lui falloit jusqu'à soixante mille livres : je les prêtai, et elle m'en fit une constitution. Il m'emprunta encore de temps en temps jusqu'à cinquante mille livres ; et ayant encore eu besoin de vingt mille livres, je me disposai à les lui prêter. M. de Liancourt, qui sut jusqu'où ces emprunts alloient, et qu'ils n'étoient pas trop assurés, dit qu'il s'en rendoit caution, pour que je ne pusse y perdre.

Dans ce temps-là il se trouva des gens qui n'oublièrent rien pour me rendre de mauvais services auprès de M. le surintendant ; et m'en ayant témoigné quelque chose, je lui dis tout ce que je pus imaginer pour effacer cette impression de son esprit. Il espéroit dès-lors de gagner les bonnes grâces du Roi. La cour alloit cette année à Fontainebleau beaucoup plus tôt

(1) *Etant arrivée* : Le cardinal Mazarin mourut le 9 mars 1661.

qu'elle n'avoit accoutumé : elle y passa tout l'été. M. Fouquet, je pense, songea à vendre sa charge de procureur général, dans le dessein de mettre l'argent qu'il en retireroit dans le château de Vincennes, et à la seule disposition du Roi, pensant par là faire voir à Sa Majesté combien il prenoit de confiance en ses bonnes grâces. Il me dit un jour l'envie qu'il avoit d'en traiter, sans pourtant me dire ce qu'il vouloit faire de l'argent. Je lui donnai avis que M. de Fieubet pourroit bien l'acheter, parce qu'ayant eu dessein d'en avoir une de secrétaire d'Etat ou de président à mortier, dont il avoit voulu payer jusqu'à seize cent mille livres, il n'avoit pu y parvenir ; et que s'il vouloit m'en fixer le prix, peut-être pourrois-je bien lui faire son affaire. Il me dit de l'aller trouver, et que s'il en vouloit donner treize cent mille livres, je pourrois conclure avec lui ; mais que s'il n'en offroit que douze cent mille livres, je vinsse lui en rendre compte. J'allai donc trouver M. de Fieubet à sa maison de campagne : il étoit pour lors bien de mes amis, et nous vivions dans une grande confiance. Je lui exposai la chose telle que je viens de la dire ; je lui conseillai en même temps d'en donner plutôt quatorze cent mille livres, que de laisser perdre cette occasion, qu'il ne trouveroit peut-être plus, puisque quand M. Fouquet auroit déclaré vouloir la vendre, il viendroit peut-être des gens à la traverse, qui feroient des offres plus considérables. Il me dit qu'il goûtoit fort mes raisons, et qu'il vouloit bien tout ce que je lui proposois. Alors les paroles étant données, je crus avoir bien fait ma cour à M. le surintendant ; mais le lendemain, étant venu coucher à Paris dans le des-

sein de m'en retourner à Fontainebleau, on vint m'éveiller à environ une heure après minuit, pour me dire que madame Du Plessis-Bellière me prioit d'être à six heures du matin chez elle. Je repassai dans mon esprit ce que ce pouvoit être: il me vint en pensée que cela pourroit regarder quelque changement sur les ordres que M. Fouquet m'avoit donnés pour la vente de sa charge; et je me résolus de lui dire en entrant dans sa chambre, comme je fis avant qu'elle m'eût parlé : « Madame, si ce que vous voulez me dire re-
« garde la charge de procureur général, je dois vous
« dire par avance qu'elle est vendue cent mille livres
« de plus que ce que M. Fouquet m'avoit permis de
« la vendre. » Elle s'écria : « Ah! mon Dieu, voilà un
« grand malheur. » Ayant voulu lui raconter de quelle manière M. Fouquet m'avoit donné ses ordres, elle me dit qu'elle le savoit bien; mais que, peu après mon départ, M. de Boislève l'étant venu voir à Fontainebleau, et lui ayant parlé du dessein qu'il avoit de vendre sa charge, il lui en avoit offert jusqu'à dix-huit cent mille livres pour M. le président Barentin son gendre. Je lui répliquai que j'en étois très-fâché, mais que je ne pouvois pas empêcher que cela ne fût fait. Elle m'avoua que dans le fond elle voyoit bien que je n'avois pas tort, mais que cela n'empêcheroit pas que M. Fouquet n'en eût bien du chagrin. Elle m'ajouta qu'elle alloit partir avec le même relais qui l'avoit amenée, et que comme je savois qu'elle étoit bien de mes amies, elle feroit tout de son mieux. Elle me conseilla de n'arriver à Fontainebleau qu'après elle. Jugeant qu'elle pouvoit être arrivée de bonne heure, je pris mon temps pour n'y être que sur le soir; et l'ayant

trouvée avec M. le surintendant, je commençai à lui dire que j'étois au désespoir d'avoir si promptement exécuté ses ordres. Il convint qu'il me les avoit donnés, mais il dit qu'il en étoit d'autant plus fâché, sans cependant m'expliquer aucunement le parti qu'il vouloit prendre : je pris celui de me retirer. Cette affaire fit grand bruit; les ennemis de M. Fouquet prirent ce prétexte pour lui rendre de mauvais offices auprès de la Reine mère, dont M. Fieubet étoit chancelier. Cela obligea M. Fouquet à me dire qu'il ne voyoit pas comment se tirer du méchant pas dans lequel je l'avois jeté, qu'en voulant bien prendre l'affaire sur mon compte, et dire que j'avois outre-passé ses ordres. Je lui répondis que je savois ce que je lui devois; que j'étois capable de prendre tel autre parti qu'il voudroit, mais non pas celui-là ; que s'il lui convenoit que je sortisse du royaume pour n'y rentrer que quand il voudroit, j'étois prêt à partir; qu'après cela il pourroit dire tout ce qui lui plairoit, qu'assurément on ne me trouveroit plus pour dire le contraire : mais cela ne le contenta pas. Enfin il se tira de là par déclarer qu'il ne pouvoit pas s'empêcher de donner la préférence de sa charge à M. de Harlay, son parent et son grand ami. En effet il traita avec lui pour les quatorze cent mille livres qu'en avoit voulu donner M. Fieubet : ce qui fit dire à bien des gens que cela m'avoit brouillé avec lui. Néanmoins je continuai à faire comme auparavant.

M. Fouquet étoit si persuadé que sa faveur auprès du Roi augmentoit de jour en jour, qu'il négligea bien des gens avec lesquels il gardoit beaucoup de mesures auparavant. Madame de Chevreuse se joignit pour lors à la Reine mère pour perdre M. Fouquet, et mettre M. de Villeroy en sa place. M. de Laigues, qui étoit tout-à-fait des amis de madame de Chevreuse, me dit un jour que l'on publioit dans le monde que je n'étois pas bien avec M. Fouquet; et qu'il étoit bien aise de savoir si, en cas que l'on mît un autre surintendant à sa place, je voudrois bien entrer avec lui. Je lui répondis que je n'étois pas tout-à-fait bien assuré dans quels sentimens M. Fouquet étoit pour moi; mais que s'il lui arrivoit une disgrâce avant qu'il m'eût donné sujet de le quitter, et de déclarer que je n'étois plus dans ses intérêts, je courrois sa fortune.

Le bruit du voyage de Nantes s'étant répandu, un autre de mes amis me dit que l'on comparoit déjà M. Fouquet au favori d'un empereur, qui avoit fait naître une occasion de mener son maître dans un pays éloigné de sa résidence ordinaire, dans la seule pensée de pouvoir manger des figues qu'il avoit dans son jardin; que M. Fouquet n'avoit pensé, en proposant au Roi de faire le voyage de Nantes, qu'à aller voir Belle-Ile. Je repassois tout cela dans mon esprit, pour délibérer comment j'en pourrois faire un bon usage envers M. Fouquet sans commettre mes amis. Le temps du départ s'approchant, M. Fouquet me demanda ce qu'on disoit à son sujet, et comment on le croyoit avec le Roi. Je lui répondis que les uns disoient qu'il alloit être déclaré premier ministre, et les autres qu'il y avoit une grande cabale contre lui pour le perdre; que ces derniers se croyoient si assurés de faire réussir leur projet, qu'un de mes amis, qui étoit dans la confidence, m'avoit demandé si je voulois bien entrer auprès de son successeur : et cela sur le bruit qui avoit couru que M. de Fieubet m'avoit entièrement brouillé avec lui, mais que j'avois répondu comme je devois : qu'un autre m'avoit fait la comparaison sur le voyage de Nantes avec le favori d'un empereur, comme je viens de le dire; et qu'il savoit bien que je n'avois pas deviné cette comparaison, dans la profonde ignorance où j'étois de toutes sortes d'histoires. Il me dit qu'il seroit bien nécessaire que je lui nommasse les gens qui m'avoient parlé, pour en mieux tirer la conséquence : je m'en excusai fort, en lui disant que je serois bien aise que ce que je lui disois lui donnât lieu d'examiner s'il y avoit quelque apparence aux discours que l'on m'avoit faits, ou non; mais que je ne pouvois ni ne devois nommer les gens qui m'avoient fait une aussi grande confidence, dans la seule vue de me faire plaisir. Je voulus prendre la liberté d'y ajouter que plusieurs gens se plaignoient de ce qu'il n'avoit plus les mêmes égards pour eux : me coupant court, il me dit qu'il croyoit être par delà tous ces raisonnemens. En me retirant, je ne pus m'empêcher de faire beaucoup de réflexions sur tout ce que je venois d'entendre, et je conclus en moi-même que la trop grande confiance que je voyois en M. Fouquet pouvoit bien venir de trop de présomption; que je ferois bien de prendre mes mesures sur ce pied-là, et faire un tour à Paris pour mettre ordre à mes affaires, en cas qu'il se trompât; parce que si au contraire les choses étoient comme il le pensoit, il ne pourroit m'arriver aucun mal de la résolution que je voulois prendre. Aussitôt après dîné je retournai chez lui, sous prétexte de quelques affaires; mais c'étoit seulement pour lui demander s'il n'avoit rien à m'ordonner pour Paris, où j'allois faire un petit tour. Quoique j'y fusse arrivé fort tard, je passai une partie de la nuit à mettre tout ce que j'avois de papiers de conséquence à part, et les fis porter chez madame Du Plessis-Guénégaud, avec presque tout l'argent qui étoit chez moi.

Le départ du Roi étant fixé pour aller à Nantes, M. Fouquet prit le devant avec madame son épouse, pour arriver en même temps que Sa Majesté. Je partis un jour ou deux après pour m'aller embarquer à Orléans, afin de m'y rendre quelques jours après. Je me souviens que m'étant trouvé avec M. de Turenne et M. le maréchal de Clérembault dans le château de Nantes, un homme s'avança vers nous pour dire à ces messieurs que M. Fouquet venoit d'être arrêté en sortant du conseil par M. d'Artagnan, qui l'alloit conduire au château d'Angers [1] : je crus voir, à la contenance de M. de Turenne, qu'il avoit su quelque chose du dessein qu'on avoit pris d'arrêter M. le surintendant. M. le prince de Marsillac qui m'aperçut, étant venu à moi pour m'apprendre la même nouvelle, je le priai sur-le-champ d'aller à mon logis, et de vouloir bien faire apporter chez lui une cassette que mes gens lui donneroient : ce qu'il eut la bonté de faire. Je m'en allai dans le moment chez M. Fouquet, où je trouvai qu'on mettoit le scellé, et qu'on avoit envoyé un ordre à madame Fouquet de partir incessamment pour s'en aller à Limoges. Je la trouvai dans une grande désolation, et fondant en larmes : elle me dit qu'elle n'avoit pour tout argent dans sa bourse que quinze louis d'or; qu'elle ne savoit comment faire. Je l'assurai qu'elle pouvoit compter sur moi, et sur tout ce

---

[1] *Au château d'Angers* : Fouquet fut arrêté le 5 septembre 1661.

que je pourrois dans le malheur qui lui étoit arrivé; qu'elle n'avoit qu'à faire mettre ses chevaux au carrosse; que j'allois chercher un gentilhomme de mes amis pour l'accompagner jusqu'à Limoges, et de l'argent pour l'y conduire : et prenant congé d'elle, je m'en retournai chez moi, où je n'appris rien de nouveau. Mais bientôt après un de mes amis me vint avertir qu'on avoit arrêté deux des principaux commis qui étoient attachés à M. Fouquet, dont je crois que M. Pellisson étoit un. Après avoir balancé quelque temps sur le parti que j'avois à prendre, je compris qu'il n'y avoit point eu d'ordre pour moi : je me résolus d'aller chez M. Le Tellier. Ayant voulu entrer, son suisse me dit qu'on ne le voyoit point; mais par hasard M. Le Tellier ayant mis la tête à la fenêtre pour appeler quelqu'un de ses gens, m'aperçut, et cria au suisse de me laisser entrer. Je lui dis en l'abordant qu'ayant appris qu'on avoit arrêté des gens attachés à M. Fouquet, je venois savoir ma destinée. Il me répondit qu'il n'avoit aucun ordre qui me regardât, et que pourvu que je voulusse lui promettre de suivre la cour jusqu'à Paris, je le pouvois faire en toute sûreté. Voyant l'honnêteté avec laquelle il me traitoit, je l'en remerciai. Je le priai en même temps d'agréer que je lui représentasse que M. Fouquet avoit été incommodé, comme il le savoit; qu'il étoit de sa bonté et de sa générosité de lui faire donner son médecin, au lieu d'un valet de chambre, qu'on ne pourroit guère lui refuser. M. Le Tellier me dit qu'il en parleroit au Roi. Sachant mieux que personne la manière extraordinaire dont M. Fouquet l'avoit traité, je louai infiniment sa générosité, et pris congé de lui.

M. Le Tellier, et encore plus M. Colbert, blâmoient fort la conduite de M. Fouquet en général, et surtout en particulier, d'avoir fait le mariage de sa fille avec M. le comte de Charost, celui de son frère avec mademoiselle d'Aumont; comme aussi d'avoir acheté la maison de M. d'Emery, qui à la vérité étoit fort belle: ils disoient qu'il falloit que sur tout cela il se fût bien oublié.

La cour devant partir le lendemain, j'allai chez M. de Lyonne, que je trouvai fort étonné de ce qui venoit d'arriver. Je lui racontai ce que j'avois appris de M. Le Tellier sur ma destinée. Il me dit que si je voulois m'en aller à Paris avec lui, il m'y meneroit volontiers. De là je m'en allai chercher M. Pignay, médecin de M. Fouquet, pour le disposer à s'aller enfermer avec lui, M. Le Tellier m'ayant fait espérer qu'il en auroit la permission. En effet il l'obtint. Je lui donnai un mémoire de tout ce qui s'étoit passé, et des bruits qui couroient sur sa détention : je le priai de le mettre en lieu où on ne le pût trouver si on le visitoit. Il l'alla trouver au château d'Angers, où il étoit encore.

Le lendemain je partis avec M. de Lyonne : dans le chemin nous parlâmes souvent de ce qui pouvoit le regarder, étant persuadé qu'on l'avoit cru des amis de M. Fouquet. Je lui dis qu'il pouvoit prendre ses mesures sur ce que tout l'argent que je lui avois donné par son ordre depuis deux ans, qui étoit très-considérable, ne seroit jamais su; dont il me remercia fort. Il a toujours depuis conservé beaucoup d'amitié pour moi; et même quand j'étois dans le pays étranger, il assuroit mes amis qu'il me rendroit tous les services qu'il pourroit. Etant arrivé le lendemain à Orléans, qui étoit un jour de fête, j'allai entendre la messe avec lui. M. Le Tellier, qui sortoit de l'église, me dit qu'il avoit mandé à M. le chancelier de faire mettre le scellé chez madame Du Plessis-Bellière; qu'il l'avoit fait aussi mettre chez moi : cela ne me fit pas grand'peine, par la précaution que j'avois prise avant de partir.

Nous arrivâmes à Fontainebleau, où étoit la cour. Quelques jours après, M. Colbert y ayant fait apporter les coffres qu'on avoit scellés chez moi, les fit ouvrir; et ne trouvant des papiers d'aucune conséquence dans le premier, il fit tirer ceux du second l'un après l'autre, pour voir ce que c'étoit. Je lui dis qu'il pouvoit bien s'en dispenser, et qu'assurément il ne trouveroit rien de ce qu'il pouvoit chercher, parce que, sur le départ de M. Fouquet et sur la trop grande opinion qu'il m'avoit fait voir de sa faveur, et aussi sur le discours d'un de mes amis, de ce qui étoit à craindre pour lui, j'avois pris à tout hasard le parti de mettre ordre à mes affaires. Il me permit d'emporter les coffres chez moi.

Le bruit du beau projet qu'on avoit trouvé derrière le miroir fit un grand vacarme; et quand on considéroit les commissaires qu'on lui avoit donnés, on le regardoit comme un homme perdu dans peu de temps. La copie du projet de chambre de justice dont j'ai parlé, que M. Colbert avoit envoyé à M. le cardinal, s'étant aussi trouvée, M. Colbert dit qu'il y en avoit une partie écrite de ma main. Il me pria de lui dire qui l'avoit envoyé à M. Fouquet : il me nomma deux ou trois personnes, me disant qu'il falloit que ce fût un de ces trois-là; mais je l'assurai que je n'en savois rien, quoique je le susse fort bien. M. Le Tellier me fit dire, un jour que je m'étois retiré deux fois chez moi à une heure après minuit, que cela faisoit soupçonner que je me donnois quelque mouvement avec les amis de M. Fouquet. Je lui répondis que s'il vouloit prendre la peine de s'en informer, il trouveroit que j'avois joué ces deux fois-là avec le Roi; mais puisqu'on m'observoit, que je le suppliois de me dire si je ne ferois pas bien de m'en aller hors de la cour jusqu'à ce que le procès de M. Fouquet fût fini. Il me répliqua qu'il avoit eu envie de me le conseiller, et que M. de Langlade, qui étoit de mes amis, feroit bien de prendre le même parti. Je le remerciai, et m'en allai chez M. Colbert, qui d'abord me demanda si je n'avois point vu M. Le Tellier. Je lui répondis que je l'avois si bien vu, que je venois prendre congé de lui pour m'en aller en Angoumois. Il me dit que je lui ferois un grand plaisir si je voulois auparavant porter à l'épargne quatre ou cinq cent mille livres, que je pourrois reprendre ensuite en Guienne.

Comme je voyois bien qu'il prenoit le timon des affaires, quoique M. de Villeroy eût été fait chef des finances, et voulant lui faire ma cour, je lui promis de porter, avant la fin du jour, cinq cent mille livres de billets qu'il pourroit faire recevoir par le trésorier de l'épargne, faisant mon compte de les retirer de la Guienne, et peut-être quelque chose de plus. Il me témoigna m'en savoir bon gré; mais cela me réussit fort mal, parce que bientôt après on donna un arrêt qui m'empêcha de retirer ce que j'avois avancé. Le soir, M. Le Tellier m'envoya dire qu'il voudroit bien

23.

me parler. En y allant, je ne laissai pas de sentir quelque petite émotion, ne sachant pas ce que ce pouvoit être ; mais je trouvai que c'étoit pour me prier d'aller à Paris demander à M. le prince quelque chose dont on avoit besoin pour des octrois que M. le marquis de Villequier son gendre avoit à Mâcon. Je lui dis que je ne doutois pas que je ne le pusse en toute sûreté ; et que j'espérois qu'il ne m'arriveroit rien de ce retardement : il m'en assura. Trois jours après, je lui apportai ce qu'il avoit souhaité de M. le prince. Je pris de nouveau congé de lui, en lui disant que je m'en allois auprès de M. de La Rochefoucauld. C'étoit vers la fin d'octobre 1661. Il me chargea de lui dire qu'il étoit sur la liste de ceux qui devoient être faits chevaliers de l'ordre. La cérémonie devoit se faire le premier jour de l'an. Je m'en vins coucher à Paris, et partis le lendemain dans un carrosse, pour aller à La Rochefoucauld avec tous mes domestiques, qui étoient composés d'un cuisinier, d'un maître d'hôtel qui jouoit de la basse, d'un officier qui me servoit aussi de valet de chambre, et de deux laquais : ils jouoient tous trois du violon, car c'en étoit la mode alors. J'envoyai en même temps un service de vaisselle d'argent que j'avois.

J'arrivai à La Rochefoucauld, où je fus très-bien reçu. Deux jours après j'allai à Limoges voir madame Fouquet ; je lui portai de l'argent, dont je savois qu'elle avoit grand besoin. Etant revenu, je trouvai M. de La Rochefoucauld qui se disposoit à aller à Paris, sur l'avis que je lui avois donné, de la part de M. Le Tellier, de sa promotion à l'ordre du Saint-Esprit. Comme il mettoit en délibération s'il se déferoit de son équipage de chasse, qui étoit fort bon, je lui dis que comme apparemment il seroit bien aise de le retrouver à son retour, s'il vouloit, je m'accommoderois avec celui qui en avoit soin, et lui paierois moitié de la dépense : ce qui fit grand plaisir à celui-ci, parce que je lui payois ma portion par mois et par avance. J'étois bien aise de me donner cette occupation, parce que j'aurois eu bien de la peine à passer ma vie sans avoir quelque chose à faire.

[1662] M'étant ainsi établi, je passois les jours assez doucement : je mangeois ordinairement à la table de M. de La Rochefoucauld, avec madame la princesse de Marsillac et mesdemoiselles de La Rochefoucauld; je leur donnois souvent des repas; nous faisions de petites parties de promenade ou de chasse.

Quelque temps après que M. de La Rochefoucauld fut arrivé à la cour, il me manda que les choses s'aigrissoient contre les gens qui avoient été attachés à M. Fouquet, parce que l'on commençoit à s'apercevoir que son procès ne finiroit pas sitôt que l'on avoit cru. J'avois eu la précaution, en donnant à M. Colbert les cinq cent mille livres qu'il m'avoit demandées, de faire partir un courrier pour la Guienne, avec ordre aux commis de me faire voiturer à La Rochefoucauld l'argent qu'ils auroient en caisse, espérant par là remplacer ce que j'avois avancé en partant de la cour. Effectivement je reçus bientôt cent mille livres; mais il me fut impossible d'en tirer davantage, parce qu'on donna un arrêt qui défendoit à ceux qui faisoient les recettes en Guienne de payer à d'autres qu'au sieur Tabouret de La Buissière, sous le nom duquel j'avois mis le traité de Guienne, et dans lequel je lui avois donné une fort petite part. Ainsi je n'en reçus pas davantage de ce côté-là : mais j'avois envoyé en Dauphiné un homme qui m'en apporta autant ; de sorte que cela, joint à la petite provision que j'avois faite avant que M. Fouquet fût arrêté, composoit une somme assez considérable.

J'appris en ce temps-là que M. Berrier, qui étoit tout-à-fait en faveur, avoit une commission pour faire ma charge : ce qui me déplut grandement. Comme je le connoissois fort, je crus bien qu'il feroit son possible pour en jouir le plus qu'il pourroit. J'appris bientôt aussi qu'on avoit arrêté celui sous le nom duquel je faisois mes affaires, entre autres les traités de la généralité de Guienne de 1660, et toutes les décharges pour retirer les promesses qu'il avoit mises à l'épargne : ce qui paroissoit par le procès-verbal qui en avoit été fait, mais qui ne se sont pas trouvées depuis. J'appris encore qu'on faisoit beaucoup de diligence pour découvrir les effets que je pouvois avoir. On mit ensuite un exempt du prevôt de l'île en garnison dans ma maison. On me manda qu'il buvoit et faisoit boire quatre pièces de vin choisi de l'Ermitage, que j'avois fait mettre dans ma cave : ce qui ne me fit pas déplaisir. Lorsque les courriers arrivoient, j'avois toujours de mauvaises nouvelles ; je me levois fort matin, et faisois mes réponses après : cependant on ne s'apercevoit point que cela eût fait aucune impression sur moi. Effectivement je me représentois ce que j'étois avant ma fortune, et l'état où je me voyois encore. Je trouvois de si grandes ressources en moi-même pour me consoler, que tous ceux qui me connoissoient en étoient surpris. Madame la marquise de Sillery étant venue à La Rochefoucauld avec mesdemoiselles ses filles, la bonne compagnie fut de beaucoup augmentée : tous les soirs nous dansions au son de mes violons. A la vérité je ne me souvenois pas trop bien de la courante que j'apprenois quand on vint me prendre pour me conduire à la Bastille, outre que je n'avois pas grande disposition à la danse, étant devenu fort gros depuis ce temps-là ; mais je prenois un grand plaisir à la chasse du cerf, que je courois assez souvent, aussi bien qu'à celle du lièvre, où les dames venoient dans deux carrosses.

Vers le mois de juin, M. le marquis de Vardes me pria de faire un tour à Paris, souhaitant extrêmement de me parler : je m'y rendis aussitôt. Il me mit en la garde d'un vieux philosophe nommé Neuré, sans lui dire qui j'étois. Cet homme avoit pris une petite ferme en deçà de Sèvres, où M. de Vardes me vint voir aussitôt que je fus arrivé. Il me conta la liaison d'amitié qu'il avoit faite avec M. le comte de Guiche; la belle lettre qu'ils avoient écrite, et fait porter par un de mes gens (comme s'il arrivoit d'Espagne) à la signora Molina, première femme de chambre de la Reine, et qui avoit beaucoup de crédit sur son esprit; mais que celle-ci l'avoit donnée au Roi : ce qui faisoit un grand vacarme. Je lui dis qu'il m'auroit fait plaisir de me faire venir avant d'écrire cette lettre, parce que je l'en aurois bien empêché. Il avoit beaucoup d'esprit et d'imagination, mais il avoit besoin d'être conduit. Le bonhomme Neuré, fort chagrin, comme le sont ordinairement les philosophes, contre les gens d'affaires, à cause de leurs grands biens, louoit fort la chambre de justice; et parmi ceux qui lui blessoient l'imagination, il me nommoit souvent, surtout parce qu'il avoit vu chez M. de La Rochefoucauld une pendule de grand prix qui alloit six mois, laquelle m'appartenoit : par conséquent il ne m'épargnoit pas dans ses discours. Je ne manquois pas à l'applaudir, et à renchérir sur tout ce qu'il disoit, et même contre moi en particulier. Il me conta un jour qu'un homme d'affaires, qui l'avoit cautionné pour la ferme qu'il tenoit de cinq cents livres seulement, avoit fait saisir son troupeau, qui étoit ce qu'il avoit de plus cher au monde. Je lui demandai si cet homme n'avoit point été contraint de payer pour lui le prix de sa ferme : il en convint, et n'en blâmoit pas moins l'homme d'affaires. Comme je n'avois pas envie de le contredire en rien, je demeurai d'accord qu'il avoit grande raison.

Je retournai peu de jours après en Angoumois, où je recommençai la même vie que j'y avois menée : je prenois autant de plaisir à la chasse que si je n'avois fait autre chose pendant toute ma vie. M. de La Rochefoucauld étant revenu en Angoumois, me dit que je ferois le salut de sa maison si je voulois acheter sa terre de Cahusac, qui valoit dix mille et quelques livres de rente, me proposant d'en jouir sous son nom, et de la prendre pour trois cent mille livres, parce que dans ce temps-là les terres se vendoient au denier trente. Il m'ajouta qu'il prendroit en paiement cent cinquante mille livres que je lui avois prêtées pour payer ses dettes à Paris; qu'il souhaitoit extrêmement d'en acquitter une qu'il devoit à M. de Roussy, avec lequel il étoit brouillé; que du surplus il retireroit la terre de Saint-Clos, dépendante de son duché, qu'il avoit été obligé de vendre moyennant soixante-dix mille livres il y avoit quelques années. J'étois toujours si disposé à faire ce qu'il souhaitoit, qu'il n'eut pas de peine à me faire consentir à sa proposition.

Dans ce temps-là M. de Langlade, qui étoit alors tout-à-fait de mes amis, ayant un billet de moi de la somme de cent mille livres pour des affaires que je ne puis dire, et que je lui avois fait auprès de M. Fouquet pendant qu'il étoit en place, acheta une terre en Poitou, que je payai en retirant mon billet. Ainsi en peu de jours mes grands fonds se trouvèrent presque évanouis : et par dessus cela madame Fouquet, qui avoit été transférée à Saintes, m'envoya un homme avec une lettre, par laquelle elle me prioit de lui envoyer quinze mille livres, dont elle avoit un extrême besoin pour payer les dettes qu'elle avoit contractées en cette ville, et être en état de se rendre à Paris, suivant la permission qu'elle en avoit eue, pour solliciter le jugement du procès de son mari. Je passai le reste de l'année en Angoumois, de la même manière que j'ai dit ci-devant.

[1663] Au commencement de l'année suivante, qui étoit 1663, encore que l'autorité du Roi fût beaucoup rétablie, M. Colbert voyant qu'il y avoit de la difficulté à condamner M. Fouquet sur le péculat, résolut de faire quelques exemples. M. Berrier me choisit parmi tous les gens d'affaires pour commencer le premier à en servir, parce qu'il trouvoit beaucoup de plaisir et d'utilité à faire les fonctions de ma charge avec la sienne. Ayant donc été averti par un prevôt du voisinage de La Rochefoucauld qu'on lui avoit fait des propositions pour me prendre de la part de M. Berrier, je pris la résolution de partir; mais ce ne fut pas sans beaucoup de chagrin, parce que je menois une vie assez douce, et que je ne savois dans quel pays aller pour ne m'y pas ennuyer. Mes amis m'avoient mandé que la chambre de justice finiroit bientôt : et comme on m'écrivoit encore la même chose sans aucune certitude, je fis courir le bruit que j'allois en Espagne; et un beau jour, sur le midi, je partis avec un de mes beaux-frères nommé de La Mothe, un homme qui avoit soin de mes chevaux, un cuisinier et un valet de chambre. Je feignis de prendre le chemin de Bordeaux : mais comme il falloit passer par la forêt de Bracogne, après y être entré je tournai court pour aller coucher chez un autre M. de La Mothe qui étoit fort de mes amis, et qui a été depuis lieutenant général. Le matin, comme je voulois partir, je le trouvai botté; il me dit qu'il vouloit me conduire jusqu'à la dînée, et mena son valet avec lui. Il m'assura bientôt après qu'il ne me quitteroit point que je ne fusse en lieu de sûreté. Je lui fis bien des complimens à cette occasion, en l'exhortant de ne pas s'en donner la peine : mais comme c'étoit un homme d'esprit et fort entendu, je me persuadai que son amitié pour moi lui avoit fait prendre ce parti. Je le remerciai de bon cœur de son attention. Nous prîmes notre chemin pour aller droit en Franche-Comté : il me mena chez un nommé M. Dumont, qui étoit à M. le prince, et qui avoit sa maison à trois lieues de Dôle. Il nous reçut avec beaucoup de témoignages d'amitié. Après y avoir demeuré quelques jours, je fis savoir à M. de Guitaut que j'étois dans cette maison; ce dernier l'alla dire à M. le prince, qui étoit à Dijon pour la tenue des Etats, qui devoient finir incessamment : Son Altesse lui ordonna aussitôt de m'envoyer un homme pour me dire de le venir voir. J'y fus sept à huit jours, sans que cela fût su que de très-peu de gens. Je reçus mille témoignages de sa bonté : je lui confiai le dessein que j'avois de faire un tour à Paris, où j'avois quelques affaires qui m'étoient de grande conséquence. Il commença par me dire qu'en l'état où étoit mon procès, qui devoit bientôt finir, il craignoit que je ne m'exposasse ; mais qu'il pouvoit m'assurer que s'il m'arrivoit quelque fâcheuse rencontre, je pouvois compter qu'il n'y avoit rien qu'il ne fît pour me secourir. Je me mis donc en chemin le jour qu'il partit de Dijon, avec les deux messieurs de La Mothe et mon valet de chambre, les autres étant restés à La Perrière chez M. Dumont, qui s'en retourna après m'avoir accompagné à Dijon.

En arrivant à Paris à une heure de nuit, la première chose que j'appris fut que l'on y avoit exposé mon portrait proche le mai du Palais. Un homme à M. de La Rochefoucauld, en qui j'avois toute confiance, s'offrit de l'aller détacher sur-le-champ. En effet, en moins d'une heure il l'apporta où j'étois, et je trouvai que le peintre ne s'étoit pas beaucoup attaché à la ressemblance. Je suis bien aise de me souvenir ici qu'à mon retour d'Espagne, où j'avois été pour les affaires de M. le prince, étant à Chantilly après avoir obtenu des lettres d'abolition, M. le premier président et M. de Harlay, qui l'est aujourd'hui, pour lors procureur général, les firent entériner au parlement, à la sollicitation de quelques-uns de mes amis. Cela fut fait sans aucune autre formalité, ce qui ne s'est peut-être jamais vû et ne se verra plus. Je crois qu'ils se fondèrent sur ce que depuis la condamnation j'avois été employé avec les patentes du Roi, qui me déclaroit son plénipotentiaire auprès de M. de Brunswick. Le lendemain, lorsque la nuit fut venue, je fis avertir M. et madame Du Plessis de me faire tenir ouverte une porte de derrière dans la rue Guénégaud, qui entroit dans leur jardin; et les priai qu'il n'y eût personne chez eux, parce que je voulois leur rendre visite. Je mis dans ma poche une obligation en original que j'avois d'eux, de la somme de cent cinquante mille livres; et étant entré dans l'appartement qui est sur le jardin, je la tirai, en leur disant que s'ils étoient interrogés, ils pouvoient jurer en toute sûreté de conscience qu'ils ne me devoient rien, puisque je la leur donnois de tout mon cœur : ensuite je la brûlai, après leur avoir fait reconnoître leur signature. Il y eut une assez longue conversation entre nous, et beaucoup de protestations d'amitié. Le lendemain dans la journée, je donnai quelques autres petits ordres, et je repartis sur le soir avec les trois personnes qui étoient venues avec moi. Nous marchâmes toute la nuit; et trois ou quatre jours après nous arrivâmes à Gray, où nous trouvâmes M. le marquis d'Yenne, gouverneur de la Franche-Comté, qui étoit fort de la connoissance de M. de La Mothe, pour l'avoir souvent vu à Bruxelles quand M. le prince y étoit. Nous en reçûmes mille honnêtetés, et nous demeurâmes environ trois semaines ou un mois en ce pays-là.

Etant allé à Besançon pour voir le saint-suaire, j'y

rencontrai M. le prince d'Aremberg, avec lequel je fis un peu connoissance : ce qui me fit plaisir, parce que j'avois formé le dessein d'aller à Bruxelles. En effet je partis aussitôt après, et nous allâmes à Bâle en Suisse. M. de La Mothe donna un petit mémoire de la route qu'il falloit tenir à celui qui avoit soin de mes chevaux, pour aller nous attendre à Vaure proche Bruxelles. Notre intention étant de nous embarquer sur le Rhin, on nous dit qu'il falloit prendre deux petits bateaux fort longs et fort étroits, qui sont attachés ensemble. Nous nous embarquâmes le matin à six heures, et nous arrivâmes de bonne heure à Strasbourg. La plus grande peine que me fit M. de La Mothe, qui ne m'avoit pas voulu quitter, quoique je fusse en toute sûreté, étoit de ne vouloir jamais me dire en quels endroits il aimoit le mieux séjourner, et de quelle longueur nous devions faire nos séjours, s'en remettant toujours à ce que je voudrois : mais à la fin j'eus contentement à Bacharach, où nous mîmes pied à terre à la dînée, à cause de la réputation du bon vin, qu'en effet nous trouvâmes excellent. Nous avions fait notre compte d'y coucher seulement une nuit ; mais notre hôte nous ayant dit sur le soir que si nous y voulions dîner le lendemain, il nous donneroit une belle carpe, M. de La Mothe pour cette fois opina le premier à demeurer; et le lendemain, en la mangeant, nous la trouvâmes si belle et si bonne, que nous louâmes fort notre hôte : ce qu'entendant, il nous dit que si nous voulions dîner le lendemain, il nous en donneroit une encore plus belle. M. de La Mothe me regarda pour savoir ce que je voudrois ; je lui déclarai qu'il y avoit assez long-temps que je parlois le premier, et que j'étois résolu qu'il eût son tour pendant le reste du voyage. Il me dit que puisque je le voulois ainsi, il étoit d'avis de manger la seconde carpe : ce que nous fîmes. Nous avions séjourné un jour à Strasbourg; nous vîmes toutes les villes qui étoient sur le Rhin; nous séjournâmes encore un jour à Mayence, et deux à Cologne. Enfin nous allâmes à Utrecht, étant entrés du Rhin dans le canal qui nous y conduisoit. En faisant tous ces séjours, nous disions qu'apparemment nous apprendrions en arrivant à Amsterdam que le procès de M. Fouquet avoit été jugé, parce que nos dernières lettres nous marquoient que dans ce temps-là cette affaire devoit être finie; mais par les lettres que j'y reçus on me mandoit qu'il falloit encore plus de six semaines, à ce que l'on disoit. J'y appris par des lettres d'Angoulême que madame la princesse de Marsillac depuis mon départ étoit accouchée d'un fils, qui est aujourd'hui M. de La Roche-Guyon. Mes amis m'écrivoient surtout que je me gardasse d'aller à Bruxelles, de crainte que cela ne donnât des soupçons qui pourroient empêcher mon retour, et me conseilloient d'attendre à Amsterdam l'événement de l'affaire de M. Fouquet: nous y demeurâmes huit jours, où nous nous ennuyâmes fort. Nous fîmes peu de séjour à La Haye. Nonobstant toutes les remontrances que l'on m'avoit faites, nous allâmes à Anvers toujours par eau, et de là je me résolus d'aller à Bruxelles, parce que, suivant ce que l'on m'écrivoit, on me remettoit encore à six semaines, pour voir le jugement du procès, qui ne finissoit point; et qu'ainsi j'irois faire un tour en Angleterre, de peur que l'on ne pût m'imputer le séjour de Bruxelles. Pour savoir de vive voix des nouvelles de Paris, je donnai rendez-vous à Cambray à une personne de mes amis. Enfin M. de La Mothe ayant appris là que quelques affaires l'obligeoient de s'en retourner, prit le parti d'aller à Paris. Dans ce temps-là j'eus avis que quand même le procès de M. Fouquet seroit jugé, on ne sauroit pas trop comment on pourroit faire pour parler de mon retour; et qu'apparemment M. Colbert voudroit une grosse somme d'argent. Je m'en retournai à Bruxelles, où je trouvai M. de La Ferté, qui y étoit très-bien établi parmi ce qu'il y avoit de plus honnêtes gens. Il me présenta à ceux qu'il connoissoit plus particulièrement. M. le prince d'Aremberg, que j'avois vu à Besançon, me fit toutes sortes de protestations d'amitié, et me mena chez M. le duc d'Arschot, où j'en reçus encore beaucoup. Cela me fit prendre la résolution d'y faire mon séjour pendant tout le temps que je ne pouvois retourner en France : néanmoins j'affectai de ne point faire la révérence à M. le marquis de Caracène, qui étoit pour lors gouverneur des Pays-Bas, quoique j'y eusse été invité par quelques-uns de ceux que j'avois vus, afin de pouvoir écrire à mes amis que j'avois en quelque façon profité de leurs remontrances. Je leur mandois en même temps que je partois pour l'Angleterre, et que si je croyois pouvoir y être aussi bien qu'à Bruxelles, je prendrois le parti d'y demeurer, croyant qu'ils y trouveroient moins d'inconvénient.

Voulant partir pour l'Angleterre, j'allai m'embarquer à Ostende. Don Pedro Savale, qui en étoit gouverneur, s'étoit trouvé à Bruxelles pendant mon petit séjour, et avoit vu les caresses qu'on m'y avoit faites : il me reçut parfaitement bien, et n'oublia rien pour me marquer qu'il avoit quelque considération pour moi. Je me mis dans le paquebot pour aller à Douvres ; à deux ou trois lieues au large, il nous prit un grand calme : comme je souffrois beaucoup, j'obligeai les matelots à jeter en mer un petit esquif qui n'avoit pas dix pieds de long ; et s'en étant embarqué deux dedans avec des rames, j'eus assez de peine à m'y placer ; mais avant que j'eusse fait deux lieues, il s'éleva un vent que je vis bien inquiéter mes deux matelots, à cause des vagues qui commençoient à grossir : ce qui me fit assez de peur pour me faire repentir de mon entreprise. J'arrivai à terre cependant, où je trouvai M. de Saint-Evremont, à qui j'avois écrit pour le prier de m'amener un carrosse. Je n'eus pas sitôt bu un verre de vin de Canarie, que je me trouvai guéri. M. de Saint-Evremont commença par me remercier de lui avoir sauvé la Bastille. En effet, après qu'on eut mis le scellé chez madame Du Plessis-Bellière, on y trouva une cassette que Saint-Evremont lui avoit donnée à garder, dans laquelle il y avoit une copie de la lettre qu'il avoit faite en plaisantant sur l'entrevue de M. le cardinal et de don Louis de Haro. Il faisoit entendre par sa lettre que don Louis de Haro faisoit convenir le cardinal de tout ce qu'il vouloit ; et que lorsque M. le cardinal vouloit s'en plaindre, comme il arrivoit quelquefois, don Louis de Haro lui disoit : *Calla, calla, signor; es por su bien* (Taisez, taisez-vous, seigneur ; c'est pour votre bien). Ayant su qu'on avoit donné ordre pour l'arrêter, je lui envoyai un homme en poste pour l'en avertir, sachant qu'il venoit dans le carrosse de M. le maréchal de Clérembault. Mon homme l'ayant joint dans la forêt d'Orléans, il mit pied à terre; et s'en étant allé faire un tour en Normandie, d'où il étoit, il passa aussitôt en Angleterre, où il s'étoit assez bien accoutumé. Etant arrivé à Londres, il me mena loger chez le nommé Giraud, qui avoit été cordelier en France, d'où il étoit venu avec une religieuse, et qui tenoit un fort bon cabaret, bien propre, qui avoit de toutes sortes de bons vins, et des poulets, ce me sembloit, beaucoup meilleurs que ceux que j'avois encore mangés. M. de Saint-Evremont commença par me mener chez le milord Germain, à qui j'avois eu occasion de faire plaisir à Paris, ayant été chargé de lui donner de l'argent de la part de M. Fouquet pour la Reine mère, dont il conduisoit la maison. Le milord me mena faire la révérence au Roi, à qui mon visage n'étoit pas inconnu, ayant eu l'honneur de voir quelquefois Sa Majesté en France : elle me fit conter le sujet de ma disgrâce, et me témoigna beaucoup d'amitié ; je reçus le même traitement du duc d'Yorck. Je trouvai aussi en ce pays-là le milord Craff, qui avoit été fort des amis de M. de La Rochefoucauld à Paris, et à qui j'avois même prêté quelque argent, qu'il m'avoit rendu depuis le rétablissement du Roi. Je fis connoissance avec milord Buckingham, qui depuis s'adressa à moi à Paris pour des propositions qu'il venoit faire au Roi pour faire des cabales dans le parlement d'Angleterre, ce qui fut fort goûté; et pendant un espace de temps il reçut beaucoup d'argent que je lui donnai à Paris, dans deux voyages qu'il y fit incognito; je lui en envoyai même à Londres, que M. Colbert me faisoit mettre entre les mains. Ces messieurs que j'ai nommés prenoient plaisir à me faire le meilleur traitement qu'ils pouvoient: ils nous donnoient souvent à manger, à M. de Saint-Evremont et à moi. Milord Bennet, depuis milord Harlington, que j'avois vu aussi en France, fut de ceux qui cherchoient à me faire plaisir. Le milord Craff nous mena à une très-jolie maison de campagne qu'il avoit à dix milles de Londres, sur le bord de la Tamise (autrefois c'étoit une chartreuse). Pendant tout ce temps-là je prenois grand soin de m'informer du gouvernement d'Angleterre, ce que c'étoit que son parlement, et généralement de tout ce que je croyois m'être utile à quelque chose. J'allois souvent faire ma cour au Roi dans le parc de Saint-James, où il faisoit de grandes promenades, et où il avoit la bonté de me parler assez long-temps. Sa Majesté me fit l'honneur de me dire qu'elle seroit bien aise si je voulois établir mon séjour à Londres, jusqu'à ce que je pusse retourner en France ; tous ces messieurs m'en parlèrent aussi : mais comme je me défiois de pouvoir apprendre la langue, et encore plus d'y trouver la douceur que j'avois goûtée à Bruxelles pendant le petit séjour que j'y avois fait, parce que les manières approchent tellement de celles de Paris, que je n'y voyois presque pas d'autre différence que celle des visages ; d'ailleurs la facilité que j'avois eue d'y faire des amis, me fit prendre le parti d'y retourner, toutefois après avoir fait des mémoires sur tout ce qui avoit pu venir à ma connoissance en Angleterre, où je séjournai environ six semaines. J'y trouvai aussi

M. de Lépine qui avoit été à M. Fouquet, et le sieur Vatel son maître d'hôtel, qui prirent alors le parti de quitter Londres pour venir faire leur séjour à Bruxelles.

Je pris la poste pour m'en venir à Douvres, où je m'embarquai dans le paquebot pour m'en retourner à Ostende. Le vent ayant été fort contraire, je me trouvai encore plus mal que je ne l'avois été la première fois, et j'en fus malade pendant trois semaines. J'eus le temps de faire réflexion que rien ne m'obligeoit à faire un si grand trajet de mer. Etant de retour à Bruxelles, je me remis dans l'hôtellerie où j'avois déjà logé; et l'on me donnoit à manger à table d'hôte, de même qu'à ceux qui étoient avec moi. J'appris, par des gens de Paris qui m'étoient venus voir, que plusieurs de mes amis me blâmoient fort du parti que j'avois pris de m'établir à Bruxelles, malgré les avis que l'on m'avoit donnés sur cela. Sous ce prétexte, ils blâmoient encore d'autres choses dans ma conduite: ce qui m'obligea d'écrire à madame Du Plessis pour la prier de dire à la troupe, quand elle seroit assemblée, que je lui avois mandé que je prioit Dieu qu'il me gardât de mes amis, parce qu'à l'égard de mes ennemis, j'espérois que je m'en garantirois bien. M. de La Ferté continuoit à me donner beaucoup de marques d'amitié; je fus bientôt dans le commerce de tout ce qu'il y avoit de gens de qualité: cependant je me proposai d'être un temps sans faire de liaisons particulières, jusqu'à ce que j'eusse bien connu les personnes avec lesquelles je voulois me lier d'amitié, pour n'être pas obligé dans la suite de les quitter. Je priai M. d'Aremberg de me présenter à M. le marquis

24.

de Cáracène, qui me fit assez d'honnêtetés. Mais peu de jours après, ayant su que je venois d'Angleterre, il me fit entrer dans son cabinet, après avoir donné ses audiences comme il avoit accoutumé. Il me questionna beaucoup sur l'état où j'avois trouvé ce royaume, et sur la manière du gouvernement. Alors les Espagnols n'avoient point d'envoyé à cette cour, à cause de la disette d'argent où ils étoient aux Pays-Bas, qui étoit si grande que je ne saurois la décrire. J'allois tous les jours à onze heures, comme les autres, faire ma cour, où j'étois très-bien reçu; mais quelques jours après M. de Caracène ayant reçu une lettre de M. le prince qui me recommandoit à lui, il me traita avec distinction et confiance. Les deux maisons que je fréquentois par préférence, pour m'attacher d'une liaison particulière, furent celles de M. le prince d'Aremberg et de M. le comte d'Havré, qui avoient épousé des femmes d'un grand mérite; et je puis dire que l'amitié que nous contractâmes ensemble dura jusqu'à la mort. M. le duc d'Arschot, frère de M. le prince d'Aremberg, eut aussi toujours beaucoup de bontés pour moi. Je ne me donnois à eux tous que pour ce que j'étois; et dans les occasions je parlois de la médiocrité de ma condition; comme j'ai fait depuis dans tous les pays où j'ai été, et je m'en suis bien trouvé. Je fus en très-peu de temps aussi bien accoutumé à Bruxelles, que si j'y avois demeuré toute ma vie.

J'allai faire un tour à Anvers, où je trouvai M. de La Fuye, qui étoit attaché à M. le prince, et qui avoit une femme fort raisonnable. Ils me donnèrent un logement chez eux; et dans l'espace de sept à huit jours que j'y demeurai, ils me firent faire connoissance avec tout ce qu'il y avoit de gens distingués dans la ville, qui sont la plupart banquiers; et entre autres avec M. de Palavicine, génois, qui étoit d'une richesse immense, et qui vivoit très-frugalement.

[1664] Je passai tout mon hiver à Bruxelles dans la même maison. Au printemps, M. le duc d'Hanovre, depuis duc de Zell (1), y vint loger. Il avoit à sa suite deux Français, dont l'un, qui avoit été à M. le cardinal de Retz, s'appeloit M. de Villiers, et l'autre M. de Beauregard, qui étoit de Montpellier, beau-frère de M. Balthazar. Ils étoient tous deux fort honnêtes gens, et me firent bientôt connoître de M. le duc de Zell. Je fus assez heureux pour acquérir son amitié, si je l'ose dire, et même un peu sa confiance. M. le marquis de Castel-Rodrigo devant venir en qualité de gouverneur des Bays-Pas, M. de Caracène alla du côté de Louvain au devant de lui, avec toute la noblesse. M. le duc d'Arschot me donna une place dans son carrosse avec M. le prince d'Aremberg et M. le comte de Furstemberg, qui étoit de leurs amis et des miens. Les deux carrosses s'étant rencontrés dans une pleine campagne, M. le marquis de Caracène mit pied à terre; et suivi de tous ceux qui l'avoient accompagné en très-grand nombre, il les présenta à M. le marquis de Castel-Rodrigo, en les lui nommant tous; et quand ce fut à mon tour, il lui dit que j'étois un homme pour qui il falloit avoir beaucoup de ménagement.

Peu de temps après, M. le duc d'Hanovre m'écrivit pour me prier d'aller à La Haye. Ces messieurs, qui étoient auprès de lui, m'avoient déjà instruit à

(1) *Duc de Zell* : Georges-Guillaume, né en 1624, mort en 1705.

Bruxelles de la grandeur des Etats de ce prince, et de la considération qu'il se pourroit donner s'il vouloit se tourner du côté de l'ambition. Il avoit jusque là accoutumé d'aller tous les ans à Venise pour se divertir; et il y faisoit une très-grande dépense, qui alloit fort à la ruine de son pays. Ils lui conseillèrent d'entrer avec moi en pourparler sur ce qu'il y auroit à faire pour se mettre sur un autre pied qu'il n'avoit été jusqu'à présent. En effet il me parla, et me dit qu'il avoit une grande confiance en moi. Je n'eus pas de peine à lui faire comprendre que s'il avoit mené une certaine vie pendant sa jeunesse, il étoit de la bienséance qu'il changeât, et qu'il se donnât une grande considération, comme il lui étoit aisé de faire. Depuis ce moment il m'a toujours honoré de sa bonté, et d'une véritable confiance. Etant encore retourné à Bruxelles pour quelque temps, il m'envoya un courrier pour me dire de venir le rejoindre. C'étoit pour m'apprendre la mort de monsieur son frère aîné (1), et que, suivant le pacte de sa famille, l'Etat qu'il avoit possédé devoit passer à M. le duc Jean-Frédéric, son puîné. M'ayant exposé qu'il valoit cent mille écus plus que celui d'Hanovre, nous convînmes des mesures qu'il falloit prendre pour s'en rendre maître, et pour lever des troupes qu'il falloit entretenir. L'affaire réussit, et fut suivie d'un accommodement. Ainsi l'Etat de Zell lui tomba en partage, en donnant quelque supplément à M. le duc Jean-Frédéric, qui eut celui d'Hanovre.

Je m'en retournai à Bruxelles vers la fin de l'année 1664. Il y avoit déjà long-temps que j'avois loué une

(1) *Son frère aîné*: Christian-Louis, né en 1622.

maison près de la cour, dont je payois mille livres : il y avoit un joli jardin, la maison étoit fort commode, et raisonnablement grande ; je l'avois ornée de meubles que j'avois fait venir de Paris, avec un service de vaisselle d'argent ; j'y donnois souvent à manger. Je n'avois pour lors qu'un carrosse et deux chevaux, que j'avois achetés de M. de La Ferté quand il quitta Bruxelles, avec un seul laquais; mais j'avois quatre ou cinq chevaux de selle. J'allois très-souvent à la chasse du cerf avec M. le duc d'Arschot, et à celle du chevreuil avec M. le prince d'Aremberg, qui avoit une meute, et quelquefois avec celui qui en avoit une entretenue par le Roi.

[1665] Vers le commencement de l'année 1665 j'allai à La Haye, où je fis quelque séjour. M. de Montbas, qui étoit assez de la cour de M. le prince d'Orange (1), me présenta à lui, et j'eus l'honneur de lui faire la révérence pour la première fois. Depuis, je me trouvai souvent avec lui et des dames de La Haye. Mais comme c'est la coutume en ce pays-là que les femmes se retirent à huit heures, M. le prince d'Orange prit le parti d'aller les soirs chez messieurs de Montbas et de Dodick, et encore dans d'autres maisons, pour jouer jusqu'à neuf heures et demie. Il me faisoit toujours l'honneur de me mettre de ses parties.

Etant retourné à Bruxelles, où je me trouvois plus agréablement qu'ailleurs, M. le marquis de Sillery eut la bonté de me venir voir ; et m'ayant dit qu'il seroit

(1) *M. le prince d'Orange :* Guillaume, né en 1650. En 1688, il détrôna Jacques II, dont il avoit épousé la fille, et fut proclamé roi d'Angleterre l'année suivante.

bien aise d'aller à Anvers, je l'y accompagnai. Je le menai voir, comme une personne rare, M. de Palavicine, un des hommes du monde le plus riche, et qui n'en étoit pas persuadé. Je lui dis qu'il falloit qu'il se mît dans la dépense, comme j'avois fait autrefois avec les dames d'Anvers; qu'il nous donnât quelques repas; et qu'il devoit au moins avoir un carrosse et six chevaux pour nous promener. Il entreprit de faire connoître à M. de Sillery qu'il n'étoit pas si riche qu'on le croyoit : et en nous montrant un cabinet à côté de sa chambre, il nous fit entendre qu'il avoit là pour cinq cent mille livres de barres d'argent qui ne lui rendoient pas un sou de revenu; qu'il avoit cent mille écus à la banque de Venise qui ne lui donnoient que trois pour cent; qu'il avoit à Gênes, d'où il étoit, quatre cent mille livres dont il ne tiroit guère plus d'intérêt; et bien d'autres énumérations qu'il nous fit pour des sommes considérables, finissant toujours par dire que cela ne lui rendoit pas grand'chose. M. le marquis de Sillery, après que nous fûmes sortis, me dit qu'il étoit prêt à croire qu'il avoit rêvé ce qu'il venoit d'entendre; et quelquefois depuis, étant revenu à Paris, il me répéta qu'il étoit fâché de n'avoir pas donné cette scène à Molière pour la mettre dans la comédie de *l'Avare*.

Quelque temps après, M. de Salcède, capitaine d'une compagnie de M. de Castel-Rodrigo, ayant fait voler quelques Français qui alloient en Hollande, fâché des reproches que je lui en fis, et que je lui avois attirés de beaucoup d'honnêtes gens, ce méchant pendard, qui avoit bien de l'esprit, dit beaucoup de choses à M. de Castel-Rodrigo pour lui faire craindre la durée de mon séjour à Bruxelles; il lui fit encore parler par d'autres gens pour augmenter ses soupçons. Un jour que j'étois allé faire ma cour comme les autres, M. de Castel-Rodrigo me fit entrer dans son cabinet pour me dire qu'il avoit reçu des lettres de Madrid, par lesquelles on lui mandoit que le roi Très-Chrétien faisoit des instances auprès du roi d'Espagne pour obtenir un ordre de me faire arrêter à Bruxelles, et qu'il seroit au désespoir s'il venoit à le recevoir. Je lui répondis que je n'étois pas un homme assez important pour que la cour de France fît de pareilles sollicitations contre moi; mais que s'il me donnoit cet avis pour me faire prendre la résolution de sortir de son pays, j'étois prêt à le satisfaire; que cependant s'il avoit la bonté de s'informer, de tous les gens de qualité que j'avois l'honneur de voir tous les jours, quelle étoit ma conduite, je me persuadois qu'il seroit bientôt désabusé. Et lui ayant marqué que je soupçonnois M. de Salcède de m'avoir rendu ce mauvais service, par les raisons que je viens de dire, il me l'avoua; et je puis dire que depuis ce jour-là il me témoigna beaucoup d'amitié et de confiance.

M. le duc de Veraguas, qui étoit pour lors mestre de camp général, et par conséquent la seconde personne, avoit aussi tant de confiance en moi, qu'il venoit prendre mon avis sur toutes les affaires dont la direction pouvoit lui appartenir: enfin jamais homme hors de son pays ne s'est trouvé dans la considération où j'étois à Bruxelles. M. le comte de Marsin, qui étoit de mes anciens amis, y étant venu prendre la place de M. de Veraguas, contribua encore à l'augmenter. Je ne laissois pas d'aller de temps en temps à La Haye, où je recevois toutes sortes de politesses de M. le comte d'Estrades, pour lors ambassadeur de France, aussi bien que de ceux d'Espagne et de Portugal. Je faisois très-régulièrement ma cour à M. le prince d'Orange, qui m'y obligeoit fort par ses bons traitemens. J'avois un cuisinier de grande réputation. M. le prince d'Orange et messieurs les ambassadeurs m'ayant dit qu'ils voudroient bien l'éprouver, nous convînmes que je leur donnerois à dîner à la maison de campagne d'un de mes amis, et qu'en y entrant chacun seroit dépouillé de son caractère et de sa qualité ; ce qui fut fort bien observé. Je leur fis préparer un grand dîner, auquel j'invitai aussi M. le comte de Montbas, et quatre ou cinq personnes de La Haye. Quand il fut question de se mettre à table, je pris par la main la marquise de Meslin, fille de don Estevan de Gamara, ambassadeur d'Espagne, et la fis asseoir auprès de moi à la première place : chacun prit la sienne sans songer à aucune cérémonie. M. d'Estrades m'avoit mené chez M. de Witt, qui pour lors gouvernoit la Hollande ; mais comme j'avois été un peu gâté du traitement que j'avois reçu à Londres et à Bruxelles, je ne fus pas trop satisfait de ma visite ; de sorte que je me contentai de l'avoir vu cette fois seulement : mais je recevois beaucoup d'honnêtetés de tous les gens de qualité de Hollande. Tout cela n'empêcha pas que je ne retournasse avec beaucoup de plaisir à Bruxelles. M. le marquis de Castel-Rodrigo me traitoit si bien, et avoit de si fréquentes et si longues conférences avec moi, pendant qu'il avoit de la peine à en donner aux autres, que M. de Bournonville, qui, avec beaucoup d'esprit, étoit un peu railleur, me dit un jour, me

voyant sortir d'avec lui : « Vous venez donc de don-
« ner audience au marquis? » Ce qui fit fort rire messieurs le duc d'Arschot et le prince d'Aremberg ses
frères, qui étoient avec lui.

M. de Castel-Rodrigo, un soir, m'entretint assurément plus de deux heures et demie. Il avoit une
grande facilité à parler, et raisonnoit très-bien sur
toutes les matières qu'il traitoit. Il m'avoit fait le
plus beau projet de conduite; et étant fort las de
m'être promené pendant tout ce temps-là avec lui dans
une galerie, je le quittai, en lui disant : « Si vous
« pouvez, monsieur, trouver un homme comme ce
« que vous dites, vous serez assurément les deux
« plus grands personnages qu'il y ait au monde. »
Il parloit bien et beaucoup, mais faisoit peu. Il me
proposoit souvent de m'attacher au Roi son maître. Je
répondois que je lui serois toujours fort fidèle tant
que je demeurerois à Bruxelles; mais que j'espérois
de retourner un jour dans ma patrie.

En ce temps-là M. le marquis de Castel-Rodrigo
entreprit de faire bâtir Charleroy. Lui étant venu des
sommes considérables d'argent, et m'ayant parlé de
la dépense, je lui représentai que je doutois fort
qu'il eût le temps de l'achever; et que peut-être vau-
droit-il mieux distribuer une partie de cet argent à
ses troupes, qui étoient dans la plus grande désolation
du monde, ne vivant pour ainsi dire que d'aumônes.
Les soldats alloient par petites bandes, demandant la
charité à ceux qui passoient dans les grands chemins;
et les abbayes des environs où ils étoient en nour-
rissoient une bonne partie. Tout ce que je lui avois dit
n'empêcha pas qu'il ne me menât avec lui à Charleroy,

quand il y alla en grande cérémonie mettre la première pierre.

[1666] Au commencement de l'année 1666, je fis un voyage à Paris, où j'eus l'honneur de voir M. le prince; et j'y appris qu'on y parloit fort de guerre, du moins pour l'année prochaine.

Bientôt après étant retourné à Bruxelles, j'y reçus une lettre de M. Courtin, qui me marquoit le jour qu'il devoit passer à deux lieues de Bruxelles, pour se trouver de la part du Roi à l'assemblée qui se devoit faire à Bréda. Il me donna un rendez-vous pour le voir. En ayant parlé à M. de Castel-Rodrigo, je lui demandai si je pouvois l'inviter à venir loger chez moi. Il me dit que je le pouvois; et ayant envoyé au-devant de M. Courtin, il vint me trouver droit à Bruxelles. M. de Castel-Rodrigo ayant su qu'il étoit arrivé, m'envoya cent bouteilles de toutes sortes de vins exquis, et me fit dire que c'étoit pour m'aider à bien traiter mes hôtes. M. Courtin m'ayant confirmé que nous ne serions pas long-temps sans avoir la guerre, je priai bientôt après M. le marquis de Castel-Rodrigo de trouver bon que je m'en allasse à l'assemblée de Bréda. L'ayant agréé, je m'y rendis; et j'y restai pendant tout le temps que l'assemblée dura.

M. Courtin avoit toujours de la joie, et l'inspiroit aux autres. Il me paroissoit que dans l'assemblée où l'on traitoit la paix il étoit l'ame de toutes les délibérations qui se prenoient, étant regardé comme un homme de très-bon esprit et de longue expérience. Il avoit amené avec lui M. Pelletier de Souzy, qui s'est fait connoître pour avoir beaucoup d'esprit et des talens extraordinaires, lequel ayant été connu du Roi, fut honoré depuis par Sa Majesté de deux beaux emplois. Il avoit aussi amené M. l'abbé de Villiers, qui étoit ce qu'on appelle un bon compère. M. le comte de Guiche et M. de Saint-Evremont s'y rendirent. On ne songeoit qu'à se divertir.

[1667] Le sujet de l'assemblée étoit pour faire la paix entre l'Angleterre et la Hollande, qui non-seulement se faisoient la guerre, mais encore avec une très-grande aigreur de part et d'autre. Le jeune de Witt, commandant la flotte des Etats, avoit été jusqu'à Chatam, où il avoit brûlé une bonne partie de celle d'Angleterre. Tous les jours c'étoit de grands repas chez les ambassadeurs; M. le marquis d'Hauterive, gouverneur de Bréda, qui étoit fort de mes amis, tenoit aussi une bonne table. Milord Hollis, chef de l'ambassade d'Angleterre, me fit beaucoup d'amitié de la part du roi son maître Charles II, et me parloit beaucoup de ce qui se passoit.

Lorsque la paix fut sur le point de se faire, nos entretiens rouloient principalement sur ce que le roi d'Angleterre pourroit faire pour se venger de M. de Witt, pensionnaire de Hollande, et le détacher d'avec la cour de France, d'où il tiroit sa principale considération. Il me dit qu'il convenoit de ce principe; mais que la difficulté étoit de savoir par où y parvenir. Je lui demandai s'il croyoit que le roi d'Angleterre fût bien capable de dissimulation, et de garder, entre Sa Majesté seule et lui milord Hollis, un grand secret avec tout le reste. Il me dit qu'il croyoit le Roi son maître capable de tout, s'il pouvoit trouver le moyen d'abaisser l'orgueil de M. de Witt. Je lui répliquai que cela étant ainsi, il falloit, après la paix faite, feindre par beaucoup de démonstrations de vouloir oublier tout ce qui s'étoit passé entre lui et M. de Witt, et lier une étroite amitié pour l'intérêt des deux nations ; surtout lui donner des louanges en quantité, en lui disant que le roi d'Angleterre le prioit de lui donner ses avis dans les occasions, sans attendre qu'il les lui demandât ; fonder cette grande liaison sur la puissance de la France et l'ambition démesurée de son roi. J'ajoutai que s'il croyoit le Roi son maître capable de faire ce que je disois, je lui ferois aisément voir que cela conduiroit M. de Witt à sa perte ; que j'étois fort persuadé que la grande préférence que ce dernier avoit pour le conseil de France étoit fondée principalement sur l'opinion dans laquelle il étoit d'être irréconciliable avec le roi d'Angleterre ; mais qu'assurément si ce que je proposois étoit bien conduit, M. de Witt ne seroit pas long-temps sans croire qu'il pourroit bien n'être plus dans une si grande dépendance du conseil de France ; que dès les premières démarches qu'il feroit dans cette vue, le roi de France et son conseil le trouveroient fort mauvais ; que, sans vouloir pénétrer plus loin dans l'avenir, je me flattois que le roi d'Angleterre seroit content de l'avis que je prenois la liberté de lui donner, parce que s'il étoit satisfait de la disposition où cela mettroit les choses, il n'auroit qu'à s'y tenir ; que je n'avois eu l'avantage de voir M. de Witt qu'une fois en ma vie ; mais que le connoissant comme je faisois, par le grand soin que j'avois pris de l'étudier, j'étois persuadé que, se croyant fort assuré du roi d'Angleterre, il penseroit être en état de donner des mortifications à la France. Je savois qu'il parloit souvent des avantages qu'il avoit remportés sur l'Angleterre, et qu'il avoit nécessité la Suède et le Danemarck à se tenir en paix, après les avoir obligés de la faire ; que par conséquent il ne manqueroit pas d'envisager que ce seroit un beau fleuron à sa couronne s'il pouvoit se trouver en état de dire qu'il avoit forcé les Français de faire quelque chose qu'ils n'auroient pas voulu. Le milord Hollis ayant écrit au roi d'Angleterre tout ce que sa mémoire lui put fournir de ce que je lui avois dit, reçut ordre de me bien remercier, et de me prier de vouloir bien qu'il en dressât un mémoire de concert avec moi : ce qui fut fait. J'y ajoutai qu'aussitôt que la paix seroit signée il seroit bon que cet ambassadeur eût ordre de commencer à parler à M. de Witt, suivant le dessein et dans le sens dont nous étions convenus, mais pourtant sans trop d'empressement. Le milord Hollis ayant eu réponse du Roi après qu'il eut reçu le mémoire que nous avions fait, fut encore chargé de me bien remercier. L'assemblée de Bréda finie, je m'en allai à La Haye, où je reçus beaucoup d'honnêtetés de M. le prince d'Orange.

En ce temps-là je reçus une lettre de M. le duc de Zell qui m'invitoit de l'aller voir, comme je lui avois promis. Il me prioit de m'informer, autant que je pourrois, comment M. de Witt regardoit les levées que faisoient les Suédois en Poméranie ; que cela pouvoit menacer la ville de Brême, qui étoit sous la protection de sa maison ; que lui et M. l'évêque d'Osnabruck avoient levé chacun un régiment d'infanterie ; qu'il ne doutoit pas que quand les Hollandais seroient persuadés de ce dessein, ils ne voulussent bien faire quelque effort pour l'empêcher, de concert avec eux : et comme je savois que M. de

Montbas étoit très-étroitement uni avec M. de Witt, je le priai d'entrer sur cela en conversation avec lui. J'appris qu'effectivement ces levées donnoient de la jalousie aux Hollandais : j'espérai que cela pourroit tourner favorablement pour M. le duc de Zell et M. l'évêque d'Osnabruck. Je priai M. de Montbas de faire ce qui pourroit dépendre de lui pour fomenter une liaison entre les Etats-généraux et ces messieurs.

Je m'en allai à Lunebourg, où étoient M. le duc de Zell et M. l'évêque d'Osnabruck (1) : j'eus l'honneur de voir ce dernier pour la première fois, et j'en reçus bientôt des marques de bonté, et de la même confiance que monsieur son frère avoit en moi. Je fus d'avis que, pour obliger les Hollandais à avoir plus de confiance à ces princes, il falloit faire un effort, et emprunter plutôt une somme considérable pour lever encore quelques troupes, afin de faire connoître qu'ils avoient abandonné les plaisirs où ils avoient été jusqu'alors, pour se donner de la considération. Les Suédois continuant à faire des levées, et M. de Witt considérant l'intérêt que la Hollande avoit qu'ils ne s'agrandissent de ce côté-là, et que d'ailleurs la maison de Brunswick se mettoit, autant qu'il lui étoit possible, en état de l'empêcher, prit la résolution de faire un traité avec elle, par lequel les Hollandais promettoient jusqu'à un million huit cent mille livres payables dans des temps assurés, à mesure que messieurs de Brunswick leveroient des troupes, jusqu'au nombre de dix mille hommes de pied et quatre mille chevaux : ce qui se fit avec tant de diligence, que

---

(1) *L'évêque d'Osnabruck* : Ernest-Auguste, né en 1629; évêque d'Osnabruck en 1662; mort en 1698.

ces troupes furent bientôt sur pied, et fort belles. Le bruit s'étant répandu partout du bon état dans lequel étoient ces princes, obligea le Roi de leur envoyer M. Balthazar, parce qu'il avoit épousé la sœur de ce M. de Beauregard que j'ai déjà nommé. On lui donna une personne pour l'aider qui avoit de l'esprit. Messieurs les princes m'ayant fait l'honneur de me demander mon avis sur ce qu'on auroit à répondre, je leur conseillai de remercier le Roi de l'honneur qu'il leur faisoit en leur envoyant un homme du mérite de M. Balthazar, et d'assurer Sa Majesté de leur profond respect; mais que pour lors ils ne pouvoient avoir d'autres vues que de tâcher à bien exécuter le traité qu'ils avoient fait avec les Hollandais.

M. Balthazar et son confident étant retournés à Paris, parlèrent fort de la considération que ces princes avoient pour moi. M. de Lyonne pria, de la part du Roi, M. le prince de m'écrire, pour me représenter l'intérêt que j'avois de rendre quelque service à Sa Majesté qui pût me procurer mon retour. Aussitôt que j'eus reçu cette lettre, j'en rendis compte à messieurs les ducs de Zell et d'Osnabruck, et leur dis que je ferois la réponse qu'ils jugeroient à propos. Tous deux avec empressement me dirent qu'il falloit que je profitasse de cette occasion pour me procurer mon rétablissement en France; et moi je leur dis qu'il falloit premièrement regarder ce qui leur étoit bon. Après une longue conversation qui roula particulièrement sur ce qu'on parloit d'une triple alliance de l'Angleterre, la Suède et les Etats-Généraux, pour faire faire la paix entre la France et l'Espagne, qui avoit été rompue par l'entrée du Roi en Flandre et la prise de Lille; que les Hollandais ne voudroient plus leur donner des subsides; qu'il étoit bon d'écouter des propositions, si dans la suite la France en vouloit faire; que cela ne feroit qu'augmenter leur considération; enfin il fut résolu que je ferois savoir à M. le prince que je m'estimerois bien heureux si je pouvois avoir occasion de rendre quelque service qui fût agréable à Sa Majesté. Bientôt après je reçus une lettre de M. de Lyonne sur le même sujet, par laquelle il m'exhortoit de rendre service au Roi auprès de messieurs les princes de Brunswick, comme un chemin qui pourroit me faire avoir ma grâce, et mon retour en France.

Dans le même paquet étoit une lettre de cérémonie, dont je rapporte ici la copie. Il y avoit en haut *Monsieur*, avec un peu de distance entre la première ligne, et au bas : *Votre très-humble et très-obéissant serviteur*. Le hasard fit que dans ce temps-là on m'envoya la copie d'une lettre que M. de Lyonne avoit écrite à l'envoyé de Vienne : je pris plaisir à vérifier qu'il ne lui faisoit pas plus de cérémonie qu'à moi.

Copie de la lettre que M. de Lyonne écrivit à M. de Gourville, de Paris, le 23 décembre 1667.

« MONSIEUR,

« Je vous écrivis il y a huit jours aux termes que
« vous avez vus; et à toutes fins je ferai mettre dans
« ce papier un duplicata de ma lettre. Depuis cela,
« monseigneur le duc m'a envoyé de Chantilly une
« lettre que vous avez écrite le 26 de l'autre mois, à

« M. de Guitaut, laquelle monseigneur le prince avoit
« adressée à Dijon à monsieur son fils. J'ai vu par
« ladite lettre l'ardent désir que vous témoignez de
« pouvoir rendre quelque service au Roi dans la
« cour où vous êtes ; que vous y voyez même les
« choses bien disposées pour lui. Cela m'a fait juger
« que vous n'y seriez pas inutile au bien des affaires
« de Sa Majesté, pourvu qu'on voulût vous en four-
« nir la matière. Sur quoi, après m'être conjoui avec
« vous de vous voir dans de si bons sentimens, eu
« égard même à vos intérêts particuliers, qui certai-
« nement n'empireront pas par le chemin que vous
« prenez, je vous dirai qu'il y a environ deux mois,
« plus ou moins, que je priai M. le baron de Plato
« d'écrire à messieurs les princes, ses maîtres, la
« singulière estime que Sa Majesté faisoit de leurs
« personnes et de leur maison, la disposition où elle
« étoit de leur procurer tous les avantages qui se-
« roient en son pouvoir; que la conjoncture étoit
« belle et favorable; que M. l'évêque d'Osnabruck,
« après la paix de Munster, avoit fait paroître beau-
« coup d'inclination d'acquérir de la gloire par les
« armes, et de se mettre à la tête d'un corps de
« douze mille hommes: que sa maison avoit, pour
« venir servir Sa Majesté de sa personne et desdites
« troupes; qu'alors le Roi n'avoit pu entendre à la
« proposition, parce que Sa Majesté espéroit toujours
« que les Espagnols voudroient bien lui faire raison
« à l'amiable sur les droits échus à la Reine : mais si
« ce brave prince étoit encore aujourd'hui dans la
« même disposition, Sadite Majesté n'en auroit pas
« moins d'accepter sa proposition avec grande joie;

25.

« que les Pays-Bas étoient grands, et pouvoient faci-
« lement donner le moyen au Roi de récompenser
« avantageusement ses amis qui auroient pris part à
« ses intérêts, et l'auroient assisté à tirer raison des
« Espagnols, ou à se la faire elle-même ; et qu'on
« pourroit aisément convenir d'ailleurs des condi-
« tions du paiement de la subsistance dudit corps ;
« et autres choses semblables, toutes fort obligeantes.
« La réponse que ledit baron de Plato reçut à cette
« dépêche fut que messieurs de Brunswick esti-
« moient beaucoup ces démonstrations de l'estime et
« de la bonne volonté de Sa Majesté ; mais que les
« choses ayant beaucoup changé de face depuis la
« paix de Munster, par diverses nouvelles alliances
« que leur maison avoit contractées avec d'autres
« princes, ils n'étoient plus en état d'entendre à
« ces sortes d'ouvertures. Voilà donc déjà une ma-
« tière que je vous fournis de servir le Roi, en cas
« que vous y trouviez quelque plus grande disposi-
« tion de la part desdits sieurs princes qu'il n'en a
« paru par la réponse qu'ils ont faite audit baron de
« Plato ; et s'ils veulent bien aujourd'hui y entendre,
« vous n'aurez qu'à me le faire savoir, et me marquer
« en même temps ce qu'il pourroit désirer en échange
« de Sa Majesté, soit pour quelque portion des con-
« quêtes des Pays-Bas. S'ils ne jugent pas à propos
« d'entrer en de si grands engagemens, qu'ils veuil-
« lent seulement se tenir dans une exacte neutralité,
« promettre à Sa Majesté de ne s'engager avec aucun
« potentat ou prince contre ses intérêts, refuser
« toutes sortes de levées et de passages dans leurs
« Etats aux troupes qui voudroient venir assister les

« Espagnols aux Pays-Bas, joindre même leurs trou-
« pes aux autres princes qui, pour le bien et la tran-
« quillité de l'Empire, ont fait une liaison entre eux
« pour s'opposer auxdits passages, et enfin renou-
« veler l'alliance du Rhin. En ce cas-là donc Sa Ma-
« jesté se contentera, et sera même fort satisfaite. Vous
« saurez de Leurs Altesses ce qu'elles auroient à dé-
« sirer en échange de Sa Majesté, pour avoir plus de
« moyens de continuer à entretenir leursdites troupes
« pendant tous ces mouvemens de guerre; et me le
« faisant savoir, je vous informerai bientôt des der-
« nières intentions de Sa Majesté. Cependant je de-
« meure, monsieur, votre très-humble et très-obéis-
« sant serviteur,

« DE LYONNE. »

Mais après que je fus fait homme du Roi, il commença à me diminuer mes honneurs : cela même alla assez vite, et je l'en fis rire quelque temps après que je fus revenu. Aussitôt que ce ministre eut reçu ma réponse, je me trouvai revêtu du caractère d'envoyé du Roi, avec une instruction de ce que j'avois à faire, et un plein pouvoir de traiter avec messieurs de la maison de Brunswick. Me voilà donc mon procès fait et parfait à Paris, et plénipotentiaire du Roi en Allemagne [1668]. M. le comte de Waldeck étoit fort attaché à ces princes; jusque là j'avois vécu avec lui en fort bonne intelligence; mais désirant fort de pouvoir obliger l'Empereur à le faire prince de l'Empire, joint aux liaisons qu'il avoit avec les Etats de Hollande, où étoit son principal bien, faisoit que nous avions souvent des contestations devant les princes. Je lui dis un jour que si ces messieurs n'avoient point d'autres intérêts que de le faire prince de l'Empire, ils ne pouvoient mieux faire que de suivre ses conseils : mais que j'estimois qu'ils en pouvoient avoir d'autres; qu'ils étoient obligés de garder des mesures d'honnêteté avec toutes les puissances, particulièrement avec la France, étant possible qu'il y auroit des temps où il leur conviendroit d'en profiter. Cela fit une espèce de guerre entre lui et moi, gardant toujours néanmoins la bienséance.

En ce temps-là M. Jean-Frédéric, lors duc d'Hanovre, me fit demander si je voudrois me charger d'écrire en France le dessein qu'il avoit d'épouser la troisième fille de madame la princesse palatine, qui étoit sœur de madame la duchesse. Avant de faire réponse, je demandai à messieurs les ducs de Zell et l'évêque d'Osnabruck s'ils trouveroient bon que je me chargeasse de quelques propositions que M. le duc d'Hanovre me vouloit faire, celui-ci ayant stipulé avec moi que je ne la leur communiquerois pas. Ils me dirent que si je ne m'en chargeois, M. le duc d'Hanovre prendroit d'autres mesures pour faire réussir le dessein qu'il avoit; et qu'ainsi je pouvois écouter ses propositions, en lui promettant de ne leur en pas parler : ce que je fis. Aussitôt je mandai à M. le prince la proposition de M. le duc d'Hanovre; et avec sa réponse j'eus un ordre du Roi d'entrer dans les conditions de ce mariage, et nous en convînmes.

Je crois devoir dire ici que messieurs les ducs de Zell et l'évêque d'Osnabruck étoient des princes aussi généreux qu'il y en eût au monde, pleins de bonté et de libéralité. Leur cour étoit remplie, particulièrement celle de M. de Zell, de Français, à qui ils donnoient une subsistance proportionnée aux emplois qu'ils avoient dans leur maison. Ces messieurs vivoient tous avec moi avec beaucoup plus de déférence que je ne pouvois désirer. M. le comte de Waldeck voyoit tout cela fort impatiemment, surtout à mon égard. M. de Lyonne me chargeoit toujours de faire des propositions à ces deux princes, mais toujours conditionnées, pour n'en point venir à la conclusion. Je crois que M. le comte de Waldeck ayant donné avis de cela à M. de Witt, l'exhorta de leur faire d'autres propositions de la part des États; et pour m'ôter la connoissance de ce qui se passoit de ce côté, engagea M. l'évêque d'Osnabruck de faire un tour à La Haye : et moi, cherchant l'occasion de faire ce voyage, je m'avisai de le proposer à madame la duchesse d'Osnabruck comme une partie de plaisir, et de prendre pour prétexte quelque incommodité des deux aînés de messieurs ses enfans, avec qui elle iroit dans une calèche, et moi dans une autre avec une demoiselle de Poitou, nommée La Marseillère, qui étoit belle, et fort au gré de M. de Waldeck; que nous partirions un jour après monsieur son mari, pour nous servir des relais qu'il avoit disposés pour son voyage, quelques-uns des gens de M. le comte de Waldeck ayant aussi des calèches. M. l'évêque d'Osnabruck consentit d'autant plus à ce voyage, que M. le duc de Zell et lui convinrent avec moi d'un traité qui pouvoit convenir au Roi et à ces princes, sans toutefois m'engager à autre chose qu'à en faire la proposition; de quoi je donnai aussitôt avis à M. de Lyonne, avec une adresse pour me faire réponse, qui pouvoit arriver en Hollande à peu près en même temps que moi.

Le jour du départ étant venu, M. d'Osnabruck partit avec M. de Waldeck. Le surlendemain, à la pointe du jour, la princesse partit aussi en l'équipage que j'ai marqué, avec un petit chariot qui portoit les matelas, et quelques hardes pour elle. Ses deux enfans et sa dame d'honneur étoient dans sa calèche, et moi tête à tête avec ma Poitevine. Cela m'attira quelques railleries de M. de Lyonne, à qui j'avois mandé la manière dont je faisois mon voyage. Nous arrivâmes deux jours après à La Haye, où le prince étoit arrivé deux jours auparavant. Le lendemain matin je reçus une lettre de M. de Lyonne, qui me mandoit que le Roi étoit très-content de la manière dont je m'étois conduit; mais qu'ayant appris que la triple alliance entre l'Angleterre, la Suède et la Hollande étoit signée pour faire la paix, il me chargeoit de faire bien des honnêtetés à ces princes de la part de Sa Majesté, et de leur dire qu'elle les prioit de vouloir bien lui conserver leurs bonnes volontés pour les occasions qui se pourroient présenter. J'en informai aussitôt M. l'évêque d'Osnabruck, et lui conseillai d'accepter les propositions des Hollandais, quoique peu avantageuses : ce qu'il fit. Nous nous en retournâmes comme nous étions venus; et voyant que je n'étois d'aucune utilité pour le service du Roi en Allemagne, j'écrivis à M. de Lyonne que je le priois d'obtenir pour moi la permission d'aller à Paris.

M. le prince me manda à peu près dans ce temps-là qu'il souhaiteroit fort que j'allasse à Hambourg y attendre M. Chauveau son secrétaire, qui venoit de Pologne, d'où il rapportoit beaucoup de pierreries de la succession de la reine de Pologne pour madame la princesse palatine et madame la duchesse, afin d'empêcher que les troupes, nombreuses en ce pays-là, ne lui fissent un méchant parti. Quelque temps avant notre voyage de Hollande, la reine de Suède, qui étoit pour lors à Hambourg, m'avoit fait dire que je lui ferois plaisir si je pouvois lui envoyer la troupe française de comédiens qu'avoit M. le duc de Zell. Après en avoir obtenu la permission de Son Altesse, je les fis partir, et je m'y rendis aussitôt. Comme j'avois eu l'honneur de voir cette princesse en France, j'en reçus beaucoup d'honnêtetés, aussi bien que de M. de Wrangel, personnage considérable. Nous nous trouvions tous les soirs chez la Reine, où il y avoit grand nombre de femmes de Suède, et de deux jours l'un comédie. Le bruit courut alors que le roi de Suède étoit fort mal; ce qui fit que cette grande princesse, qui auroit bien voulu trouver moyen de se rétablir en Suède, me mit dans sa confidence; mais on apprit bientôt l'entière guérison du Roi.

Après avoir resté à Hambourg environ trois semaines, le sieur Chauveau, secrétaire de M. le prince, y étant arrivé, je le menai à Lunebourg, où étoit M. le duc de Zell; et j'y reçus encore une lettre de M. de Lyonne, dont voici la copie, où il se voit que M. de Lyonne ne me fait pas le même traitement que dans la première qu'il m'avoit écrite.

Copie de la lettre de M. de Lyonne, écrite à M. de Gourville, de Saint-Germain, le 16 mars 1668.

« Monsieur,

« J'ai lu au Roi, d'un bout à l'autre, votre dernière
« lettre; mais Sa Majesté, dans les derniers endroits
« où vous parlez d'une course à Paris, ne s'est expli-
« quée de rien : il faut que l'affaire ne soit pas en-
« core assez mûre. Quant au mot que vous y avez
« coulé touchant l'expiration de votre contumace
« au commencement d'avril, quelqu'un, qui entend
« mieux que moi ces sortes d'affaires, a dit que vous
« ne deviez pas en être plus en peine que si elle de-
« voit durer encore deux ans, parce qu'en cas que
« le Roi voulût vous faire les grâces que vous pouvez
« désirer, il lui étoit aussi facile de le faire après qu'a-
« vant le temps de la contumace.

« Pour ce qui est de continuer à voir don Estevan
« de Gamara et madame sa fille, Sa Majesté s'est ex-
« pliquée que vous pourrez le faire sans scrupule.
« Sur ce je demeure, monsieur, votre très-humble
« et très-affectionné serviteur,

« DE LYONNE. »

Après avoir fait réflexion, je pris le parti, nonobstant cela, de hasarder de faire un voyage à Paris. Je
communiquai mon dessein à M. le duc de Zell et à
M. le duc d'Osnabruck, qui me témoignèrent avec
leurs bontés ordinaires qu'ils souhaiteroient fort qu'on
me reçût en France en sorte que j'y fusse content;
mais que si cela n'étoit pas, ils me prioient de revenir
auprès d'eux; et que si je voulois, ils me régleroient

une somme pour subsister dans une maison particulière avec tout le monde qui étoit auprès de moi, dont je le remerciai fort. Je partis comme si je devois faire mon séjour à Bruxelles. Je reçus aussi bien des témoignages de bonté et d'amitié de mesdames les duchesses de Zell et d'Osnabruck, qui avoient toutes deux beaucoup de mérite. M. le duc de Zell me donna un attelage de six jumens noires très-belles, les pieds et le chanfrein blancs; et M. le duc d'Osnabruck, six chevaux de selle, dont je m'étois servi quelquefois pour aller à la chasse. Je m'en allai à La Haye, emmenant avec moi M. Chauveau; j'y fus très-agréablement reçu de M. le prince d'Orange, qui commença par me parler d'affaires, et, ce me semble, avec beaucoup de bon sens. Un jour étant avec lui au bout de sa galerie, la conversation roulant sur M. de Witt, je lui dis que tout le monde étoit persuadé que ce dernier étoit fort en garde pour l'empêcher de s'établir dans l'autorité qu'avoient eue ses pères, et qu'à la fin ils auroient bien de la peine à compatir ensemble. Dans ce moment on l'avertit que M. de Witt et M. de Gent, qui avoit été son gouverneur, venoient pour le voir : lui allant pour les joindre, je le suivis; et comme il commença par faire de grandes amitiés à M. de Witt, en m'en allant je le regardai fixement; les autres ne pouvant me voir. Il me dit après qu'il avoit bien aperçu ce que j'avois voulu lui faire entendre. Nous convînmes qu'il falloit qu'il en usât ainsi, jusqu'à ce qu'il vînt un temps qui lui donnât lieu d'en user autrement. Je lui dis en riant qu'il en savoit beaucoup pour son âge (1).

(1) *Son âge :* Il avoit à peine dix-huit ans.

Voulant continuer mon chemin pour Paris, je m'en allai à Bruxelles, où je reçus beaucoup d'amitié et d'honnêteté de M. de Castel-Rodrigo, qui, se souvenant qu'il n'avoit pas voulu me croire quand je lui avois dit qu'on auroit bientôt la guerre (ce que d'autres gens lui avoient aussi confirmé), commença par vouloir se justifier là-dessus, en me disant que lorsque j'étois parti de Bruxelles il ne doutoit point de la guerre, quoiqu'il fît semblant du contraire, parce que n'ayant point d'argent à donner à ceux qui lui en demandoient sous ce prétexte, les uns pour réparer leurs places, qui en effet étoient dans un grand désordre, les autres pour acheter des munitions, dont presque tous les gouverneurs manquoient; que n'ayant ni munition ni argent, et ne voulant pas faire voir son impuissance, il avoit pris le parti de leur dire qu'ils demeurassent en repos, et qu'il n'y auroit point de guerre. Je convins qu'en ce cas il ne pouvoit mieux faire qu'en soutenant qu'il ne la croyoit point.

Tous mes amis de Bruxelles me témoignèrent beaucoup de joie de me revoir : mais comme je n'y voulois pas séjourner, je leur dis que j'allois faire un tour à Cambray, où j'avois donné rendez-vous à quelques-uns de mes amis; qu'après cela je reviendrois les voir, afin qu'on ne pût mander à Paris que j'étois parti pour y aller. J'étois assez embarrassé de la manière dont je devois y arriver, chacun pour lors craignant fort de faire quelque chose dont il pût être repris. Je pris donc mon parti, étant à Cambray, de dire à M. Chauveau de s'en aller devant à Chantilly, où il arriveroit le lundi, et de prier M. le prince de me faire trouver un homme de ses livrées le mardi à la brune sur le pont de Creil, pour me mener au lieu qu'il auroit destiné pour me loger secrètement ; ayant jugé d'en user ainsi, de crainte que si j'avois demandé permission, cela n'eût davantage embarrassé M. le prince.

Je trouvai l'homme de livrée sur le pont de Creil, comme je l'avois désiré : il me mena avec mon seul valet de chambre mettre pied à terre chez le sieur de La Rue, capitaine des chasses de Chantilly, ayant laissé mon carrosse et mes autres domestiques à Cambray. Le sieur de La Rue étant allé dire à M. le prince que je venois d'arriver, il me témoigna que Son Altesse avoit une grande envie de m'entretenir, et qu'il avoit ordre de me mener chez elle après minuit, afin que personne ne pût s'en apercevoir. En attendant il me fit grande chère ; et aussitôt que minuit fut sonné, il me conduisit par les jardins à l'appartement de M. le prince, qui me retint auprès de lui pendant deux heures et demie, m'ayant témoigné la joie qu'il avoit de me voir et l'envie de me servir. Nous entrâmes en matière ; et après avoir résolu qu'il iroit trouver M. Colbert pour tâcher d'obtenir que du moins il voulût m'entendre, il me fit une infinité de questions sur les remarques que j'avois faites dans mes voyages, mais entre autres quelle opinion j'avois de M. le prince d'Orange, qui n'avoit que dix-huit ans. Je lui en dis tout le bien que j'en avois connu, et lui contai le trait de politique que je lui avois vu faire dans sa galerie, au sujet de la visite de M. de Witt. M. le prince obtint avec assez de peine, de M. Colbert, qu'il me verroit, à condition de m'en retourner aussitôt, si je ne voulois pas faire ce qu'il souhaitoit. Je me rendis auprès de Son Altesse pour savoir comment la chose s'étoit passée. J'appris que M. Colbert ne s'étoit rendu qu'aux très-instantes prières de Son Altesse, et qu'elle étoit obligée de me dire qu'il lui avoit paru que ce ministre n'avoit aucune bonne volonté pour moi, ni envie de me faire plaisir.

Le lendemain je me rendis à l'heure qui m'étoit indiquée dans une maison rue Vivienne, appartenant à M. Colbert, laquelle répondoit à sa galerie. Je le vis venir avec une mine grave et sérieuse, qui auroit peut-être déconcerté un autre : je lui fis ma révérence avec un visage assez ouvert. Aussitôt il me dit que j'avois obligation à M. le prince d'avoir obtenu la permission de venir à Paris, et que j'eusse à voir ce que j'avois à lui proposer. Je commençai par le faire souvenir qu'en partant de la cour je lui avois donné cinq cent mille livres qu'il m'avoit demandées, pour les reprendre sur la recette générale des finances de Guienne ; mais qu'aussitôt j'avois eu les mains fermées, par la suppression des commissaires des tailles ; que j'avois donné cinq cent mille livres à M. Coquille, qui avoit fait le traité général pour les généralités de Bordeaux et Montauban ; et voulant lui dire d'autres pertes que j'avois faites, il m'interrompit, pour me dire qu'il falloit par dessus tout cela que je donnasse huit cent mille livres au Roi. Je lui répondis que si je les avois, je pouvois l'assurer que cela étoit venu des profits que j'avois faits au jeu : et s'étant fort accoutumé à décider, il me déclara que si je ne donnois pas six cent mille livres, je n'avois qu'à m'en retourner d'où je venois, et qu'il ne me donnoit que trois jours pour lui faire savoir ma réponse. Il s'en alla; et j'en fis de même, peu satisfait de mon entrevue. A peine, suivant cela, pouvois-je trouver le temps de voir un moment chacun de mes amis. Tous ceux que j'avois me témoignèrent beaucoup de joie, et en même temps bien du chagrin de ce que, selon toutes les apparences, cela ne dureroit guère.

M. le duc, aujourd'hui M. le prince, voulant donner à souper, dans sa petite maison de la rue Saint-Thomas du Louvre, à M. le comte de Saint-Paul, que j'avois eu l'honneur de loger chez moi passant à Bruxelles au retour d'un grand voyage, à M. le commandeur de Souvré, à M. de Lyonne, et, ce me semble, encore à quelques autres messieurs, m'ordonna d'être de cette partie. Il y fit trouver une musique admirable, entre autres mademoiselle Hilaire et mademoiselle Raymond. Je fus si charmé de cet honneur et du plaisir que je sentois, que j'avouai à cette bonne compagnie qu'il n'y avoit que l'impossibilité qui m'empêchât de donner à M. Colbert ce qu'il me demandoit, par l'espérance que j'aurois de goûter encore une pareille félicité. M. Hotman, pour lors intendant des finances, me fit dire que M. Colbert lui avoit ordonné de savoir ma dernière résolution; l'ayant été voir, il me fit beaucoup d'amitié. Je l'avois connu fort particulièrement dans le temps qu'il avoit été intendant des généralités de Bordeaux et de Montauban; je n'avois rien oublié pour lui faire connoître par de bons effets combien son amitié m'étoit chère: il ne manqua pas de vouloir me donner des preuves de sa reconnoissance, en m'exhortant de contenter M. Colbert; et toutes les remontrances que je lui pouvois faire n'aboutirent qu'à me conseiller fortement de donner six cent mille livres, dont ce ministre vouloit bien se contenter, parce qu'il avoit ordre de m'ajouter, en cas de refus, qu'il falloit que je sortisse du royaume. Il me témoigna le chagrin qu'il en avoit : je le priai de dire à M. Colbert que j'obéirois, et que dans trois jours je ne serois plus à Paris.

En effet, après avoir eu l'honneur de prendre congé de M. le prince, qui me dit qu'il s'en alloit à Chantilly, puisqu'il n'y avoit plus d'espérance de pouvoir rien faire pour moi, je remerciai M. le duc de toutes les marques de bonté qu'il m'avoit fait la grâce de me donner; et après avoir fait mes adieux à mes amis les plus particuliers, je partis le troisième jour comme je l'avois promis, et m'en allai coucher à Liancourt, où M. et madame de Liancourt s'efforcèrent de me témoigner la joie qu'ils avoient de me revoir, et en même temps combien ils étoient fâchés de me voir si pressé de partir pour quitter le royaume. Mais comme ils m'avoient obligé de rester auprès d'eux pendant quelques jours, j'y reçus des nouvelles de Paris, par lesquelles j'appris que M. le duc d'Hanovre devoit bientôt arriver à la cour pour faire la révérence au Roi, et y assurer son mariage. J'écrivis à M. le prince à Chantilly, pour savoir ce qui en étoit, et pour le prier de trouver bon que j'eusse l'honneur de lui communiquer une pensée qui m'étoit venue, au cas que la nouvelle fût vraie. Il se donna la peine de me la confirmer, et me manda qu'il seroit bien aise de savoir ce que j'aurois imaginé. Je me rendis donc auprès de Son Altesse, et lui communiquai le dessein que j'avois de faire une nouvelle tentative, avec le secours de sa protection, pour obtenir encore quelque temps. Il l'approuva fort; et dans le moment il écrivit à monsieur le duc son fils de représenter à M. Colbert que M. d'Hanovre devoit bientôt arriver, et que comme j'avois eu l'honneur de conclure son mariage par ordre du Roi, il estimoit qu'il seroit nécessaire que je fusse à Paris à son arrivée, parce qu'il pourroit y avoir encore quelques petites choses à régler, que personne ne pouvoit aussi bien faire que moi : lui ajoutant qu'il feroit en cela un grand plaisir à M. le prince et à lui, qui souhaitoient entièrement de voir ce mariage accompli; enfin qu'il le prioit de trouver bon qu'il en parlât au Roi dans ces termes; que ce ne seroit qu'une prolongation de mon séjour à Paris d'environ trois semaines ou un mois. M. Colbert ne voulut point refuser ce petit délai, et dit à M. le duc qu'il étoit le maître d'en parler au Roi; et même que de sa part il y contribueroit volontiers, se chargeant d'en parler le premier à Sa Majesté. M. le duc manda, en réponse à M. le prince, que je pouvois demeurer à Chantilly le temps qu'il jugeoit à propos; même revenir à Paris en toute sûreté. Ce que je fis après l'arrivée de M. le duc d'Hanovre; et ayant été faire la révérence à ce prince, il chargea son ministre de régler avec moi pour quelque argent qu'il falloit donner, et des pierreries. Le prince s'en retourna bientôt, et laissa une procuration à M. Groot pour épouser en son nom la princesse Bénédicte. Quelques jours après, M. le prince et M. le duc nous firent mettre M. Groot et moi dans leurs carrosses pour aller à Anières, où étoit madame la princesse palatine, y faire la cérémonie du mariage.

Pendant tout ceci, M. le prince et M. le duc, qui avoient assez pris de goût pour moi, et qui voyoient bien que j'avois aussi peu envie de sortir du royaume que de donner six cent mille livres, souhaitèrent fort de pouvoir m'attacher à leur service, leur maison étant dans un extrême désordre. Ils pensèrent que si j'allois en Espagne, ayant fait des connoissances à Bruxelles avec des personnes de considération qui étoient pour lors à Madrid, je pourrois obtenir quelque chose à compte des grandes prétentions de M. le prince sur le roi d'Espagne. M. de Lyonne, à qui j'avois communiqué cette pensée, s'offrit volontiers d'en faire l'ouverture au Roi quand il seroit dans son conseil : ce qu'il fit, en disant que non-seulement je pourrois agir pour les affaires de M. le prince, mais que je pourrois aussi être utile au service du Roi, qui n'avoit alors personne à Madrid ; et que don-Juan, qui étoit pour lors à Sarragosse, avoit bien envie de faire quelque remuement. M. de Turenne, qui étoit alors dans le conseil, appuya ce que M. de Lyonne avoit proposé. M. Colbert dit seulement en peu de paroles que ce voyage coûteroit donc cinq à six cent mille livres au Roi. Ainsi il ne fut rien résolu pour lors.

[1669] Au mois de mars 1669, M. le prince et M. le duc me firent l'honneur de me parler de l'état de leurs affaires, trouvant qu'ils auroient de la peine à soutenir leurs dépenses, la pension étant mangée par une vieille introduction faite du temps de M. le président Perrault, à qui on étoit convenu de donner vingt-cinq mille livres sur les cinquante mille écus de pension, pour faire l'avance du reste. Celui-ci ayant remis la direction de la maison de M. le prince à M. Chanlost, qui avoit très-bien et fidèlement servi Son Altesse en qualité de secrétaire, mais qui étoit un fort mauvais intendant, il convenoit ne savoir plus comment s'y prendre pour soutenir la dépense de cette maison. M. le prince, M. le duc et madame la princesse palatine résolurent enfin de faire tous leurs efforts pour obtenir que j'eusse la liberté d'entrer à leur service. Plusieurs amis de M. de Colbert, qui surent ce dessein, lui remontrèrent si bien qu'il ne devoit pas se charger de l'aversion de ces princes pour une affaire qui ne le regardoit pas directement, qu'il se rendit traitable à Leurs Altesses, qui lui firent entendre qu'elles vouloient seulement me charger du soin de leurs affaires, sans lui rien demander sur ce qui me regardoit avec le Roi. Ces princes se proposèrent donc de me faire partir pour l'Espagne le plus tôt qu'il leur seroit possible; mais auparavant il étoit question de chercher des fonds pour faire subsister leur maison pendant mon absence. Je trouvai moyen d'emprunter avec M. le prince quarante mille écus de messieurs de La Sablière et Goisnel, ce dernier ayant déjà quelques fermes de M. le duc. Je priai pour lors M. le prince d'avoir égard qu'en me faisant l'honneur de me charger des affaires de sa maison, M. de Chanlost alloit tout-à-fait déchoir de la considération qu'il avoit; et que je savois que faisant très-mal les affaires de Son Altesse, il n'avoit guère mieux conduit les siennes, et n'avoit presque point de bien par rapport à ses dettes; qu'ainsi je la suppliois très-humblement de vouloir bien lui donner une pension de deux mille écus sa vie durant. J'eus beaucoup de plaisir de ce qu'elle eut la bonté de l'accorder. Je m'attachai pour lors à faire des mémoires, pour connoître la dépense de la maison pour une année. Ayant trouvé que les quarante mille écus empruntés, joints à pareille somme que M. le duc donnoit tous les ans pour sa dépense, celle de madame la duchesse et tout leur train, avec ce qui proviendroit des autres revenus qui n'avoient pu être saisis, pourroient à peu près suffire jusqu'à mon retour, je donnai ordre que tous les quinze jours on m'envoyât la recette et la dépense qui se feroient, afin que si je m'apercevois qu'on eût besoin d'argent, je pusse en fournir sur mon crédit.

M. de Lyonne m'ayant témoigné beaucoup de joie de la manière dont les choses s'étoient passées, me dit qu'il me donneroit une instruction ; et qu'on n'étoit point informé de l'état des affaires d'Espagne, après la paix qui venoit de se faire avec le Portugal ; qu'il falloit tâcher à pénétrer autant que je pourrois les revenus de cette monarchie, et l'informer par un courrier exprès de tout ce qui auroit pu venir à ma connoissance. Je me souviens qu'étant à Suresne, où il avoit une maison, me promenant avec lui dans une allée sur le bord de la rivière, il me fit une infinité de questions, entre autres sur ce qui regardoit la Hollande : et m'ayant demandé pourquoi les Hollandais étoient si riches, je lui dis que cela venoit de leur commerce, et encore plus de leur économie. Je lui contai que dans les bonnes maisons on n'y mangeoit presque point de viande ; où tout au plus du bœuf séché à la cheminée, que l'on râpoit pour en

mettre sur du beurre assez légèrement étendu sur du pain, que l'on appeloit tartine; et tous ne buvoient ordinairement que de la bière. Ensuite il me demanda : « Qu'imaginez-vous qu'on pourroit faire pour
« ôter le commerce aux Hollandais? » Je lui répondis :
« C'est de prendre la Hollande; et M. le prince, que
« j'ai entretenu là-dessus, ne le croit pas impossible.
« Si vous regardez combien les Etats paient de trou-
« pes, vous trouverez qu'ils en ont beaucoup; si vous
« attendez que je vous explique ce que j'en sais, vous
« trouverez qu'il ne les faut guère compter.

« Voici comment cela est venu à ma connoissance :
« je faisois souvent des promenades; mais j'étois par-
« tout fort curieux de savoir comment les choses se
« passoient. Etant à Berg-op-Zoom, je me trouvai
« logé chez le maréchal des logis d'une des deux
« compagnies de cavalerie qui étoient en garnison,
« lequel tenoit cabaret. Le bruit étant qu'elle devoit
« aller ailleurs, je m'avisai de lui dire qu'il falloit
« donc qu'il laissât le soin de sa maison à sa femme
« pendant le temps qu'il seroit absent. Il me répon-
« dit que cela ne se faisoit pas comme je le pensois,
« et qu'il ne quitteroit point son logis; mais qu'à la
« vérité il lui en coûteroit quatre ou cinq cents livres
« pour donner au capitaine qui alloit venir, et que
« moyennant cette somme il étoit dispensé du ser-
« vice. Je lui demandai s'il en étoit ainsi des cava-
« liers : il me dit que c'étoit la même chose; et qu'à
« la réserve de quelques uns qui étoient regardés
« comme domestiques du capitaine, chacun savoit
« ce qu'il devoit donner par mois, et qu'il n'y en avoit
« point qui ne payât au moins douze ou quinze pis-

« toles au capitaine ; et qu'ainsi on pouvoit dire que
« le maréchal des logis, non plus que les cavaliers,
« ne changeoient jamais de place. Je fus bien étonné
« d'entendre parler d'une cavalerie composée de
« bourgeois qui ne sortoient jamais de leurs mai-
« sons ; et jugeant que cela valoit bien la peine de
« m'en assurer, je lui demandai encore s'il croyoit
« que le même usage fût établi dans les lieux où il
« y avoit de la cavalerie en garnison : il m'assura que
« c'étoit la même chose. Je lui demandai aussi si le
« capitaine profiteroit de tout cela : il me dit qu'il
« savoit ce qu'il en devoit rendre aux autres officiers.
« J'en parlai sans marquer mon dessein à M. de Mont-
« bas, qui me dit que cela se pratiquoit ainsi. Je lui
« dis que son régiment d'infanterie devoit lui valoir
« beaucoup : il me répliqua qu'il n'en étoit pas tout-
« à-fait de même dans l'infanterie, mais qu'il y avoit
« toujours quelque revenant-bon de ce côté-là. »
M. de Lyonne me parut tout étonné, et me demanda
si j'avois informé M. le prince de tout ce que je disois :
je lui répondis que j'en avois informé Son Altesse avec
encore plus de détail, surtout au sujet de l'infanterie,
dont tous les officiers n'avoient presque point servi ;
que c'étoit par cette voie que M. de Witt se concilioit
les cœurs de la plupart des bourgmestres de chaque
province, en leur faisant donner des charges pour
leurs enfans. La dernière question fut si je ne savois
pas comment s'étoit formée la bonne intelligence qui
paroissoit de M. de Witt avec le roi d'Angleterre,
après l'aigreur que tout le monde savoit qu'il y avoit
eue entre eux. Je l'assurai qu'il ne pouvoit s'adresser
à personne qui fût en état de lui en rendre un meil-

leur compte, puisque j'avois moi-même fait cette bonne intelligence; de quoi il se mit fort à rire, et pensa me tourner le dos. Je le priai de m'écouter, et lui racontai tout ce qui s'étoit passé à Bréda entre le milord Hollis et moi, lui disant qu'à mon avis il pourroit se servir de cette connoissance, et que peut-être arriveroit-il qu'il trouveroit jour à faire entrer le roi d'Angleterre contre la Hollande. Il me loua fort, et me dit qu'il prendroit son temps pour faire ma cour au Roi de tout ce que je venois de lui dire, dans les occasions qui pourroient s'en présenter.

Quelque temps après, étant disposé pour le voyage de Madrid, il fut résolu que M. le duc me meneroit prendre congé de M. Colbert, en le priant de vouloir se réduire à une somme honnête, afin que, la pouvant donner, je puisse finir entièrement mes affaires. Il me dit qu'il vouloit bien se contenter de cent mille écus, sans que j'eusse espérance d'en pouvoir diminuer un sou. Je lui offris cent mille livres comptant, et pareille somme à mon retour d'Espagne. M. Colbert représenta à M. le duc qu'il ne pouvoit point accepter mes offres, ayant diminué de cent mille écus de la dernière proposition qu'il en avoit fait faire. M. le duc, ainsi que nous étions convenus avec M. le prince, le remercia fort, et le pria de conserver sa bonne volonté jusqu'après mon retour d'Espagne; que pour lors on verroit ce qui se pourroit faire. Après quoi je fis ma révérence. M. de Lyonne me donna ses instructions, avec beaucoup de nouvelles marques de son amitié. M. le prince me remit tous ses papiers pour les créances de Madrid, et me donna

M. Chauveau, qui avoit déjà été dans ce pays-là, et qui étoit fort de mes amis.

Je partis le .... octobre 1669, et m'en allai à Verteuil, où je portai la nouvelle de la mort de madame la princesse de Marsillac. Je trouvai que M. de La Rochefoucauld ne marchoit plus : les eaux de Barèges l'avoient mis en cet état. Toute sa maison témoigna beaucoup de joie de me revoir ; et il me dit qu'ayant su que je devois venir, il avoit fait publier la ferme de ses terres, et qu'il me prioit de lui donner un jour ou deux pour en faire le bail : ce que je fis, et trouvai moyen de l'augmenter, dont il fut fort satisfait. Je repris mon chemin pour Bayonne, où ayant été averti de la mauvaise route, surtout pour le pain, jusqu'à Madrid, je fis provision de biscuit ; et j'y arrivai le .... novembre 1669.

Je mis pied à terre dans une maison que M. de La Nogerette, que j'avois envoyé devant, m'avoit fait meubler assez proprement, et qui étoit assez grande pour y pouvoir loger M. le comte de Sagonne, fils de M. de Hauterive, qui étoit fort de mes amis ; M. de Saint-Loup, fils aîné de M. de Bayers ; M. de Chanie, fils de M. de Puyrobert, et M. Chauveau, secrétaire de M. le prince, avec mes domestiques. Ces quatre messieurs étoient mes camarades, suivant la façon de parler d'Espagne. J'avois mené de bons officiers ; j'y établis mon ordinaire d'un grand potage, quatre entrées, un grand plat de rôti, deux salades, deux plats d'entremets, avec du fruit aussi propre et aussi bon qu'on en peut avoir en ce pays-là, où il est rare. Les melons s'y sèment dans les champs comme le blé : il n'y en avoit presque point de mauvais ; cependant je n'en ai point trouvé d'aussi bons que j'en ai mangé quelquefois à Paris.

Tout ce qu'il y avoit de Français établis à Madrid me vinrent voir; et parmi ceux-là j'en choisis deux, après les avoir tous entretenus, pour m'aider à m'instruire. J'appris qu'il y avoit une prophétie qui prédisoit la mort du roi d'Espagne dans le mois de mai prochain : l'on ne peut s'imaginer à quel point cette sottise faisoit impression à Madrid. J'avois mené un carrosse, et M. de La Nogerette m'avoit acheté quatre mules. Ainsi je commençai dès le lendemain à faire mes premières visites à M. le marquis de Castel-Rodrigo, à M. le duc de Veraguas, à M. le comte de Molina, et à don Augustin de Spinola; ces deux derniers ayant été véadors à Bruxelles, qui est proprement intendant. Je fus très-bien reçu de tous. Je m'adressai à don Emmanuel Delriza, pour lors introducteur des ambassadeurs, qui, quelques jours après, me marqua le jour et l'heure que j'aurois audience de la Reine. J'y allai avec mes camarades, messieurs de La Mothe et de La Nogerette pour mon petit cortége. Aussitôt après, ayant pris la liste de tous les messieurs de la junte, je les visitai tous. M. le marquis d'Ayetonne, qui étoit majordome de la Reine, étoit en quelque façon regardé comme le premier ministre; je m'y attachai fort, et dans la suite il me témoigna beaucoup d'amitié et de confiance. M. le cardinal d'Arragon, archevêque de Tolède, aussi du conseil de la junte, me reçut très-bien, et a toujours cherché à me faire plaisir, à la recommandation de madame la marquise de Caracène sa sœur, à laquelle j'avois eu occasion de prêter de l'argent à son départ de Bruxelles. M. le marquis de Fuentès, qui avoit été ambassadeur en France, fut nommé pour mon commissaire. M. de Pigneranda, ministre de haute réputation, me parla fort des grands services que M. le prince avoit rendus à Sa Majesté Catholique. M. de Gonzague, qui étoit de la junte, me témoigna beaucoup de bontés : il étoit allié de madame la princesse palatine. Voilà ceux à qui je m'attachai le plus, du nombre des douze conseillers de la junte. M. le duc de Veraguas et M. le comte de Molina étant venus pour dîner chez moi, m'amenèrent M. le duc d'Albe, qui étoit déjà vieux, mais de très-bonne humeur : il me disoit souvent qu'il n'avoit jamais voulu se mêler d'affaires. Je leur fis fort bonne chère, et ils s'en accommodèrent si bien, qu'ils y venoient souvent avec leurs amis, quoique cela fût tout-à-fait contraire à l'usage de ce pays-là.

Après avoir fait toutes mes visites d'affaires et de cérémonies, j'appris que l'argent étoit extrêmement rare en Espagne, et que, pour soutenir la guerre qu'on avoit commencée contre le Portugal, on avoit fabriqué de la monnoie de cuivre pour six ou sept millions ; qu'on lui avoit donné un prix de quatre ou cinq fois au-dessus de sa valeur, et qu'ainsi on y avoit trouvé un profit de vingt-quatre à vingt-cinq millions ; que les gens de la nation et des environs, et surtout les Hollandais, y en avoient apporté une grande quantité, et avoient tiré la plus grande partie de leurs pistoles ; en sorte que dans toute l'Espagne on ne voyoit que de cette monnoie, qu'on appeloit des maravédis, à la réserve de la province de Catalogne, qui ne leur avoit voulu donner aucun cours. On peut dire que cela avoit jeté l'Espagne dans un très-grand désordre, qu'ils ont réparé peu à peu en diminuant le prix de cette monnoie; de telle sorte qu'il n'y avoit plus de profit aux étrangers d'en apporter.

M'étant informé de quelle manière s'imposoient les taxes pour le Roi, je trouvai qu'il ne s'y faisoit point d'imposition personnelle, mais seulement sur la consommation de tout ce qui sert à la nourriture sans exception, et sur les entrées de Madrid, où il n'étoit pas trop malhonnête de faire entrer en fraude; ce qui les diminuoit beaucoup. La marque du papier, qui étoit introduite, pouvoit rapporter deux millions. La dispense de manger les pieds et les têtes des animaux les jours maigres, que les papes ont accordée aux rois d'Espagne au commencement, sous prétexte de la guerre qu'ils étoient obligés de soutenir contre les Infidèles, et dans la suite sous celui de la rareté du poisson, ne valoit pas deux millions. Je connoissois cet impôt par expérience; car je fus obligé en arrivant d'acheter une bulle pour toute ma maison, à raison d'un écu par tête. On estimoit alors qu'il ne pouvoit venir des Indes tous les ans qu'environ soixante millions pour le compte particulier du Roi, à cause des fraudes et des malversations qui se commettent, quand les galions viennent de ce pays, sur les droits qu'ils doivent payer à Sa Majesté Catholique. Il y a une infinité de particuliers qui en tirent en droiture pour leur compte, ce qui rend l'argent un peu plus commun.

Je n'eus pas de peine à découvrir l'extrême paresse et en même temps la vanité de ces peuples. Il y a des ouvriers pour faire des couteaux, mais il n'y en auroit point pour les aiguiser, si une infinité de Français, que nous appelons *gagne-petits*, ne se répandoient par toute l'Espagne : il en est de même des savetiers et porteurs d'eau de Madrid. La Guienne et d'autres provinces de France fournissent un très-grand nombre d'hommes pour couper leur blé et le battre. Les Espagnols appellent ces gens-là *gavaches*, et les méprisent extrêmement ; ils emportent néanmoins la meilleure partie de leur argent en France : il est vrai que souvent ils sont volés en chemin lorsqu'ils s'en retournent, s'ils ne prennent de grandes précautions. Cela fit qu'à mon départ d'Espagne il y avoit cinquante ou soixante gagne-petits qui avoient donné à garder leur argent à ceux qui étoient auprès de moi, jusqu'à ce que nous fussions arrivés en France. L'Espagne en général est fort dépeuplée, non-seulement par ceux qui vont aux Indes, mais encore par les levées qui se font pour envoyer des troupes à Milan, Naples, Sicile, et Pays-Bas, où la plupart de ceux qui y vont se marient ou y meurent ; et l'Espagne se peuple de Français qui y vont, qui s'y marient et y demeurent. Aussi disoit-on dans ce temps-là qu'il y avoit deux cent mille Français répandus dans toute l'Espagne, dont au moins vingt mille dans la seule ville de Madrid.

J'ai toujours cru que la raison qui avoit empêché de faire des taxes personnelles en ce pays-là étoit que les habitans n'y ont aucuns meubles de considération, et qu'ainsi on n'auroit pu les contraindre à payer. Chacun n'y travaille que pour attraper de quoi vivre, et il leur faut peu de chose : l'été, ils mangent la plupart des légumes sans vinaigre et sans sel, parce que cela paie des droits. J'ai observé pendant tout mon voyage que, dans tous les villages et bourgs où nous avons entendu la messe, les habitans y ont des souliers la plupart faits de corde : je crois qu'ils les façonnent eux-mêmes. Tous ont une épée attachée au côté avec une grosse garde, même quand ils vont au travail. Quand un cordonnier à Madrid apporte à quelqu'un une paire de souliers, après avoir fait la révérence il met son épée contre la muraille, et vient le chausser. J'ai remarqué aussi que dans les beaux jours de l'hiver, dans bien des endroits, ils se mettent un nombre le long d'une muraille à couvert du vent : ce qu'ils appellent *tomar el sol* (prendre le soleil). On dit que là ils parlent fort de politique. Les hommes et les femmes ne sont pas grands, mais ils paroissent tous avec un air délibéré. Il n'y a point dans toute l'Espagne ce qu'on appelle les lieux communs : ils se servent pour cet usage de grands pots de terre élevés qu'ils portent la nuit dans les greniers, et jettent ce qu'ils contiennent dans la rue, où le soleil consume tout en peu de temps. J'ai souvent pensé que s'il n'y avoit point de lieux, c'est qu'il n'y avoit personne pour les nettoyer.

Dans toute l'Espagne, la terre en général est assez bonne : la plus grande partie est un gros sable noir qui se laboure si aisément, qu'il y a très-peu de fer à leurs charrues. Le froment y vient parfaitement beau; les vins blancs y sont aussi fort abondans, et ont une force extraordinaire : ils se charrient tous dans des peaux de bouc sur des mulets, les autres voitures y étant peu en usage.

Après m'être informé et, si je l'ose dire, avoir pris

une grande connoissance de tous les revenus du Roi en détail, je trouvai qu'ils ne passoient pas vingt-huit ou vingt-neuf millions tout compris, et que les charges ordinaires se montoient à beaucoup davantage; de sorte qu'il y avoit toujours une grande nécessité. On étoit obligé de faire des emprunts sur tous les revenus, et même sur ce qui venoit tous les ans des Indes, quoique la somme fût incertaine : ce qui faisoit qu'il n'y avoit point d'argent dans le trésor, et qu'une partie se consumoit en intérêts. Les rentes qu'ils avoient créées autrefois n'étoient payées que par faveur, ou par des ajustemens qui en emportoient plus de la moitié pour ceux qui faisoient payer. Je fus confirmé par M. le comte Eznard Nugnez, qui fut bientôt de mes amis, qui se piquoit d'avoir les manières françaises, et qui étoit neveu de don Martin de Los-Rios, président des finances, que la dépense excédoit toujours de beaucoup la recette : ce qui ne me donnoit guère d'espérance d'avoir aucune satisfaction en ce pays-là.

[1670] Je fis un mémoire fort étendu de ce qu'il y avoit de plus important, et en chargeai M. de La Mothe mon beau-frère, pour le porter en poste à M. de Lyonne. Je lui marquois combien j'avois été surpris de trouver tant de misère, et si peu d'ordre dans les affaires en général, sans que j'eusse pu envisager jusque là aucune ressource pour y remédier, non pas même de bonne volonté dans les ministres pour les chercher. La réponse de M. de Lyonne fut qu'il étoit aussi étonné que moi, et qu'il n'avoit connu l'Espagne que par la relation que je lui en avois envoyée; qu'il croyoit que le Roi sauroit bien se prévaloir de ses connoissances; qu'il louoit fort mon zèle, et l'application que j'avois eue de m'instruire.

Cela ne m'empêchoit pas de faire des sollicitations pour les affaires de M. le prince; et je commençois à être assez avant dans les bonnes grâces de M. le marquis d'Ayetonne, qui me faisoit prendre de temps en temps du chocolat, me disant quelquefois que je pouvois le prendre en toute sûreté, et que c'étoit madame sa femme qui avoit soin de le faire. Me voyant bien avec lui, et, si j'ose le dire, dans sa familiarité, j'entrai en conversation sur les sommes immenses que les Pays-Bas avoient coûté à l'Espagne, et je lui dis que, par la supputation qui en avoit été faite en 1663, elle s'étoit trouvée monter à dix-huit cent soixante-et-treize millions d'argent venu d'Espagne, sans compter les revenus du pays : ce qui le surprit fort. Je lui dis que s'il vouloit écrire au véador qui étoit en ce temps-là à Bruxelles, il en auroit bientôt la preuve, parce qu'il trouveroit ce calcul mis en règle par les officiers de finance, M. de Castel-Rodrigo l'ayant fait faire à ma sollicitation pendant que j'étois en ce pays-là; que n'étant plus en état d'y envoyer de l'argent, ils ne pouvoient les soutenir, et que la France s'en empareroit peu à peu : de quoi il ne pouvoit disconvenir, parce que dans nos entretiens je lui donnois à connoître quelquefois que j'étois un peu instruit par le détail des revenus de Sa Majesté Catholique, et du désordre de ses finances; que les dépenses nécessaires montoient infiniment au-delà de la recette; que les Espagnols pourroient, par un échange, avoir le Roussillon, qui donnoit entrée dans le Languedoc, au lieu qu'il nous donnoit entrée dans la Catalogne, qui étoit fort susceptible de révolte; et que présentement le roi de France mettoit un grand ordre dans ses affaires; qu'ils avoient beaucoup à craindre de tous côtés, et que si avec le Roussillon on leur donnoit une grosse somme d'argent, ils pourroient non-seulement rétablir leurs affaires en Espagne, mais encore s'en servir pour retirer les terres qu'ils avoient engagées au royaume de Naples pour la moitié de ce qu'elles valoient. Il me demanda un jour si je croyois qu'on voulût leur donner Bayonne et Perpignan, en diminuant la somme dont je parlois; mais je lui remontrai que ce seroit leur donner deux entrées en France, qui lui seroient plus nuisibles qu'elle ne retireroit d'avantage par la jonction des Pays-Bas. Il m'alléguoit souvent aussi que ce n'étoit que ces Pays-Bas qui les pouvoient tenir en quelque considération vers l'Empereur, l'Angleterre, et la Hollande. Enfin, après avoir souvent rebattu cette matière, je n'eus pas de peine à convenir avec lui qu'il étoit impossible de traiter cette affaire dans une minorité, avec une junte composée de douze personnes, la plupart désunies entre elles.

Au mois de mars, M. l'archevêque de Toulouse, depuis cardinal de Bonzy, arriva à Madrid en qualité d'ambassadeur. Il me fut d'un grand secours et d'un grand agrément par l'amitié qu'il me témoigna d'abord, et qu'il me continua dans la suite. Cela causa aussi une grande joie à mes camarades, qui commençoient fort à s'ennuyer de la vie de Madrid; ils trouvèrent de quoi s'amuser par les honnêtetés de M. l'ambassadeur et de ceux qu'il avoit amenés avec lui. Pour moi, je fus si touché de ses bonnes manières, que je pris la résolution de ne plus rien faire ou dire, non-seulement dans les affaires du Roi, mais encore dans celles de M. le prince, sans lui en communiquer, ou, pour mieux dire, sans ses ordres. Je lui rendis un compte général de tout ce qui étoit venu à ma connoissance, et par conséquent je lui parlai de la prophétie, dont nous nous moquâmes fort dans ce temps-là ; mais par la suite elle nous causa bien du mouvement.

M. de Salcède, que j'avois fort connu à Bruxelles, et assez pour ne l'estimer guère, s'adonna à venir manger quelquefois chez moi les jours que je ne traitois pas ces messieurs ; mais il avoit si fort la mine d'un homme qui étoit gâté, et nous lui en fîmes tellement la guerre, qu'il résolut de se faire traiter, et pria M. Martin, apothicaire de M. le prince, que j'avois mené pour mon médecin, de vouloir lui faire cette opération. Celui-ci m'ayant demandé si je le trouverois bon, je lui dis que oui ; mais qu'il n'y avoit pas de mal de le faire cracher un peu plus qu'à l'ordinaire, pour me venger du tour qu'il m'avoit fait en Flandre. J'en tirois assez de lumières, et lui faisois volontiers de petits présens, qui ne laissoient pas de lui faire plaisir.

Un jour que quatre ou cinq grands d'Espagne devoient dîner avec moi, je convins avec M. l'ambassadeur qu'il viendroit un peu avant qu'on se mît à table ; et que je le prierois, par la permission de ces messieurs, de vouloir bien dîner avec eux sans aucune cérémonie. Cela se passa fort bien. Ces messieurs, qui mangeoient seuls chez eux, et par conséquent tenoient un très-petit ordinaire, comme c'étoit la coutume, prenoient un grand plaisir de dîner chez moi, et surtout de manger des ragoûts et des entremets, qu'ils ne connoissoient presque point. Ces jours-là j'augmentois mon ordinaire, et leur donnois de grands pâtés de perdrix rouges, qui sont très-bonnes en ce pays-là, mais un peu sèches. Mes gens me disoient qu'elles étoient à bon marché, parce que l'opinion générale à Madrid vouloit qu'elles fussent malsaines cette année-là, à cause qu'elles mangeoient de la langouste, qui est une espèce de grosse sauterelle qui vole souvent en l'air en si grande quantité qu'elles paroissent comme des nuées, et font un très-grand tort dans les endroits où elles tombent. Ces messieurs disoient souvent qu'ils étoient honteux de manger toujours chez moi, et qu'ils vouloient me traiter à leur tour; mais qu'ils ne le pouvoient faire si je ne leur prêtois mes officiers, leur usage n'étant point de manger les uns chez les autres. Après dîné, ils prenoient des eaux glacées, et passoient chez moi une grande partie du jour. Je leur donnois quelquefois une petite musique à bon marché, de deux voix seulement, dont l'une étoit celle d'une grande fille bien faite, qui chantoit assez bien, et la seule blonde que j'aie jamais vue en Espagne, avec un homme qui chantoit assez bien, et se disoit son oncle.

Le jour que devoit arriver l'accomplissement de la prophétie approchoit : cela faisoit qu'on en parloit davantage, et qu'on y ajoutoit moins de foi; mais tout d'un coup la nouvelle vint que le Roi avoit la fièvre double-tierce, et qu'on y soupçonnoit du pourpre. Cela fit une grande rumeur, et chacun disoit que la prophétie alloit s'accomplir. Aussitôt il se fit des assemblées des grands et des plus considérables : et comme je savois qu'ils haïssoient fort la nation allemande, je leur proposai de faire roi d'Espagne M. le duc d'Anjou, qui étoit alors et qui avec justice en devoit être héritier ; que le faisant venir à Madrid, ils l'éleveroient à leur mode, et s'assureroient par là de n'avoir plus de guerre avec la France, ce qui les consommoit de temps en temps ; et que ce seroit le moyen de sauver les Pays-Bas. Cela ne fut pas sitôt proposé qu'il fut accepté, chacun regardant cette affaire comme le salut de son pays, et le sien particulier. M. Eznard Nugnez se signala de son côté en cette occasion ; il étoit fort familier avec ces messieurs : mais, par dessus tous, messieurs les ducs d'Albe et de Veraguas donnèrent le grand branle. Je ne manquai pas de rendre compte à M. l'ambassadeur de ces bonnes dispositions : il me chargea de suivre cette affaire ; et le quatrième jour de la maladie du Roi, qui augmentoit de plus en plus, sortant d'une assemblée de cinq ou six de ces seigneurs qui me portoient parole pour les autres, j'allai trouver M. l'ambassadeur, qui travailloit à sa dépêche pour l'ordinaire. Après l'avoir entretenu, il ajouta au bas de sa lettre : « Gourville vient de m'assurer que tous les grands « d'Espagne vouloient reconnoître M. le duc d'Anjou « pour leur roi. » Et après avoir un peu détaillé comment cela s'étoit passé, il dépêcha sur-le-champ un courrier à M. de Lyonne. M. le duc de Veraguas, alors gouverneur de Cadix, où la flotte des Indes venoit d'arriver fort richement chargée, envoya par mon avis un courrier en ce port pour s'en assurer, en cas que le Roi vînt à mourir. Je vis beaucoup de ces messieurs, qui se savoient bon gré d'avoir si promptement choisi le seul bon parti qu'il y avoit à prendre. L'affaire demeura encore deux jours dans l'incertitude; mais après on commença à espérer de la guérison du Roi, qui donna lieu à M. l'ambassadeur de dépêcher un autre courrier; et M. de Lyonne lui manda qu'encore que la chose n'eût pas réussi, il n'y avoit personne, et même jusqu'à M. Colbert, qui n'eût fort loué mon zèle.

Je voyois avec regret six mois passés sans être plus avancé dans les affaires de M. le prince que le premier jour : ce qui me fit prendre le parti de parler un peu librement à la junte, dont la division étoit cause qu'aucune affaire ne pouvoit réussir. Je fis semer quelques bruits que j'avois ordre d'aller faire visite à don Juan, qui étoit à Sarragosse; par d'autres, que je discourois fort sur le misérable état de l'Espagne. La plupart des grands prenoient ce prétexte-là pour crier contre la junte, peut-être parce qu'ils n'en étoient pas. Enfin j'appris par M. le marquis d'Ayetonne et M. de Castel-Rodrigo que l'on commençoit à dire qu'il seroit à propos de me faire sortir de Madrid ; et qu'on avoit proposé de me donner quelque chose sur la flotte qui devoit arriver à la fin du mois de septembre.

Il y avoit à Madrid une petite marchande française qui avoit bien de l'esprit. Elle vendoit toutes sortes de marchandises venant de Paris : ce qui étoit fort au gré des dames espagnoles. Il me vint en pensée de la charger de dire à la femme d'un ministre que si elle pouvoit apprendre quelque chose de particulier sur ce qui se passoit touchant les affaires de M. le prince pour me le faire savoir, elle lui feroit volontiers des présens de tout ce qu'elle estimeroit le plus de sa boutique; et que ce seroit même servir l'Espagne, que de contribuer à faire faire quelque justice à M. le prince, qui l'avoit si bien servic. Le ministre étoit vieux; et la femme, qui étoit jeune, paroissoit d'assez bonne volonté pour vouloir rendre service à M. le prince. Elle reçut quelques petits présens de ma part qui lui firent plaisir. Je la fis instruire par la petite marchande qu'il falloit quelquefois, quand je la ferois avertir, et que le bonhomme lui voudroit parler, faire la rêveuse, et le prier de lui apprendre quelque chose des affaires de M. le prince de Condé, parce qu'elle entendoit dire tous les jours à des dames de sa connoissance qu'il avoit parfaitement bien servi le Roi; et qu'après qu'il lui auroit répondu sur cela, elle parût avoir une conversation plus enjouée avec le vieillard. J'appris bientôt que l'on parloit de me donner quelque chose; et comme je rendois compte de tout ce que je faisois à M. l'ambassadeur, il me dit que la voie que j'avois prise étoit très-bonne, et qu'après que j'aurois fini mes affaires il pourroit bien se servir de cette ouverture dans quelque occasion pour celles dont il étoit chargé.

Je passois mon temps avec M. l'ambassadeur, mes camarades et ses domestiques, dans les promenades ordinaires; et souvent après souper nous montions à cheval pour aller dans les champs y goûter le bon air, que nous sentions d'une fraîcheur à faire plaisir. Je m'étois avisé d'acheter quatre chevaux isabelle, assez forts pour être mis au carrosse, cependant un peu vieux et dociles, dont le plus cher ne me coûtoit que cent écus. J'étois le seul particulier à Madrid qui eût des chevaux à son carrosse, le Roi n'en ayant qu'un seul attelage. Aussitôt M. le comte Eznard Nugnez en fit acheter quatre à son oncle ; mais comme on les avoit choisis plus jeunes, on avoit beaucoup de peine à s'en servir, parce que les chevaux de devant, qui sont fort loin de ceux de derrière, s'entrelaçoient dans des cordes qui les tiennent. C'est la manière du pays : aussi ne va-t-on jamais que le pas. Le cocher est sur le cheval de derrière, comme l'on voit ici à nos coches. Les carrosses du Roi étoient encore construits de la même façon. Il y avoit cependant quelques carrosses à Madrid appartenant à des gouverneurs de provinces, qui en avoient amené en revenant, mais en petit nombre. J'ai oüi dire dans les derniers temps qu'il y avoit plus de chevaux à Madrid que de mules. Nous allions donc souvent aux promenades publiques, qui se font tantôt d'un côté, tantôt d'un autre : pour cela les jours et le temps sont marqués. L'usage est que quand on se trouve vis-à-vis d'un carrosse où il n'y a que des femmes, il faut leur dire quelque chose ; et ce langage est ordinairement gaillard, et un peu plus qu'à double entente. Elles répondent avec beaucoup de vivacité ; mais quand il y a un homme avec des femmes, que vous n'aviez pas aperçu, elles vous disent de vous taire, parce qu'elles sont accompagnées ; et en ce cas on se tait dans le moment. Pendant la canicule les promenades se font toutes dans la rivière, dont le lit est fort large : il y a au plus un pied et demi ou deux pieds d'eau. Cela n'empêche pas qu'il n'y ait un pont d'une extrême longueur et très-beau, pour passer quand il y a beaucoup d'eau : ce qui arrive quelquefois, parce que c'est la décharge d'un torrent. Cette rivière s'appelle le Mançanarès. Il y a beaucoup de maisons de jeu, où l'on va assez : les spectateurs se croient obligés d'empêcher qu'on ne se trompe ; et sans qu'on le leur demande, ils disent tout ce dont ils s'aperçoivent. Tout cela se fait sans que dans les assemblées il y ait jamais aucune femme. On conte toujours qu'on y joue un gros jeu, mais je ne l'ai jamais vu une seule fois : aussi n'y ai-je guère été, parce que nous jouions toujours chez M. l'ambassadeur, et quelquefois chez moi.

Je ne laissai pas pendant tout ce temps-là de faire tout ce que je pouvois m'imaginer pour l'avancement de mes affaires. Soit chagrin, soit politique, je m'émancipois un peu sur le gouvernement ; et, soit mes importunités ou mes ménagemens, j'appris de M. le marquis d'Ayetonne que l'on étoit résolu de mettre une fin à mes affaires, et qu'il espéroit que ce seroit bientôt. Il y avoit un nombre de ceux de la junte qui étoient toujours de son avis ; d'autres étoient de celui de M. le comte de Pigneranda, et de ceux-ci étoitt le bon cardinal d'Arragon. M. de Castel-Rodrigo ỹ toujours avec les meilleures intentions du monde pour servir M. le prince. Il étoit de ceux qui se rangeoient avec M. le marquis d'Ayetonne, qui n'oublioit rien pour faire réussir mes affaires ; mais par malheur ce dernier tomba malade vers la fin de juillet, et mourut le six ou septième jour : ce qui me fâcha extrêmement, mais non pas jusqu'à me faire perdre courage. En écrivant cette mort à M. le prince, je lui mandai que je remettois, quand j'aurois l'honneur de le voir, à lui conter le chagrin qu'elle m'avoit causé ; mais que, bien loin de me rebuter, j'allois renouveler mon attention pour voir quelles nouvelles batteries je pourrois dresser.

J'appris par ma petite marchande que le mari de la dame avec qui elle avoit commerce étoit bien disposé, mais que M. de Pigneranda l'étoit mal. J'en parlai à M. le cardinal d'Arragon, qui avoit la meilleure volonté du monde, mais qui m'avoua franchement que, ne se trouvant pas assez de lumières pour se déterminer par lui-même, il suivoit toujours l'avis de M. le comte de Pigneranda, qu'il croyoit avoir plus de lumières et de connoissances que pas un des autres ; et qu'ainsi, par un scrupule, il étoit toujours de son avis. Dans une conversation que j'eus avec ce cardinal, je lui représentai qu'au commencement il m'avoit paru plus persuadé que pas un des autres messieurs de ce conseil des grands services que M. le prince avoit rendus à la couronne d'Espagne. Il me dit qu'il se pouvoit bien faire que les soins que j'avois pris de ménager messieurs les marquis d'Ayetonne et de Castel-Rodrigo avoient un peu éloigné M. de Pigneranda, qui eût peut-être été bien aise qu'on lui eût plus d'obligation qu'aux autres. Je lui répondis, après avoir loué ses bonnes intentions, qu'il ne s'agissoit dans l'affaire dont j'étois chargé que de faire justice à quelqu'une des parties, comme cela pouvoit se rencontrer quelquefois ; mais qu'il savoit certainement, par ce que lui en avoit dit M. de Caracène son beau-frère, combien M. le prince avoit servi et gardé religieusement les engagemens qu'il avoit pris avec Sa Majesté Catholique ; qu'il n'étoit question que d'entrer en accommodement sur de grosses sommes légitimement dues, et même fixées par un compte général. Il en demeura d'accord avec moi ; mais il m'opposa aussitôt la difficulté de l'argent comptant ; que cependant il parleroit de son mieux à M. de Pigneranda, étant persuadé qu'il y avoit raison de faire justice à M. le prince autant qu'on le pouvoit.

Je m'avisai, pour ramener M. le comte de Pigneranda, de prier M. de Castel-Rodrigo, à qui j'avois confié ce que j'avois su de M. le cardinal d'Arragon, de marquer quelque indifférence sur les affaires de M. le prince, et de se contenter de suivre les mouvemens de M. de Pigneranda, pour peu qu'il parût de meilleure volonté qu'il n'avoit été jusque là ; qu'au reste, j'aurois soin d'informer Son Altesse que ce seroit à M. de Castel-Rodrigo à qui elle auroit la principale obligation. Il m'assura fort, après avoir approuvé le tour que je voulois donner à mon affaire, qu'il feroit tout son possible pour faire croire à M. de Pigneranda que depuis la mort de M. d'Ayetonne il ne paroissoit plus si favorable à M. le prince : m'ajoutant qu'il seroit charmé que je pusse être content, de quelque manière que les choses tournassent, et qu'il croyoit que mon projet étoit bon ; que quand M. de Pigneranda paroîtroit être favorable, il se contenteroit de suivre les avis de ceux qui étoient de sa cabale, autant par son silence que par ses discours. Je tournai donc mes pensées du côté de M. le comte de Pigneranda. Je commençai par dire à M. le cardinal d'Arragon que la mort de M. le marquis d'Ayetonne m'avoit si fort désorienté, que je ne savois plus de quel côté me tourner ; que lorsque j'arrivai à Madrid, il m'avoit paru mieux persuadé que personne des importans services que M. le prince avoit rendus à Sa Majesté Catholique : cependant qu'étant question présentement de lui donner quelque satisfaction sur des sommes considérables si légitimement dues et convenues, je voyois bien qu'il n'y avoit que M. de Pigneranda capable de terminer ce qu'il y auroit à faire pour rendre justice à M. le prince ; que ce qui ne se pourroit faire en argent pouvoit s'arranger par d'autres moyens, en le satisfaisant du côté de la Flandre, soit par quelques terres ou des bois, dont l'Espagne ne tiroit aucun secours. Pendant tout ce discours M. le cardinal paroissoit si persuadé de mes raisons, qu'il me promit de n'oublier rien pour tâcher de porter M. de Pigneranda à entrer dans les moyens qu'on pourroit trouver pour me satisfaire ; et m'ayant demandé deux ou trois jours pour me faire savoir la disposition où il auroit trouvé M. de Pigneranda, j'appris qu'il avoit paru touché de ce qu'il lui avoit dit, et qu'il étoit persuadé qu'il seroit d'avis qu'on entrât tout-à-fait en conférence avec moi pour entendre mes propositions, et examiner ce qu'il y auroit à faire.

Aussitôt je fus voir M. de Pigneranda : je n'oubliai rien pour lui faire connoître que j'attendois tout de ses suffrages, et que M. le prince lui seroit obligé de la justice qu'on voudroit lui faire. Il me dit qu'il falloit que je continuasse à faire mes diligences, et surtout auprès de M. le marquis de Fuentès, qui avoit été nommé pour mon commissaire ; que je pouvois assurer M. le prince qu'il feroit ce qui dépendroit de lui pour sa satisfaction. Sur cela j'entrai en quelque espérance, sachant bien que M. le marquis de Castel-Rodrigo et ses amis ne me manqueroient pas au besoin. J'appris bientôt par lui que M. de Pigneranda paroissoit mieux disposé qu'auparavant; et que quand il seroit embarqué à bien faire, M. de Castel-Rodrigo et deux ou trois de ses amis suivroient ses mouvemens, sans faire paroître cependant trop d'empressement. Je n'ai point encore parlé de don Fernandez del Campo, qui étoit le secrétaire qu'ils appellent universel, qui seul à genoux dépêche tout ce que Sa Majesté doit signer, et ne laisse pas d'avoir sa considération dans la junte. Encore que je l'eusse vu fort souvent, ç'avoit été sans avoir pu pénétrer en aucune façon ses sentimens. C'étoit un petit vieillard qui avoit beaucoup d'esprit, et savoit bien parler sans découvrir ses intentions. Il m'avoit entretenu des services de M. le prince; mais il ajoutoit aussi qu'on avoit besoin d'argent pour des affaires très-pressées, et d'une grande conséquence. Je redoublai mes sollicitations en général; et je fis un mémoire de ce que je pourrois demander, espérant à la fin qu'on en viendroit à écouter mes propositions.

Peu de jours après, j'appris de la petite marchande qu'on devoit me demander un mémoire; et ayant été voir M. le marquis de Fuentès, il me dit de lui en remettre un de mes prétentions; mais qu'il doutoit fort qu'on pût me donner de l'argent sur la flotte qu'on attendoit, parce que tout ce qui en devoit revenir étoit consommé par avance. Je lui dis que j'en savois assez pour oser me flatter qu'il ne tiendroit qu'à ces messieurs de la junte de m'en faire toucher une partie, en l'assignant à ceux pour qui elle étoit destinée sur la petite flotte qu'on disoit venir au mois d'avril. Je donnai donc un mémoire, dans lequel je commençai à établir la dette, qui montoit environ à six millions. Je demandois cinquante mille pistoles comptant, le Charolais pour cinquante mille écus, quatre cent cinquante mille livres de bois à prendre en la forêt de Nieppes, la prevôté de Binch, sur le pied du denier trente de ce qu'elle valoit de revenu, et le surplus payable dans quatre années, soit en argent, terres ou en bois aux Pays-Bas. Lorsque M. le marquis de Fuentès eut vu mon mémoire, il se récria fort sur la grandeur de mes prétentions; mais il ne laissa pas de s'en charger, me répétant encore qu'on auroit de la peine à me donner de l'argent: et moi je lui dis que je ne pouvois me résoudre à m'en retourner, si je n'avois pas une somme considérable. Quelques jours après je recommençai mes sollicitations, et je trouvai un autre air dans les visages que je n'y avois pas encore vu. Il n'y eut pas jusqu'à don Pedro Fernandez del Campo qui me dit qu'on feroit en sorte de me donner un million à prendre sur les Pays-Bas, en terres ou en bois, ainsi que j'en conviendrois avec M. le comte de Monterey, qui en étoit pour lors gouverneur; mais que pour de l'argent, il étoit impossible de m'en donner. Je lui répondis que si cela étoit ainsi, je ne pouvois me contenter du reste. Je crus donc, après que ces autres messieurs m'eurent confirmé la même chose, devoir bien remercier M. le comte de Pigneranda, en lui remontrant que ce que l'on m'offroit étoit peu à l'égard de la dette; et que comme je le croyois auteur du changement qui étoit arrivé, je le suppliois d'y ajouter, pour donner quelque satisfaction à M. le prince, qu'on me donnât au moins cinquante mille pistoles. Il me dit qu'il ne croyoit pas que cela se pût faire; mais que pour ce qui regardoit l'argent comptant, je ne devois en espérer que de la facilité que je pourrois trouver avec don Martin de Los-Rios, premier président des finances. M. le marquis de Castel-Rodrigo me conseilla de porter toutes mes vues de ce côté-là, m'assurant que l'amitié que j'avois faite avec M. le comte Eznard Nugnez son neveu ne m'y seroit pas inutile. En effet, par ce chemin je trouvai le moyen d'avoir trente mille pistoles d'argent comptant. M. l'ambassadeur me dit qu'il falloit s'en contenter. Je ne parlai plus que d'une prompte expédition, et ne songeai qu'à convenir de ce qu'on vouloit me donner en Flandre. Il fut arrêté qu'on donneroit à M. le prince le comté de Charolais pour cinq cent mille livres, et deux cent cinquante mille livres sur les bois de Nieppes; qu'on lui donneroit la prevôté de Binch, dont on feroit l'évaluation sur le pied du revenu au denier trente; que pour cet effet on enverroit des ordres à M. le comte de Monterey. Ayant paru content, cela m'attira beaucoup de visites; et, si j'ose dire, des amitiés de tous ceux avec qui j'avois eu l'honneur de faire connoissance. Mais plusieurs doutoient encore qu'on pût me donner de l'argent. Lorsque j'eus commencé d'en toucher, ne doutant plus qu'on ne me satisfît entièrement, je songeai à faire mes adieux et mes remercîmens à tous ces messieurs de la junte. Pendant ce temps-là j'achevai de recevoir mes trente mille pistoles: ce qui donna une grande joie à mes camarades, qui avoient cru ne pouvoir jamais sortir de Madrid.

La seule peine qui me restoit étoit de quitter M. l'ambassadeur, de qui j'avois reçu tant de marques d'amitié et de bons conseils dans mes affaires. Il avoit autant d'esprit et aussi souple qu'on en peut avoir; agréable dans le commerce, et fort libéral. Il n'avoit jamais de volonté, que de pénétrer celle des autres pour s'y accommoder. Je donnai le carrosse que j'avois amené de Paris à un ami de M. le duc de Veraguas, et une belle montre d'or à celui que la Reine avoit chargé de m'amener un très-beau cheval de sa part. Je me mis en chemin avec M. le marquis d'Estrées, qui étoit venu de la part du Roi faire compliment à Sa Majesté Catholique, dans un carrosse que nous prêta M. l'ambassadeur. Nous prîmes la route de Pampelune, ayant préféré de prendre notre chemin de ce côté, dans l'intention d'en reconnoître le terrain et le pays, qui me parut plus beau que la route de Vittoria, et les cabarets un peu mieux fournis; mais on ne sauroit exprimer combien les chemins sont mauvais et affreux pour venir de Pampelune à Bayonne, où je trouvai une chaise roulante qui me mena jusqu'à Paris.

Quelque temps après mon retour, M. de Louvois m'ayant témoigné qu'il seroit bien aise que je lui fisse part de mes pensées sur le royaume d'Espagne, je lui racontai que j'étois revenu de Madrid par la Navarre, avec intention de connoître le pays de ce côté-là; et que depuis Madrid jusqu'à Pampelune il n'y avoit aucune ville fermée, ni aucune rivière à passer jusqu'à celle d'Ebre; que le pays qui étoit entre cette rivière et Pampelune étant d'environ quinze ou seize lieues, les villages sont aussi près les uns des autres qu'ils peuvent être aux environs de Paris, et la terre fort fertile; que Pampelune ne valoit rien du tout;

que la citadelle qu'on y avoit faite, et la seule forteresse que j'eusse trouvée, étoit bâtie sur le modèle de celle d'Anvers ; et que de Pampelune à Saint-Jean-Pied-de-Port il y avoit encore deux lieues de plaine ; que hors cela c'étoient des montagnes et des chemins fort difficiles. Il m'assura depuis qu'on y avoit travaillé, et qu'on les avoit rendus assez praticables.

Quand on fut dans le fort de la guerre, je proposai à M. de Louvois, comme le plus sûr moyen de faire la paix, que le Roi donnât à M. le prince une armée de dix-huit mille hommes de pied et six mille chevaux pour aller faire le siége de Pampelune ; qu'aussitôt que cette ville seroit prise, et qu'on se seroit posté dans Calahora, qui étoit une ville sans fortifications, on se trouveroit dans le cœur de l'Espagne, et en état d'en pouvoir faire contribuer une bonne partie ; et qu'avec trois ou quatre mille chevaux on pourroit aller jusqu'à Madrid, n'y ayant pour lors dans toute l'Espagne que deux ou trois mille hommes sur pied, encore étoient-ils dans la Catalogne ; mais que si on pouvoit obliger le roi de Portugal à faire la moindre démonstration de guerre sur ses frontières, les Espagnols seroient obligés d'y envoyer le peu de troupes qu'ils avoient ; et qu'ainsi il n'y en auroit point pour s'opposer à M. le prince, puisqu'elles se trouveroient à cent cinquante lieues des entreprises qu'il pourroit faire. Après l'avoir examiné sur une carte, il ne me proposa aucune difficulté, me louant même de ce que dans tous les endroits que j'avois parcourus j'y avois porté une grande curiosité de m'instruire ; mais après cela il laissa tomber la proposition, et me parla d'autre chose. Je n'ai jamais pu pénétrer ce qui l'avoit empêché d'y entrer, quoique je m'aperçusse qu'elle lui avoit paru fort juste. Je soupçonnai que peut-être n'étoit-il pas bien aise que la paix se fît par les progrès que M. le prince pourroit faire en Espagne.

M. le prince et M. le duc me reçurent, à mon retour d'Espagne, avec beaucoup de témoignages de bonté, et de satisfaction de la conduite et du bon succès que j'avois eu dans leurs affaires, qui étoit beaucoup au-delà de leurs espérances. Ils souhaitèrent que j'allasse à Bruxelles pour voir ce que je pourrois faire avec M. de Monterey, qui en étoit gouverneur, qui m'avoit témoigné une amitié toute particulière dans le temps que j'étois en ce pays-là. M. de Lyonne fut fort aise de me voir, et de me faire discourir sur les affaires d'Espagne, sur tout ce que j'avois voulu faire pour M. le duc d'Anjou en cas que le roi d'Espagne fût mort, et sur la bonne intelligence que j'avois gardée avec M. l'ambassadeur du Roi. M. Le Tellier m'en parla aussi, louant fort mon zèle. M. Colbert, après m'avoir retenu plus d'une heure et demie, me témoigna pareillement être bien content de ma conduite à Madrid : il me fit plus de questions que tous les autres ensemble. Ils convenoient n'avoir connu l'Espagne que par la relation que je leur en faisois. Aussi avois-je pris grand soin de leur faire voir ce pays-là sans aucunes ressources pour les affaires générales, et que je n'avois connu sur les lieux personne capable de travailler à les rétablir, encore moins la junte, en général plus propre par sa division à gâter les affaires qu'à les raccommoder.

Après m'être un peu fait rendre compte de la recette et de la dépense qui avoient été faites par les trésoriers de M. le prince, je me disposai pour aller à Bruxelles, où je trouvai M. le comte de Monterey rempli d'honnêtetés à mon égard, mais peu disposé à vouloir exécuter ce qu'on m'avoit promis à Madrid. Il me dit qu'on lui avoit mandé de ce pays-là de ne rien statuer sans nouveaux ordres, surtout depuis qu'on avoit appris que le Roi étoit armé, et avoit commencé une affaire pour le siége de Marsal; que l'on parloit fort de l'ambition de Sa Majesté, et du désir qu'elle avoit de se signaler. Dans la conversation, il m'avoua qu'on lui avoit écrit qu'on avoit eu beaucoup plus de facilité à me promettre ce que j'avois pu souhaiter, dans le dessein de me faire sortir de Madrid, que dans celui d'exécuter les promesses qu'on m'avoit faites : néanmoins, si on voyoit que le Roi n'eût pas envie de faire la guerre, qu'il écriroit volontiers à Madrid, dans l'intention de faire plaisir à M. le prince; qu'à l'égard du Charolais, il pourroit bien faire ce qu'on désiroit là-dessus.

Etant de retour à Paris, je donnai toute mon application à pénétrer le fond des affaires de M. le prince. Je me donnai beaucoup de peine pour en dresser les mémoires. Enfin je trouvai que M. le prince les croyoit en si méchant état, qu'il n'avoit pas jugé à propos d'employer l'argent qui étoit venu à madame la duchesse par la succession de la reine de Pologne, au paiement des dettes de sa maison, en préférant l'acquisition de Senonches, qu'il avoit porté beaucoup au-dessus de sa valeur. Madame la princesse palatine me dit qu'elle avoit aussi préféré de faire des acquisitions qui lui étoient à charge, n'ayant point cru non plus qu'il y eût eu de sûreté à payer les dettes de

M. le prince. Elle avoit acheté Raincy cinq cent cinquante mille livres, dont le revenu à peine suffisoit pour les charges et entretiens. Il a été vendu, après sa mort, cent soixante mille livres seulement, et quarante mille livres de pot de vin, qui étoit beaucoup plus qu'il ne valoit. Mais depuis ils reconnurent qu'ils avoient été mal conseillés de faire cette acquisition. Il est vrai que l'état des dettes, comme elles paroissoient alors, montoit à plus de huit millions. Il étoit dû à une partie des domestiques de M. le prince cinq et six années de gages, le surplus ayant été touché par les remises qu'ils faisoient; et M. de Cinq-Mars, premier gentilhomme de Son Altesse, qui étoit la plus grosse partie, n'ayant jamais voulu remettre aucune chose, avoit été neuf ans sans rien recevoir. M. le prince étoit accablé d'un grand nombre de créanciers, qui se trouvoient souvent dans son antichambre quand il vouloit sortir. Ordinairement il s'appuyoit sur deux personnes, ne pouvant marcher; et passant aussi vite qu'il lui étoit possible, il leur disoit qu'il donneroit ordre qu'on les satisfît. Il m'a fait l'honneur de me dire depuis que c'avoit été une des choses du monde qui lui avoit fait plus de plaisir, lorsqu'il s'aperçut, quelque temps après que je fus en possession de ses affaires, qu'il ne voyoit plus de créanciers.

Je me proposai de traiter avec tous les marchands, qui la plupart étant las de ne rien toucher, quoiqu'ils eussent fait des saisies, entrèrent volontiers avec moi en composition, en leur donnant un peu d'argent comptant; et convenant avec eux de termes pour leur payer le surplus, nous faisions un écrit, par lequel je consentois que, faute de paiement, quinze jours après les termes, ils pourroient saisir de nouveau. Je leur donnois des assignations, en leur disant de venir à moi à chaque échéance, et que je les ferois payer par le trésorier de Son Altesse. Les fermiers de l'étang de Montmorency devoient cent cinquante mille livres pour trois années, qu'ils n'avoient pu payer à cause des saisies : je priai M. Ravière, avocat de Son Altesse, qui étoit très-riche, de vouloir être caution pour payer dans trois mois cette somme sur l'indemnité que je lui donnai ; moyennant quoi j'eus les mains-levées, et fis toucher cette somme au trésorier de M. le prince. Les saisies faites sur cet article étoient au nombre de soixante-seize.

Le premier terme de ceux avec qui j'avois commencé à traiter étant échu, je les fis payer précisément à l'échéance : ce qui me donna beaucoup de crédit et d'aisance avec les autres. Ainsi j'eus bientôt dégagé les terres de Chantilly, de Dammartin et de Montmorency, sur lesquelles il y avoit aussi des saisies pour des sommes immenses, à cause de la proximité de Paris.

[1671] Le mois d'avril étant venu, et le Roi devant aller sur les frontières, promit à M. le prince de venir coucher à Chantilly, et d'y venir séjourner un jour. Je n'avois point songé jusque là qu'il étoit nécessaire de prendre des lettres d'abolition; mais les ayant fait dresser, je les obtins aussitôt; et ayant seulement vu M. le premier président de Lamoignon, et M. de Harlay, procureur général, je m'en allai à Chantilly. M. le prince me présenta à Sa Majesté ; et six jours après j'eus nouvelle que mes lettres avoient été vérifiées au parlement, sans que je me fusse présenté, ni que le parlement eût fait aucune cérémonie à mon égard; et l'on disoit qu'il n'y avoit point d'exemple de pareille chose. M. le duc, qui avoit plus d'esprit et plus d'imagination que personne au monde, avoit ordonné et en même temps m'avoit chargé de l'exécution de ce qu'il y avoit à faire à Chantilly, où le Roi et toute la cour devoient être nourris, et tous les équipages défrayés. Pour cela j'avois envoyé des gens dans différens villages circonvoisins, avec des provisions pour les hommes et pour les chevaux; de sorte qu'à mesure qu'ils arrivoient à Chantilly, on leur donnoit un billet pour le village où ils devoient être logés. On avoit fait mettre quantité de tentes sur la pelouse de Chantilly, où on servit toutes les tables qui avoient accoutumé de se servir chez le Roi, et dans d'autres endroits; et encore plusieurs tables que l'on faisoit servir à mesure qu'il y avoit des gens pour les remplir, y ayant du monde destiné dans chaque tente pour y porter les viandes et y donner à boire. La plupart étoient des Suisses qu'on avoit demandés pour cela.

Vatel, qui étoit contrôleur chez M. le prince, homme très-expérimenté, qui devoit avoir la principale application à ces sortes de choses-là, voyant le lendemain, à la pointe du jour, qui étoit un jour maigre, que la marée n'arrivoit point comme il se l'étoit imaginé, s'en alla dans sa chambre, ferma sa porte par derrière, y mit son épée contre la muraille, et se tua tout roide. Après qu'on eut enfoncé la porte, on me vint avertir dans la canardière, où je dormois sur la paille, de ce qui venoit d'arriver : la première chose que je dis fut qu'on le mît sur une charrette, et qu'on le menât à la paroisse à une demi-lieue de là, pour le faire enterrer. Je trouvai que la marée commençoit à arriver. M. le duc ayant fait venir des officiers qui suivoient le Roi au voyage, je priai ces messieurs de vouloir bien faire la distribution, non-seulement de ce qu'il falloit pour la table du Roi, mais encore pour toutes les autres ; et j'eus soin d'envoyer dans les villages pour les gens des équipages. M. le duc s'étant levé aussitôt qu'on lui eut appris que Vatel étoit mort, donna de si bons ordres partout, que l'on ne s'aperçut pas que cet homme eût été chargé de rien. On avoit fait venir de Paris tout ce qu'il y avoit de musique, de violons et de joueurs d'instrumens : les carrosses qui les avoient amenés de Paris leur servoient pour aller dans les endroits où étoient leurs logemens, et où ils étoient fort bien servis. La cour y fit quatre repas, et s'en alla le samedi coucher à Compiègne. Toute cette dépense ayant été arrêtée par ordre, se trouva monter à cent quatre-vingt et tant de mille livres.

Le Roi s'en alla ensuite à Dunkerque, qu'il faisoit fortifier avec toute la diligence possible : ce qui donna lieu d'appeler ce voyage *la campagne des brouettes*. Le Roi y fit assez de séjour. Ce fut là que l'on commença à se disposer pour la guerre de Hollande. On y fit venir M. de Croissy, qui étoit ambassadeur à Londres, et M. de Pomponne, qui l'étoit à La Haye. M. de Louvois commença là à vouloir dire son avis sur les affaires étrangères : cela donna lieu à M. de Lyonne de demander par ordre du Roi à messieurs de Croissy et de Pomponne des mémoires. Il me fit l'honneur de m'en demander un aussi, pour savoir particulièrement s'il étoit à propos de faire alliance avec quelques princes étrangers pour avoir de leurs troupes, ou si l'on prendroit ses mesures pour n'avoir que des Suisses avec ce que l'on pourroit lever de Français, comme le proposoit M. de Louvois. Il fut bien question de ce que je prétendois avoir découvert, que toute la cavalerie de Hollande n'étoit composée que de bourgeois de chaque ville, qui achetoient les places quand les officiers avoient permission de changer de garnison; et de la manière que les officiers d'infanterie étoient établis par faveur, comme je l'ai dit ailleurs. M. Colbert n'étoit point encore à Dunkerque, parce qu'il avoit fait quelque voyage du côté de La Rochelle, et qu'il étoit tombé malade par les chemins. A son arrivée, M. Roze, qui m'avoit vu dans quelque mouvement, et entendu dire du bien de moi à M. de Lyonne avec qui il étoit familier, se proposa, pour me faire tout le mal qu'il pourroit, de dire à M. Colbert que, sur le bruit de sa maladie, on avoit songé à me faire avoir sa place; et que M. Le Tellier et M. de Louvois y seroient entrés s'il en avoit été besoin. Il dit en même temps à M. de Louvois que M. le marquis de Sillery et moi faisions une liaison étroite de M. le prince et de M. de Turenne, pour qu'ils fussent d'un même avis dans les conseils où il se parloit des affaires de la guerre : ce que M. de Louvois auroit fort craint. Cette méchante volonté de M. Roze contre moi venoit de ce que M. le prince voulant faire des routes dans la forêt de Chantilly, il étoit nécessaire de traverser un petit bois situé au bout de la forêt, lequel appartenoit à M. Roze, et faisoit partie de sa terre de Coye, qui étoit située au bout de la forêt. Je fus chargé de l'engager à vendre à M. le prince l'espace que tiendroit cette route dans ses bois, et de lui payer deux fois plus qu'il ne seroit estimé. Il me pria de me servir de l'envie que M. le prince avoit de faire cette route dans ses bois pour lui faire acheter sa terre, qui d'ailleurs étoit encore à sa bienséance, disoit-il ; mais il la vouloit vendre deux fois plus qu'elle lui avoit coûté, disant que Son Altesse ne pouvoit trop l'acheter, tant elle lui convenoit et lui étoit nécessaire. M. le prince voulant faire sa route, et ne pas acheter sa terre si cher, me permit de lui proposer trois fois la valeur de la terre qu'on emploieroit pour la route, ou le double de ce que valoit son petit bois, après l'avoir fait estimer : mais comme tout cela ne venoit pas à la fin qu'il s'étoit proposée, il refusa toutes les offres, en disant qu'il savoit bien le respect qu'il devoit à M. le prince ; mais qu'en France chacun étoit maître de son bien, pour en disposer à sa fantaisie. M. le prince s'étoit contenté de faire suivre sa route jusqu'aux deux bouts du bois de M. Roze : voyant qu'il ne pourroit convenir de rien avec lui, il ordonna que l'on continuât la route au travers des bois de M. Roze ; dont il fut au désespoir. Il parla même de M. le prince beaucoup plus librement qu'il n'auroit dû. Cela fit un démêlé qui a duré plus de trente ans jusqu'à sa mort, que M. le prince a acheté cette terre de ses héritiers, de gré à gré, pour sa juste valeur. Pendant un assez long temps cela donna lieu à des plaisanteries sur le compte de M. Roze, qui le fâchoient fort. Un jour que les gardes de M. le prince avoient pris à un homme de M. Roze des faisans qu'il lui apportoit de sa terre (ce qui arrivoit assez souvent), M. de Louvois l'ayant su, lui dit à la première vue : « M. Roze, est-il vrai que le convoi de Coye a été « battu ?. » Celui-ci se mit dans une grande colère, et se plaignit fort du peu de justice que le Roi lui faisoit sur tout ce qui se passoit entre M. le prince et lui. Il avoit tourné toute sa fureur contre moi, et n'avoit pas mal pris son temps pour se venger.

Bientôt après M. de Louvois voulut bien me mettre dans sa confidence, et, si je l'ose dire, dans son amitié, autant qu'il en étoit capable : ce qui alla même plus loin que M. Le Tellier ne le souhaitoit, et donna lieu à M. de Louvois de s'éclaircir avec moi sur ce qu'on lui avoit dit, dont il ne voyoit aucune apparence de vérité. Je le priai de me nommer son auteur, parce qu'apparemment je connoîtrois d'où cela partoit : il m'avoua que c'étoit M. de Firon, maréchal de camp, et me conta comment il s'y étoit pris. Je l'assurai aussitôt que cela venoit de M. Roze : il me dit qu'il en étoit persuadé, parce qu'ils étoient bons amis. Je lui détaillai les raisons de la mauvaise volonté de M. Roze pour moi : j'en parlai aussi à M. de Lyonne, pour qu'il lui en fît des reproches. Il n'eut pas de peine à l'en faire convenir : il avoua même ce qu'il avoit fait auprès de M. Colbert pour me nuire, disant qu'il attendoit quelque occasion plus favorable pour se venger des injustices qu'on lui faisoit. Mais après que j'eus raconté à M. de Lyonne les offres que je lui avois faites avant que la route eût été pratiquée dans son bois, il les trouva si raisonnables, qu'il ne douta point de pouvoir nous accommoder. Il reconnut facilement l'injustice des prétentions de M. Roze, et son extrême emportement. Cependant, comme il ne fut pas possible de le mettre à la raison, nous en demeurâmes là. Néanmoins nous nous sommes toujours parlé, et souvent même d'accommodement, sans avoir pu jamais en venir à bout.

Je revins à Paris, où je m'appliquai le plus fortement qu'il me fut possible à donner une forme aux affaires de M. le prince. Pour y parvenir, je m'avisai de faire des mémoires particuliers de chaque espèce de dettes, et des prétentions d'un chacun. Le premier concernoit les dettes incontestables, pour en faire payer ponctuellement les arrérages passés et actuels: ce que je mis si bien en règle, que je faisois toujours payer une année avant qu'il y en eût deux échues. Le second mémoire concernoit les dettes contractées avant la disgrâce de M. le prince, avec les intérêts qui en avoient couru par les condamnations obtenues, dont la plupart des parties n'étoient pas arrêtées, mais seulement certifiées. Je me proposai d'accommoder celles-ci de mon mieux. Entre autres il étoit dû au sieur Tabouret, tailleur d'habits, pour des façons d'habits et quelques fournitures, tant pour M. le prince que pour M. le duc de Brezé, une somme de trois cent mille livres, les intérêts compris. Je me souviens qu'il y avoit six cents livres portées sur cette partie pour la façon d'un habit de M. le prince. Celui qui s'en trouvoit héritier pour lors, et qui servoit actuellement auprès de la personne du Roi, me pria de vouloir prendre des arrangemens sur cela tels que je jugerois à propos, et me remit toutes les parties qu'il avoit entre les mains. Après les avoir examinées, je trouvai que la plupart n'avoient pas été arrêtées, et toutes ensemble dans une grande confusion. Nous convînmes à quatre-vingt mille livres pour le tout, payables vingt-cinq mille livres comptant, et le surplus dans des termes avec l'intérêt; dont il me remercia fort. J'accommodai toutes les autres de cette classe, partie comptant, et partie avec des termes pour le surplus. Il y avoit parmi ces créanciers deux hommes qui prétendoient qu'il leur étoit dû six à sept cent mille livres pour des fournitures de vivres faites aux armées de M. le prince, tant en Guienne qu'à Paris; mais comme il y avoit beaucoup de choses à discuter sur ces fournitures, la plus grande partie des mémoires n'étant arrêtés de personne, j'accommodai les deux affaires, l'une à quatre-vingt mille livres, et l'autre à soixante mille livres, toujours partie comptant, et avec des termes pour le surplus. J'avois la satisfaction d'être toujours fort remercié par les gens avec qui j'avois à traiter. La nature des dettes, ou, pour mieux dire, les prétentions les plus embarrassantes, furent les obligations que M. Lenet avoit passées en vertu d'une prétendue procuration de M. le prince, qui se montoient à plus d'un million, à cause qu'il y avoit stipulé les intérêts au denier quinze, suivant la coutume de Bordeaux : ce qu'il disoit avoir fait en partie par politique à plusieurs officiers de guerre, qui prétendoient qu'il leur étoit dû pour des levées et des quartiers d'hiver, dans la vue, m'a-t-il dit depuis, de les conserver en cas que M. le prince se fût trouvé dans une autre guerre. Toutes ces obligations se trouvoient datées de trois ou quatre jours avant l'amnistie de Bordeaux, M. le prince de Conti ayant un secrétaire qui les arrêtoit par ordre de M. Lenet, moyennant, à ce que j'ai ouï dire, quelques petits présens. Il y en avoit une de quatre-vingt-dix mille livres à M. Balthazar, qui avoit fait condamner M. le prince, aux requêtes de l'hôtel, au paiement de cette somme; mais ayant remarqué que la procuration de M. le prince au sieur Lenet n'étoit que pour l'acquisition de Brouage, j'appelai de cette sentence au parlement, où je la fis casser.

Après cela j'envoyai M. de La Mothe à Bordeaux, pour faire des mémoires de tout ce qui étoit dû en cette ville desdites obligations; entre autres un mémoire des fournitures qui avoient été faites pour la maison de M. le prince, surtout en vivres ou marchandises, pour pouvoir convenir avec les créanciers des temps du paiement, soit de deux, trois ou quatre termes, selon les sommes dues, et à tous un peu d'argent comptant. Je demandai aussi un autre mémoire de toutes les obligations faites par M. Lenet, spécifiant la nature de chaque dette, parce qu'il pouvoit y en avoir de plus privilégiées les unes que les autres; et je puis dire que c'est cette affaire qui m'a donné le plus de peine : mais enfin j'en vins à bout avec le temps, en faisant des accommodemens avec la plupart, selon le mérite de leurs prétentions. En ce temps-là M. le prince me fit l'honneur de me dire qu'il n'auroit pu s'imaginer que j'eusse mis si bon ordre dans ses affaires; et qu'il m'avouoit que quand j'avois entrepris de les arranger au commencement, il avoit été sur le point de perdre la bonne opinion qu'il avoit de moi, trouvant qu'il y avoit trop de témérité à mon entreprise. Mais il accompagnoit ce discours de tant de témoignages de bonté pour moi, que cela me dédommageoit bien de toutes mes peines.

M. le duc m'ayant vu agir quelque temps dans les affaires de M. le prince, et voyant qu'elles prenoient un bon chemin, me chargea aussi des siennes; et je fus assez heureux d'augmenter les seuls revenus du Clermontois, dont il jouissoit, de plus de quatre-vingt mille livres. M. d'Autun, qui vouloit toujours être regardé comme celui qui avoit le plus de crédit sur l'esprit de M. le prince et de M. le duc, ne crut rien de plus propre à diminuer la confiance qu'ils avoient en moi, que d'insinuer à Leurs Altesses, et même leur faire revenir par d'autres personnes, qu'on disoit dans le monde que je les gouvernois absolument. M. le prince me fit l'honneur de me dire qu'il avoit répondu, à la deuxième ou troisième fois qu'on lui en avoit parlé, qu'il ne se soucioit pas qu'on crût que je le gouvernasse, parce qu'il trouvoit en ce cas que je le gouvernois fort bien, sentant avec plaisir la différence de l'état présent de ses affaires, à celui dans lequel il les avoit vues ci-devant. M. le prince et M. le duc connoissoient bien M. l'évêque d'Autun et ses menées; ils faisoient même quelquefois des plaisanteries sur ce sujet : mais cela ne le rebutoit point.

Je ne vendis ma charge de secrétaire du conseil que quatre cent cinquante mille livres, qui m'avoient coûté un million du premier achat (1), et cinq cent mille livres que M. Fouquet avoit empruntées de chacun de nous, et assigné sur une affaire des quatriennaux, dont messieurs de Béchamel et Berrier furent entièrement remboursés. Cette somme m'est demeurée en pure perte.

(1) *Du premier achat :* Gourville a dit plus haut qu'il avoit acheté cette charge onze cent mille livres. (*Voyez* ci-dessus, page 322.)

M. le prince, après m'avoir chargé de ses affaires, me dit qu'il voudroit bien que je lui fisse un fonds particulier de vingt-cinq mille livres tous les ans pour continuer le canal qu'il avoit commencé à Chantilly, qui servoit beaucoup à l'amuser : mais à mon retour d'Espagne je trouvai que cette dépense avoit été à plus de trente-six mille livres, et il me dit que l'année suivante il voudroit bien y dépenser quarante mille livres par chaque année : ce qui fut bien augmenté dans la suite. M. le duc, qui a plus d'imagination que personne du monde, proposoit toujours des choses nouvelles ; et M. le prince, quoi qu'elles dussent coûter, les faisoit exécuter. Enfin cette dépense alla si loin, qu'elle se monta à environ deux cent mille livres chaque année pendant un temps considérable : cependant les deux dernières années de sa vie cela diminua beaucoup, lui ayant représenté, aussi fortement que je l'avois osé, que s'il n'avoit la bonté de se modérer sur ses dépenses, sa maison retomberoit dans le désordre dont je pouvois dire que je l'avois tirée. Je prenois quelquefois la liberté de dire à M. le duc que, par l'application qu'il avoit à proposer de nouvelles dépenses pour Chantilly, dont je marquois avoir quelque répugnance, il faisoit comme s'il avoit cru que ce fût mon argent qu'on y dépensoit.

Depuis que M. de Louvois m'eut admis à son commerce, il m'honora toujours de son amitié et de sa confiance même ; et, si j'ose le dire, beaucoup de croyance sur tout ce que je lui disois : cela a duré jusqu'à sa mort. Un jour, m'entretenant dans son jardin, à Saint-Germain, du choix qu'il pourroit faire pour marier sa fille aînée, peut-être pour voir si je ne nommerois pas M. de La Roche-Guyon (1), je lui proposai naturellement ce mariage, croyant l'affaire également bonne pour M. de La Rochefoucauld et pour lui. Je me souviens que dans cette même promenade il me dit qu'il lui sembloit que le Roi avoit du goût pour moi, et qu'il croyoit que si je voulois me détacher de M. le prince et de M. le duc, je pourrois trouver à m'avancer avec le Roi, selon les occasions qui se présenteroient. Je le remerciai fort de sa bonne volonté, et je lui répondis que j'avois borné mon ambition au service et à l'attachement que j'avois pour ces princes. M. Colbert, depuis mon retour d'Espagne, avoit toujours bien fait avec moi, et même peu à peu m'avoit témoigné beaucoup de confiance. Je vivois dans sa maison avec lui dans une aisance très-agréable, et me suis dans la suite toujours parfaitement bien conduit avec ce ministre et avec M. de Louvois, quoiqu'il y eût beaucoup de jalousie et d'antipathie entre eux, sans que jamais ni l'un ni l'autre aient témoigné aucune défiance de la familiarité avec laquelle tous deux vivoient avec moi : ce qui m'a toujours paru une chose fort rare, par l'humeur de ces deux ministres. Tout le monde étoit surpris de me voir également bien venu à Meudon et à Sceaux.

M. le duc, après m'avoir remis la conduite de ses affaires, m'ordonna néanmoins de faire tenir deux registres séparés de celles de monsieur son père et des siennes; mais voyant que M. le duc de Bourbon com-

---

(1) *M. de La Roche-Guyon*: François, duc de La Rochefoucauld, huitième du nom ; il étoit petit-fils du duc de La Rochefoucauld, auteur des Mémoires. Il épousa la fille du marquis de Louvois en 1679, et mourut en 1728.

mençoit à faire de la dépense qui couroit encore sur M. le prince, il m'ordonna de confondre entièrement ses revenus avec ceux de M. le prince son père, me disant qu'il vouloit seulement se réserver cent mille livres pour ses habits et pour ses menus plaisirs : ce qui a duré jusqu'à la mort de M. le prince.

Comme je ne pouvois empêcher les dépenses, je cherchois toutes sortes de moyens pour augmenter la recette, soit par des ventes de bois en Bretagne ou en Berri, ou enfin par tout ce qui pouvoit venir à ma connoissance. Je m'avisai de proposer la suppression des trois bailliages du Clermontois, et d'en établir un à Varennes, avec le nombre de conseillers et d'officiers nécessaires qui ressortiroient au parlement de Paris, en remboursant ceux qu'on supprimoit : ce qui n'alloit qu'à très-peu de chose. Après en avoir fait la déclaration, quand M. Colbert en parla au Roi, Sa Majesté dit qu'elle ne voyoit pas à quoi cela étoit nécessaire ; et qu'apparemment c'étoit une de mes imaginations pour faire venir de l'argent à M. le duc. M. de Louvois dit qu'il n'en doutoit pas ; mais que la chose n'étoit d'aucune conséquence pour Sa Majesté. L'affaire étant passée, M. le duc en tira environ soixante-quinze mille livres de profit. M. Colbert me disoit quelquefois, de bonne amitié, que je ferois bien de me résoudre à donner quelques sommes au Roi, pour lui fournir un prétexte d'obtenir de Sa Majesté un arrêt qui me déchargeât de toutes les affaires que j'avois eues ; mais il ne trouvoit pas mauvais que je ne le fisse pas.

Quelque temps après mon retour d'Espagne, madame Du Plessis-Guénégaud, désirant d'obtenir quelque chose de M. Colbert, me chargea de lui en parler. Je le trouvai très-mal disposé ; et prenant occasion de me parler de M. et madame Du Plessis comme de gens de qui il avoit méchante opinion, je pris la liberté de lui dire qu'il ne les avoit connus que par ce qui s'étoit passé à l'occasion de la charge de secrétaire d'Etat, qu'il avoit voulu avoir; que M. Du Plessis avoit eu tort de ne s'en pas prévaloir pour ses affaires particulières ; mais que je pouvois l'assurer que dans le fond ils étoient gens de bien. Et pour lui en donner un exemple, je lui citai ce qui s'étoit passé d'eux à moi ; qu'il pouvoit se souvenir qu'au commencement de la chambre de justice on avoit voulu obliger tous ceux qui devoient de l'argent aux gens d'affaires de venir à révélation ; qu'alors j'avois une obligation d'eux de cent soixante mille livres [1]; qu'étant venu à Paris, je la leur portai en original, que je brûlai en leur présence, leur faisant don de cette somme, et leur disant qu'ils pouvoient en toute sûreté de conscience jurer qu'ils ne me devoient rien ; et qu'après mon retour ils avoient voulu me payer les intérêts, et que n'ayant pas voulu les recevoir, ils m'avoient comme forcé à prendre des pierreries pour la somme à laquelle ils pouvoient monter ; qu'à son égard je trouvois qu'il étoit fort naturel qu'il eût voulu avoir une charge qui pût demeurer dans sa famille ; mais que l'ayant, il devoit donner toute la consolation qu'il pourroit à cette famille

---

[1] *Cent soixante mille livres:* Gourville a dit plus haut que cette assignation étoit de cent cinquante mille livres. (*Voyez* ci-dessus, page 364.)

dans les occasions qui se présenteroient. Ainsi il accorda ce que madame Du Plessis demandoit de lui : il trouva même fort bon tout ce que je lui avois dit sur cela.

Madame Du Plessis ayant perdu son mari, me chargea en mourant de l'exécution de son testament. Ses deux fils aînés étoient morts l'un après l'autre; et celui qui venoit après étoit M. Du Plancy. Parmi les effets que le Roi avoit pris sur M. Du Plessis, il y avoit une rente de quatorze mille livres sur la Bretagne. Ayant rendu compte à M. Colbert du mauvais état des affaires de cette maison, je le priai de faire avoir à M. Du Plancy ladite rente, qu'on avoit prise à son père. Il la demanda au Roi en pur don, comme pour lui : elle fut mise sous mon nom, et je la remis à M. Du Plancy quand il le jugea à propos. Les créanciers ayant fait décréter la maison qui est aujourd'hui l'hôtel de Créqui, et une autre maison que madame Du Plessis avoit fait bâtir derrière l'hôtel de Conti, on me vint dire à Saint-Maur qu'elles avoient été adjugées à Priou, procureur, pour quarante mille écus. J'envoyai dans le moment faire une enchère de cinquante mille livres, et par là je sauvai ces deux effets. Peu de temps après, je convins avec M. le duc de Créqui qu'il prendroit son hôtel à cent cinquante mille livres, à condition que je demeurerois garant des délégations portées par le contrat : et ensuite M. le prince de Conti acheta l'autre quatre-vingt-dix mille livres. Apparemment que M. Du Plancy m'a cru mort il y a long-temps, n'ayant pas entendu parler de lui depuis dix-neuf ans.

[1672] Le Roi étant parti pour la guerre de Hollande, tout ce que j'avois rapporté du mauvais état de leurs troupes se trouva très-véritable. L'épouvante fut si grande, que les juifs d'Amsterdam me firent dire qu'ils donneroient deux millions à M. le prince s'il vouloit sauver leur quartier; mais M. le prince ayant été blessé au passage de Tolhuis (bien des gens ont prétendu que cet accident fut en partie cause de ce que l'on n'acheva pas la conquête), se fit porter à Arnheim. Je partis aussitôt pour me rendre auprès de lui, et m'en allai passer à Aubocq, maison de M. le comte d'Ursé, où il étoit avec sa famille, à côté du chemin de Bruxelles à Anvers : de là, j'envoyai à M. de Marsin demander un passe-port pour aller à Bruxelles, et continuer mon chemin en Hollande, parce que je voulois aller voir M. le prince. Il me fit réponse que M. le comte de Monterey, quoiqu'il eût été bien aise de me voir et lui aussi, étoit d'avis que je prisse mon chemin par Anvers ; et qu'il m'envoyoit deux gardes pour me conduire jusqu'où je jugerois à propos.

Je trouvai à Aubocq milord Harlington, depuis long-temps secrétaire du roi d'Angleterre Charles II, que j'avois un peu connu à Paris, et fort vu à Londres. En nous en allant seuls dans un carrosse à Anvers, il me demanda si le roi d'Angleterre ne s'étoit pas bien comporté, pour profiter des avis que je lui avois fait donner par milord Hollis sur ce qui regardoit M. de Witt. Il ajouta qu'il n'y avoit pas long-temps que Sa Majesté leur disoit encore qu'elle croyoit que c'étoit la source de tout ce qui étoit arrivé à la Hollande. Je lui répondis que j'étois bien obligé au Roi de la bonne opinion et de l'estime qu'il avoit pour moi. Il me témoigna que je lui ferois plaisir si j'avois occasion d'aller faire un tour en Angleterre. Je crus m'apercevoir que les Anglais trouvoient que nous avancions bien nos affaires en Hollande, et que cela leur donnoit de la jalousie. En nous faisant des questions l'un à l'autre, je lui dis qu'il me sembloit que le roi d'Angleterre avoit autant d'esprit qu'on en pouvoit avoir; mais que je ne savois pas bien sa portée sur les affaires. Il me dit que quand on lui en proposoit quelqu'une, il voyoit tout d'un coup ce qu'il y avoit à faire, et appuyoit son avis de très-bonnes et solides raisons; mais que quand on lui faisoit quelques difficultés, il ne se donnoit pas la peine de les approfondir; et souvent quand on lui en parloit une seconde fois, aisément il se laissoit aller à l'avis d'autrui.

Ayant pris mon chemin pour me rendre à Boxtèl, où devoit être le Roi, en sortant d'un bois je me trouvai tout proche des troupes qui escortoient Sa Majesté. Je montai vitement à cheval. M. l'archevêque de Reims, qui me reconnut, me dit que c'étoit le Roi, qui s'en retournoit à Paris. Sa Majesté ayant entendu mon nom, tourna la tête et s'arrêta un moment, jusqu'à ce que je l'eusse joint. Elle me demanda si j'avois passé à Bruxelles : je lui répondis que les gens qui étoient en mauvais état n'aimoient point à être vus de près, et j'eus l'honneur de lui dire la réponse de M. de Marsin; mais que je n'en savois pas moins le pitoyable état où étoient les Pays-Bas; qu'en ne laissant que fort peu de troupes dans les places, ils n'avoient pu mettre que six mille hommes en campagne. Le Roi ayant cessé de me faire des questions,

29.

je repris mon chemin pour aller à Boxtel, où je trouvai M. de Turenne. En arrivant à Arnhèim auprès de M. le prince, j'appris que sa blessure étoit en assez bon état : ce qui me donna beaucoup de joie. Je n'en eus pas moins à lui entendre dire que je lui avois fait grand plaisir d'entreprendre ce voyage. Trois ou quatre jours après, on vint m'avertir que M. le comte de Montbas demandoit à me voir : j'en fus fort surpris, parce qu'on m'avoit dit qu'il avoit été arrêté prisonnier en Hollande. Il me conta comment il s'étoit sauvé, ayant appris que M. le prince d'Orange vouloit lui faire faire son procès. M. le prince en ayant rendu compte à la cour, on lui manda qu'il pourroit demeurer en France tant qu'il voudroit.

Son Altesse passant à Louvain, j'y trouvai M. de Marsin, qui avoit toujours été fort de mes amis : j'eus avec lui de grandes conférences, dans lesquelles il me témoigna qu'il n'étoit pas content. Je lui dis que les Espagnols étoient d'étranges gens, et que je savois la peine qu'il avoit eue avec le marquis de Castel-Rodrigo. Il est vrai que celui-ci ne le faisant pas payer de ses appointemens, il lui parla un jour un peu fortement à ce sujet; et M. de Castel-Rodrigo lui ayant dit qu'il savoit bien qu'on avoit de la peine à trouver de l'argent pour payer les soldats, M. de Marsin fut très-mécontent de cette réponse; ils en vinrent aux grosses paroles, et se séparèrent en gens brouillés. Aussitôt ce dernier me vint voir, et me conta ce qui venoit de se passer. Je lui dis bonnement qu'il me paroissoit avoir été un peu brusque; qu'ils avoient tous deux tort, et que je croyois qu'il étoit bon qu'on ne sût point ce qui leur étoit arrivé. Il me dit de faire ce que je voudrois sur cela, et qu'il s'en rapportoit entièrement à moi. J'allai à l'instant trouver M. le marquis de Castel-Rodrigo : je commençai par lui dire que M. de Marsin m'ayant raconté ce qui s'étoit passé entre eux, je l'avois prié instamment de n'en parler à personne, et que je venois lui faire la même prière ; que M. de Marsin étoit bien fâché, et m'avoit chargé de lui faire des excuses s'il lui avoit parlé avec un peu de chaleur ; que c'étoit la nécessité dans laquelle il étoit qui avoit pu l'échauffer. Je trouvai M. de Castel-Rodrigo persuadé qu'il étoit bon que personne ne sût leur démêlé : et comme je connoissois bien les besoins de M. de Marsin, je le priai de lui faire payer vingt mille florins ; ce qu'il m'accorda. Après quoi je lui dis que M. de Marsin viendroit le remercier, et que j'estimois qu'il ne falloit point du tout qu'ils se parlassent de ce qui leur étoit arrivé ; dont il convint. Je n'eus pas de peine à juger par tout ce que disoit M. de Marsin, qu'il auroit souhaité être hors de ce pays-là, et s'en retirer honnêtement.

Cela me donna occasion de lui représenter que s'il venoit à mourir, son fils seroit bien à plaindre ; et insensiblement nous parlâmes des conditions auxquelles il voudroit bien être sorti d'où il étoit. Je lui proposai d'en rendre compte à la cour aussitôt que j'y serois arrivé : mais j'ajoutai qu'il falloit que ces sortes d'affaires se terminassent tout d'un coup sans négociation, et que je le priois de me dire ses intentions. M'ayant répondu qu'il s'en remettoit à moi, je lui dis que je tâcherois de lui faire donner au moins cent mille livres d'argent comptant, et un établissement pour son fils. Nous convînmes que ce pouvoit être une compagnie de gendarmes, qu'on appelleroit les *gendarmes de Flandre,* qui seroit sur le même pied qu'étoient les autres ; que si je pouvois obtenir cela, je le lui ferois savoir par un homme exprès ; et qu'aussitôt il s'en iroit chez lui à Modave, et enverroit un gentilhomme à Madrid pour le dégager le mieux qu'il se pourroit d'avec les Espagnols.

Aussitôt que j'en eus fait la première proposition à M. de Louvois et à M. Colbert, ils m'en parurent tous deux fort contens, et ne doutèrent pas que le Roi ne fût bien aise d'avoir M. de Marsin, qui étoit regardé comme un très-bon général d'armée, et le seul que pourroient avoir les Espagnols. Le Roi étant parti deux jours après pour aller à Compiègne, il me souvient que Sa Majesté devant dîner au Bourget, et ayant mis pied à terre, entra dans une écurie pour y faire de l'eau : m'ayant aperçu en sortant, elle me fit signe de m'approcher, et me dit qu'elle seroit fort aise que M. de Marsin se dégageât entièrement d'avec les Espagnols. Elle me demanda à quelles conditions cela se pourroit faire : je lui répondis que je pensois que si Sa Majesté avoit pour agréable de lui donner quarante mille écus, et à son fils une compagnie de gendarmes, qu'on pourroit appeler *gendarmes de Flandre,* avec la disposition des bas officiers, il en seroit content. Le Roi me dit qu'il le vouloit bien ; que je n'avois qu'à le lui faire savoir, et que l'affaire étoit faite s'il le vouloit à ces conditions. La chose eut toute son exécution.

Je demandai à M. le prince la capitainerie de Saint-Maur, où il n'alloit jamais pour lors : il me l'accorda sans aucune condition, avec la jouissance du peu de meubles qui y étoient. Madame de La Fayette, après avoir été s'y promener, me demanda d'y aller passer quelques jours pour prendre l'air : elle se logea dans le seul appartement qu'il y avoit alors, et s'y trouva si à son aise, qu'elle se proposoit déjà d'en faire sa maison de campagne. De l'autre côté de la maison il y avoit deux ou trois chambres, que je fis abattre dans la suite : elle trouva que j'en avois assez d'une quand j'y voudrois aller, et destina, comme de raison, la plus propre pour M. de La Rochefoucauld, qu'elle souhaitoit qui y allât souvent.

Ayant demandé au concierge de lui faire voir le peu de meubles qu'il y avoit dans une chambre haute qui servoit de garde-meuble, elle y trouva une grande armoire en forme de cabinet, qui avoit été autrefois à la mode et d'un grand prix, avec quelques vieilleries qui la pouvoient accommoder. Etant venu faire un tour à Paris, elle pria M. le duc de lui permettre de les faire descendre dans son appartement : ce qu'il n'eut pas de peine à lui accorder. Ayant découvert une très-belle promenade sur le bord de l'eau qui avoit de l'autre côté un bois, elle en fut si charmée qu'elle y menoit tous ceux qui l'alloient voir. Il y avoit aussi de belles promenades dans le parc, qui lui faisoient chérir l'établissement qu'elle s'étoit fait. Elle avoit inventé pour les promenades du parc, qu'elle faisoit souvent avec quelques-uns de ses amis, une chose qui réussissoit assez bien pour prendre mieux l'air : c'étoit de faire abattre les vîtres du devant du carrosse, et alonger les guides des chevaux ; en sorte que le cocher étant monté derrière, les guidoit à son gré dans une grande pelouse où étoit la promenade.

Sur ce que je dis à quelqu'un que je trouvois son séjour bien long à Saint-Maur, elle m'en fit des reproches, prétendant que cela ne pouvoit qu'être commode pour moi, puisque quand je voudrois y aller, je serois assuré d'y trouver compagnie. Finalement, pour pouvoir jouir de Saint-Maur, je fus obligé de faire un traité par écrit avec M. le prince, par lequel il m'en donnoit la jouissance ma vie durant avec douze mille livres de rente, à condition que j'y emploierois jusqu'à deux cent quarante mille livres, entre autres pour achever un côté du château où il y avoit seulement des murailles élevées jusqu'au second étage. Le long de la maison étoit une carrière d'où on avoit tiré beaucoup de pierres, et l'on descendoit par là pour aller dans la prairie.

En trois ou quatre années j'eus mis Saint-Maur en l'état où il est présentement, à la réserve que M. le duc, depuis que je le lui ai remis, a fait agrandir le parterre du côté de la plaine. J'avois fait bâtir un grand moulin exprès pour élever des eaux, qui m'en donnoit perpétuellement cinquante pouces qui tomboient dans un réservoir du côté de la capitainerie ; il faisoit aller quatre fontaines de ce côté-là, et deux dans le parterre du côté de la rivière : devant la face du logis, une fontaine qui venoit du grand réservoir, pour en faire aller une autre au milieu du pré en bas, laquelle est environnée d'arbres, et jetoit si haut et si gros, qu'on n'en avoit point encore vu de plus belle. Mais je tombai dans l'inconvénient de tous ceux qui veulent accommoder les maisons : j'y fis presque pour quatre cent mille livres de dépense, au lieu de deux cent quarante mille livres à quoi je m'étois obligé.

Pour revenir à madame de La Fayette, elle vit bien qu'il n'y avoit pas moyen de conserver plus longtemps sa conquête : elle l'abandonna, mais elle ne me l'a jamais pardonné, et ne manqua pas de faire trouver cela mauvais à M. de La Rochefoucauld. Mais, comme il lui convenoit que nous ne parussions pas brouillés ensemble, elle étoit bien aise que j'allasse presque tous les jours passer la soirée chez elle avec M. de La Rochefoucauld. Cela n'empêcha pas néanmoins qu'ayant trouvé une occasion où elle croyoit me faire beaucoup de dépit, elle ne la voulut pas manquer.

M. de Langlade, qui avoit été connu de M. Fouquet avant moi, et qui, dans la vérité, m'avoit mené pour lui faire ma première révérence, avoit de l'esprit, mais beaucoup plus de présomption et d'envie. Quoique je lui eusse fait faire pour plus de cinquante mille écus de bonnes affaires, il pensoit que je lui en devois toujours beaucoup de reste, et qu'il étoit la cause de toute ma fortune ; en sorte que tant qu'il a vécu, il a toujours conservé une jalousie extraordinaire contre moi.

Il m'avoit proposé d'épouser sa sœur ; et de bonne foi j'avois envie de lui faire ce plaisir. En allant en Guienne, j'avois passé en Périgord chez son père, qui demeuroit dans le château de Limeuil, qui appartient à M. de Bouillon ; mais comme le château étoit ruiné, la demoiselle logeoit dans un endroit qui avoit autrefois servi d'office. On me la fit voir dans son lit, parée autant qu'on l'avoit pu ; mais entre autres choses elle avoit deux pendans d'oreille de crin rouge, quasi gros comme le poing, qui ne faisoient pas un trop bon effet avec son visage, qui étoit pâle, et fort brun. Ce spectacle me fit voir que je m'étois engagé un peu légèrement de l'épouser, et me fit résoudre à chercher les moyens de ne le pas faire; et pour ne pas trop choquer mon ami, je résolus de dire à M. de Langlade, à mon retour, que, ne me sentant aucune inclination pour le mariage, je donnerois trois mille pistoles pour marier sa sœur : ce qu'il reçut tant bien que mal. Mais enfin il crut qu'il étoit toujours bon de prendre les trois mille pistoles, avec quoi elle fut mariée à un gentilhomme du Poitou, et mourut quelque temps après.

J'ai toujours vécu avec lui avec beaucoup de déférence, nous étant connus aux guerres de Bordeaux, où il étoit secrétaire de M. de Bouillon; mais quoi que j'aie fait pour reconnoître son amitié, tout ce qui me donnoit quelque distinction dans le monde lui faisoit beaucoup de peine, ne pouvant comprendre qu'ayant un mérite bien au-dessus du mien, la fortune me fût plus favorable qu'à lui. Il souffroit impatiemment de n'avoir quasi du bien que celui que je lui avois procuré. Tant qu'il a cru être regardé dans le monde comme supérieur à moi, notre amitié a été sincère, et l'auroit toujours été, si notre fortune l'avoit mis en état de me faire une partie des plaisirs qu'il étoit obligé de recevoir de moi; mais il ne put jamais s'accoutumer à voir que le monde fît pour le moins autant de cas de moi que de lui.

Par bonté de cœur, ou pour mieux dire par sottise ou simplicité, je demeurai toujours dans une grande dépendance, sans même qu'elle me fît autant de peine qu'elle en auroit fait à tout autre. Il étoit fort des amis de madame de La Fayette, qui croyoit d'un autre côté que l'attachement que M. de La Rochefoucauld avoit pour elle, à cause de la grande commodité dont elle lui étoit, m'en devoit rendre beaucoup dépendant, par celui que j'ai toujours conservé pour M. de La Rochefoucauld. M. de Langlade et elle complotèrent ensemble de me faire un méchant tour. Comme M. de Langlade satisfaisoit sa vanité, et que madame de La Fayette y trouvoit un intérêt considérable, cela eut des suites que je suis bien aise d'oublier.

Madame de La Fayette présumoit extrêmement de son esprit, et s'étoit proposé de remplir la place de madame la marquise de Sablé, à laquelle tous les jeunes gens avoient accoutumé de rendre de grands devoirs, parce qu'après les avoir un peu façonnés, ce leur étoit un titre pour entrer dans le monde : mais cela ne réussit pas, parce que madame de La Fayette ne voulut pas donner son temps à une chose si peu utile. Son inclination naturelle l'emportoit sur tout le reste. Elle passoit ordinairement deux heures de la matinée à entretenir commerce avec tous ceux qui pouvoient lui être bons à quelque chose, et à faire des reproches à ceux qui ne la voyoient pas aussi souvent qu'elle le désiroit, pour les tenir tous sous sa main, pour voir à quel usage elle les pouvoit mettre chaque jour.

Elle eut une recrue à faire pour son fils, et en parla à plusieurs personnes pour lui trouver des hommes, et surtout à bon marché. Elle me conta un jour qu'ayant employé un maître des comptes à cet usage, il lui avoit effectivement amené quinze bons hommes, dont il lui fit présent : ce qui me fit fort rire. Avec tout cela elle me paroissoit avoir beaucoup de vanité ; mais, sans mépriser les petits profits, elle avoit trouvé moyen de s'attirer quelques gens qui avoient des affaires chez M. le prince. Elle m'en fit faire deux qui purent lui valoir quelque petite chose; mais je la priai de n'en plus écouter, et l'assurai que je n'en ferois pas davantage.

M. de Langlade s'étant trouvé à la maison qu'il avoit achetée en Poitou, et ayant appris que M. de Louvois devoit passer tout contre en revenant d'un voyage qu'il avoit fait en Guienne, pour faire connoître sa faveur à ses voisins, les avoit avertis que M. de Louvois passoit chez lui, où il lui avoit préparé de quoi faire bonne chère : il alla dans une chaise à une poste de son voisinage pour l'entretenir un peu, et l'inviter à passer à sa maison. Mais celui-ci l'ayant remercié un peu brusquement, ne songeant qu'à la diligence qu'il avoit à faire, M. de Langlade le voulut suivre encore une poste ; ayant trouvé M. de Louvois déjà monté dans sa chaise, il lui fit signe de son chapeau, et lui dit adieu.

M. de Langlade fut si touché de n'avoir pas mieux réussi, qu'il en tomba malade, et mourut peu de jours après. Cela donna lieu à M. de Reuville de dire un bon mot là-dessus, disant que M. de La Rochefoucauld et M. de Langlade s'étoient tués d'un coup fourré, parce qu'à la mort de M. de La Rochefoucauld on avoit dit qu'il avoit été fort touché de s'être aperçu que M. de Langlade, aidé de madame de La Fayette, l'avoit obligé d'entrer dans la mortification qu'on m'avoit voulu donner sur le mariage de M. de La Roche-Guyon avec mademoiselle de Louvois (1).

M. Fouquet, quelque temps après, ayant été mis en liberté (2), sut la manière dont j'en avois usé avec madame sa femme, à qui j'avois prêté plus de cent mille livres pour sa subsistance, son procès, et même pour gagner quelques juges, comme on lui avoit fait espérer. Après m'avoir écrit pour m'en remercier, il manda à M. le président de Maupeou, qui étoit de

---

(1) Gourville ne voulant pas revenir sur Langlade et madame de La Fayette, a interverti l'ordre des faits pour réunir ici tout ce qui les concernoit. Langlade a survécu au duc de La Rochefoucauld, qui n'est mort qu'en 1680. Nous ferons observer que c'est ici le seul endroit des Mémoires où Gourville parle de la mort du duc de La Rochefoucauld, et qu'il n'en parle que pour rapporter une froide plaisanterie de Reuville. On ne doit pas en conclure qu'il n'ait pas senti vivement la perte de son premier bienfaiteur, ni qu'il ait manqué de reconnoissance envers lui. « Gourville, dit madame de Sévigné, a couronné ses « fidèles services dans cette occasion (la mort du duc de La Rochefou-« cauld). Il est estimable et adorable, par ce côté de son cœur, au-delà « de tout ce que j'ai jamais vu. Il faut m'en croire. » — (2) *Mis en liberté :* Tous les historiens contemporains rapportent que Fouquet est mort au château de Pignerol en 1680. Le 5 avril 1680, madame de Sévigné écrivoit à sa fille : « Si j'étois du conseil de la famille de M. Fou-« quet, je me garderois bien de faire voyager son pauvre corps, comme « on dit qu'ils vont faire. Je le ferois enterrer là; il seroit à Pignerol ; et « après dix-neuf ans ce ne seroit pas de cette sorte que je voudrois le « faire sortir de prison. » Cependant Gourville dit positivement que Fouquet avoit été mis en liberté; et les détails dans lesquels il entre ne permettent guère de douter de ce fait, qui a d'ailleurs été confirmé à Voltaire par la comtesse de Vaux, belle-fille du prisonnier. On a cherché à concilier ces diverses opinions : les uns ont prétendu que Fouquet n'avoit pas obtenu sa liberté, mais seulement la permission d'écrire; les autres, qu'il mourut si peu de temps après avoir été mis en liberté, qu'il ne put pas sortir du château de Pignerol. Quoi qu'il en soit, Gourville anticipe encore ici sur l'ordre des événemens ; car en supposant que Fouquet ait eu la permission d'écrire, il n'est pas probable qu'elle lui ait été accordée vers l'année 1672.

ses parens et de mes amis, de me proposer, en cas que mes affaires fussent aussi bonnes qu'on lui avoit dit, de vouloir bien faire don à M. de Vaux, son fils, de cent et tant de mille livres qui pourroient m'être dues : ce que je fis très-volontiers, et en passai un acte en arrivant.

[1673] En arrivant à La Fère environ la fin de septembre 1673, M. de Louvois me chargea d'aller trouver M. le prince et M. le duc à Tournay, pour leur demander de la part du Roi leur avis sur la nécessité où Sa Majesté croyoit être d'abandonner toutes les places que l'on tenoit en Hollande. Il me demanda ce que j'en pensois, et fort brusquement je lui dis que je croyois qu'il en falloit faire sauter toutes les fortifications, et les mettre en état qu'elles ne puissent être rétablies de long-temps, et sans une grande dépense : ce qui mettroit les Hollandais hors d'état de secourir les Pays-Bas, si le Roi jugeoit à propos de les attaquer et de les prendre, comme il me sembloit qu'il étoit fort facile, puisqu'ils n'avoient presque point de troupes. En arrivant à Tournay, je ne fus pas trop bien reçu de M. le prince et de M. le duc, parce que M. de Louvois leur avoit mandé qu'il les prieroit au premier jour de prendre un rendez-vous où il les pût entretenir de la part de Sa Majesté : ce qu'ils auroient mieux aimé que de m'y voir de la sienne. M. le duc fut d'avis de me garder, parce que la saison étoit bien avancée, et qu'il s'en retourneroit bientôt à Paris. J'y fus assez malade; mais cela ne dura pas.

[1674] Environ le mois de juin 1674, M. le prince me manda de l'aller trouver au Piéton, proche Charleroy. Quelques jours après mon arrivée, on apprit que M. le prince d'Orange marchoit avec une armée nombreuse, de plus d'un tiers que celle de M. le prince. Elle étoit composée d'un grand corps d'Allemands commandé par M. de Souches, de l'armée de Flandre, sous le commandement de M. de Monterey, et de celle des Hollandais, qui avoit à sa tête M. le comte de Waldeck. M. le prince se résolut de les attendre dans son camp, persuadé qu'ils n'oseroient l'attaquer. En effet, ils vinrent se poster à deux petites lieues. Le lendemain, à la pointe du jour, M. le prince monta à cheval, et s'en alla sur une hauteur pour observer leur décampement : ce qu'ayant su, je me levai aussitôt pour l'aller joindre. En arrivant, il me dit qu'il jugeoit par la marche que les ennemis commençoient à fuir; qu'il battroit au moins leur arrière-garde; qu'il avoit envoyé ordre à l'armée de marcher.

Je m'amusai à regarder un nombre de femmes qui se mettoient dans dix ou douze carrosses qui étoient en bas. Il y avoit aussi une hauteur assez proche, où les ennemis avoient porté des mousquetaires pour tirer à l'endroit où étoit M. le prince; une balle perça ma culotte : ce qui me fit prendre le parti de m'en aller me mettre à couvert d'une grange qui étoit là auprès. J'y trouvai deux jeunes hommes très-braves et de bonne réputation, qui en sortirent aussitôt qu'ils me virent, pour s'avancer d'où je venois; et moi je demeurai un moment.

M. le prince ayant considéré long-temps la marche des ennemis, résolut de les attaquer. Il y avoit un bois près du lieu par où il vouloit commencer; et considérant que s'il y avoit des troupes derrière ce bois, elles pouvoient le charger en flanc, il prit le parti de s'en éclaircir. Je me souviens que messieurs de Noailles, de Luxembourg, de Rochefort, ses lieutenans généraux, étoient auprès de lui, et qu'il leur donnoit ses ordres avec un peu de chaleur : mais quand il fut à portée de s'éclaircir s'il y avoit quelques troupes derrière le bois, il dit à ces messieurs qu'il s'y en alloit pour s'en éclaircir. Tous s'offrirent d'y aller pour lui en rendre compte : il se mit un peu en colère, et les pria de le laisser faire. Chacun s'arrêta : il y alla seul au petit galop, laissant ce bois de deux à trois cents pas à gauche ; et lorsqu'il fut par delà, et qu'il fut assuré qu'il n'y avoit aucunes troupes, il s'en vint bien plus vite qu'il n'étoit allé. En approchant de ces messieurs, il poussa encore son chemin, et leur dit en riant : « Il n'y a qu'à les charger « pour les battre ; » se souvenant sans doute qu'il s'étoit un peu mis en colère, et peut-être un peu hors de propos. Il acheva de leur donner ses ordres avec beaucoup de douceur.

Il alla se mettre à la tête du régiment de la Reine ; et donnant l'ordre de charger, il tira son épée du fourreau, et passa dans son bras le ruban qui y étoit attaché. J'eus peur qu'elle ne le blessât, parce qu'il n'avoit que des bas de soie. Dans ce moment on commença à charger les ennemis : je vis aussitôt revenir M. le comte de Rochefort, qui étoit blessé ; et en avançant je vis qu'on portoit M. de Montal, qui avoit reçu un coup de mousquet à la jambe ; beaucoup d'autres officiers qui étoient déjà hors de combat, et un très-grand nombre de morts ou de mourans. Je fis réflexion que s'il m'arrivoit quelque accident, cela ne m'attireroit que des railleries.

Le régiment de Nassau, qui avoit été forcé là, se jetoit dans l'église de Senef. M. de La Cordonnière, avec une troupe de gardes, ayant fait ouvrir la porte de l'église, leur promit qu'ils auroient bon quartier. Il me demanda si je voulois qu'il me laissât vingt gardes pour les conduire au camp, voulant aller rejoindre M. le prince avec sa troupe. Je pris cela pour un commandement, et je me chargeai volontiers des prisonniers au nombre de deux ou trois cents, où étoit un prince de Nassau fort blessé, et quatre ou cinq officiers, que les soldats mirent sur des échelles pour les emporter. Je me mis en marche pour les mener au château de Trésigny. Deux de ces pauvres officiers, à ce que me dirent les soldats, étoient morts, et furent laissés à côté du chemin sur les échelles.

J'entendois des décharges si furieuses, que cela me fit frémir, et me persuada que j'avois pris le bon parti. Je menai mes prisonniers, et les mis dans une grange. De temps en temps il passoit des gens blessés, qui s'en retournoient au camp. M. le marquis de Villeroy, depuis maréchal de France, qui avoit été blessé, me dit qu'il eût été à désirer que M. le prince se fût contenté d'avoir battu l'arrière-garde. Sur le soir, M. le chevalier de Fourille me dit qu'il se croyoit blessé mortellement, mais qu'il étoit ravi de s'être trouvé une fois avec M. le prince ; et en jurant m'exagéroit sa valeur, et me dit que s'il n'étoit tué, il acheveroit de défaire entièrement les ennemis. Beaucoup de gens qui passoient me parloient également de la valeur de M. le prince ; et à mesure qu'on faisoit des prisonniers, on me les amenoit. Un officier français demanda à me parler, et me pria de le faire sortir, parce qu'il avoit été condamné à mort à Paris pour l'enlèvement d'une fille. Je le menai à la porte, et lui dis de se sauver comme il pourroit.

Parmi les prisonniers qu'on m'amenoit, j'en trouvois de ma connoissance; et beaucoup de gens de qualité qui avoient été pris, que je mis dans une chambre à part. De ceux-ci étoient M. le prince de Salm, beau-frère de M. le duc de Holstein, lieutenant général de la cavalerie des Pays-Bas, et M. le comte de Solm, parent de M. le prince d'Orange.

J'étois dans une grande inquiétude : enfin, ne pouvant dormir, je montai à cheval une heure avant le jour, résolu de rejoindre M. le prince. Je le trouvai à une lieue du camp, qui s'en revenoit dans sa calèche : à peine pouvoit-il parler. Il ne laissa pas de me dire que si les Suisses avoient voulu marcher en avant, il auroit achevé de défaire toute l'armée des ennemis. Aussitôt qu'il fut arrivé, il dépêcha M. le comte de Briord, qui avoit vu toute l'affaire, pour en rendre compte au Roi (1).

M. le prince avoit très-souvent trouvé bon que, quelque temps après qu'il s'étoit fâché, je lui parlasse des petits mouvemens de colère qu'il avoit eus. Le lendemain, le voulant faire ressouvenir de ce qui s'étoit passé, il me dit qu'il étoit vrai qu'il s'étoit un peu échauffé contre ces messieurs; mais que quand il s'agissoit de s'éclaircir d'une chose d'aussi grande importance que pouvoit être celle-là, il ne s'en vouloit fier à personne. Je crois pourtant que c'étoit une

(1) La bataille de Senef, gagnée par le prince de Condé le 11 août 1674.

raison qu'il se donnoit à lui-même pour excuser son petit mouvement de colère. Il savoit bien qu'il y étoit sujet; mais comme dans le moment il eût bien voulu que cela n'eût pas été, ceux qui ne s'en scandalisoient pas lui faisoient un grand plaisir.

J'ai ouï dire à M. de Palluau, depuis maréchal de Clérembault, qu'un jour M. le prince lui avoit parlé avec beaucoup de colère; et qu'étant prêt de monter à cheval, on avoit donné une casaque à M. le prince, qui s'approcha de M. de Palluau, et lui dit : « Je te prie « de me boutonner ma casaque; » celui-ci répondit : « Je vois bien que vous avez envie de vous raccom- « moder avec moi : allons, j'y consens; soyons bons « amis; » que M. le prince en avoit fort ri, et que cela lui avoit fait grand plaisir. Il se trouva qu'il y avoit plus de trois mille prisonniers, et cent ou cent vingt drapeaux ou étendards, que M. le prince fit mettre dans des paniers, et ordonna de les mettre derrière mon carrosse pour les présenter à Sa Majesté.

Dix ou douze des prisonniers, tant princes qu'officiers, voulurent venir avec moi : j'en mis trois dans mon carrosse, et les autres sur des chevaux. Lorsque nous fûmes arrivés à Reims, M. le duc d'Holstein me dit que M. le comte de Waldeck, en lui parlant des progrès qu'alloit faire cette grande armée, lui avoit promis qu'il lui feroit boire du vin de Champagne; mais qu'apparemment il n'avoit pas entendu que ce seroit de la façon qu'il en buvoit. M. de Louvois envoya au devant de moi pour me dire d'aller tout droit au Roi. Sa Majesté me fit une infinité de questions pendant plus d'une heure. Tous les étendards et drapeaux furent placés dans Notre-Dame le jour du *Te Deum*.

[1675] Au mois de juillet 1675, M. de Turenne ayant été tué en Allemagne, le Roi donna ordre à M. le prince de s'y rendre. Il laissa le commandement de l'armée de Flandre à M. de Luxembourg; et je reçus ordre de Son Altesse de me trouver à Châlons à son passage : il étoit accompagné de M. de La Feuillade, et de quelques autres officiers. Il y reçut la nouvelle que M. le maréchal de Créqui, qui commandoit une armée du côté de Trèves, avoit perdu une bataille contre messieurs les ducs de Zell et d'Hanovre, et que son armée avoit été mise entièrement en déroute. Cela donna une grande alarme que les troupes de ces princes n'allassent en Allemagne joindre M. de Montecuculli. Je dis à Son Altesse, avec quelque sorte d'assurance, que cela ne seroit point, parce que ces messieurs ayant fait un traité pour essayer de prendre la ville de Trèves, il en faudroit un autre pour les faire aller sur le Rhin; de plus, que j'étois persuadé qu'ils ne voudroient pas obéir à M. de Montecuculli, ni lui envoyer leurs troupes, sans un nouveau traité. Cela soulagea un peu l'inquiétude de M. le prince, trouvant quelque raison à ce que je disois.

M. le maréchal de Créqui ne sachant quel parti prendre, se détermina de s'aller jeter dans Trèves, où il fut pris avec la ville. Messieurs de Brunswick lui permirent de venir en France pour quelques mois, à la charge de se rendre auprès d'eux quand le temps seroit expiré. M. le maréchal de Créqui ne pouvoit s'y résoudre : il avoit obtenu de Madame une lettre pour madame la duchesse d'Hanovre, par laquelle il demandoit à convenir de sa rançon : ces messieurs firent répondre par madame d'Hanovre qu'ils supplioient Madame de trouver bon qu'ils ne fissent aucunes conventions avec le maréchal de Créqui, qu'il n'eût auparavant exécuté les assurances qu'il leur avoit données de se rendre auprès d'eux. M. le maréchal de Créqui, pour tâcher de l'éviter, pria ou fit prier madame Du Plessis-Guénégaud de faire en sorte que je voulusse bien me mêler de cette affaire. Il y avoit quelques années que j'avois cessé de le voir, à cause d'un procès pour de l'argent que je lui avois prêté avant que M. Fouquet fût arrêté, et que M. d'Ormesson, que nous avions pris pour arbitre, avoit jugé fort extraordinairement, à mon avis. Madame Du Plessis m'en ayant parlé, et dit ce qui pouvoit raisonnablement me faire entrer dans cette affaire, j'écrivis à messieurs les ducs de Zell et d'Hanovre que je les suppliois de vouloir bien se contenter de cinquante mille livres pour la rançon. Aussitôt après, ils m'envoyèrent un ordre pour le mettre en liberté; et M. le maréchal de Créqui ayant payé cette somme, se trouva libre; dont il me fit de grands remercîmens. Il m'a toujours depuis témoigné beaucoup d'amitié; et il se sentit d'autant plus obligé, que M. le maréchal de La Ferté avoit payé cent mille livres pour sa rançon quand il fut pris au secours de Valenciennes.

[1676] Au commencement de septembre 1676, je fis un voyage en Angoumois avec M. de La Rochefoucauld, M. le marquis de Sillery et M. l'abbé de Quincé. Comme il y avoit long-temps que M. de La Rochefoucauld n'avoit été dans ce pays-là, il fut visité d'un grand nombre de noblesse des provinces voisines ; et après avoir resté quelques jours à Verteuil, il alla faire une pêche dans la Charente de Montignac, où l'on prit plus de cinquante belles carpes, dont la moindre avoit plus de deux pieds. J'en fis porter une bonne partie à La Rochefoucauld, où ces messieurs allèrent coucher ; et comme j'én étois encore capitaine, je me chargeai d'en faire les honneurs. On servit quatre tables pour le souper ; mais le lendemain il en fallut bien davantage pour ceux qui venoient faire leur cour à M. de La Rochefoucàuld. J'y avois fait faire de grandes provisions, et surtout d'aussi bons vins qu'il s'en pouvoit trouver. On n'y séjourna qu'un jour. Je ne sais pas si on m'avoit grossi le mémoire ; mais je sais bien qu'il se montoit à plus de huit cents livres.

En retournant à Paris, M. de La Rochefoucauld et ces messieurs allèrent à Basville. M. le premier président de Lamoignon, un des premiers hommes du monde, outre ses grandes et merveilleuses qualités, avoit celle d'être aisé à vivre, et d'un gracieux commerce. Messieurs de Lamoignon et de Basville, ses fils, étoient de mes amis intimes : je les priai de me chercher une maison que je pusse acheter dans le voisinage ; mais, après l'ouverture du parlement, M. le premier président mourut, dont je sentis une cruelle affliction. M. de Basville avoit envie de bâtir une maison à Courson, proche Basville ; et après en avoir fait faire le devis, il se trouva qu'il falloit plus de quarante mille livres, et qu'il n'étoit pas en état d'y faire travailler. Cela me donna occasion de lui proposer qu'au lieu d'acheter une maison dans le voisinage, comme j'en avois le dessein, il me fît faire un beau logement dans celle qu'il vouloit faire construire; et que j'avancerois les quarante mille livres dont il avoit besoin pour bâtir, à condition que, du jour que la maison seroit achevée, lui et madame de Basville s'obligeroient à me donner tous les ans, pendant vingt ans, deux mille livres à la fin de chaque année; et qu'au bout des vingt ans qu'il m'en auroit payé pour ainsi dire la rente, le principal leur demeureroit. La maison fut bâtie : j'y logeai deux fois, et trouvai que j'avois un beau et commode appartement. Je fus payé avec une grande exactitude, suivant nos conventions, et je leur remis l'obligation.

Quelque temps avant la mort de M. de Lyonne, M. Colbert me dit qu'il avoit pensé à faire en sorte d'unir, à sa charge de secrétaire d'Etat de la maison du Roi, la marine, qui jusque là avoit été du département des affaires étrangères, qu'avoit M. de Lyonne. Il me pria de lui en parler, ce que je fis; et ayant trouvé jour à faire entendre la proposition à M. de Lyonne, il convint à deux cent mille livres. C'est depuis ce temps-là que notre marine a été bien augmentée. M. Colbert fit l'établissement de Rochefort, qui coûta beaucoup d'argent; et ayant jugé qu'il étoit avantageux au Roi d'avoir quantité de vaisseaux, il en fit acheter et construire un grand nombre.

[1681] Au mois de mars 1681, Sa Majesté trouva à propos de m'envoyer en Allemagne auprès de messieurs les ducs de Zell et d'Hanovre, pour tâcher de rompre une assemblée qui devoit se faire à Humelingen, dans le pays de Munster, où M. le prince d'Orange devoit se trouver, que l'on disoit devoir durer un mois; et en cas qu'elle se fît, d'y aller avec M. de Brunswick pour rendre compte à Sa Majesté de ce qui s'y feroit, et en même temps trouver moyen d'entrer avec M. le prince d'Orange, s'il étoit possible, en conférence sur la situation des affaires présentes. Comme j'étois bien aise en passant de voir M. le prince d'Aremberg, pour lors gouverneur de Mons, je lui fis savoir le jour que je pourrois y arriver : je trouvai quatre de ses gardes, qui avoient fait abattre des fossés pour me faire passer au travers de la campagne, et m'éviter les mauvais chemins. J'y restai un jour, et j'eus un grand plaisir de le voir, aussi bien que madame d'Aremberg, dame d'un grand mérite. Il m'offrit son carrosse pour me mener à Brène, où j'en trouvai un autre de M. le comte d'Ursé, qui me mena à Bruxelles; mais comme je n'avois pas le temps de faire des visites, quelques personnes de mes amis me donnèrent rendez-vous à la promenade de Notre-Dame-du-Lac, où je trouvai une bonne partie de ce qu'il y avoit de gens considérables à Bruxelles. Je puis dire qu'on me témoigna beaucoup de joie de me revoir : j'y vis bien des femmes que j'avois laissées petites filles. M. le prince de Parme, qui étoit alors gouverneur de Flandre, m'envoya chercher avec deux carrosses; et M. d'Agovirto, depuis de Castanaga, pour lors mestre de camp général, et ensuite gouverneur, ne m'abandonna pas pendant mon petit séjour. Je l'avois fort régalé lorsqu'il vint conduire jusqu'à Paris M. le comte de Monterey, qui retournoit en Espagne.

J'avois fait venir un petit yacht à Anvers, pour m'y embarquer avec tout mon monde. Le lendemain de notre départ, il fit une si grande tempête, que vraisemblablement nous serions péris, si le pilote ne s'étoit trouvé heureusement auprès d'un canal qui conduit à Willemstadt, où nous fûmes entièrement à couvert. Je fus obligé d'y demeurer un jour : c'est une petite place où il y a garnison hollandaise. Ayant quitté mon yacht à Roterdam, j'y appris que M. le prince d'Orange étoit allé faire un tour à la campagne, et devoit être le lendemain de retour à La Haye. Y étant arrivé le soir assez tard, M. le comte d'Avaux, pour lors ambassadeur du Roi, me fit l'honneur de me loger chez lui. J'y reçus une infinité de visites, surtout de plusieurs principaux serviteurs du prince d'Orange, qui depuis long-temps n'avoient mis le pied chez monsieur l'ambassadeur. M. le prince d'Orange devoit arriver le soir; le lendemain à midi j'allai chez lui, et le trouvai dans sa salle, où étoit M. le prince d'Auvergne à côté de lui, avec un grand nombre de personnes. Je me mis de l'autre côté : il me fit un accueil si gracieux, que tout le monde en fut surpris ; puis s'étant approché de mon oreille, il me dit tout bas : « On me méprise bien dans votre pays ; » et moi, prenant la liberté de m'approcher de la sienne, je lui dis : « Pardonnez-moi; on vous fait bien plus d'hon« neur, car on vous craint bien fort. » Il ne put s'empêcher de faire un petit sourire : ce qui ayant fait juger à la compagnie qu'il seroit bien aise de me parler, ou parce qu'il étoit temps de dîner, chacun se retira ; et m'ayant retenu, il me fit mettre à table auprès de lui, me conta que le soir aussitôt après son arrivée M. Diksveldt lui étoit venu dire que j'étois arrivé à La Haye pour aller à l'assemblée d'Humelingen, et qu'il lui en avoit parlé comme d'une chose qui pourroit bien lui faire de la peine; mais qu'il lui avoit répondu : « Je serai fort aise de le voir, il est de mes « amis; et assurément nous nous réjouirons bien à « l'assemblée. » Je crois que, pour bien me remettre ce qui se passa à cette entrevue, je ne saurois mieux faire que copier la lettre que je me donnai l'honneur d'écrire au Roi, de La Haye, le 18 mars 1681.

Copie de la lettre que M. de Gourville écrivit au Roi, de La Haye, le 18 mars 1681.

(Elle fut envoyée à M. de Croissy par la poste, le 20 mars 1681.)

« Sire,

« Les grands vents qu'il fait en ce pays ont retardé
« mon voyage de deux ou trois jours : j'arrivai ici
« avant-hier au soir fort tard. J'appris hier matin que
« M. le prince d'Orange devoit arriver le soir; et
« deux ou trois personnes de sa maison, qui se di-
« soient de mes amis, m'assurèrent qu'il seroit bien
« aise de me voir : quelques-uns de ceux qui le virent
« en arrivant m'ont confirmé la même chose. J'ai été
« chez lui à midi avec M. de Montpouillant; je le
« trouvai dans sa salle avec beaucoup de gens qui
« faisoient leur cour; M. le comte d'Auvergne y étoit
« aussi : il me reçut si gracieusement, que tout le
« monde en parut surpris. Après que M. le comte
« d'Auvergne fut sorti, il me dit qu'il auroit trouvé
« fort mauvais que je fusse parti sans le voir; mais
« qu'il ne croyoit devoir ma visite qu'au vent con-
« traire que j'avois eu. En effet, j'en avois parlé ainsi
« en arrivant; et m'ayant ajouté que quoi qu'on lui

« eût pu écrire et dire sur mon voyage, il étoit fort
« aise de me voir; et que le soir précédent M. Diks-
« veldt, qui est fort bien avec lui, ayant représenté
« qu'il devoit faire en sorte que je ne me trouvasse
« point à Humelingen, il avoit répondu que j'étois de
« ses amis, et qu'il étoit assuré que je ne lui empê-
« cherois pas de prendre son cerf quand il iroit à la
« chasse, mais que je pourrois bien donner à souper
« au retour; et tout cela d'un air gai. Je répondis du
« mieux qu'il me fut possible : après quoi il me de-
« manda s'il étoit vrai, comme on lui disoit, que Vo-
« tre Majesté eût de l'aversion pour lui. Je fis réponse
« que je croyois en savoir assez pour le pouvoir as-
« surer que Votre Majesté avoit de l'estime pour sa
« personne, et que c'étoit à lui à savoir s'il avoit fait
« des démarches qui eussent pu déplaire à Votre Ma-
« jesté. Il me dit en souriant qu'il croyoit n'avoir
« rien fait qui méritât ni l'estime de Votre Majesté,
« ni son aversion; mais qu'il avoit souhaité toujours
« très-fortement de la pouvoir persuader qu'il désiroit
« l'honneur de ses bonnes grâces. On l'avertit qu'on
« avoit servi; et m'ayant demandé si je ne voulois
« pas bien dîner avec lui, il passa dans le lieu où il
« devoit manger, me fit asseoir auprès de lui, et me
« parla presque toujours de choses générales : il me
« fit encore des reproches à table de ce que je ne l'a-
« vois vu que par hasard. Après dîner, il s'en alla dans
« sa chambre : m'ayant demandé si je ne voulois pas
« y entrer un moment, je le suivis. Il commença à
« me dire que je saurois de M. le duc d'Hanovre qu'il
« avoit souhaité de me trouver chez lui lorsqu'il y
« étoit allé; et quoique je l'eusse laissé assez jeune,

« il avoit toujours conservé de l'amitié pour moi;
« qu'il seroit bien aise que je voulusse être pour lui
« comme j'étois pour messieurs de Brunswick, qui
« s'étoient fort loués de la manière dont j'en avois
« usé avec eux. Je lui répondis en riant que je ne sa-
« vois pas si je le connoissois aussi bien que ces prin-
« ces, et je lui demandai la liberté de lui dire que
« l'on me l'avoit dépeint comme un homme fort ré-
« servé dans ses manières, qui tâchoit de tirer avan-
« tage de tout; que, cela présupposé, je ne pouvois
« avoir trop peu de commerce avec lui; mais que je
« verrois, pendant le séjour qu'il feroit à Humelingen,
« si je pourrois connoître Son Altesse Sérénissime
« par moi-même; que j'en avois déjà conçu, dans sa
« jeunesse, une grande idée. Il se mit à rire, et me
« dit qu'il étoit vrai qu'il ne s'ouvroit pas à tout le
« monde; mais qu'il me parleroit d'une manière qui
« me feroit voir qu'il me distinguoit du général; qu'il
« étoit bien fâché des mauvais offices qu'on lui avoit
« rendus auprès de Votre Majesté, qui pouvoient lui
« avoir attiré son aversion. Je l'assurai que Votre Ma-
« jesté n'étoit aucunement dans cet esprit. Il me dit
« qu'il vouloit croire que cela étoit comme je lui di-
« sois, quoiqu'il ne le vît presque point; que je lui
« ferois même plaisir de dire à Votre Majesté, et d'ê-
« tre persuadé, que, de bonne foi, il souhaitoit ar-
« demment de pouvoir plaire à Votre Majesté. Je lui
« répondis que si messieurs les princes de Brunswick
« me parloient comme il faisoit, je saurois bien ce
« que j'aurois à leur répondre. Il me pressa de lui
« parler comme je ferois à messieurs de Brunswick.
« Je lui dis que je ne manquerois pas de leur faire

« connoître, en pareille occasion, qu'il étoit impos-
« sible de pouvoir persuader Votre Majesté par des
« discours quand on avoit une conduite contraire; et
« que je prendrois la liberté de leur conseiller de ne
« jamais tenir un pareil langage, quand ils seroient
« dans la volonté de prendre la querelle de toute
« l'Europe contre Votre Majesté; que je lui deman-
« dois pardon de la liberté avec laquelle je lui par-
« lois; mais qu'il se souvînt qu'il m'y avoit forcé. Il
« me dit qu'au contraire il m'étoit obligé de la ma-
« nière dont je commençois d'en user avec lui; mais
« que les choses n'étoient point comme je le disois;
« qu'il étoit vrai qu'il ne pouvoit pas s'empêcher de
« s'intéresser dans tout ce qui regardoit la conserva-
« tion des Etats. Je lui répondis brusquement qu'il
« n'avoit qu'à ajouter qu'il étoit de l'intérêt des Etats
« de s'opposer toujours à toutes les volontés de Vo-
« tre Majesté; et que je prenois encore la liberté de
« lui dire que quand ce seroit son avis, ce ne seroit
« peut-être pas toujours celui des Etats. Il se jeta sur
« les desseins qu'on dit qu'a Votre Majesté pour la
« monarchie universelle. Je lui dis que quand un
« homme comme lui me parloit du dessein de la mo-
« narchie universelle, je n'avois qu'à lui faire la ré-
« vérence; et tout cela d'un air fort libre, qui, à ce-
« que je voyois bien, ne lui déplaisoit pas; que, de la
« manière dont Votre Majesté avoit fait la paix, ou,
« pour mieux dire, l'avoit donnée à toute l'Europe,
« il ne falloit plus parler du dessein de la monarchie
« universelle. Il me répondit qu'il étoit fort persuadé
« que Votre Majesté faisoit toujours ce qui étoit le
« plus avantageux; et que c'étoit la règle de toutes

« ses actions; qu'elle avoit cru, en faisant la paix,
« qu'il étoit bon de désunir tant de puissances qui
« étoient contre elle, pour, à loisir, en gagner une
« partie; et que je devois lui confesser que j'étois en
« campagne pour l'exécution d'une partie de ce des-
« sein. Je lui répondis que je ne marchois que pour
« tâcher de traverser les siens, qui tendoient à réunir
« et engager tout le monde pour faire la guerre à
« Votre Majesté. Il me dit qu'il prenoit cela comme
« une plaisanterie, et que si c'étoit tout de bon, il
« ne croiroit pas que je lui parlasse aussi bonnement
« que je lui avois promis; qu'il ne songeoit au monde
« qu'à la continuation de la paix, comme le plus grand
« bien qui pouvoit arriver aux États et à toute l'Eu-
« rope; qu'il auroit bien de la joie que cela pût con-
« tenter Votre Majesté; mais qu'il vouloit bien me
« dire naturellement qu'il paroissoit que cela n'étoit
« pas trop le dessein de Votre Majesté, par les réu-
« nions qui s'étoient faites par les chambres de Metz
« et d'Alsace. Ma réponse fut que je voyois bien qu'il
« avoit trop d'esprit pour moi, et que je m'aperce-
« vois trop tard que j'étois entré trop bonnement en
« matière avec lui, pour un homme qui n'avoit eu
« qu'une simple permission de le voir, par l'envie
« que j'avois de pouvoir l'assurer de mes respects; et
« que je me trouvois déjà bien empêché à pouvoir
« m'excuser vers Votre Majesté de m'être si fort ou-
« vert avec Son Altesse Sérénissime, et que je le sup-
« pliois de trouver bon que je ne parlasse pas davan-
« tage, pour m'épargner un plus grand embarras. Il
« me dit qu'il voyoit bien que je lui disois cela pour
« ne lui pas répondre sur ces réunions. Je lui répli-

« quai qu'il me pressoit fort, et que je croyois que je
« ferois mieux de me taire. Cette fin fut plus sérieuse
« que n'avoit été tout le reste de la conversation; et
« je vis bien qu'il s'en étoit aperçu. Il me dit en riant
« qu'il me prioit encore de lui dire ce que je croyois
« qu'il pût faire pour justifier tout ce qu'il m'avoit dit
« de l'envie qu'il avoit d'être bien avec Votre Ma-
« jesté. Je lui dis du même air que je croyois qu'il
« n'avoit qu'à faire à peu près le contraire de ce qu'il
« avoit fait jusqu'à présent; et que, puisqu'il me l'or-
« donnoit, je lui dirois, pour finir la conversation,
« qu'il étoit jeune, rempli de belles et bonnes quali-
« tés, dans un beau poste, et dans l'espérance de la
« couronne d'Angleterre, où il étoit peut-être assez
« estimé pour trouver de grands obstacles à ses des-
« seins; et que s'il vouloit prendre quelque confiance
« en ce que je lui dirois, je ne pouvois pas m'empê-
« cher de lui faire connoître que personne du monde
« n'avoit tant besoin de l'amitié de Votre Majesté que
« lui; et que je suppliois encore Son Altesse d'être
« bien persuadée qu'il ne pouvoit pas se l'acquérir
« par des paroles, mais qu'il falloit au moins ajouter
« en quoi elle le vouloit témoigner à Votre Majesté;
« que je lui donnois tout le temps qu'il voudroit pour
« faire réflexion sur ce qu'il m'avoit forcé de lui dire.
« Il me remercia, et me dit qu'il étoit persuadé de ce
« que je lui disois, et qu'il penseroit à ce qu'il pour-
« roit faire pour plaire à Votre Majesté; qu'il me
« prioit de mon côté de songer aussi à lui donner
« quelques ouvertures de ce que je croirois qu'il
« pourroit faire. Je lui dis que la première qui se pré-
« sentoit à mon idée étoit de se mettre dans l'esprit

« que les Espagnols étoient bien heureux, en l'état
« qu'ils sont, que Votre Majesté voulût se contenter
« de prendre quelques villages qui lui appartenoient
« de droit, sans vouloir entrer dans la question; que
« le grand intérêt des Hollandais étant que le pays
« des Espagnols leur servît de barrière, ils devoient
« partager le bonheur que les Espagnols tenoient de
« la modération de Votre Majesté : et cela d'un air
« comme si je voulois faire finir la conversation. Il
« me dit que du moins il voudroit être assuré que
« Votre Majesté n'en voulût pas davantage; qu'elle
« avoit lieu d'être contente de ce qu'elle avoit fait
« pour sa gloire et pour son intérêt; qu'en ce cas il
« étoit prêt de s'engager avec les Etats et la maison
« de Brunswick de la maintenir dans tout ce qu'elle
« possède, supposé que qui que ce soit, sans excep-
« tion, la voulût attaquer. Cela étant, ajouta-t-il,
« vous pouvez vous assurer que nous conviendrons, à
« l'assemblée de Humelingen, des conditions que vous
« trouverez raisonnables. Après quoi il me fit encore
« des honnêtetés. Si j'ai été assez malheureux pour
« avoir dit quelque chose qui ne soit pas du goût de
« Votre Majesté, je lui en demande très-humblement
« pardon; et en écrivant je ne pense qu'à lui rendre
« compte autant qu'il m'est possible, mot à mot, de
« tout ce qui s'est dit, étant persuadé que par ses
« lumières elle pourra connoître mieux que je ne
« saurois faire les vues et les desseins que peut avoir
« eus M. le prince d'Orange dans tout ce qu'il m'a dit.
« Si elle souhaite que j'entre encore avec lui en con-
« versation à Humelingen, je supplie très-humblement
« Votre Majesté de me donner une instruction bien

« ample, afin que je tâche de me conformer précisé-
« ment à ses intentions. Je suis, sire, de Votre Ma-
« jesté, le très-humble et très-obéissant serviteur et
« sujet,

   « Gourville. »

Après que la conversation dont je rendis compte à
Sa Majesté fut finie, lorsque je voulus prendre congé
de M. le prince d'Orange, il me demanda si je n'irois
pas à la comédie, et que là il me diroit adieu. Quand
il y arriva, il demanda si je n'étois pas là : il me fit
avertir de m'approcher de lui; et étant derrière ceux
qui vouloient entendre la comédie, où il y avoit un
espace assez grand, il me dit qu'il aimoit mieux m'entretenir en se promenant, que d'entendre les comédiens : il m'exhorta encore de parler avec toute sorte
de franchise. Je commençai par le faire souvenir de
ce que je lui avois dit, que difficilement M. de Witt
pourroit compatir avec lui; mais qu'il devoit prendre
patience, et avoir en vue de profiter des occasions
qui se pourroient présenter; et que le bruit du monde
étoit qu'en ayant trouvé une, il s'en étoit servi. Il me
répondit qu'il pouvoit m'assurer en toute vérité qu'il
n'avoit donné aucun ordre pour le faire tuer; mais
qu'à l'occasion de la rumeur de la populace, qui s'é-
toit émue lorsque M. de Witt étoit allé à la prison où
étoit son frère, plusieurs de ses amis se présentant
chez lui, il les y envoyoit tous pour voir ce que c'étoit;
et qu'ayant appris sa mort sans y avoir contribué, il
n'avoit pas laissé de s'en sentir un peu soulagé. Ensuite je lui dis que j'avois été bien surpris de ce qu'il
avoit songé à se faire souverain de Gueldre; par le

traité qu'il avoit projeté avec les Espagnols ; et qu'il me sembloit que cela auroit pu lui nuire avec les Hollandais, qui auroient eu lieu de craindre qu'il n'eût voulu étendre sa souveraineté. Il me répondit qu'il n'avoit pas été long-temps sans s'en apercevoir; mais qu'il n'étoit pas extraordinaire qu'à son âge il n'eût de fausses vues, et qu'il n'avoit personne avec lui, qui pût rectifier ses pensées. Je lui dis qu'il avoit répondu avec tant de bonté à ce que je lui avois demandé, qu'il me paroissoit que cela ne lui avoit pas déplu, et me donnoit la liberté de lui dire qu'il me sembloit qu'il s'étoit fort hasardé de s'être mis près de Valenciennes, à la portée de donner une bataille au Roi, qui avoit une armée plus forte que la sienne, et beaucoup plus aguerrie ; et que, si je l'osois dire, il avoit encore beaucoup hasardé à la bataille de Mont-Cassel. Il me répondit avec beaucoup de douceur que tout cela pouvoit être comme je lui disois; mais que je considérasse aussi que n'ayant point d'expérience, ni personne avec qui il pût apprendre l'art de la guerre, il avoit pensé qu'en risquant quelques batailles, au hasard de les perdre, il pouvoit se rendre capable d'en gagner d'autres; qu'il avoit souvent souhaité de donner une partie de son bien, pour pouvoir servir quelques campagnes sous M. le prince. Je lui dis ensuite que le bruit avoit fort couru à Paris, que Son Altesse avoit la paix dans sa poche quand elle avoit attaqué le poste de Saint-Denis ; elle me répondit qu'elle ne l'avoit reçue que le lendemain; qu'à la vérité elle savoit qu'elle étoit faite, et qu'elle avoit cru que ce pouvoit être une raison pour que M. de Luxembourg ne fût plus sur ses gardes ; mais qu'au moins il prendroit une leçon qui pourroit lui servir une autre fois; et qu'il avoit considéré que s'il perdoit quelque monde, cela ne seroit d'aucune conséquence, puisqu'aussi bien il falloit en réformer.

M. Dodick, que j'avois autrefois connu à La Haye, et beaucoup pratiqué à Paris dans l'ambassade qu'il y avoit faite après la paix de Nimègue avec M. Dyksveldt, tous deux créatures de M. le prince d'Orange, me dit qu'ayant appris que je devois passer La Haye, il avoit avancé son départ de Zélande, et précipité sa marche pour m'y trouver. Il me pria de vouloir bien séjourner le lendemain, afin qu'il pût me donner à dîner avec Son Altesse; qu'il aimoit mieux me prêter des relais pour me faire regagner le jour que j'aurois perdu par complaisance pour lui. Je lui répondis en riant qu'il savoit bien que je le connoissois assez pour croire qu'il avoit plus de facilité à promettre qu'à tenir. M. le prince d'Orange dit : « Non-seulement je suis sa « caution, mais je vous promets d'ordonner qu'on vous « fasse mener deux relais de carrosse pour faire dili- « gence le lendemain. » M. Dodick donna un grand dîner à Son Altesse, et à dix ou douze autres personnes, dont je fus du nombre. Ce prince me fit encore l'honneur de me faire asseoir auprès de lui; et après dîner on me proposa un jeu qui dura long-temps. M. le prince d'Orange me dit encore que je me préparasse à lui donner souvent à manger avec, messieurs les princes de Brunswick, au retour de la chasse; et qu'il me donneroit, et à ceux qui seroient avec moi, autant de chevaux que je voudrois pour courir. J'avoue que je fus si touché de ses manières, et de toutes les bonnes qualités que j'avois trouvées

31.

en lui, que je ne pouvois pas m'empêcher d'en dire beaucoup de bien au Roi et aux ministres. Je pense que M. de Louvois et M. de Croissy ne m'en crurent pas tout-à-fait, estimant que le bon traitement que j'en avois reçu avoit contribué à me faire grossir les objets. M. de Louvois m'en ayant parlé depuis dans le même esprit, je lui dis que je souhaitois qu'il ne s'aperçût pas trop tard que j'avois exposé la vérité.

Ensuite je me rendis auprès de M. le duc d'Hanovre, qui se trouva sur ma route avant d'aller à Zell. Il voulut me loger dans sa maison; et trois jours après, étant à Zell, j'allai mettre pied à terre chez M. le marquis d'Arques, qui étoit envoyé de Sa Majesté, et qui m'avoit fait préparer un appartement chez lui. M. le duc de Zell l'ayant appris, envoya son principal ministre, et un carrosse, priant M. d'Arques de trouver bon que je vinsse loger dans son château; il me reçut, de même que madame la duchesse de Zell, avec beaucoup de témoignages de bonté, et, si j'ose dire, d'amitié. Ils s'ouvrirent bientôt après à moi du dessein qu'ils avoient de faire le mariage de leur fille avec le fils aîné de M. le duc d'Hanovre, afin que les deux Etats pussent être réunis dans sa famille; et qu'outre le plaisir qu'ils avoient de me voir, ils avoient pensé que j'étois plus propre que personne à faire réussir ce mariage. Je répondis que je m'en chargerois très-volontiers, étant persuadé que cela étoit très-avantageux pour toute la maison : et étant retourné à Hanovre, je trouvai assez de disposition auprès de M. le duc et de madame la duchesse pour la conclusion de ce mariage; ce qui fut bientôt fait. Après quoi j'avois bien ordre de proposer à ces princes quelques traités; mais ma principale mission étoit de tâcher de désunir en quelque façon l'assemblée qui se devoit faire; ou qu'en cas qu'elle se tînt, j'y allasse pour rendre compte au Roi de ce qui s'y passeroit. Je fus beaucoup plus heureux que je n'avois osé l'espérer, M. le duc d'Hanovre ayant pris le parti d'aller avec madame la duchesse prendre les eaux à Wisbaden proche Mayence. M. le prince d'Orange, qui en fut averti, envoya en poste M. de Benthem, depuis milord Portland, qui arriva la veille du départ, et fit de grandes instances à M. le duc d'Hanovre pour tâcher de l'engager à ne pas faire ce voyage, et à tenir la partie qu'il avoit faite pour aller à Humelingen; et à moi il me dit que M. le prince d'Orange l'avoit chargé de me faire bien des reproches de ce que je rompois cette partie, et que ce n'étoit pas le moyen de lui donner à manger au retour des chasses, comme je lui avois promis. Je lui répondis que j'avois connu M. le prince d'Orange si raisonnable, que j'espérois qu'il ne trouveroit pas mauvais qu'ayant été envoyé auprès de M. le duc d'Hanovre, je le suivisse à Wisbaden, comme j'aurois fait à Humelingen, avec plaisir, s'il y avoit été.

Après que M. le duc eut marché trois jours, on me réveilla le matin, entre deux et trois heures, pour me dire que M. le prince de Waldeck demandoit à me parler. J'avois eu de grands démêlés avec lui à Zell et à Hanovre; je lui avois même reproché que son grand zèle pour l'Empereur venoit de l'extrême envie qu'il avoit d'être fait prince de l'Empire. Comme il venoit de l'être, je lui fis beaucoup de plaisanteries sur cela. Tous nos démêlés n'avoient jamais empêché que nous ne vécussions ensemble avec toute sorte de bienséance; et à nous voir on auroit cru que nous étions les meilleurs amis du monde. M'étant levé en robe de chambre, il me fit de grands reproches de ce que j'emmenois M. le duc d'Hanovre pour rompre l'assemblée de Humelingen. Je lui dis que je ne faisois que le suivre à Wisbaden, quelques indispositions l'ayant obligé d'aller y prendre les eaux : cela ne le contenta pas, et l'obligea à me dire beaucoup de choses, étant beau et grand parleur. Ensuite il me dit qu'il alloit voir M. le duc d'Hanovre, sans pourtant espérer de le détourner du voyage qu'il avoit entrepris.

Wisbaden est un lieu rempli d'une infinité de sources d'eaux chaudes qu'on fait couler dans plusieurs maisons pour faire des bains, qu'on dit être fort salutaires : j'en avois deux dans celle où l'on m'avoit logé. M. le duc d'Hanovre y prit des eaux de Sultzbach, qu'il envoyoit chercher toutes les nuits pour en boire le matin : c'est une eau un peu aigrette, qui donne un bon goût au vin du Rhin quand on y en met. J'eus raison de croire, par les lettres que je reçus en cet endroit, que le Roi étoit content de ce que j'avois fait ; mais on ne me parut pas pressé de faire un traité avec M. le duc d'Hanovre. Ainsi je pris congé de Leurs Altesses pour m'en revenir à Paris.

Le jour qu'elles partirent pour s'en retourner à Hanovre, elles avoient donné ordre qu'on portât chez moi une machine d'or qui avoit été faite à Francfort, propre à mettre sur la table pour rafraîchir du vin à la glace, qu'on pouvoit tirer pour le boire, sans aide de personne. Cette machine étoit semblable à une de verre que madame la duchesse d'Hanovre m'avoit fait voir auparavant, et que j'avois trouvée d'une jolie invention. Madame de Montespan l'ayant vue, me témoigna qu'elle seroit bien aise de l'avoir : elle m'en donna neuf mille livres.

A mon retour, Sa Majesté parut être contente de moi ; et j'appris qu'ayant été question de faire une ordonnance pour mon voyage, M. de Croissy proposa de la faire de six mille livres. M. de Louvois dit qu'il croyoit que Sa Majesté pouvoit aller jusqu'à huit ; et le Roi finit en disant : « Et moi je suis d'avis qu'on la « fasse de dix. » En remerciant Sa Majesté à Saint-Germain, je lui dis que je ne m'en vanterois pas, crainte de la jalousie qu'en pourroient avoir ses ambassadeurs, qui n'étoient pas payés sur ce pied-là, mon voyage n'ayant pas été de trois mois ; mais que j'emploierois cet argent à faire une belle fontaine à Saint-Maur.

Le Roi continua de me donner des marques d'une bienveillance au-dessus de tout ce que j'aurois pu espérer. Toutes les fois que j'étois à Versailles (ce qui arrivoit assez souvent), je ne manquois pas de me trouver au lever : les huissiers étant assez accoutumés à me voir, me faisoient entrer des premiers, après les privilégiés. M. de La Chaise, capitaine des gardes de la porte, qui avoit les entrées, me donnoit sa place aussitôt que je pouvois me ranger auprès de lui ; et ainsi je me trouvois toujours en vue et assez près du Roi, qui, par sa singulière bonté, le plus souvent me faisoit l'honneur de me dire quelque chose : ce qui étoit remarqué de tout le monde, entre autres de M. le duc de Lauzun, que je rencontrois assez souvent auprès de M. de La Chaise, parce qu'ils avoient les mêmes entrées. Il me dit un jour qu'il avoit remarqué que presque toujours, quand le Roi avoit jeté les yeux sur moi, Sa Majesté songeoit à me dire quelque chose.

J'étois bien avec M. de La Feuillade; j'avois avec lui un commerce très-particulier et fort agréable. Il avoit l'esprit vif, écrivoit et parloit fort souvent en particulier au Roi; et je le trouvois instruit des premiers de tout ce qu'il y avoit de nouveau. Les courtisans trouvoient fort à redire à sa conduite; mais avec tout cela il n'y en avoit point qui n'enviât son savoir faire, et la liberté qu'il s'étoit acquise avec le Roi. Ils répandoient fort, pour lui faire de la peine, qu'il parloit souvent à Sa Majesté contre les ministres; mais cela ne produisit d'autres effets que d'engager ces messieurs à avoir plus d'égards pour lui. Quand il y avoit quelque chose de nouveau, il m'envoyoit chercher; s'il y avoit du monde avec lui, il me menoit dans un petit entresol pour m'y entretenir. Je trouvois qu'il alloit fort bien à ses fins : il faisoit beaucoup de dépense, mais il ne laissoit pas que d'avoir quelque ordre, et trouvoit moyen de la soutenir. Il s'embarqua dans une grande entreprise pour faire faire dans sa maison la figure du Roi, qui est à présent à la place des Victoires, mais qui lui réussit fort bien. Il avoit reçu beaucoup de grâces de la libéralité du Roi, surtout le gouvernement de Dauphiné, la charge de colonel du régiment des Gardes, dont il trouvoit moyen, surtout pendant la guerre, de tirer beaucoup de profit. Il obtint du Roi, par forme d'échange, des domaines considérables pour joindre aux terres de sa maison. S'il avoit vécu, je crois que monsieur son fils eût épousé mademoiselle de Clérembault, à cause de l'union étroite et l'amitié qui paroissoient être entre ces deux messieurs.

Je me remis dans mon train ordinaire, et me trouvai plus agréablement que jamais avec messieurs de Louvois et Colbert : j'ose même dire que j'étois dans leur confidence; il m'étoit permis de leur parler plus librement que personne. Je pensai alors que je devois faire mes efforts pour tâcher d'obtenir un arrêt qui pût assurer mon repos, que j'avois un peu trop négligé ; et, à l'aide de ma bonne fortune, je m'avisai, deux ou trois jours avant que le Roi partît pour Fontainebleau, de demander à M. Colbert s'il trouveroit bon et à propos que je priasse M. le prince de donner un placet au Roi, pour obtenir un arrêt et des lettres patentes qui me missent en sûreté à l'avenir. Il me répondit qu'il me le conseilloit, et que je devois même l'avoir fait plus tôt. M. le prince le présenta au Roi, qui le remit à M. Colbert, lequel me dit que je pouvois faire dresser l'arrêt comme je le jugerois à propos. Sa Majesté ayant trouvé bon de me l'accorder, je donnai toute mon application à le dresser ; je le portai à Fontainebleau à M. Colbert, qui affecta de le lire tout du long au Roi dans son conseil des finances. M. Poncet qui en étoit, après que le Roi l'eut accordé, dit qu'il croyoit que je n'y avois rien oublié. Aussitôt que M. Colbert me l'eut délivré, il s'en alla à Paris, où il fut quelque temps malade, et y mourut.

M. de Louvois me demanda si je ne pensois pas à prendre des mesures pour me faire contrôleur général. Je lui dis qu'il pouvoit bien croire que non, puisque je ne le priois pas de m'y rendre service : cela n'empêcha pas que, le jour que Sa Majesté avoit déterminé pour en nommer un, il ne me proposât. Le Roi avoit mis en délibération de mettre en cette place M. de Harlay, procureur général; et M. Le Tellier avoit nommé M. Le Pelletier. Il étoit donc question que Sa Majesté fît un choix parmi nous trois. M. Le Tellier opina en disant qu'il ne connoissoit point M. le procureur général, parce qu'il ne se montroit pas; qu'il convenoit que j'avois de l'esprit, et entendois bien les finances. Sur ce discours, le Roi dit qu'il falloit donc en demeurer là : ce qui ayant été entendu par M. le duc de Créqui, qui avoit grande attention pour savoir ce qui se passoit, et qui écoutoit à la porte, il courut vitement pour en faire en secret la confidence à M. le prince. Aussitôt il descendit dans la cour, et m'y ayant trouvé, me tira à part pour me dire que j'étois contrôleur général des finances; qu'il l'avoit entendu de ses oreilles, et qu'il me prioit de faire quelques plaisirs à Boxtel, qui étoit de ses amis. Je le remerciai, et me mis aussitôt dans ma chaise pour m'en aller en mon logis.

Je balançai quelque temps en moi-même pour savoir comment je devois regarder cela : j'étois flatté d'un côté, mais de l'autre je trouvois qu'à mon âge c'étoit un grand poids; qu'ayant bien des amis, la plupart croiroient bientôt qu'ils auroient sujet de se plaindre de moi, si je ne faisois pas ce qu'ils pourroient souhaiter; que d'ailleurs j'avois une nombreuse famille; que chacun me donneroit bien des malédictions si je ne l'avançois pas selon son caprice. J'étois encore fort en peine de ce qu'il falloit souvent lire au Roi en plein conseil les papiers dont on lui devoit rendre compte, et que ne le pouvant bien faire, je serois obligé de les donner à un autre pour les lire;

et par dessus tout cela je considérois que j'étois fort agréablement avec M. le prince; que j'avois suffisamment de bien, non-seulement pour vivre honorablement, mais encore pour assister mes parens, selon leur condition, et non pas selon l'état où j'étois, à cause du grand nombre; que je n'avois plus à craindre sur mes affaires passées, après l'arrêt et les lettres patentes que le Roi venoit d'avoir la bonté de me donner. Enfin je décidois en moi-même que je serois bien plus heureux, si quelque autre étoit nommé au lieu de moi. En ce moment on vint tout en courant m'apporter la nouvelle que M. Le Pelletier étoit contrôleur général. Je puis dire très-sincèrement que je m'en trouvai soulagé. Bientôt après je sus ce qui s'étoit passé depuis ce que M. de Créqui avoit entendu, qui étoit que M. Le Tellier, après avoir dit son avis sur M. le procureur général, avoit ajouté au bien qu'il avoit dit de moi, que je m'étois mêlé de beaucoup d'affaires; que j'étois actuellement attaché à M. le prince et à M. le duc; et que parlant de M. Le Pelletier, il avouoit qu'il avoit beaucoup d'esprit; qu'il pouvoit dire que c'étoit comme de la cire molle, capable de prendre telle impression qu'il plairoit à Sa Majesté de lui donner; et qu'ainsi il pourroit en faire un habile financier : ce qui détermina le Roi à le nommer.

Je ne fus pas long-temps sans m'apercevoir que je m'étois bien trompé dans mon raisonnement, lorsque je croyois avoir assez de bien pour moi et pour en faire part à ma famille, puisque, sans l'extrême bonté du Roi, et, si j'ose me servir de ce terme, sans son opiniâtreté à vouloir me sauver, j'étois un homme ruiné. M. Le Tellier avoit souffert impatiemment que M. Colbert se fût pour le moins égalé à lui : ce qui avoit nourri entre eux une haine implacable. Dès que M. Colbert fut mort, il ne songea qu'à blâmer sa mémoire : par malheur pour moi, il voulut se servir de l'arrêt et des lettres patentes que M. Colbert avoit donnés gratuitement en ma faveur (dont, disoit-il, il auroit pu tirer pour le Roi des sommes considérables), pour faire sa cour à M. le prince, et parce que j'étois devenu de ses amis. Du moins j'appris qu'il avoit tenu ce langage en quelques occasions : et après l'avoir concerté avec M. Le Pelletier, ils firent dire sous main à M. le président de la chambre des comptes d'empêcher la vérification des lettres patentes que j'avois obtenues ; ce qu'il fit en parlant secrètement au maître des comptes qui en étoit chargé, sans dire qu'il en eût ordre. Je soupçonnai que cette difficulté pouvoit venir de M. Nicolaï, parce que M. le prince prétendoit qu'une petite capitainerie, que ce président s'étoit érigée, étoit dépendante de celle de Hallatte ; mais je sus bientôt, sous grande promesse de n'en point parler, d'où cet empêchement étoit venu. Je pris le parti de l'ignorer, et néanmoins de faire des instances pour parvenir à une vérification ; j'en parlai à M. Le Pelletier, qui me donnoit des excuses qui me faisoient assez connoître la volonté qu'on avoit de traverser mon affaire. Je suppliai M. le prince de me mener chez M. Le Tellier à Châville pour lui en parler, et le prier de vouloir achever une affaire que Son Altesse avoit si fort à cœur, et qui étoit si avancée ; mais M. Le Tellier s'en excusa, disant qu'il n'entendoit pas les formalités de la chambre des comptes. J'avoue que cette réponse, à laquelle j'avois été bien éloigné de m'attendre, me démonta si fort, que je dis impertinemment tout haut à M. le prince : « Je crois que Votre Altesse peut aller prendre son lait « (c'étoit son repas), puisque M. le chancelier n'entend « pas les formalités de la chambre des comptes. » La compagnie fut un peu embarrassée de ma réponse ; mais l'affaire en demeura là. M. le prince avoit la bonté d'être bien fâché, et moi bien davantage, de n'avoir pas porté mes lettres à la chambre des comptes aussitôt que je les avois eues, puisqu'elles auroient été vérifiées. Parlant de mon affaire à M. de Louvois, pour le prier d'en dire quelque chose à M. le chancelier et à M. Le Pelletier, il me répondit que les difficultés que je rencontrois ne venoient point de mauvaise volonté qu'on eût contre moi. Je lui répliquai que si je n'en étois pas la cause, j'étois bien malheureux, puisque j'en sentois rudement l'effet.

M. de La Bussière, sous le nom duquel j'avois fait le prêt de Guienne en l'année 1661, m'étant venu trouver à Bruxelles, me dit qu'il avoit mis en dépôt chez un notaire toutes les décharges nécessaires pour retirer les promesses qu'il avoit mises à l'épargne, et une somme de cent treize mille livres qui me devoit revenir ; mais étant mort bientôt après, M. Tabouret son frère, qui avoit été fort riche et qui ne l'étoit plus, s'étant accommodé avec le notaire qui avoit le dépôt, prit l'argent qui m'étoit destiné, et tous les billets de l'épargne qui devoient servir à retirer les promesses de l'argent. Il en acheta de M. le prince de Conti la terre de Venisy, sous le nom de M. de Chemerault son gendre, pour joindre à celle de Turny, qui lui appartenoit. Il disposa de tous les billets pour s'acquitter de quelques sommes qu'il devoit à des particuliers ; il les donnoit à fort bon marché : entre autres il en avoit mis pour six ou sept cent mille livres entre les mains de M. Valentine, qui m'a souvent offert de me les remettre pour ce que je voudrois. Mais je m'étois contenté de faire prendre un extrait sur les registres de l'épargne de tous les billets qui avoient été tirés sur la Guienne pour l'année 1661, montant à beaucoup plus que les promesses que M. de La Bussière avoit mises à l'épargne. J'avois joint à ce mémoire une copie du procès-verbal du sieur commissaire Manchon, pour prouver qu'il avoit enlevé les décharges qui devoient servir à retirer aussi les promesses de l'Ermitage pour l'année 1660 ; et ce fut sur ce fondement que l'arrêt que j'avois obtenu portoit que ces promesses demeureroient nulles : mais j'avoue que quoique ce fût une justice, c'étoit néanmoins une grande grâce, et un prétexte à M. Le Pelletier de le faire valoir pour beaucoup. La première fois que je fus éclairci qu'on en avoit le dessein fut à l'occasion d'une quittance de dix-huit mille livres pour des augmentations de gages, dont le Roi avoit ordonné le remboursement en faveur de M. le président Molé, pour pareille somme que je lui avois prêtée dans une affaire pressante, dont il me sut tant de gré qu'il m'en a gardé le souvenir, et m'a fait plaisir en tout ce qui lui a été possible jusqu'aujourd'hui.

M. Le Pelletier ne jugeant pas à propos de m'en faire le remboursement, après bien du temps je fus contraint d'en parler au Roi ; et Sa Majesté ayant eu la bonté de lui ordonner de me rembourser, il représenta au Roi que je devois de grandes sommes à Sa

Majesté : mais elle ordonna derechef de me les faire payer; ce qu'il fit. Tout cela n'empêcha pas qu'il ne me donnât un accès fort libre dans sa maison ; il sembloit même que je lui faisois plaisir d'aller souvent dîner avec lui : son cabinet m'étoit toujours ouvert. J'y allois ordinairement aux heures où il ne donnoit point audience; et souvent il commençoit par me dire: « Parlons un peu de nos affaires. » J'ai cru avoir remarqué qu'il trouvoit souvent dans le grimoire des finances de quoi lui faire naître des scrupules. En effet, aussitôt que, par les libéralités du Roi et les occasions heureuses qui se présentèrent, il eut établi sa famille, il ne songea plus qu'à mettre M. de Pontchartrain en sa place. Quand on lui avoit proposé quelques avis, il me demandoit volontiers mon sentiment ; mais en ce temps-là il ne s'en présentoit pas, comme il arriva quelque temps après sous M. de Pontchartrain.

Je ne sais par quel hasard on trouva un état des restes de la Guienne fait par M. Pelot, pour de grosses sommes que M. Le Pelletier jugea devoir être dues par M. Bouin, qui étoit déjà rudement attaqué sur d'autres affaires : ce qui alla jusqu'à l'obliger de vendre sa charge de maître de la chambre aux deniers, dont on fit porter le prix au trésor royal. Celui-ci avoit toujours avec raison gardé beaucoup de mesures avec moi; je lui avois pour ainsi dire mis les armes à la main, lui ayant donné, à la prière de M. de Béchamel, un contrôle en Guienne, et deux cents écus d'appointement, d'où il étoit parvenu par son savoir-faire à une très-grande fortune après ma disgrâce, sans s'être mêlé que des affaires de cette province; mais se trouvant fort surchargé, il crut devoir tâcher de se soulager à mes dépens : cela nous jeta dans un grand procès. Enfin M. Le Pelletier ayant été extrêmement prié par M. le marquis de Châteauneuf de protéger M. Bouin, qu'il disoit être dans son alliance, parla dans la suite d'une façon qui augmentoit mes chagrins et mes peines de beaucoup ; mais la bonté que le Roi eut pour moi étoit si grande, que quoique, par le rapport qui lui fut fait de cette affaire, on lui fît entendre que je devois être tenu d'une partie de l'état en question, à la décharge de M. Bouin, Sa Majesté ne laissa pas d'ordonner que l'on déchargeât M. Bouin des sommes qu'on croyoit être dues par moi : ce qui fut fait. Pendant tout ce temps-là je n'avois pas moins l'accès libre chez M. Le Pelletier, et je paroissois aussi bien traité de lui qu'on le pouvoit être.

[1686] Vers la fin de l'année 1686, M. le prince reçut la nouvelle à Chantilly que madame la duchesse avoit la petite vérole à Fontainebleau ; il partit pour s'y rendre, et ne s'arrêta point qu'il ne fût arrivé. On me vint dire à Saint-Maur qu'en passant par Paris il avoit témoigné du chagrin de ce que je n'y étois pas pour aller avec lui : je m'y rendis aussitôt. Le Roi étoit revenu à Versailles ; et M. le prince ayant resté malade à Fontainebleau, y fut assez long-temps : mais enfin son mal augmentant, cela me mit fort en peine. Il avoit une grande envie de revenir à Paris ; j'avois même pris des mesures pour l'y faire porter en chaise : mais son mal étant augmenté, les médecins jugèrent qu'il n'en pouvoit pas échapper ; et lui-même se sentant bien, ne songea plus qu'à ce qu'il avoit de plus pressé. Il m'ordonna d'envoyer un courrier à Paris pour faire venir en diligence le père Deschamps, jésuite, et de faire partir pour cela des relais. Il fit aussitôt écrire au Roi une lettre fort touchante en faveur de M. le prince de Conti, qui étoit encore disgracié; ensuite il m'ordonna de faire dresser un testament, par lequel il vouloit donner cinquante mille écus pour être distribués dans les lieux où il avoit causé les plus grands désordres pendant la guerre civile, pour entretenir des pauvres malades dont il m'avoit parlé la veille : et en un peu de paroles il me déclara ce qu'il vouloit faire pour ses domestiques et pour moi, à qui il vouloit donner cinquante mille écus, ajoutant obligeamment qu'il ne pouvoit jamais reconnoître assez les services que je lui avois rendus. Je ne lui répondis rien, et m'en allai faire dresser ce testament par son secrétaire, et, sans notaire, avec toute la diligence possible. Son Altesse se l'étant fait lire, et n'y ayant pas trouvé mon nom, elle me jeta un regard de ses yeux étincelans, comme en colère; et elle me dit de faire ajouter les cinquante mille écus pour moi dont elle m'avoit parlé : mais je la remerciai très-humblement, lui représentant qu'il n'y avoit point de temps à perdre, et que je la priois de le signer : ce qu'elle fit. Le père Deschamps, qu'il demandoit souvent, arriva peu après : M. le duc, à qui on avoit envoyé un courrier, arriva presque en même temps. Son Altesse Sérénissime eut encore quelques heures pour l'entretenir après qu'il se fut confessé; ensuite il mourut.

M. le duc m'ayant chargé de faire préparer toutes choses, le grand-maître des cérémonies, et les autres officiers qui devoient accompagner son corps à Saint-Valery, étant arrivés, il y fut conduit, et mis dans une cave où étoient quelques-uns de ses ancêtres, avec toute la pompe et la cérémonie dues au premier prince du sang.

Madame d'Hamilton, depuis duchesse de Tyrconel, devant partir pour aller à Londres, me dit que Sa Majesté Britannique ne manqueroit pas de lui demander ce que je disois des grands projets qu'il faisoit pour le rétablissement de la religion catholique en Angleterre. Je la priai de lui dire, en ce cas-là, que si j'étois pape, il seroit déjà excommunié, parce qu'il alloit perdre tous les catholiques d'Angleterre; que je ne doutois pas que ce ne fût l'exemple de ce qu'il avoit vu faire en France qui lui servoit de modèle, mais que cela étoit bien différent; qu'à mon avis il auroit dû se contenter de favoriser les catholiques en toutes rencontres, pour en augmenter le nombre, et laisser à ses successeurs le soin de remettre peu à peu l'Angleterre tout-à-fait sous l'obéissance du Pape.

[1687] J'entretenois toujours quelque commerce avec messieurs les princes de Brunswick, dont je rendois compte à messieurs les ministres. M. le duc d'Hanovre m'envoya un courrier exprès vers le mois d'avril 1687, pour me dire que si je voulois aller à Aix-la-Chapelle, il auroit du plaisir à me voir, et qu'il étoit dans l'intention de faire quelque chose qui fût agréable au Roi. Sa Majesté m'ordonna d'y aller pour le porter à faire un traité avec elle. M. l'abbé de Marsillac, qui cherchoit toujours à soulager l'état où il étoit, pensant que les eaux de ces lieux-là lui seroient peut-être favorables, se proposa ce voyage ; et mesdemoiselles de La Rochefoucauld, qui ne pouvoient pas se résoudre à le laisser partir sans l'accompagner, en voulurent être aussi. Ils se firent un plaisir de voir en allant et revenant madame l'abbesse de Soissons leur tante, qu'ils aimoient beaucoup. Nous passâmes aussi à Sillery, et allâmes prendre des bateaux à Charleville pour nous mener à Liége, où nous trouvâmes madame la comtesse de La Marck et madame la princesse de Furstemberg : M. l'évêque de Strasbourg y étoit aussi. Nous y séjournâmes un jour, et arrivâmes à Aix-la-Chapelle, où M. le duc et madame la duchesse d'Hanovre étoient déjà : ils m'avoient fait louer une des plus belles maisons de la ville. M. l'abbé de Marsillac en prit une autre tout contre, et nous y séjournâmes autant de temps que ce prince y demeura. M. le duc d'Hanovre seroit assez volontiers convenu de ce que j'avois pouvoir de faire avec lui, si ce n'eût été qu'on demandoit une étroite liaison avec le roi de Danemarck : mais comme ce roi a toujours des prétentions sur la ville d'Hambourg, et qu'elle est sous la protection de Brunswick, dans ces dernières années que le roi de Danemarck a voulu faire des tentatives, cette maison s'y est toujours opposée, et en a garanti cette ville : outre que M. le duc d'Hanovre craignoit que cela ne l'engageât à quelque chose qui déplût à la Suède, avec laquelle la maison de Brunswick est étroitement liée. Ayant envoyé à la cour mon neveu de Gourville pour rendre compte de ce qui s'étoit passé à Aix-la-Chapelle, le Roi lui fit l'honneur de lui ordonner d'aller continuer cette négociation à Hanovre, et de faire en sorte que M. le duc de Zell entrât avec son frère dans le traité.

Mon imagination faisant toujours beaucoup de chemin, je me fis un projet de proposer à M. le duc d'Hanovre de se faire catholique avec toute sa famille; que par ce moyen il pourroit devenir électeur, et un de ses enfans évêque d'Osnabruck après lui, puisque ce seroit au chapitre à nommer un catholique. Ayant dit ma pensée à M. le prince de Furstemberg, depuis cardinal, qui se trouvoit dans le voisinage, je lui demandai si M. l'électeur de Cologne voudroit bien faire coadjuteur d'Hildesheim celui que M. le duc d'Hanovre destineroit pour l'évêché d'Osnabruck; il m'assura qu'il n'en doutoit pas : ce qui auroit donné une grande considération à cette maison, et faisoit un bel établissement pour un de ses enfans. Mais comme je prévoyois bien que raisonnablement on pouvoit craindre qu'un jour cela n'occasionât le démembrement des biens de l'Eglise, qui sont réunis au duché, et qui en font la principale partie des revenus, j'ajoutai que ce changement de religion seroit regardé d'une si grande conséquence pour la religion romaine, que je ne doutois pas que le Pape ne fît tout ce qu'on pourroit souhaiter pour assurer que tous ces bénéfices demeureroient pour toujours réunis à ce duché. Ce qui me donnoit quelque espérance pour ce changement est que j'avois souvent entendu dire à M. le duc d'Hanovre que Jésus-Christ avoit dit, en communiant, à ses apôtres : CECI EST MON CORPS; mais que l'on ne savoit pas bien comment il l'avoit entendu, et qu'ainsi il croyoit que l'on pouvoit se sauver dans toutes les religions chrétiennes. Il étoit luthérien, madame la duchesse d'Hanovre étoit calviniste ; et chacun d'eux avoit son sermon séparé dans la même salle.

Je demandai un jour à madame la duchesse de quelle religion étoit la princesse sa fille, qui pouvoit

avoir treize ans, et qui étoit fort bien faite. Elle me
répondit qu'elle n'en avoit point encore; qu'on vouloit savoir de quelle religion seroit le prince qui
l'épouseroit, afin de l'instruire dans la religion de son
mari, soit protestant ou catholique. M. le duc d'Hanovre, après avoir entendu toute ma proposition, me
dit que ce seroit une chose très-avantageuse pour sa
maison ; mais qu'il étoit trop vieux pour changer de
religion. Je ne laissai pas de ménager une entrevue
de M. le prince de Furstemberg avec lui, sous prétexte de l'entretenir sur les affaires du temps; mais à
la fin M. le prince de Furstemberg lui parla non-seulement de la coadjutorerie d'Hildesheim, mais encore
vouloit lui faire envisager qu'ayant un grand nombre
d'enfans, il les pourroit mettre dans les chapitres, et
raisonnablement espérer qu'il y en auroit qui parvien-
droient à avoir des évêchés. Il convint que la proposition lui paroissoit belle et bonne; mais qu'il la regardoit seulement comme une marque de l'affection et de
l'amitié que j'avois pour lui, parce qu'il vouloit mourir dans sa religion, étant trop vieux pour en changer.
Madame la duchesse, qui le sut, me fit des complimens
et des amitiés sur la bonne volonté que j'avois, d'une
manière qui me fit juger qu'elle auroit volontiers
consenti à la proposition, si son mari y étoit entré.
Cette princesse avoit infiniment d'esprit, et une si
grande gaieté qu'elle l'inspiroit à tous ceux qui l'approchoient; mais il me semble qu'elle avoit une pente
naturelle à chercher souvent à dire quelque chose sur
son prochain en sa présence: il est vrai qu'elle le disoit de manière que celui à qui elle s'adressoit ne pouvoit s'empêcher d'en rire le premier.

Le jour du départ étant arrivé, j'allai accompagner Leurs Altesses à Althenoue; et le soir, madame la duchesse d'Hanovre me dit qu'on lui vouloit vendre deux diamans de douze ou quinze mille livres chacun: elle me les montra, en me priant de vouloir bien lui donner mon conseil pour le choix; ce que je fis fort ingénument: et m'en étant allé dans le logis qu'on m'avoit marqué, M. le baron de Platen, premier ministre du prince, m'apporta celui que j'avois en quelque façon estimé le plus; mais il ne fut jamais en son pouvoir de me le faire accepter. Quelque temps après, M. le duc d'Hanovre m'envoya huit chevaux des plus beaux qu'on puisse voir, de la race d'Oldenbourg: aussitôt que je les eus, je me proposai de supplier le Roi de vouloir bien qu'on les mît dans ses écuries. Sa Majesté voulut bien les accepter, ce qui me fit un très-grand plaisir.

Après que la guerre fut déclarée, on parla fort de la négociation qui se faisoit avec M. de Savoie. On prétendoit mettre une garnison dans la citadelle de Turin: M. de Savoie ne s'y pouvant résoudre, offrit ses troupes au Roi, et de recevoir garnison française dans deux de ses places, qui, à la vérité, n'étoient pas de grande conséquence. La résolution fut enfin prise de lui déclarer la guerre, en cas qu'il ne voulût pas recevoir garnison française dans la citadelle de Turin. L'ayant appris, je fus trouver M. de Louvois pour lui représenter combien cette guerre coûteroit à la France, par la nécessité où l'on se trouveroit de faire voiturer par des mulets seulement tout ce qui seroit nécessaire pour la subsistance de l'armée; que le Roi ayant déjà tant d'ennemis sur les bras, il me sembloit qu'on auroit dû éviter d'en augmenter le nombre ; s'il ne seroit pas plus avantageux que l'on fît passer ses troupes dans l'armée du Roi, et que l'on mît garnison dans les deux petites places qu'il offroit ; que cela l'empêcheroit peut-être d'achever le traité que l'on disoit qu'il avoit commencé, ou du moins pourroit le suspendre pour quelque temps ; que j'avois toujours entendu dire que les guerres d'Italie avoient été ruineuses, et fatales aux Français ; que la frontière de France, du côté du Piémont, étoit la seule où l'on n'avoit jamais rien fait pour la mettre en bon état ; qu'il ne falloit pas s'étonner si M. de Savoie ne vouloit pas recevoir de garnison dans sa citadelle de Turin, puisque ce seroit se soumettre, et tout son pays, à la volonté de la France ; et qu'assurément cela devoit le précipiter d'entrer dans la ligue avec les ennemis à toutes conditions. Mais soit que M. de Louvois fît peu de réflexion sur tout ce que je lui disois, ou qu'il fût importuné de mon discours, il me répondit, même assez brusquement, que la résolution avoit été prise en plein conseil, et dit, comme il avoit fait à l'occasion de la sortie des ministres, que le Roi n'aimoit pas qu'on lui parlât en particulier contre ce qui avoit été résolu en présence de tous. Je pensai, comme j'avois fait autrefois, que c'étoit lui qui avoit ouvert et apparemment soutenu l'avis qui avoit été pris.

[1690] Dans l'année 1690, M. Le Pelletier me dit un jour qu'on proposoit de faire quelque affaire sur l'or et sur l'argent : je lui répondis que j'avois toujours ouï dire que c'étoit une matière bien délicate. Il me demanda si je croyois bien qu'il y eût deux cents millions en monnoie dans le royaume, ainsi qu'il en avoit fait l'estimation dans le conseil royal. Je lui dis qu'il falloit qu'il y en eût beaucoup plus, parce que j'avois souvent observé que le commerce de Paris, qui est grand, se faisoit avec beaucoup d'argent. Il me dit qu'on proposoit de marquer les espèces comme on avoit marqué les sols, et de prendre une somme pour la marque. Je lui dis que quelque marque que l'on pût faire, il y auroit une infinité de gens qui s'efforceroient d'en marquer; et que les peuples n'étoient pas capables de connoître la différence de la marque du Roi d'avec celle des faux marqueurs. Ensuite étant allé voir M. de Louvois, il m'en parla aussi : je lui fis d'abord la même réponse ; mais m'ayant dit qu'on étoit dans la nécessité de faire quelque chose d'extraordinaire, par le grand besoin qu'on avoit d'argent, je lui dis que si on étoit résolu absolument de faire l'opération sur la monnoie, je trouvois les mêmes inconvéniens que j'avois expliqués à M. Le Pelletier; et qu'on seroit donc obligé de la refondre, et la marquer avec quelque différence, afin qu'on pût distinguer la nouvelle monnoie d'avec la vieille. Il me dit qu'il savoit bien qu'on en avoit parlé, mais qu'on avoit trouvé que cela feroit de trop grands frais. Il me vint dans la pensée que le remède à tout cela seroit si on pouvoit remarquer toutes les espèces, sans les fondre. Il me demanda aussi s'il y avoit bien deux cents millions de monnoie, comme on le disoit. Je lui répondis que je savois, à n'en pouvoir douter, qu'il y en avoit plus de quatre; qu'après que M. Le Pelletier m'en eut parlé, je m'étois souvenu qu'à Bruxelles un nommé Manis, de Lyon, qui avoit conduit M. Le Tellier quand il abandonna les consignations, m'avoit dit qu'il avoit été principal commis dans les fermes qui avoient été faites du temps de Varin ; que je lui avois fait plusieurs questions, entre autres combien il estimoit qu'il y eût de monnoie d'or et d'argent en France dans ce temps-là ; qu'il m'avoit assuré, comme en ayant tenu le registre, que cela étoit monté à plus de quatre cents millions ; et comme il venoit assurément plus d'or et d'argent en France par Saint-Malo qu'il ne s'en étoit pu consommer par les dorures et par la vaisselle d'argent, qui étoit devenue si fort à la mode, j'étois persuadé que présentement il devoit y avoir plus de cinq cents millions. M. de Louvois me dit aussi qu'on avoit parlé de fondre toute la vaisselle d'argent, afin d'en faire de la monnoie ; et me demanda ce que j'estimois qu'il y en eût dans le royaume. Je lui répondis que pour cet article je n'en savois rien ; mais que je m'appliquerois volontiers à connoître à peu près où cela pouvoit aller. Il me dit que je lui ferois un grand plaisir de l'informer de ce que j'aurois trouvé là-dessus.

Etant venu à Paris, j'envoyai chercher un nommé Masselin, chaudronnier de son métier, qui avoit fait de la batterie de cuisine pour l'hôtel de Condé : je ne sais à quelle occasion je l'avois connu pour homme d'esprit et inventif. Je lui demandai s'il croyoit qu'on pût trouver une invention pour remarquer la monnoie sans la refondre. Il me dit qu'il n'en doutoit point, et me parla comme un homme si savant dans la façon de remarquer l'or et l'argent, qu'il me fit soupçonner qu'il y avoit quelquefois travaillé : et revenant toujours à vouloir me bien assurer si on pourroit remarquer sans fondre, il ajouta que l'essai pouvoit être de quelque dépense. Je l'assurai que je la paierois volontiers, et même que je lui férois donner quelque gratification. Aussitôt ayant aperçu des jetons sur ma table, il m'en demanda six pour faire l'essai, et me promit de ne perdre aucun temps pour voir s'il y pourroit parvenir : ensuite il me rapporta ces jetons, dont il y en avoit trois marqués d'une autre marque; ce qui me fit un grand plaisir, et j'assurai mon homme d'une bonne récompense. J'allai trouver M. de Louvois pour lui faire voir ces jetons contremarqués : ce qui lui plut beaucoup. Il en rendit compte au Roi dans l'instant, en faisant fort valoir le service que je lui rendois : ce qui m'étant revenu, je sentis une joie inexprimable de ce que ma fortune m'avoit assez favorisé pour pouvoir donner quelque petite marque de ma reconnoissance des bontés que Sa Majesté me témoignoit dans toutes les occasions. M. Le Pelletier me dit, quelques jours après, que le Roi avoit parlé obligeamment de cette affaire pour moi. Je lui demandai bonnement s'il ne jugeoit point que ce fût une occasion pour obtenir du Roi un nouvel arrêt et de nouvelles lettres patentes pour me mettre tout-à-fait en repos, et terminer toutes mes craintes sur les changemens qui pourroient arriver; mais je ne trouvai pas que cela tombât dans son sens. Et comme je pensois que l'occasion étoit très-favorable, quoique M. Le Pelletier refusât d'y entrer, je m'efforçai de nouveau à pénétrer d'où cela pouvoit venir. Enfin de toutes les pensées qui me vinrent, je m'arrêtai à croire que M. Le Pelletier, à l'instigation de M. Le Tellier, avoit si fortement parlé au Roi contre M. Colbert, pour m'avoir procuré ma décharge, qu'il ne crut pas pouvoir proposer à Sa Majesté une chose qu'il avoit si fort blâmée en M. Colbert.

J'employai pendant quelques jours assez de temps pour faire des mémoires, par estimation, de ce qu'il pourroit y avoir d'argenterie dans Paris, en y comprenant messieurs les évêques, les grands du royaume, et chacune des conditions particulières (mais tout cela pour tâcher d'approcher seulement un peu de la vérité); et je portai mon estimation en gros à environ cent millions : et après y avoir fait réflexion, je crus que cela pourroit bien aller à une pareille somme pour le reste du royaume. Poussant ma spéculation, je me déterminai de croire qu'il devoit y avoir un tiers des cent millions en flambeaux, cuillers, fourchettes et couteaux. Ayant remarqué depuis quelques années, dans mes voyages, que tous les cabaretiers des routes passagères avoient des cuillers et fourchettes d'argent, et quelques-uns un bassin avec une aiguière; que, dans les plus petites villes, le grand nombre des bourgeois avoient des cuillers et des fourchettes; et m'appliquant à examiner de quelle utilité pouvoit être au Roi la fonte de la vaisselle; je ne trouvai pas que cela pût être considérable. Premièrement, parce que je ne croyois pas que l'on pût faire refondre ce tiers, que j'ai marqué être, par estimation, en flambeaux, cuillers et fourchettes d'argent; que du surplus il n'y avoit pas d'apparence que le Roi y pût trouver d'autres avantages que celui de la fabrique de la monnoie, qui ne pouvoit être fort considérable; que ce seroit entièrement ruiner le corps de tous les orfèvres, qui ne laissoit pas d'être assez nombreux, en y comprenant les apprentis et les garçons. Enfin je me réduisis à croire que l'on pouvoit seulement fondre les chenets, les brasiers, et toutes ces autres choses qui ne servent qu'au luxe, sans toucher à la vaisselle. Je rendis compte à M. de Louvois de tout ce que j'avois imaginé sur cela, et j'en entretins M. de Pontchartrain, à qui j'avois dit l'ordre que M. de Louvois m'avoit donné.

M. de Pontchartrain fut fait contrôleur général en 1689, lorsque M. Le Pelletier, qui y contribua autant qu'il lui fut possible, voulut quitter cette place. Dès que ce premier eut celle d'intendant des finances, je commençai d'en être connu; et peu à peu ayant eu quelque commerce avec lui, il m'honora de quelques marques d'estime et d'amitié. J'eus alors l'espérance de voir la fin de tous mes travaux, ne doutant plus que M. de Pontchartrain ne se trouvât disposé à seconder les bonnes intentions du Roi : cela parut si bien dans la suite, que ce ministre ayant mis toutes mes affaires entre les mains de M. Du Buisson, apparemment en lui faisant connoître le dessein qu'il avoit de m'obliger, j'en reçus mille honnêtetés; et les choses se trouvèrent bientôt en état d'être rapportées devant le Roi, par l'application et l'envie que M. Du Buisson montra de me faire plaisir. Aussitôt je me présentai à Sa Majesté avec un mémoire à la main, comme elle sortoit pour aller au conseil; je la suppliai très-humblement de se souvenir qu'elle avoit eu la bonté de me dire qu'elle vouloit me sortir d'affaire, et me procurer la fin de toutes celles qui m'avoient fait tant de peine, lorsque je lui remis une lettre que M. le

prince lui avoit écrite quelques années avant sa mort, pour ne lui être rendue qu'après, par laquelle il lui recommandoit en général sa famille, la supplioit de faire quelque chose après sa mort qui regardoit madame la princesse, et aussi de vouloir bien se souvenir des grâces qu'il avoit eu la bonté de lui accorder pour moi, à la très-humble supplication qu'il lui en avoit faite. Sa Majesté m'interrompit d'abord, et me dit qu'elle se souvenoit bien de ce qu'elle m'avoit promis; je lui dis d'un air assez gai qu'il étoit donc inutile de lui donner mon mémoire, et le mis dans ma poche : cela le fit sourire en me quittant. Ayant su avec combien de bonté il m'avoit accordé tout ce que j'avois souhaité, je me trouvai à la même place à l'entrée de son cabinet pour le remercier ; il me répondit d'un air gracieux et en riant : « Eh bien, Gour-
« ville, ne suis-je pas un homme de parole? » et passa.
M. de Pontchartrain me témoigna une grande joie du succès de ses soins, et de la façon avec laquelle le Roi m'avoit accordé tout ce que je pouvois désirer; il me dit en même temps que je n'aurois plus qu'à voir M. Du Buisson, pour le prier de dresser l'arrêt et les nouvelles lettres patentes que le Roi avoit agréées ; et que de sa part il les signeroit avec plaisir lorsqu'elles lui seroient présentées. J'allai trouver M. Du Buisson, et lui rendis compte de ce que m'avoit dit M. de Pontchartrain : aussitôt M. Du Buisson dressa l'arrêt et les lettres avec toute la diligence possible ; et après me les avoir lues, il les porta à M. de Pontchartrain, qui les signa sur-le-champ, et me les remit entre les mains. Alors me souvenant de ce qui m'étoit arrivé, je les portai aussitôt à M. le chancelier, qui, après

m'avoir donné beaucoup de témoignages de sa bonté, me les scella sur-le-champ extraordinairement; et, sans perdre aucun temps, je les portai à M. de Nicolaï, qui avoit eu la charge de son père, et avoit commencé à me donner plusieurs marques de son estime. Il me les rendit pour les porter à M. le procureur général pour avoir ses conclusions, lequel me dit que M. de Pomponne l'avoit fort prié de me faire plaisir en tout ce qui dépendroit de lui; mais qu'il étoit obligé de me dire avec toute sincérité que la grâce que j'avois obtenue du Roi étoit si extraordinaire, et si éloignée de toutes sortes d'exemples, qu'il ne savoit comment donner ses conclusions favorables, comme je pouvois le désirer. Le hasard ayant fait trouver là M. l'abbé de Pomponne, qui lui fit encore des instances en ma faveur, il me dit qu'à son tour il me prioit, pour l'honneur de la chambre et pour le sien particulier, de demander des lettres de jussion, que je n'aurois point de peine à obtenir, après la manière dont le Roi m'avoit accordé des lettres patentes, et l'envie que M. de Pontchartrain avoit de me faire plaisir. Effectivement je les obtins aussitôt que je les eus demandées, et je me mis en marche pour voir messieurs de la chambre chez eux, ayant été averti que cela étoit nécessaire. M. Pajot, maître des comptes, que j'avois fort connu lorsqu'il étoit premier commis de M. de Pomponne, les ayant présentées à la chambre, elles furent vérifiées tout d'une voix.

Lorsque j'ai commencé à faire écrire tout ce qui m'étoit arrivé de tant soit peu de considération, je n'espérois pas vivre assez pour en venir à bout, parce qu'il n'est peut-être jamais arrivé qu'aucun homme à soixante-dix-huit ans ait entrepris rien de semblable; mais le plaisir que j'ai eu a beaucoup aidé à me rendre ce dessein plus facile que je n'avois espéré. A présent que je l'ai achevé sans autre secours que celui de ma mémoire, il me vient en pensée de chercher la cause de l'état où je me trouve depuis six années, sans pouvoir me servir de mes jambes : le mal que j'ai eu à une jambe, quoique très-grand, ne doit pas avoir produit cet effet sur l'autre. Il me souvient qu'il y a environ vingt ans j'eus la goutte à diverses fois, non pas bien forte à la vérité ; et que huit ou dix ans après je commençai à ne plus sentir de douleur, mais seulement quelques foiblesses à mes genoux qui ont augmenté peu à peu, assez pour que je ne pusse marcher sans m'appuyer sur quelqu'un. L'accident qui m'arriva, comme je l'ai dit en commençant ces Mémoires, m'ayant empêché pendant quelque temps de m'appuyer en quelque façon sur cette jambe, on me dit que je devois essayer de me servir de béquille, de crainte qu'avec le temps je ne me trouvasse hors d'état de jamais marcher. J'essayai donc de m'en servir, mais inutilement; et enfin peu à peu j'ai pris mon parti. Je regarde comme un effet de ma bonne fortune de n'être pas aussi touché de ce malheur, comme je l'aurois peut-être été s'il m'étoit arrivé tout d'un coup. Pendant un certain temps, ceux qui étoient auprès de moi s'apercevoient que mon esprit n'étoit pas aussi libre qu'il avoit accoutumé ; je sentois bien aussi en moi-même qu'il y avoit de la différence, surtout quand je voulois écrire quelques lettres, parce qu'après les avoir commencées j'avois besoin de quelqu'un pour m'aider à les achever. Cela faisoit que je n'en écrivois plus.

[1697] La paix étant faite en 1697, M. le duc de Zell envoya au Roi M. le comte de Schulembourg, qui me vint dire que Son Altesse l'avoit chargé de me faire bien des amitiés de sa part et de celle de madame la duchesse : cela me donna beaucoup de joie. Je me tirai de cette conversation le mieux qu'il me fut possible, en le chargeant de beaucoup de remerciemens envers Leurs Altesses. Lorsque j'étois dans cet état, milord Portland étant venu à Paris, ambassadeur du roi d'Angleterre, m'envoya un homme de sa connoissance et de la mienne, pour me dire qu'il avoit ordre du Roi son maître de me voir, et de faire savoir de mes nouvelles à Sa Majesté Britannique. Je fis réflexion sur l'embarras où je me trouverois ; mais cela n'empêcha pas que je ne répondisse qu'il me feroit honneur : et m'ayant demandé une heure, je lui dis que ce seroit quand il lui plairoit ; mais que s'il vouloit bien, ce seroit le lendemain à trois heures. Je me fis porter dans mon appartement en haut, qui étoit fort propre (ce fut la première fois que je sortis de ma chambre depuis six ans). Le plaisir que je recevois de cette visite, et l'honneur qu'elle me faisoit, rappela assez mes esprits pour me bien tirer de cette conversation : non-seulement je le remerciai des honnêtetés qu'il me fit de la part du Roi son maître, et de toutes les bontés de Sa Majesté, mais encore des obligations que je lui avois de ce qu'elle s'étoit bien fait connoître telle que je l'avois représentée en France. Après quelques questions de part et d'autre, il me dit qu'il avoit ordre du Roi de me demander mon avis sur ce qu'il y auroit à faire pour empêcher la guerre, en cas que le roi d'Espagne vînt à mourir, y ayant beaucoup d'apparence que cela n'iroit pas loin. Parce que je savois que depuis long-temps il n'avoit eu de desseins que pour la paix, je lui répondis que j'estimois que de tous côtés on devoit songer à faire le fils de M. l'électeur de Bavière roi d'Espagne : il m'avoua que c'étoit la pensée de son maître, qui lui avoit défendu de me la dire, avant de m'en avoir fait la question. Nous nous étendîmes sur toutes les raisons qui appuyoient cette pensée; je me sus bon gré de m'être si bien tiré d'affaire. Ayant eu réponse du roi d'Angleterre après cette entrevue, il me vint voir sans façon pour me faire encore des amitiés de la part de Sa Majesté. J'appris que quelqu'un ayant conté à une dame de mérite qui a beaucoup d'esprit la première réponse que j'avois faite au milord Portland, elle répondit : « On disoit que Gourville avoit perdu son es-« prit; mais il me semble qu'il faut qu'il en ait encore « pour avoir parlé comme il a fait. » J'ai lieu de croire que l'honneur et le plaisir que me fit cette visite ranima mes esprits, et Dieu m'a fait la grâce de revenir dans mon naturel; mais je ne m'en suis pas tout-à-fait bien aperçu que dans une rencontre que je dirai dans la suite, après laquelle je me trouvai comme je pouvois souhaiter d'être. J'ai repris mon train et mes manières ordinaires; ayant réglé ce que je dois dépenser pour vivre honorablement selon mon revenu, et recommencé à voir tous les matins par détail la dépense que j'avois faite le jour auparavant : ce que j'ai toujours pratiqué depuis que j'ai été en état de le faire.

Il y a deux ans et demi ou environ que, ne pouvant avoir aucune raison ni justice de quelques personnes à qui j'avois fait plaisir, je me trouvai obligé, après une longue patience, d'intenter un procès ; et comme je ne m'étois nullement attendu au procédé que l'on avoit avec moi, j'en fus si scandalisé et si fâché, qu'étant nécessaire de faire un mémoire pour instruire mon avocat, je me trouvai dans une émotion extraordinaire qui me fit entreprendre de le dresser. Je le fis écrire avec assez de précipitation, et je l'achevai sans l'aide de personne. Cela me fit présumer que mon esprit étoit encore plus revenu que je ne pensois ; et même ceux qui étoient témoins de ce que je venois de faire en furent surpris aussi bien que moi. Après cela, il ne se passoit presque point d'heure dans la journée que je ne remerciasse Dieu de la grâce qu'il m'avoit accordée, en me faisant connoître le bon état où j'étois. Les visites et les conversations que j'avois eues, et que j'ai marquées ci-devant, avoient beaucoup contribué, par la joie que j'en avois ressentie et l'honneur qu'elles m'avoient fait dans le monde, à me rendre ma gaieté et mon esprit ; car il est constant qu'après cela je me retrouvai dans mon naturel, et, si je l'ose dire, aussi bien et peut-être mieux que je n'ai jamais pensé.

Je suis bien aise de dire ici que lorsqu'on résolut d'abattre les prêches qui étoient dans le royaume, le Roi m'accorda celui de La Rochefoucauld pour y établir une Charité. J'y ai fait faire une muraille dans le milieu pour faire deux salles, l'une pour les hommes, l'autre pour les femmes ; et au bout je fis bâtir une chapelle où l'on dit la messe tous les jours pour les pauvres malades, qui peuvent l'entendre de leurs lits. J'avois envoyé tous les ornemens nécessaires. Il y a douze filles établies, d'une piété exemplaire, qui ont fait des vœux de servir les pauvres malades; elles occupent les logemens des ministres. Après que je leur eus fait présent d'une lampe et d'un encensoir d'argent, elles me mandèrent que la maison joignant la leur, et qui en avoit été autrefois séparée, étoit à vendre pour environ deux mille livres : aussitôt je donnai des ordres d'entrer en proposition pour l'acheter; mais comme elle appartenoit à un huguenot, et qu'il en restoit encore beaucoup en ce lieu-là, après qu'on eut fait le marché pour moi, ils se rallièrent tous pour me traverser; et un d'entre eux en fit l'échange pour des biens qu'il avoit auprès de La Rochefoucauld. J'avois déjà fait mon projet pour l'alongement des deux salles, qui, par le moyen de cette acquisition, pourroient tenir vingt-quatre lits, et faire le fonds nécessaire pour la nourriture et entretien de vingt-quatre pauvres des deux sexes. Je me trouvai encore si fort scandalisé du tour qu'on m'avoit joué, que je dressai un placet au Roi avec une grande facilité, où j'exposai ce que je viens de dire. Après qu'il eut été communiqué à M. l'intendant de la généralité de Limoges, Sa Majesté eut la bonté de m'accorder un arrêt pour me mettre au lieu et place de celui qui avoit fait l'échange; et j'ai eu la consolation de voir la perfection de cet ouvrage, et même d'avoir augmenté la fondation de quelque chose de plus, pour que l'on donnât quelques vêtemens ou linge aux convalescens quand ils sortiroient.

J'ai ordonné par mon testament que mon cœur fût porté dans la chapelle de cette Charité, au lieu que j'ai marqué ; j'ai fait graver mon épitaphe sur un marbre, laissant seulement à ajouter le jour, le mois et l'année qu'il plaira à Dieu de me retirer de ce monde. Je l'envoyai à ces bonnes sœurs, avec un drap mortuaire et tous les ornemens nécessaires pour faire le service que j'ai ordonné être fait tous les ans à pareil jour que celui de ma mort.

C'est après avoir ainsi disposé toutes mes affaires, qu'un de mes amis m'ayant fait des questions sur des choses arrivées il y a fort long-temps, je les lui racontai comme si elles s'étoient passées la veille : ce qui me donna lieu de former le dessein d'écrire ce qui m'est arrivé de tant soit peu considérable. J'ai eu un si grand plaisir de voir que mon esprit et ma mémoire étoient revenus au point que je n'aurois jamais osé l'espérer, que j'ai fait ces Mémoires en quatre mois et demi ; ce que je n'aurois pas cru pouvoir faire en deux ou trois ans. Depuis toutes ces grâces et bénédictions que Dieu m'a faites, je me suis trouvé tout accoutumé à mes incommodités, qui sont encore assez grandes, et qui n'ont rien diminué de ma gaieté ordinaire. Je ne souffre plus de peines de ce que je ne puis marcher ; enfin je ne sais s'il y a quelqu'un qui soit plus heureux que je me trouve l'être, et toujours par les bontés et les grâces que j'ai reçues du Roi. J'ai de quoi faire la dépense que je puis désirer : j'ai fait part de mes biens à une partie de ma famille, selon la fortune que Dieu m'a donnée ; j'en ai fait assez aux autres, quoique présentement au nombre de quatre-vingt-treize neveux ou nièces, pour qu'aucun ne soit en nécessité, eu égard à la condition dans laquelle ils sont nés. Mon étoile fortunée m'a si bien conduit, que je suis dans l'abondance, sans avoir ni terres ni maisons qui pourroient me causer quelques petites peines dans la jouissance, en ayant gratifié mon neveu de Gourville, en lui faisant d'autres avantages. Quelques-uns de mes amis, qui me sont venus voir par une espèce de curiosité, ont été surpris de me trouver comme je viens de me peindre; beaucoup d'autres dans certaines rencontres me font dire qu'ils veulent me venir voir; mais la plupart trouvent toujours quelque chose à faire de plus pressé. Je vois avec joie ceux qui viennent me visiter, et me console aisément de ne pas voir les autres. Je m'amuse avec mes domestiques; au commencement je les fatiguois fort par mes doléances, et présentement pour l'ordinaire je fais des plaisanteries avec eux.

Le plus ancien de mes domestiques se nomme Belleville, et est avec moi depuis trente-deux ans; il avoit le soin de ma petite écurie quand j'ai eu des chevaux. Il est devenu fameux nouvelliste, fort accrédité dans l'assemblée du Luxembourg; au retour de là il ne sort guère de ma chambre, et m'entretient quand je n'ai pas autre chose à faire.

Mignot, qui a vingt-cinq ans de date, est chef de mon conseil, dont il n'abuse pas, et est mon valet de chambre.

Le troisième s'appelle Rose : il est avec moi depuis dix-sept ans en qualité d'officier, et présentement il occupe plusieurs charges; il seroit maître d'hôtel si j'en devois avoir un : mais quoi qu'il en soit, il a soin de la pitance, et s'en acquitte fort bien.

Le quatrième, Le Clerc, en date de quinze ans, fait parfaitement bien les messages; je n'oserois lui donner d'autre qualité, pour ne pas doubler les offices auprès de moi.

Le cinquième est un jeune drôle qui se nomme Gibé, et a de l'esprit ; il est né pour l'écriture, et ne sauroit s'empêcher d'avoir toujours la plume à la main quand il a cessé de me lire quelques livres : ce qui fait qu'il ne sort point de ma chambre.

J'ai une grande curiosité pour les nouvelles : je suis des premiers averti de tout ce qui se passe ; j'en fais des relations pour mes amis de la province, qui leur font grand plaisir ; enfin le jour se passe doucement. Le soir je fais jouer à l'impériale, et conseille celui qui est à mon côté. Depuis quelques années je compte de ne pouvoir pas vivre long-temps ; au commencement de chacune je souhaite pouvoir manger des fraises ; quand elles sont passées, j'aspire aux pêches ; et cela durera autant qu'il plaira à Dieu.

Je me suis fort pressé d'écrire mes aventures et les agitations de ma vie pour arriver au temps où j'ai commencé à goûter dans le port, pour ainsi dire, le repos dont je jouis présentement, par l'excessive bonté du Roi ; mais si j'ai dicté avec précipitation ce que ma mémoire me fournissoit sur-le-champ, c'a toujours été dans la vue de revoir les Mémoires que j'ai faits, afin d'y ajouter beaucoup de choses qui me sont échappées, ou que j'ai laissées volontairement, pour aller au but que je m'étois proposé. L'état où je me suis trouvé depuis près de dix ans augmente de beaucoup mes sentimens de reconnoissance, puisque si j'avois eu peu de bien, comme j'ai été sur le point de m'y voir exposé, j'ai tout lieu de croire que je n'aurois pas tant vécu, et que j'aurois tristement langui le reste de mes jours dans la solitude où je me serois trouvé : ce qui m'auroit causé des chagrins qui m'auroient accablé.

Le grand nombre de mes amis m'a perdu de vue, dès que j'ai été regardé comme ne pouvant être utile à personne. L'état où j'étois au commencement de mon incommodité y a beaucoup contribué, par le bruit qui couroit que j'étois presque hors d'état d'entretenir aucun commerce : la plupart aimèrent mieux se laisser aller à le croire, que de se donner la peine de venir s'en informer. C'est ainsi que le monde est fait; ce qui m'a moins surpris qu'un autre, par le commerce que j'en avois. Ne pouvant plus sortir de ma chambre, je me suis défait de mon carrosse; et n'ayant point de laquais, je me suis réservé cinq personnes, dont quatre ne sortent presque jamais de ma chambre, et trois savent bien lire et écrire (ce qui m'a été d'un grand secours); la plupart vieux domestiques de quinze, vingt et trente ans, tous fort affectionnés par reconnoissance du passé : mais comme ce sont des hommes, j'ai cru qu'il falloit les maintenir dans leurs bonnes intentions par quelque bienfait présent, et par l'espérance de l'avenir. Depuis que je me suis avisé du plaisir de faire mettre par écrit tout ce qui m'est arrivé d'un peu considérable pendant ma vie, j'ai presque abandonné la lecture; et comme il paroît, par tout ce que j'ai rapporté ci-devant, que j'ai toujours été honoré de la bienveillance de messieurs les ministres, je me propose d'ajouter ici, non pas leurs portraits, m'estimant un très-méchant peintre, mais de les représenter tels qu'ils m'ont paru par le commerce que j'ai eu avec eux.

M. le cardinal Mazarin avoit beaucoup d'esprit dans la conversation, et étoit naturellement éloigné de toutes sortes de violences. Les guerres civiles, dont la minorité du Roi avoit été la cause, finirent entièrement sans que l'on fît mourir un seul homme, encore que presque la moitié de la France l'eût mérité. Il savoit bien qu'on le blâmoit de beaucoup promettre et de ne rien tenir; mais il s'en excusoit sur la nécessité de ménager tout le monde, à cause de la facilité qu'on avoit dans ce temps-là à se séparer des intérêts du Roi : et il se pouvoit bien faire que s'il n'avoit promis qu'à ceux à qui il auroit cru pouvoir tenir sa parole, cela eût peut-être causé un plus grand bouleversement dans l'Etat. Ce n'est pas pour cela que je veuille croire que ce soit la raison ni son habileté qui l'aient porté à cette conduite, plutôt que son penchant naturel. Il se plaisoit quelquefois à parler de l'opinion qu'avoit eue M. le cardinal de Richelieu pour les miracles, peut-être parce qu'il n'y croyoit guère. Après sa mort on blâma fort sa mémoire, à cause des grands biens dont il s'étoit trouvé revêtu. Ceux qui le vouloient excuser disoient qu'au temps de sa disgrâce s'étant vu presque sans argent, cela lui fit naître l'envie d'en avoir beaucoup quand il fut à portée d'en amasser. Pour moi, je veux croire que le peu de bien qu'il s'étoit trouvé venoit de la difficulté d'en pouvoir acquérir, encore qu'il fût le maître, à cause du désordre des affaires de ce temps-là, qui étoit si grand qu'à peine pouvoit-on faire subsister la maison du Roi, dont j'ai vu quelquefois tous les officiers prêts d'abandonner leurs charges. Il y avoit même des temps où ils ne donnoient à manger au Roi que sur leur crédit. Mais après que M. le cardinal eut rétabli l'autorité du Roi et pacifié toutes choses, il trouva bien les moyens de devenir riche. Les surintendans, pour avoir la liberté de prendre de leur côté pour leurs immenses et prodigieuses dépenses, surtout en bâtimens, le forçoient pour ainsi dire à prendre la meilleure partie pour lui : à quoi je pense qu'il n'avoit pas de peine à consentir, par l'envie qu'il avoit naturellement de s'enrichir. Le désordre du gouvernement des finances jusqu'alors en donnoit toutes les facilités ; et ceux qui ont vu tout cela de près conviennent qu'il n'y avoit que M. Colbert capable par son génie, son extrême application et sa fermeté, d'y mettre un aussi grand ordre qu'il a fait : ce qui a donné lieu au Roi de le maintenir, Sa Majesté se faisant rendre compte, et signant même toutes les ordonnances pour la dépense. Mais si ceux qui ont gouverné les finances n'ont pas eu la liberté de prendre, le Roi, qui, par son extrême exactitude, a reconnu qu'ils ne le pouvoient pas, a contenté l'envie qu'ils pouvoient avoir de s'enrichir en les comblant de ses bienfaits, et par ce moyen a satisfait leur ambition.

M. Fouquet avoit beaucoup d'esprit et de manége, et une grande fertilité d'expédiens : c'est pour cela que, n'étant qu'en second avec M. Servien, il étoit quasi le maître des finances, dont il usa dans la suite fort librement. Il étoit entreprenant jusqu'à la témérité ; il aimoit fort les louanges, et n'y étoit pas même délicat. Un jour, partant de Vaux pour aller à Fontainebleau, et m'ayant fait mettre dans son carrosse avec madame Du Plessis-Bellière, M. le comte de

Brancas et M. de Grave, ses plus grands louangeurs, il leur comptoit comment il s'étoit tiré d'affaire avec M. le cardinal sur un petit démêlé qu'il avoit eu avec lui, dont il étoit fort applaudi ; et je me souviens que précisément en montant la montagne dans la forêt, je lui dis qu'il étoit à craindre que la facilité qu'il trouvoit à réparer les fautes qu'il pouvoit faire ne lui donnât lieu d'en hasarder de nouvelles : ce qui pourroit peut-être un jour lui attirer quelques disgrâces avec M. le cardinal. Je m'aperçus que cela causa un petit moment de silence, et que madame Du Plessis changea de propos : ce qui fit peut-être que personne ne répondit rien à ce que je venois de dire. Après la mort de M. le cardinal, suivant toujours son même caractère, il eut peine à se tenir dans les bornes où il falloit être avec le Roi, et c'est sur cela que M. Le Tellier me fit une fois ses plaintes ; mais enfin il avoit fait son projet de s'acquérir par distinction les bonnes grâces du Roi, ce qui lui attira sa perte, et qui, à mon avis, a donné lieu aux autres de faire des réflexions sur cet exemple. J'ai cru avoir remarqué qu'aussitôt que le Roi eut pris les rênes du gouvernement, il ne voulut point souffrir qu'aucun de ses ministres sortît des bornes de sa commission pour empiéter sur celle des autres. Je me souviens qu'étant à La Haye en 1665, M. d'Estrades me fit voir entre autres deux lettres, par lesquelles M. Colbert lui mandoit de faire faire telles ou telles choses, et que par le premier courrier il lui enverroit les ordres du Roi : sur quoi M. d'Estrades me dit que cela visoit fort à faire le premier ministre. Je lui répondis que je croyois connoître assez le Roi pour me persuader qu'il

ne le souffriroit jamais. En effet, il m'a toujours paru
que son intention étoit que chacun ne se mêlât en particulier, que des affaires de sa charge. Il permettoit
à tous dans son conseil de dire leur avis sur l'affaire
dont il étoit question; mais après la résolution prise,
il ne leur étoit guère permis, quand ils avoient eu quelque pensée nouvelle, de la rapporter en particulier à
Sa Majesté, ni de proposer de revenir contre ce qui
avoit été arrêté. J'en ai quelquefois vu des preuves,
par la liberté que j'avois de parler de toutes choses à
M. de Louvois, et la confiance avec laquelle il m'y
répondoit, entre autres à l'occasion de la résolution
qui fut prise de faire sortir du royaume tous les ministres avec leurs familles. Aussitôt que je le sus,
j'allai trouver M. de Louvois, pour lui dire qu'au lieu
de cet ordre que l'on vouloit donner aux ministres
pour sortir de France, je ne savois s'il ne conviendroit pas mieux de les envoyer par vingtaines aux
châteaux où il y avoit des mortes-paies, en leur laissant la liberté de commercer avec leurs femmes et
leurs amis; que la plupart n'avoient de revenus que
ce qu'ils tiroient de leurs emplois; que bientôt leurs
femmes auroient peine à faire subsister leurs familles,
et seroient dans peu réduites à la dernière extrémité;
et qu'ainsi, se trouvant tous dans le même cas, il
leur pourroit bien venir en pensée de convenir
entre eux que l'on pourroit se sauver dans les deux
religions, ce n'étant pas même une chose nouvelle,
surtout si les gouverneurs leur insinuoient que l'on
ne pouvoit pas juger du temps que finiroit leur détention; et d'ailleurs que le zèle du Roi le porteroit
volontiers à donner des pensions proportionnées à

ce qu'ils tiroient de leurs emplois, à ceux auxquels Dieu inspireroit de bonne heure la connoissance de la bonne religion; qu'on augmenteroit le bien qu'on leur voudroit faire, à proportion de celui qu'ils feroient quand ils seroient retournés chez eux, et du nombre des conversions qu'ils feroient de ceux sur qui ils auroient de l'autorité spirituelle. L'attention qu'il donna à tout mon discours, sans m'avoir aucunement interrompu, me fit croire qu'il avoit trouvé mon raisonnement meilleur que ce qui avoit été résolu, et même il en convint; mais en même temps il ajouta qu'il ne pouvoit pas en parler au Roi, qui n'aimoit pas qu'on lui dît rien contre ce qui avoit été résolu en son conseil; et moi, qui croyois que Sa Majesté en tout temps prendroit de bonnes vues qui lui seroient présentées pour en tirer le bien qui en pourroit venir, je pensai qu'apparemment c'étoit M. de Louvois qui avoit fait l'ouverture de l'avis, et qu'il ne lui convenoit pas d'en aller proposer un contraire.

M. Le Tellier, très-grand ministre, a toujours eu une conduite fort réglée: il avoit beaucoup de douceur quand il donnoit audience, une ambition modérée, et n'auroit pas, je crois, voulu jouer le rôle de premier ministre quand il l'auroit pu, par la crainte d'être chargé des mauvais événemens: en un mot, il étoit né sage à l'excès, mais avec un peu de penchant à la rancune; ce qu'il marqua assez à l'occasion de M. Desmarets, neveu de M. Colbert. Je me souviens qu'un jour à Fontainebleau, me parlant de l'acquisition que M. de Louvois avoit faite de Meudon, il m'exhorta de lui insinuer, autant que je pourrois, de vendre le château à quelque communauté religieuse, craignant peut-être la grande dépense qu'il y pourroit faire pour l'embellir; et que cela ne convenoit point, surtout à cause du voisinage de Versailles : sur quoi il me cita ce qu'il avoit fait à Châville. Je lui répondis que sa modération et sa sagesse ne pouvoient pas servir d'exemple, parce qu'il faudroit être né comme lui naturellement sage, dont il n'étoit particulièrement redevable qu'à Dieu, parce que je ne croyois pas que l'expérience et les réflexions pussent jamais faire un homme aussi sage qu'il l'avoit toujours été; et que par dessus cela j'étois persuadé qu'il y avoit toujours des temps où il y couroit des maladies d'esprit comme de corps, par les folies que j'avois vu faire à beaucoup de gens dans les bâtimens et les jardinages; que je m'en étois moi-même senti si frappé, que j'avois entrepris de faire de Saint-Maur une maison agréable; et que j'avois commencé des terrasses et un jardin dans un endroit où il y avoit de vilaines carrières, d'où on avoit même tiré de la pierre pour bâtir la maison; mais que, pour couvrir ma folie, je disois que cela ne m'incommoderoit pas, puisque par le traité que j'avois fait avec M. le prince je trouverois, ma vie durant, l'argent que j'y emploierois. M. Le Tellier me croyoit si bien dans les bonnes grâces de M. de Louvois, que ce n'est pas pour une seule fois qu'il a jeté les yeux sur moi pour lui insinuer des choses qu'il ne vouloit pas ou n'osoit lui dire, M. de Louvois ayant obtenu du Roi la survivance de sa charge pour M. le marquis de Courtenvaux son fils aîné, qui paroissoit avoir le mérite de monsieur son père, mais qui me sembloit n'être pas tout-à-fait tourné à la destination qu'il en faisoit; et m'étant persuadé, par tout ce qui m'étoit revenu des dispositions de M. de Barbezieux, que ce dernier y auroit été plus propre, M. le chancelier le sut; et ayant fait ses réflexions là-dessus avec M. l'archevêque de Reims, ces messieurs me prièrent d'en vouloir parler de leur part à M. de Louvois, selon ma pensée; et étant venus à ma maison pour m'y engager, je m'en excusai, en les priant de considérer que comme c'étoit une affaire purement de famille, la bienséance vouloit plutôt que ce fût M. le chancelier ou lui qui en fît l'ouverture : mais m'ayant répliqué qu'ils auroient bien souhaité que ce fût moi, je leur dis que s'ils vouloient dire à M. de Louvois que c'avoit été ma pensée, et que cela lui donnât occasion de m'en parler, je répondrois volontiers comme ils le pourroient attendre de mon zèle. Quelques jours après, M. de Louvois me dit qu'il avoit sujet de se plaindre de moi de n'avoir pas voulu l'avertir d'une chose que j'avois pensée, et qui étoit d'une grande conséquence pour sa famille, puisqu'il avoit résolu avec M. le chancelier et M. l'archevêque de Reims de suivre mon avis. Je lui répondis que je n'avois pas cru en devoir faire davantage, puisque M. le chancelier et M. l'archevêque de Reims étoient entrés dans ma pensée; qu'il leur convenoit mieux de lui en parler qu'à moi. Il me dit qu'il ne laissoit pas de m'en avoir obligation; mais qu'il exigeoit de moi de lui parler à l'avenir ouvertement sur tout ce qui pouvoit le regarder sans exception. Je lui promis de n'y pas manquer, en le remerciant de l'honneur qu'il me faisoit. M. le chancelier étant tombé dans un état qui ne lui permettoit pas de croire qu'il eût encore long-temps à vivre, et désirant que M. Le

Pelletier pût être chancelier, en fit l'ouverture à M. de Louvois, qui, ayant toujours plus d'envie que moi de me faire contrôleur général des finances, proposa qu'en ce cas il me falloit faire avoir cette charge, si on pouvoit venir à bout du reste. J'appris cela par M. de Tilladet, qui avoit été présent à la conférence qu'on avoit tenue là-dessus. Pour cette fois je n'eus pas peur de me trouver exposé à être accablé sous le poids de cet emploi, m'étant persuadé sur-le-champ que le Roi ne leur laisseroit pas la disposition de l'un ni de l'autre. En effet, M. le chancelier étant mort, le Roi donna aussitôt sa charge à M. Boucherat. Je me rendis à Saint-Gervais le jour que l'on devoit y apporter le corps de M. Le Tellier; et m'étant approché de M. Le Pelletier, qui en faisoit les honneurs, il me dit : « Voilà le corps de l'homme de France qui vous esti- « moit le plus. » Je lui répondis naïvement qu'il eût été plus avantageux pour moi qu'il m'eût moins estimé, et qu'il m'eût aimé davantage.

Si j'ai bien connu M. Le Pelletier, je crois que ses talens lui auroient donné plus de facilité à la chancellerie qu'au maniement des finances. Comme les embarras qui me sont venus pendant son ministère m'ont souvent appliqué à connoître son caractère, j'ai cru que ce qui dominoit principalement en lui étoit un grand désir de faire son salut; et j'ai attribué à cela la résolution qu'il avoit prise de se démettre de son emploi, après avoir été raisonnablement enrichi par les libéralités du Roi, et avoir fait son fils président à mortier, qui est l'ambiton de tous les gens de robe. Il voyoit que les dépenses que le Roi étoit obligé de faire augmentoient de jour en jour, et il ne se sentoit peut-être pas l'esprit aussi fertile en expédiens qu'il auroit désiré. Il étoit néanmoins bien aise de demeurer en état de pouvoir faire plaisir quand il lui conviendroit. C'est ce qui lui fit désirer d'obtenir du Roi le contrôle général en faveur de M. de Pont-Chartrain, qu'il avoit tiré de la première présidence de Bretagne pour le faire intendant des finances, et qu'il logeoit dans sa maison à Versailles. Sa Majesté lui ayant conservé la qualité de ministre d'Etat, il se trouva toujours agréablement auprès d'elle.

M. de Lyonne avoit beaucoup d'esprit, et étoit consommé dans les affaires; il avoit passé une bonne partie de sa vie dans les ambassades, et séjourné long-temps à Rome, où l'on dit que se pratique la plus fine politique. Il étoit laborieux, et écrivoit toutes ses dépêches de sa main; agréable et commode dans le commerce ordinaire, ayant toujours eu jusqu'à sa fin quelques maîtresses obscures. Il n'a pas été heureux dans la famille qu'il a laissée, quoiqu'il lui eût procuré de grands établissemens.

M. Colbert avoit long-temps travaillé sous M. Le Tellier, et dès ce temps-là il paroissoit fort laborieux et intelligent. M. le cardinal ayant demandé à M. Le Tellier un homme pour en faire son intendant, M. Le Tellier lui nomma M. Colbert, comme étant pour cet emploi le plus propre de tous ceux qu'il connoissoit. En effet, M. le cardinal s'en trouva parfaitement bien : il étoit né pour le travail au-dessus de tout ce qu'on peut imaginer, et fort exact. Je crois que son ambition étoit plus grande que le monde n'en jugeoit, et peut-être plus qu'il ne croyoit lui-même. Je ne dirai pas de lui ce que j'ai pensé de M. Le Tellier, qu'il n'auroit pas voulu être en place de pouvoir gouverner, dans la crainte de se trouver chargé des événemens ; mais quand il a voulu faire quelques démarches pour excéder sa place, il a bientôt jugé que le Roi ne s'en accommoderoit pas. J'ai toujours pensé qu'il n'y avoit que lui au monde qui eût pu mettre un si grand ordre dans le gouvernement des finances en si peu de temps. Il l'avoit poussé si loin, et si bien fait connoître au Roi les moyens d'en empêcher la dissipation, qu'il ne lui eût peut-être pas été facile d'en tirer de grandes utilités ; mais il trouva dans la bonté et la justice du Roi de quoi être enrichi au-delà de ses espérances. Outre le temps qu'il employoit aux affaires de Sa Majesté, il en prenoit encore pour apprendre le latin, et se fit recevoir avocat à Orléans, dans la vue et l'espérance de devenir chancelier. Il présumoit si fort du bon état où il avoit mis les affaires du Roi, dont il avoit rendu le revenu certain au-dessus de cent millions, qu'il le croyoit suffisant pour faire la guerre. Ayant supputé qu'il y avoit un fonds plus grand que la dépense n'avoit encore été, il fit rendre un arrêt (je ne sais pas pourquoi) par lequel il étoit défendu aux gens d'affaires de prêter au Roi, sous peine de la vie : et s'étant trouvé ensuite dans la nécessité de faire des emprunts, il s'en ouvrit à moi, et me demanda si je croyois qu'il fallût donner un arrêt contraire au premier. Je lui dis que je pensois qu'il n'y avoit qu'à oublier qu'il eût été donné, et emprunter comme on auroit pu faire auparavant.

Il m'a souvent passé par l'esprit que les hommes ont leurs propriétés à peu près comme les herbes, et que leur bonheur consiste d'avoir été destinés ou de s'être destinés eux-mêmes aux choses pour lesquelles ils étoient nés : c'est pour cela que j'ai pensé que le bonheur de M. de Pontchartrain l'ayant conduit dans les finances, il y a si bien réussi, que je ne crois pas que jamais homme ait eu plus de talens et de meilleures dispositions que lui pour le maniement des affaires des finances. J'eus le bonheur d'en être connu aussitôt qu'il commença de s'en mêler ; et j'oserois quasi croire que j'étois né avec la propriété de me faire aimer des gens à qui j'ai eu affaire, et que c'est cela proprement qui m'a fait jouer un assez beau rôle avec tous ceux à qui j'avois besoin de plaire : mais je me suis proposé de faire, en quelque façon, le portrait de M. de Pontchartrain, et non pas le mien. Il me sembla qu'il avoit bientôt pris des notions dans les finances qui ne seroient venues qu'avec peine à un autre. Il savoit distinguer ceux qu'il croyoit plus habiles que lui, et je m'apercevois bientôt qu'il en savoit autant et plus qu'eux ; mais cela n'a pas empêché qu'il n'en ait toujours eu un petit nombre avec qui il étoit bien aise de s'entretenir. Il les invitoit à lui parler de tout ce qui leur venoit dans l'esprit sur le fait des affaires dont il étoit chargé. Il donnoit tout le temps nécessaire au travail ; mais après cela, dans la conversation, il conservoit une grande gaieté, et à mon avis avoit peu de souci. Je ne crois pas devoir m'étendre davantage sur ses bonnes qualités, me souvenant de l'incrédulité qu'eurent M. de Louvois et M. de Croissy lorsque je leur racontai toutes celles que je croyois avoir trouvées en la personne de M. le prince d'Orange : ils s'imaginèrent que le bon traitement que j'en avois reçu m'avoit grossi les objets au-delà de ce qui étoit en effet; mais ici je n'ai qu'à me confirmer dans mes pensées, par les marques que M. de Pontchartrain a reçues des bontés du Roi pour son élévation.

J'ai fort connu M. de Pomponne à l'hôtel de Nevers, même avant qu'il fût à la cour; il étoit regardé, par un certain nombre d'honnêtes gens et d'esprit qui faisoient leurs délices de cette maison, comme un homme de bien, et d'un bon esprit. Il réussit si bien dans ses ambassades, et le Roi prit tant de goût pour lui par le bon style de ses lettres, que M. de Lyonne étant venu à mourir, le Roi, sans aucune insinuation et sans que personne en sût rien, lui envoya un de ses gentilshommes à Stockholm, où il étoit pour lors ambassadeur; qui le surprit extrêmement, en lui apprenant que Sa Majesté l'avoit fait secrétaire d'Etat, et lui mandoit de venir incessamment en prendre possession. Ce ne fut qu'au retour de ce courrier que l'on sut ce que le Roi avoit fait là-dessus : ce qui fit que ceux qui le connoissoient donnèrent de grandes louanges à Sa Majesté du bon choix qu'elle avoit fait. Il s'acquitta fort bien de son devoir; mais cela n'empêcha pas que M. de Louvois ne prît occasion, quand il la pouvoit trouver, de faire voir au Roi qu'il en savoit plus que les autres. En effet, M. de Pomponne ayant oublié de mettre dans une dépêche tout ce qui avoit été résolu, et n'ayant pas nommé quelques paroisses de Flandre au sujet des limites, M. de Louvois ne manqua pas de le relever fortement en présence de Sa Majesté; et, si je ne me trompe, cela fut cause que le Roi établit de faire lire dans son conseil les dépêches concernant ce qui avoit été résolu dans le conseil précédent. Je ne sais pas même si Sa Majesté n'a pas continué de le faire toujours; et le Roi ayant trouvé le remède pour l'avenir, ne parut point être mécontent de M. de Pomponne, qui seroit mort dans sa charge s'il n'avoit pas lui seul donné lieu à sa disgrâce, qui arriva à l'occasion du mariage de madame la Dauphine. M. de Croissy, qui étoit alors à Munich, ayant envoyé un courrier qui rendit sa dépêche à M. de Pomponne, dans le temps malheureusement que M. de Châteauneuf et un nombre de dames qui étoient chez lui montoient en carrosse pour aller à Pomponne, il ne fit pas réflexion que le Roi étoit dans l'impatience de savoir les nouvelles qu'apportoit le courrier; et il en fit encore moins sur ce que c'étoit le frère de M. Colbert qui l'envoyoit : il se contenta de lui dire de ne se pas montrer pendant deux ou trois jours qu'il devoit être avec sa compagnie à Pomponne. Le courrier, en sortant de chez lui, s'en alla chez M. Colbert porter une lettre de M. de Croissy, qui renvoyoit monsieur son frère au détail de ce qu'il écrivoit à Sa Majesté, néanmoins avec quelques petites circonstances qui ne firent qu'augmenter la curiosité du Roi. Quand M. Colbert les eut dites à Sa Majesté, à mon avis sans aucune vue de nuire à M. de Pomponne, ne sachant pas ce qui étoit arrivé (un autre, plus soupçonneux que je ne suis, pourroit peut-être bien penser que le courrier lui avoit dit l'ordre qu'il avoit reçu de M. de Pomponne de ne se montrer qu'après son retour), le Roi, par sa bonté ordinaire, eut patience jusqu'au lendemain matin, quoiqu'il eût fort envie de savoir ce que portoit la dépêche, qui devoit être la décision du mariage de Monseigneur. Le soir, l'impatience de Sa Majesté augmentant, il envoya chez M. de Pomponne savoir si les commis n'auroient point cette dépêche : il n'y a peut-être que le Roi qui, en pareille occasion, eût donné une si grande marque de patience. Il se peut bien faire que M. Colbert ne s'étoit pas mis beaucoup en peine d'excuser M. de Pomponne, cela n'étant guère d'usage entre les ministres; car, entre amis particuliers, M. Colbert auroit envoyé un cavalier à M. de Pomponne pour l'avertir de la peine où étoit le Roi, et il ne falloit pas plus de trois heures pour cela. Enfin M. Colbert voyant la résolution que Sa Majesté avoit prise d'ôter la charge à M. de Pomponne, proposa au Roi de la donner à M. de Croissy, et l'obtint. M. de Pomponne ayant été averti du malheur qui lui étoit arrivé, prit le parti de se retirer dans sa maison, et de faire dire par son portier qu'on ne le voyoit point; mais cependant que si je me présentois, il me fît entrer. Dès que j'eus appris cette nouvelle, je ne manquai pas d'y aller; et d'abord qu'il m'aperçut dans sa galerie, où j'étois entré pour aller à son cabinet, il sortit, et me dit en m'embrassant qu'il étoit persuadé de la part que je prenois au malheur qui lui étoit arrivé, et qu'il croyoit que M. de Louvois étoit cause de sa perte. Je savois assez les dispositions de celui-ci sur son sujet pour lui dire que je n'en croyois rien : j'ajoutai qu'il étoit bien malheureux de n'avoir point connu la bonté du Roi, et l'aisance avec laquelle Sa Majesté vivoit avec ceux qui avoient l'honneur de le servir; que j'étois persuadé que si, au lieu de dire au courrier de ne se pas montrer, il avoit donné ce paquet à un de ses commis pour le porter à Versailles, le déchiffrer, et en rendre compte au Roi, en s'excusant de ce qu'il ne l'avoit reçu qu'en montant en carrosse avec une nombreuse compagnie qu'il menoit à Pomponne, et lui demandant pardon de n'être pas venu lui-même, espérant que Sa Majesté ne le trouveroit pas mauvais, sa faute n'auroit eu aucune suite. Il me dit qu'il en étoit persuadé comme moi, mais que cela ne servoit qu'à augmenter sa douleur. Il me fit voir la lettre qu'il écrivoit à Sa Majesté, et trouva bon que je lui disse ce qui me venoit dans la pensée qui pourroit y être mis; il me pria de vouloir bien attendre qu'il l'eût envoyée, afin que nous pussions un peu nous entretenir. Après que cela fut fait, il me parut qu'il lui restoit encore quelque doute que sa disgrâce ne lui eût été attirée par M. de Louvois; mais je lui dis encore, comme j'avois déjà fait, que je ne le croyois pas, parce que M. de Louvois, en l'ôtant de là, ne devoit pas espérer d'en mettre un autre en sa place, et même pouvoit craindre que celui sur qui le Roi jetteroit les yeux ne lui fît peut-être plus de peine que lui. Me trouvant embarqué à soutenir ce que j'avois avancé, je fus comme obligé de lui faire entendre, sans le lui dire positivement, qu'il ne faisoit aucun ombrage à M. de Louvois; mais bientôt après il apprit la vérité de ce que je lui avois avancé. Il supporta sa disgrâce avec beaucoup de patience et de modération, par la retraite qu'il fit à Pomponne, se tournant tout-à-fait du côté de Dieu. Je m'en allai aussitôt à Versailles, où je trouvai M. de Louvois précisément dans les mêmes sentimens que j'avois dit à M. de Pomponne; et il m'ajouta que s'il se présentoit quelque occasion de lui faire plaisir, il le feroit volontiers. En effet, M. de Pomponne m'a dit souvent depuis que messieurs ses enfans ayant pris le parti de la guerre, M. de Louvois les avoit aidés en tout ce qu'il avoit pu. Quelque temps après, j'appris que quand il y avoit eu occasion de nommer le nom de M. de Pomponne, il avoit semblé à M. de Louvois que le Roi auroit voulu avoir encore poussé la patience plus loin qu'il n'avoit fait : ce qui se justifia quelques années après, le Roi l'ayant remis dans le ministère, et lui ayant donné de si grands appointemens, qu'il me passa par l'esprit alors que Sa Majesté s'étoit imposé cette pénitence pour lui faire oublier la peine qu'elle lui avoit causée. Peu de jours avant la mort de M. de Pomponne, il eut la bonté de me venir voir : ayant aperçu que j'entendois une messe du coin de ma chambre, où l'on me menoit dans ma chaise roulante, il me dit qu'il me trouvoit bien heureux, dans l'état où j'étois, d'avoir cette consolation. Je m'efforçai de lui marquer combien je lui étois obligé de l'honneur qu'il me faisoit : il me témoigna qu'il s'étoit fait un grand plaisir de me voir, et que sa joie redoubloit de me trouver en meilleur état qu'on ne lui avoit dit, le bruit ayant couru que mon esprit et mon corps étoient fort diminués, et qu'il s'en falloit bien que ce ne fût au point où on lui avoit dit.

Comme j'ai commencé de rappeler autant que j'ai pu dans mon esprit les idées que j'avois eues du caractère de messieurs les ministres, après avoir eu plus d'occasions que personne de connoître M. de Louvois, je confesse ingénument que je n'ai point vu homme qui eût généralement un esprit si étendu pour toutes choses, une compréhension si vive, ni une si grande application à remplir parfaitement tous ses devoirs, et qui eût une aussi grande prévoyance. Il me paroissoit que la grande quantité d'affaires dont il étoit occupé, ne lui permettoit point de donner tout le temps qui eût été nécessaire pour entendre les officiers qui venoient lui parler; mais il avoit une grande facilité à démêler ce qu'il y avoit de bon dans ce qu'on lui disoit. Il m'a paru qu'il étoit bien aise de s'entretenir avec un petit nombre de gens sur les affaires présentes; et je ne me présentois jamais à la porte de son cabinet, soit à Versailles, soit à Paris, qu'il ne me fît entrer, ou ne me fît dire d'attendre un peu de temps pour finir l'affaire qui l'occupoit. Je ne sais si le plaisir que j'avois, ou l'honneur que cela me faisoit dans le monde, ne pouvoit point avoir un peu favorablement augmenté les idées que j'avois de lui.

Après avoir perdu M. de Pomponne dans la place où il étoit, je retrouvai dans la personne de M. de Croissy plus de bonté, et j'ose dire d'amitié, que je n'aurois jamais dû espérer. Je lui remarquai beaucoup d'esprit et d'entendement, et assez de talent pour la charge où son bonheur et ses longs services l'avoient élevé. Je crois que personne ne pouvoit mieux faire des instructions pour les ambassadeurs que lui : il a eu la bonté de m'en lire souvent, lorsqu'il n'étoit plus question de secret. Il n'y avoit point de maison où je fusse si à mon aise que dans la sienne, par les témoignages de bonté que je recevois de lui et de madame de Croissy. M. le marquis de Torcy leur fils, commençant à être fort raisonnable, et dans un âge à pouvoir distinguer le bien et le mal, j'eus quelque commerce avec lui, pour faire plaisir au père et à la mère; et je leur dis à quelque temps de là que je ne lui trouvois qu'un seul défaut, qui étoit d'être trop sage pour un homme de son âge, parce que j'avois remarqué qu'avec beaucoup d'esprit, il raisonnoit bien mieux sur toutes choses que l'on n'auroit dû l'attendre : ce que j'ai vu de lui par quelques écrits qui sont donnés au public, et par tout ce que j'entends dire, m'en informant fort souvent, me fait juger qu'avec le temps il se trouvera comme M. Le Tellier, c'est-à-dire un aussi grand ministre, parce qu'il est né sage comme lui.

Je ne doute pas que si quelqu'un voyoit tout ce que j'ai écrit jusqu'à présent, il ne pût dire que je me suis un peu trop loué, en faisant voir que j'ai toujours été bien avec messieurs les ministres; mais y ayant beaucoup réfléchi, j'ai trouvé que je n'avois rien dit qui ne fût véritable, quoique fort à mon honneur. C'est peut-être un effet de la vanité et de l'amour-propre qui me fait décider aussi hardiment des gens dont je prends la liberté de parler; mais comme je n'écris que pour ma satisfaction particulière et pour mon plaisir, je sens bien que je ne dis les choses que comme je les crois, et les ai pensées dans le temps où j'ai été en état de m'en instruire.

FIN DES MÉMOIRES DE GOURVILLE.

TABLE DES MATIÈRES

CONTENUES

DANS LE CINQUANTE-DEUXIÈME VOLUME.

MÉMOIRES DE LA ROCHEFOUCAULD.

Troisième partie. Page 1
Guerre de Guienne. 91

MÉMOIRES DE GOURVILLE.

Notice sur Gourville et sur ses Mémoires. 181
Mémoires de Gourville. 213

FIN DU TOME CINQUANTE-DEUXIÈME.

www.ingramcontent.com/pod-product-compliance
Lightning Source LLC
Chambersburg PA
CBHW071415230426
43669CB00010B/1559